BORIS LURIE

Geschriebigtes / Gedichtigtes

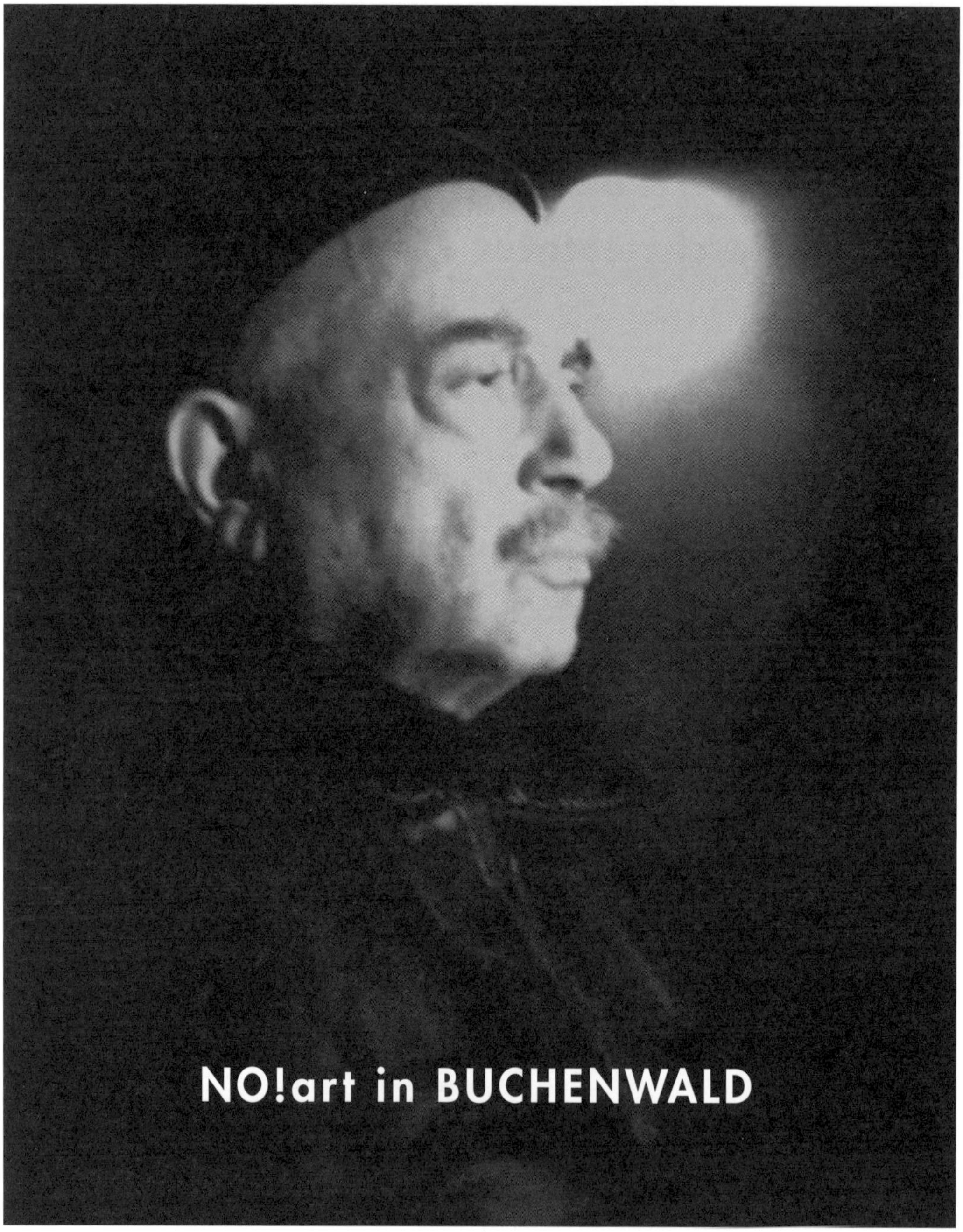
NO!art in BUCHENWALD

Geschriebigtes Gedichtigtes

zu der Ausstellung in der Gedenkstaette Weimar-Buchenwald von

BORIS LURIE

ERGÄNZT MIT ARBEITEN SEINER FREUNDE AUS DER GEGENWÄRTIGEN NO!art-BEWEGUNG:

BAJ+BARATELLA+BROWN+BRUNET
BRUS+ERRO+FABRICIUS+GATEWOOD
GEORGES+GERZ+GILMAN+GOLDMAN
GOLUB+GOODMAN+HALLMANN+KAPROW
KIRVES+KUSAMA+KUZMINSKY+LEBEL
LEVITT+LONG+PATTERSON+PINCHEVSKY
RANCILLAC+SALLES+SALMON+STUART
TAMBELLINI+THEUERKAUF+TOBOCMAN
TOCHE+TSUCHIYA+VOSTELL+WOLF

ECKHART HOLZBOOG VERLAG STUTTGART

IMPRESSUM

Das Buch erscheint vor dem Hintergrund der Ausstellung
BORIS LURIE: WERKE 1946–1998
vom 13. Dezember 1998 bis 10. Mai 1999
in der Gedenkstätte Weimar-Buchenwald
AUSSTELLUNGSORGANISATION
nach Anregung von Direktor Volkhard Knigge
Kurator: Eckhart Holzboog, Stuttgart, in Zusammenarbeit mit Dr. Sonja Staar und Friedbert Staar, Weimar-Buchenwald
PLAKATGESTALTUNG
Clayton Patterson, New York, mit Eckhart Holzboog und Sybille Wittmann, Stuttgart
HERAUSGEBER
Volkhard Knigge • Eckhart Holzboog • Dietmar Kirves
im Auftrag der Gedenkstätte Weimar-Buchenwald, D-99427 Weimar-Buchenwald • www.buchenwald.de
LEKTORAT UND BUCHGESTALTUNG
Dietmar Kirves • Berlin-Kreuzberg • www.no-art.org
DANK AN DIE FOTOGRAFEN
Pasha Antonov, Lordville (238), Martin Blake, Berlin (200), Rudolph Burkhardt, New York (140), Dietmar Kirves, Berlin (XIX, 374-377, 401), Volkhard Knigge, Weimar (373), Christian Larrieu, Paris (266), Vincenzo Mastrangelo, Berlin (52, 144, 348), Clayton Patterson, New York (XVIII), Naomi T. Salmon, Weimar (XX-XXIII, 2 ff., 364, 396, 410, 420), Jon Schneeberg, New York (XXIV, 385), Sybille Wittmann, Stuttgart (II, 395).

DIE DEUTSCHE BIBLIOTHEK - CIP-EINHEITSAUFNAHME
Lurie, Boris:
Geschriebigtes-Gedichtigtes / Boris Lurie.
Im Auftr. der Gedenkstätte Weimar-Buchenwald. Volkhard Knigge ... (Hg.). - Stuttgart-Bad Cannstatt: Holzboog, 2002
ISBN 3-9807794-0-8
Ein Titeldatensatz für diese Publikation ist bei der Deutschen Bibliothek erhältlich.

INHALTSVERZEICHNIS

VOLKHARD KNIGGE

„... obwohl ich Goethe leider nicht gelesen habe, doch von Hitler viel zu spüren bekam."

Vom Dezember 1998 bis in das Frühjahr 1999 hinein hat die Gedenkstätte Buchenwald in ihrem Kunstmuseum eine Retrospektive der bildkünstlerischen Arbeiten Boris Luries gezeigt. Obwohl erste Arbeiten Luries bereits kurz nach Kriegsende entstanden sind, war dies seine erste umfassend angelegte Einzelausstellung in Deutschland. Der NO!art gewidmete Ausstellungen, in deren Rahmen auch Arbeiten von Lurie als einem Gründer dieser im New York der zweiten Hälfte der Fünfzigerjahre entstandenen Künstlerbewegung gezeigt wurden, hatte es zuvor zwei gegeben: 1973 in der Galerie René Block und 1995 in der Neuen Gesellschaft für Bildende Kunst Berlin. 1988 war in der Edition Hundertmark, Köln, eine als Künstlerbuch von Dietmar Kirves gestaltete Anthologie zur „NO!art" erschienen, die von Boris Lurie und Seymour Krim herausgeben worden war.[1]

Ich erinnere mich noch gut an die Mischung aus Entsetzen und Faszination, die mich beim Durchblättern dieses Buches, auf das mich kurz nach seinem Erscheinen Thomas Howeg in Zürich aufmerksam gemacht hatte, befiel. Ganz augenscheinlich gründeten insbesondere die Arbeiten Luries in der konkreten Erfahrung des zweiten Weltkriegs und der nationalsozialistischen Konzentrations- und Vernichtungslager. Ganz augenscheinlich schlugen diese Erfahrungen in den Arbeiten immer wieder durch. Und ganz augenscheinlich – und darin lag das Verstörende – setzte Lurie seine ganze Kraft dafür ein, diese Erfahrungen gleichsam im Rohzustand zu halten und wiederzugeben, d. h. ohne nachgetragene Sinngebungen und ohne den Eindruck zu erwecken, diese Erfahrungen ließen sich auch nur annähernd angemessen historisieren, was ja zugleich heißt, symbolisieren. Wer sich auf NO!art einlassen wollte, dem wurde abverlangt, sich mit dem Nationalsozialismus als einer zwar überwundenen aber unabgeschlossenen Geschichte auseinanderzusetzen und sich mit einer Welt zu konfrontieren, in der Gewalt Gewalt, Zynismus

---

[1] Borir Lurie & Seymour Krim: NO!art, Pin-Ups, Excrement, Protest, Jew-Art, Köln 1988.

Zynismus, Schmerz Schmerz, Schmutz Schmutz, Leid Leid und Lüge Lüge blieb. Sublimation gab es in dieser Welt ebensowenig wie eine Vorstellung von Liebe, die ungeachtet der Vermarktung der (Frauen-) Körper und des Begehrens noch denkbar wäre. Kunst war hier nicht Synonym für das Schöne, Gute und Wahre, sondern Ausdrucksform für das realexistierende Häßliche, Böse und Unaufrichtige, war Müll, war Zerstörung, war Selbstzerstörung mit den ihr eigenen Mitteln und darin zugleich – paradoxerweise – Selbstbehauptung.

Boris Lurie ist 1924 in Leningrad in einer wohlhabenden jüdischen Kaufmannsfamilie geboren worden. 1924/25 zog die Familie nach Riga. Nach der Besetzung des Baltikums durch deutsche Truppen erfolgten 1941 Gefangennahme und Verschleppung in verschiedene Konzentrationslager, darunter Riga, Lenta und Stutthof bei Danzig. Nur der Vater und Lurie selbst, der zunächst von der Ermordung wegen seiner Eignung für den Zwangsarbeitseinsatz zurückgestellt worden war, überlebten. Mutter, Schwester und weitere Verwandte sind in den Vernichtungslagern im Osten ermordet worden. 1945 ist Lurie in einem Außenlager des KZ Buchenwald in Magdeburg befreit worden. Er war dort Häftling Nummer 95966[2]. 1946 wanderten er und sein Vater in die USA aus. New York ist seitdem das topographische und soziale Zentrum seines Lebens. Hier entstanden seine ersten Bilder. Mit den Mitteln der klassischen Ölmalerei versuchten sie, der KZ-Erfahrung Ausdruck zu geben. *Back from Work 1946/47* [3] zeigt einen Strom von auf ihre Kreatürlichkeit reduzierter, sich in Verzerrung auflösender Menschen, die in tiefschwarzer Umgebung wie von Flammen durch ein Lagertor gezogen werden, das zugleich Krematoriumsofenöffnung ist. Die Welt hat in diesem Bild aufgehört zu existieren. Gewaltsames Verschlungenwerden ist die einzige Realität. *Entrance*[4] stammt aus der gleichen Zeit und ist ein Epitaph. Zwei zum Skelett abgemagerte Muselmänner, wie jene Häftlinge in der Lagersprache hießen, in denen jeder Funke Leben zum Erlöschen gebracht worden war, halten traurig-melancholisch grau in grau vor dem Eingang zu einem Raum mit brennendem Krematoriumsofen Wacht. Die Gesichter ausgezehrt aber vergeistigt, die Knochen spitz unter der Haut, die Rippen nachzählbar und dürr, fast krallenhaft die Hände, auf dem Kopf Eimer,

---

[2] Siehe die Abbildung in diesem Buch, S. 419

[3] Ebenda, S. 6.

[4] Ebenda, S. 2

klobige Holzschuhe an den Füßen, besenartige Wedel geschultert, stehen sie da, zwei groteske Engel, Totenwache haltend. „Der Himmel über Auschwitz war leer", sagt ein anderer Künstler, der Auschwitz und Buchenwald überlebt hat, der Pole Jozéf Szajna, immer wieder. Kein Gott, keine Geschichtsteleologie, nichts Rettendes weit und breit, nur Menschen unter Menschen, Verfolger und Verfolgte, nur Einsamkeit, Abwesenheit, Verlust, d. h. Tod, der über sich nicht hinauskommmt, weil der rassenbiologisch begründete Massenmord sich in die Bezugssysteme politischen, religiösen oder nationalen Märtyrertums nicht mehr rückbinden läßt. Auf diesen nackten, schieren Tod hin, der sein eigener gewesen wäre und der der seiner Mutter und seiner Schwester war, ist Luries *Entrance* ein Versuch des Abschieds und der Würdigung ohne Selbsttäuschung und voreilige, d.h. prästabilierte, Tröstung im oben angedeuteten Sinn, ohne Selbsttäuschung und voreilige Tröstung, nicht für sich, nicht für uns, für niemand.

Es ist nur folgerichtig, daß Lurie nach dieser auch handwerklich hochrangigen Aufbietung ölmalereilicher, tafelbildlicher Mittel von der Tonintonmalerei des 19ten Jahrhunderts bis hin zum Surrealismus des 20ten seine Ausdrucksmittel radikalisiert. 1947 entsteht, einem Readymade des Radikalbösen gleich, die Arbeit *Liste*[5]. 1962 druckt er in Vergrößerung ein Photo nach, das einen Häftling nach der Befreiung im 1942/43 entstandenen sogenannten Kleinen Lager, einer besonderen Elends- und Sterbezone im KZ Buchenwald, zeigt, und nennt die Arbeit *Happening by Adolf Hitler*[6]. Wahrscheinlich hat er bereits zuvor in selber Technik ein Photo von Magret Burke-White bearbeitet, das gestapelte Leichen auf der Ladefläche eines Anhängers im Hof des Krematoriums des KZ Buchenwald zeigt, so wie sie dort nach der Befreiung am 11. April 1945 von amerikanischen Soldaten gefunden worden waren. *Flatcar Assemblage, 1945 by Adolf Hitler*[7] lautet der bittere, nur vordergründig zynische, Titel, mit dem der Künstler Lurie seinen „Kollegen" Hitler, den gescheiterten und dann so fürchterlich erfolgreichen Wiener Kunstaspirant und völkisch-antisemitischen Bohemien, würdigt und zugleich entlarvt. Kunst, Erinnerungskunst ist für Lurie jetzt gleichbedeutend mit Aufschrei und Konfrontation. Sie entsteht nun nicht mehr durch den Versuch, die anerkannten, gewisserma-

[5] Ebenda, S. 22
[6] Ebenda, S. 10
[7] Ebenda, S. 12

ßen durch Tradition und Gewohnheit nobilitierten künstlerischen Mittel unter Aufbietung aller Kräfte auf den entsetzlichen Gegenstand der Lagerwirklichkeit zu übertragen, sondern sie entsteht ganz im Gegenteil dazu gerade durch deren bedachte und gezielte Reduktion sowie den damit verbundenen Rückgriff auf visuelle Fragmente aus dem Fundus massenkultureller Vergegenwärtigungen dieser Wirklichkeit, Zeitungsphotos zumeist. „Hier geht es Boris Lurie wie Art Spiegelmanns Vater (in dessen Auschwitz-Comic „Mouse", V. K.): `Er kotzt Geschichte aus´" schreibt Georg Bussmann, „und als Nachgeborener schaut man dem zu. Natürlich ist dies Zuschauen nicht alles. Aber es ist erstmal das Wichtigste, das, was die Arbeiten und einen selbst immer wieder an die Grenze bringt. Alles weitere ist dann der Versuch, sich mit Worten in eine `kritische´ Distanz und Fassung hineinzureden."[8]

Es ginge an den ästhetischen Intentionen Luries und der Eigengesetzlichkeit künstlerischer Reflexion vorbei, wollte man den oben umrissenen Umbruch im Werk Luries allein auf die Erfahrung der nationalsozialistischen Lager zurückführen, oder gar als unausweichliche Folge der damit verbundenen Traumatisierung verstehen. Ende der vierziger, Anfang der fünfziger Jahre hätte Lurie sich hinsichtlich seiner künstlerischen Zukunft auch anders entscheiden können. Denn bereits ab 1947 entstanden auch - teils sehr großformatige - abstrakte Arbeiten, die formal an Legèr manchmal auch an Matisse zu erinnern vermögen. In Bezug auf diese hieß es am 15. Mai 1952 in der New York Times: „The current show of paintings at the Hotel Barbizon Plaza contains a wide variety of work, all by one artist, Boris Lurie. His stile is totally abstract though tempered at moments with visual reminisence, and he will jump from small water-color of the slow stain variety to a huge canvas that must be 15 by 10 feet and is filled with capering geometrical shapes. Color is restricted to a small number of pure tones emphasizing their strong contrasts, and forms are everywhere decisive." Das dem Artikel hinzugefügte Photo zeigt den achtundzwanzigjährigen Lurie im Jacket vor der „Composition, 1952", die im Bildtext als „a high point of interest" qualifiziert wird. Zugleich wird darauf aufmerksam gemacht, daß Lurie bereits mehrere Einzelausstellungen gehabt hat.

---

[8] Georg Bussmann: Jew-Art, in: Neue Gesellschaft für Bildende Kunst, Berlin (Hg.): NO!art, Katalog zur gleichnamigen Ausstellung in der Neuen Gesellschaft für Bildende Kunst und dem Haus am Kleistpark, Berlin, 21. Oktober bis 26. November 1995, S. 63 (S. 61 - S. 65).

Über dieses Photo von 1952 wären keine Worte zu verlieren, zeigte es Lurie nicht genau jenem Rollenvorbild gemäß, dem öffentlich nachzukommen er sich bereits wenig später entschieden verweigert, dem des modernen, avantgardistischen, nachkriegsintellektuellen Ostküstenkünstlers nämlich, der Eigenwilligkeit und gesellschaftlichen Erfolg zu kombinieren weiß. Die Namen Jasper Johns oder Jackson Pollock ließen sich in der Perspektive Luries als Chiffren für diesen Typ lesen.

Befragt man Boris Lurie oder die von ihm verfaßten autobiographischen bzw. kunst- und gesellschaftsreflektierenden Texte darauf hin, was ihn veranlaßt hat, den Weg, den das Photo suggeriert, nicht einzuschlagen, dann erhält man vier Antworten: die der Konsumgesellschaft innewohnende Sinnlosigkeit, die Ökonomisierung der Kunst in deren Kontext, die symbiotische Verbindung von Avantgardekünstlern, Galeristen und anlageorientierten Sammlern sowie deren Rückwirkung auf das öffentliche Verständnis von „guter Kunst" und „guten Künstlern" und schließlich die Verschneidung von pop-art und us-amerikanischem Geltungs- und Überlegenheitsbewußtsein sowohl in nationalpolitischer wie in kultureller Hinsicht.[9]

NO!art ist die direkte Antwort auf diese kunst- und gesellschaftskritische Diagnose. Sie bedeutet den Versuch, Kunst gleichsam vor der Kunst zu bergen im auf den ersten Blick Unschönen, Häßlichen, Obszönen, sowohl auf der Ebene des Materials, wie der Form, wie des Inhalts. „Wo ist die große künstlerische *Tat*? Nicht unbedingt, kaum, selten in der sogenannten Kunst. Die `Kunst´ versteckt sich außerhalb."[10]

Für Lurie hat dieses Verständnis der NO!art von Kunst, das unschwer erkennbar in romantischer Tradition steht, handfeste praktische Folgen. Erstens weigert er sich – bis heute –, seine Arbeiten dem Markt preiszugeben, d. h. von ihrem Verkauf zu leben und lebt fortan von Börsenspekulationen. Kunst ist Kunst, Geld ist Geld, Aktien sind Aktien. Die Amalgamierung von Kunst und Geschäft ist Verrat an der Kunst. Seine Fragen lauten: „Soll man Kunstproduktion überhaupt ausstellen? ... Der zweite

---

[9] Boris Lurie: *Anmerkungen zu Kunst und Leben*, in: Neue Gesellschaft für Bildende Kunst, Berlin (Hg.), NO!art, Katalog zur gleichnamigen Ausstellung in der Neuen Gesellschaft für Bildende Kunst und dem Haus am Kleistpark, Berlin, 21. Oktober bis 26. November 1995, S. 119 - 128.
[10] Ebenda, S. 123

Punkt ist, ob man Werke überhaupt verkaufen soll? ... Der dritte Punkt ist der, ob man überhaupt mit dem Kunstmachen angesichts der Vorgänge in der Kunstwelt und der Welt fortfahren soll."[11] Sein Fazit in einem Dreizeiler vom 3. April 1999: „Neues Gesetz der Ökonomie: Alles, was verkauft wird, geht verloren."[12]

Zweitens versteht er künstlerisches Arbeiten ab Mitte der fünfziger Jahre zunehmend als gruppenschöpferischen Prozeß, als – im doppelten Wortsinn – Hervorbringung eines Netzwerkes von gleichdenkenden Künstlerfreunden, die mit ganz unterschiedlichen Mitteln NO!art erzeugen und dadurch in nuce eine Gegenwelt zur schlechten Faktizität kreieren. Die intensive Zusammenarbeit mit Stanley Fischer und Sam Goodman, mit denen er 1959 die „March Group" gründete, stehen hierfür ebenso, wie die von ihm getroffene Auswahl von Arbeiten von Freunden, die, obwohl sie in der Gedenkstätte nicht ausgestellt waren, für ihn unabdingbar in diesen Band gehörten. Drittens richtet sich seine Hoffnung darauf, Kunst im nicht affirmativen, im nicht warenförmigen Sinn möge von den Randständigen, den sich dem mainstream verweigernden, den selbstbewußten Außenseitern und Ausgeschlossenen der Gesellschaft bewahrt werden. Lurie spricht vom Lumpenproletariat.

Es hieße die Bedeutung dieses Begriffs bei Lurie entschieden verkürzen, wenn man in ihm nichts als einen naiven Abkömmling postmarxistischer Suche nach dem revolutionären gesellschaftlichen Subjekt sehen wollte, wie sie nach 1968 auch in der Bundesrepublik im Phänomen der Randgruppenbewegung zum Ausdruck kam. Wenn Lurie vom Lumpenproletariat bzw. vom Lumpenproletarischen als Subjekt der Kunst spricht, dann hat dies bei allem Schillernden zumindest zwei Bedeutungen. Zum einen meint er damit soziale und künstlerische Milieus, die sich mit der Rolle kulturbetriebsgeduldeter oder sogar erwünschter Narren nicht zufrieden geben, noch diese Rolle mit wirklicher Avantgarde verwechseln. „Es kommen Horden von Aspiranten ins Mekka Soho und Lower East Side (...) Galerien blühen auf und verblühen massenweise. Der neugeborene Künstler mag es, fast wie ein Pop-Music-Star angesehen zu werden. Doch werden die Burschen und Mädels schlimm gequält. Die Lebenskosten sind sehr hoch: Man benötigt beinahe 800$ monatlich,

---

[11] NO!, NGBK-Katalog, Berlin 1995, S. 128

[12] In diesem Buch, S. 317

um ein Atelier oder eine Wohnung in der Lower East Side zu mieten, und dann noch was zum Essen und für Kleidung und, ja, zum Entertainment. Ein Hamburger mit Coca-Cola kostet 5$ in den neuen Cafés, und die Kinder aus den Vorstädten sind es gewohnt, gut zu essen. Die kommen nicht nur in den üblichen Jeans und der schicken Armutsmode, die kommen samt ihren Caféhäusern, Boutiquen und Galerien. Die verweichlichte Beatles-Generation ist das Lumpenproletarische nicht gewohnt." [13]

Zum anderen – und in dieser auch in einigen der hier vorgelegten Gedichten durchschimmernden Auffassung kulminiert ein essentielles Element seiner Lebensgeschichte – steht Lumpenproletariat für die doppelt Verratenen, zwischen Hitler und Stalin ganz oder beinahe Zerriebenen der Gewaltgeschichte des zwanzigsten Jahrhunderts, die in einer Ideologie, egal ob sie östlicher oder westlicher politischer Provenienz ist, sich nicht mehr beheimaten können. Was ihnen bleibt ist der Eigensinn, für den allerdings ein hoher Preis, nicht zuletzt in Form von existentieller Einsamkeit, zu zahlen ist. „Das Malertum kommt aus ´ner Büchse / von Konfekten / in das ist eingeschmolzen worden ein Davidstern-mit-Hammer-Sichel / unter versternten Hakenkreuzen." [14]

Das vierte Element der No!art als Gegenentwurf ist, was die jüdischen Mitglieder des NO!art-Netzwerkes „Jew-Art" genannt haben. „Jew Art", nicht jewish art – dieser Begriff verwiese auf eine ungebrochene ästhetische Tradition –, gründet in der Erfahrung von Auschwitz. D. h. mit Jaspers gesprochen, sie gründet in der Erfahrung, daß die absolute Aufkündigung der Grundsolidarität des Menschen mit dem Menschen als Mensch von Deutschland aus an den deutschen und europäischen Juden zur historischen Möglichkeit geworden ist, zur historischen Möglichkeit über die konkrete Geschichte des Nationalsozialismus hinaus. Diese Erfahrung, die als Erfahrung faktischer Entsicherung und Bodenlosigkeit menschlicher Beziehungen verstanden werden kann, verschließt sich auch dort, wo Kunst ihr Ausdruck zu geben versucht, jeder Deutung. Sie hätte sich allenfalls in situ und um den Preis des eigenen Lebens teilen lasen. „Jew Art" will dementsprechend erst gar nicht interpretiert, sondern ertragen werden. Ihr Ziel ist nicht, ich habe es ein-

[13] NO!, NGBK-Katalog, Berlin 1995, S. 119
[14] In diesem Buch, S. 210

gangs bereits gesagt, Sinnstiftung, sondern Konfrontation und Aussetzung. Nicht auf Mitleid zielt sie, sondern auf Erschrecken. Allenfalls lassen sich in den Worten Boris Luries die Pole angeben, zwischen denen „Jew Art" oszilliert: „Wo sollen wir die Ängste / füllen / wenn Mutterknochen so zersplittert sind?" – „Sag mir nur leise, / leise heuernd / Vogel, / hebend, / ich bin dir Kamerad." [15]

Was einen großen Teil der „Jew Art" so schwer erträglich macht, ist die Verschneidung von Abbildern nationalsozialistischer Greuel mit Obszönem, Pornographischem. Pin-ups auf Leichenbergen erscheinen als nachträgliche Versündigung an der Würde der Opfer. Überdenkt man den ersten Affekt der Abwehr aber, wird deutlich, daß Lurie mit diesen Arbeiten ins Zentrum massenkultureller und massenmedialer Erinnerung trifft. Man blättere sich durch eine Nachkriegsillustrierte oder durch ein Magazin der Gegenwart, die Repräsentationen des Leides und der Grausamkeit vertragen sich gut mit denen des Sex, und beide zusammen fördern den Verkauf. Voyeurismus und Erinnerung der Unbetroffenen lassen sich wahrscheinlich nur schwer trennen, wohl aber läßt sich ihre Verbindung bewußt machen durch die Thematisierung ihrer Gleichzeitigkeit.

Wahrscheinlich verkürzt man Lurie, wenn man Arbeiten wie *Railroad Collage* [16] 1963 oder *Saturation Painting (Buchenwald)* [17] 1959-64 in diesem Sinne ausschließlich als Rezeptionskritik versteht. Wahrscheinlich wird man sich den kulturkritischen Gedanken – und Lurie wäre nicht der erste, der ihn formuliert – zumuten müssen, daß das Begehren sich sowohl durch den Eros wie mittels Gewalttätigkeit realisieren kann. Wahrscheinlich wird man sich den Gedanken zumuten müssen, daß Lurie auf seine ganz eigene, schroffe Weise auch Liebessehnsucht Ausdruck gibt. Die melodiöse Rhythmik seiner Collagen, gerade seiner sehr großformatigen, scheint mir durch alles Schreckliche und Obszöne auf ihrer Oberfläche, hierfür zu stehen. Empörung jedenfalls wird diesen Arbeiten ebensowenig gerecht wie ihre Feier als antiautoritärer Befreiungsschlag oder Aufsprengung vordergründiger political correctnes der Gedenkkultur. Folgt man Lurie, dann bleibt der Judenstern ein Eh-

[15] In diesem Buch, S. 119
[16] Ebenda, S. 158
[17] Ebenda, S. 166

renzeichen und ein Stein am Halse[18] und „Jew Art" eine Last, die getragen werden will.[19]

Das Zwiegespräch mit Boris Lurie zur Vorbereitung der Buchenwalder Ausstellung begann, unterstützt von seinen Freunden Eckhart Holzboog und Dietmar Kirves, im Jahr 1997. Medium des Gesprächs war das Faxgerät, das Nähe und Distanz ebenso garantierte wie Unmittelbarkeit und prüfendes Annähern. Eines Tages kam statt eines gewöhnlichen Briefes ein Gedicht durch den Draht, in dem ich die eigentliche Zusage Luries gesehen habe, sich auf eine Ausstellung in Buchenwald einzulassen und das zugleich vermittelte, daß er neben dem Bildermachen immer auch – und gerade je konkreter das Ausstellungsprojekt wurde – geschrieben habe. Schließlich hat Lurie dann vorgeschlagen, statt eines gewöhnlichen Kataloges dieses „Geschriebigte" und „Gedichtigte" zu veröffentlichen, in gotischen Lettern gesetzt und kombiniert mit Abbildern der in Buchenwald gezeigten Arbeiten und Arbeiten seiner Freunde. Dietmar Kirves sollte – und hat – das Buch gestaltet. Eckhart Holzboog sollte – und hat – es verlegt. Alle Gedichte sind Erstveröffentlichungen, die in das immer routinierter und glatter werdende Gedächtnissprechen einen rauhen, ganz eigensinnigen, man könnte sagen, buchstäblich ungeschliffenen Ton hineinbringen, wie mit einer Zunge von Sandpapier gesprochen. „Was mir im Blut steckt", vermerkt Lurie, „ist die baltendeutsche Sprache (die heute fast niemand mehr spricht), die gehört zu mir, obwohl ich sie nach dem Krieg vergessen wollte und was mir beinahe gelungen wäre. Sie ist in meinem deutschen (russisch-jüdischen) Blutkreislauf. Deshalb bekomme ich jetzt so einen \`Kick´, nun in meinem Himmeldeutsch zu schreiben! Wartet nur ab, bis ich im *entkleideten* Reichstag auf Deutsch, dann neben meinem guten Onkel Hitler, Reden halte."[20]

[18] In diesem Buch, Seite 8
[19] Ebenda, Seite XXIV
[20] NO!, NGBK-Katalog, Berlin 1995, S. 120

BORIS LURIE: *„... ich erlaube mir einige Bemerkungen ...“*

7. August 2000

Dr. Volkhard Knigge
Buchenwald Gedenkstaette
Weimar

Lieber Volkard Knigge!
Ich erlaube mir einige Bemerkungen/ Ergaenzigungen zu Ihrem ausgezeichneten Artikel, welches ich von Dietmar Kirves erhalten habe.
Der Text liegt hier bei und Vermerke sind schriftlich beigezeichnet, die ich jetzt klarer formuliere und auch erweitere.

/ "1926 zog die Familie nach Riga..."
/ "Mutter und Schwester und weitere Verwandte (und Jugendfreunde) sind in den Mordgruben von Riga-Rumbula ermordet worden..."
/ "Raum mit brennendem Krematoriumsofen..." Es war eine Invaliden-Baracke von sowjetischen Kriegsgefangen, die da bestraft wurden & 'Wache halten' mussten..."
/ "Margaret Burke-White".
/ "Art Spiegelman..." Lurie haelt das Comic-Buch 'Maus" als reinste verschmaehende Holocaust-Exploitation. Auch weil sich verstecken, mit taeglicher Gefahr, eine Heldentat und nicht Mausetat war. Auch, weil der juedische Akzent im Englischen seiner Eltern billig verspottet wird.Nicht unerwartet war es in juedisch-amerkanischen 'liberalen' Kreisen ein Hoechsterfolg.(Was keineswegs in juedisch-religoesen oder richtig-zionistischen Kreisen der Fall gewesen sein duerfte).
/ "... grossformatige abstrakte Arbeiten, die formal an Léger manchmal auch an Matisse (?? wirklich, kaum!)" oder auch Michelangelo-- wie im grossen Wandbild " 3 Figuren auf dem Dach" mit erhaengter Figur auf einem Hakenkreuz und Luftangriff-Sirene.
/ "Jasper Johns..." war damals 1951-1952 "ueberhaupt nicht da"! und Jackson Pollock, was man auch von ihm nicht haelt, war keineswegs ein "Salon-Kuenstler"...
/ "Erstens weigert er sich-- bis heute-- seine Arbeiten dem Markt preiszugeben..." Erlaeuterung: Ich weigere mich ueberhaupt nicht, aber ich weigere mich aktiv Geschaeft mit meiner Kunst zu treiben, wie es die meisten Kuenstler tun-- und dies aus praktischen Gruenden, weil die allermeisten Kuenstler einen zu grossen Teil ihrer Energie damit vergeuden muessen-- als aktive Verkaeufer taetig zu sein-- und noch im Kleinverkauf! Auserdem, lief mir der Markt niemals nach und bestimmt ist das auch auf den offenen un "verkapselten" Inhalt zurueckzufuehren.Auch schenke ich nichts an Museen u.s.w. wie es die meisten Kuenstler machen um bekannt zu werden, da die Museumsleute die selber auf Gehaeltern stehen, es sich erlauben koennen zu zahlen... Dann-- die wenigen Sachen die ich verkauft habe, an "unwichtige" Personen auserhalb des aktuellen Kunstbetriebs, sind alle verschollen-- die haette ich jetzt gerne zurueckgekauft. Dann noch, falls Museen, Sammler und Spekulanten was kaufen wollen, sollten sie den richtigen Preis bezahlen-- d.h. einen Preis der in irgendeinem Verhaeltnis zu den Kunstgroessen wie Rauschenberg oder Jasper Johns stehen-- was ihrerseits natuerlich kunst-oekonomisdch durchaus dumm waere.

/ Ihre Seite "1" unter Galerien etc. wo ich in Deutschland ausstellte: "... und Haus am Kleisthof, Berlin und "Endart" Galerie, Berlin, alles 1998; seit 1975 bei der Galerie Armin Hundertmark, Berlin/ Koeln, sowie bei Galerie Inge Baecker in Bochum ausstellte, sowie Karlsruhe Kunstverein (Jahr ??) mit Wolf Vostell in der Ausstellung 'Kunst und Politik', sowie "An der Wand" internationale Graffiti-Ausstellung im Kunstverein .... (Jahr ??).
/ Anmerkung, Ihre Seite "2": Gefangenschaftsorte: Riga-Getto, Riga-Arbeitslager, Riga-Wehrmacht, Riga SD-Werkstaetten Lenta, Riga-Salaspils (welches von deutschen Juden errichtet wurde...) Stutthof bei Danzig und Buchenwald-Magdeburg-- von wo er entlaufen war.
/ Anmerkung, Ihre Seite "2": "... in einer wohlhabenden juedischen Kaufsmannfamilie geboren..." dabei koennte ich erwaehnen, dass meine Mutter schon waehrend des Ersten Weltkrieges Zahnaerztin war-- in Berlin studierte und dass mein Vater da auch einige Zeit eine Zweigstelle hatte...
/ Anmerkung, Ihre Seite "3": "... 'Avantgardekuenstlern'..."
/ Anmerkung zu Ihrer Seite "6": "... die doppelt Verratenen, zwischen Hitler und Stalin..." Wenn ich das geschrieben haette, haette ich gesagt-- "zwischen Hitler und den U.S.A...." Statt "oestlicher und westlicher politischen Provenienz..." haette ich gesagt, statt faschistischer oder westlichen politischen Provenienz. "Stalin" ist fuer mich kein revolutionaeres Schreckgespenst, doch auch derjenige der "einzighaendig" die Welt vom faschistischen Mord befreit hat. (Dabei sind auch manche meiner Verwandten in den Gulags umgekommen).
/ Es sollte sein: "... unter versternten Hakenkreuzen".
/ "Das vierte Element der NO!art...": "Jew-art"-- wurde von unfreundlichen Zuschauern der NO!art (so mit "mildem" antisemitischem Ueberton benannt.
/ "Aufkuendigung der Grundsolidaritaet des Menschen mit dem Menschen..." "... von Deutschland aus..." haette ich gesagt, gleich wie von anderswo-- das heisst nicht nur der Beteiligung doch auch eigenhaendiger Unternehmungslust anderer Voelker (oder nur Voelkerschichten) wie z. B. lettischer, litauischer, estnischen u.s.w. welches auch auf religioesem-christlichen, nicht nur von Klassenbasis angeheizt wurde.
/ "Geschichte des Nationalsozialismus hinaus...": und zurueck (d.h. in alte "christliche" Lehren...)

Mit waermsten Gruessen, Ihr:

Boris Lurie

PS. Uebrigens habe ich, als altgeriebener (doch leider nicht zu grosser) "Boersenspekulant" gerade jetzt viele Nachfolger zwischen deutschen Kuenstlern/ Kritikern, die mich um Rat befragen. Also war ich dabei auch-- bei der Avantgarde!

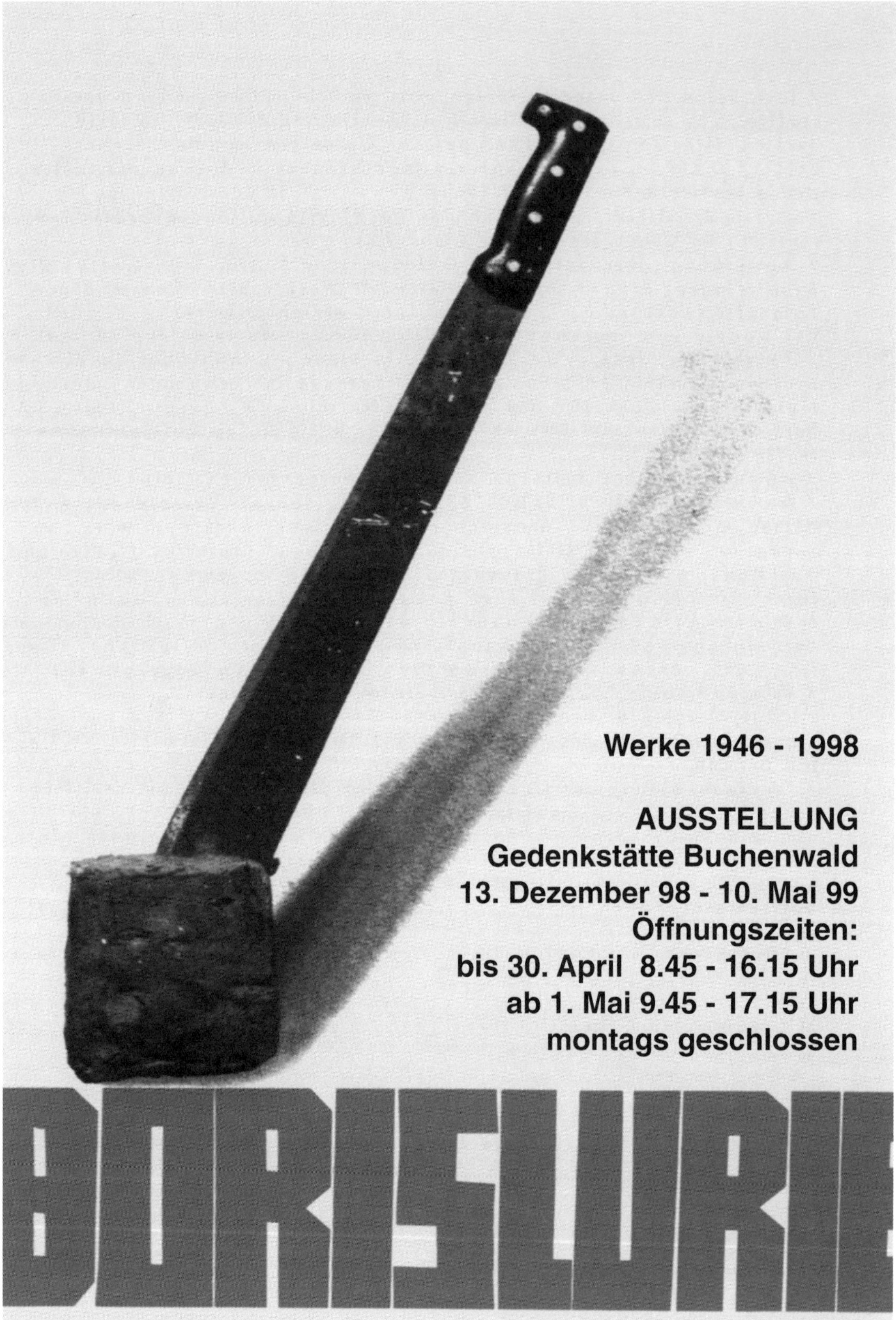
Werke 1946 - 1998
AUSSTELLUNG
Gedenkstätte Buchenwald
13. Dezember 98 - 10. Mai 99
Öffnungszeiten:
bis 30. April 8.45 - 16.15 Uhr
ab 1. Mai 9.45 - 17.15 Uhr
montags geschlossen
BORIS LURIE

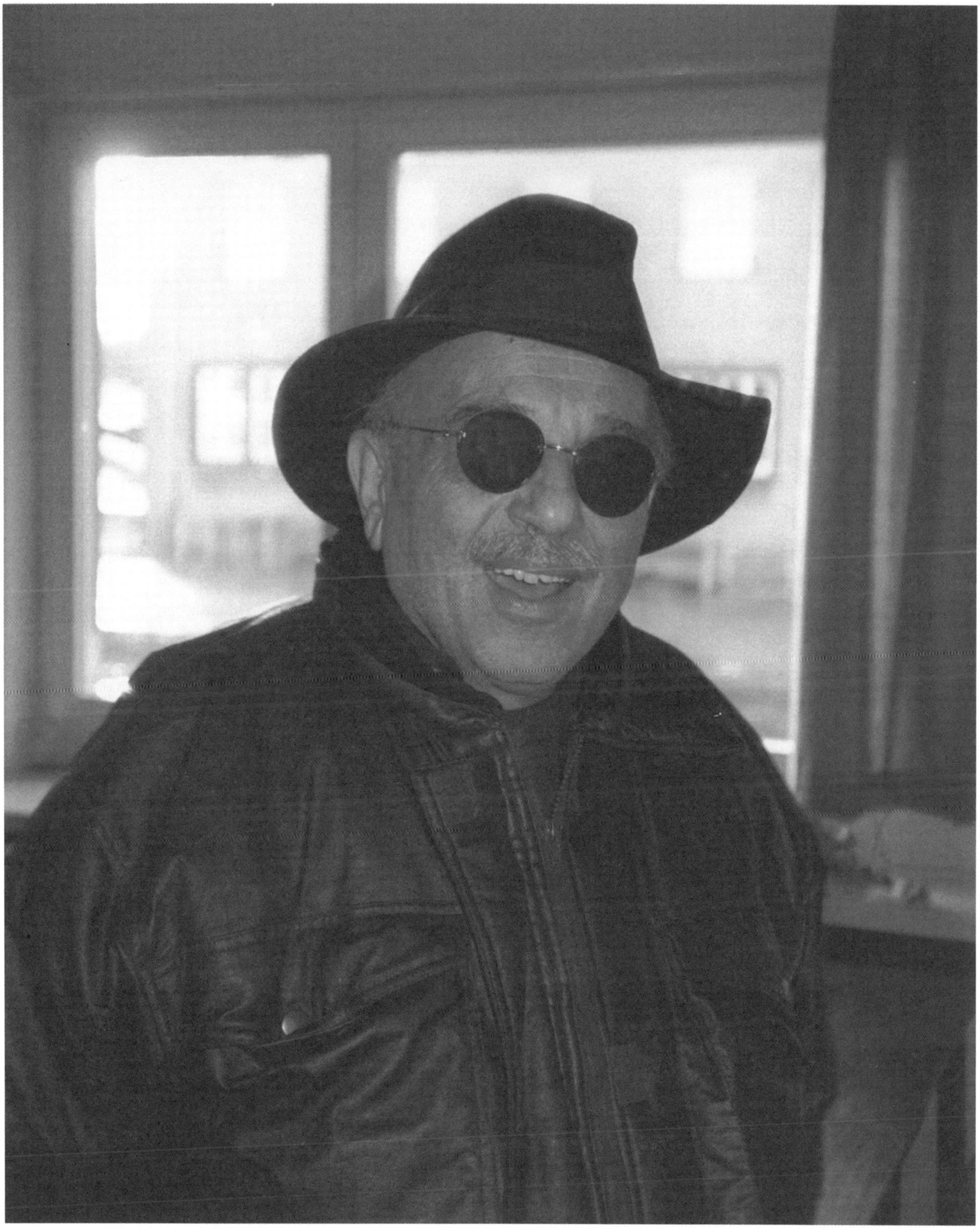

Boris Lurie trifft nach langen Wirren in der Gedenkstätte Weimar-Buchenwald ein, um seine NO!art-Ausstellung im ehemaligen Desinfektionsgebäude zu eröffnen (13. Dezember 1998 # 9:58 Uhr).

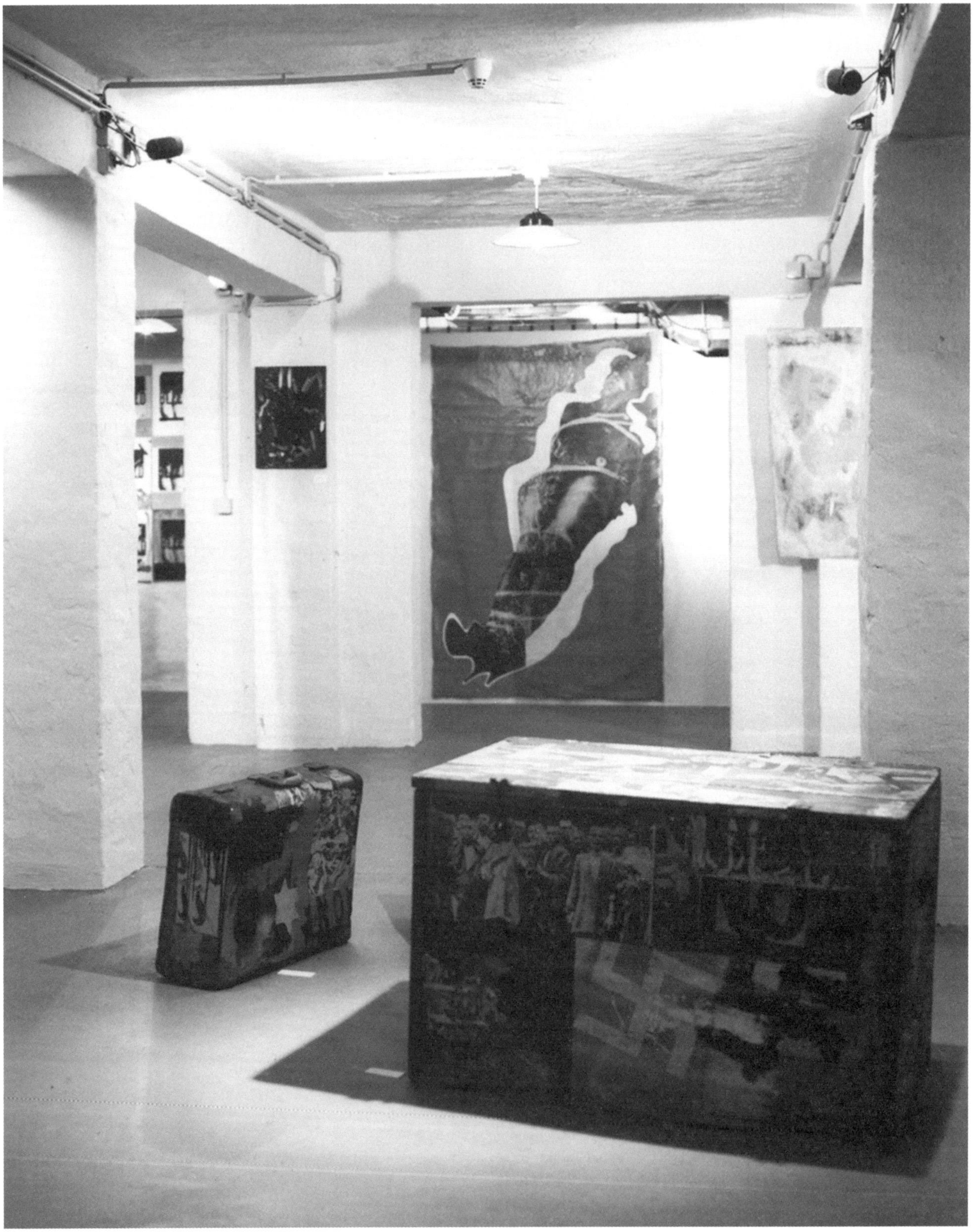

Boris Lurie-Ausstellung im Desinfektionsgebäude der Gedenkstätte Weimar-Buchenwald (Detail #1)

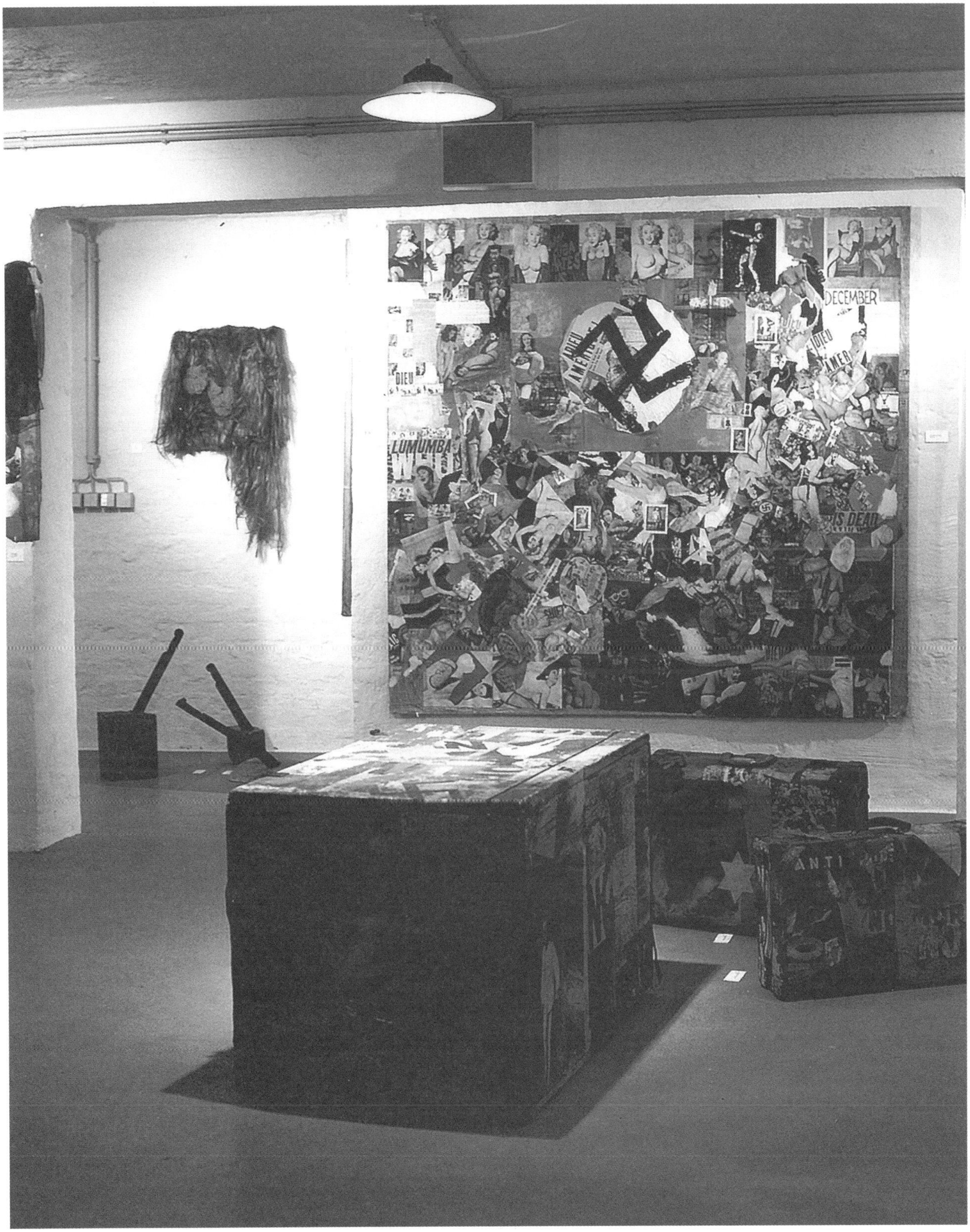

Boris Lurie-Ausstellung im Desinfektionsgebäude der Gedenkstätte Weimar-Buchenwald (Detail #2)

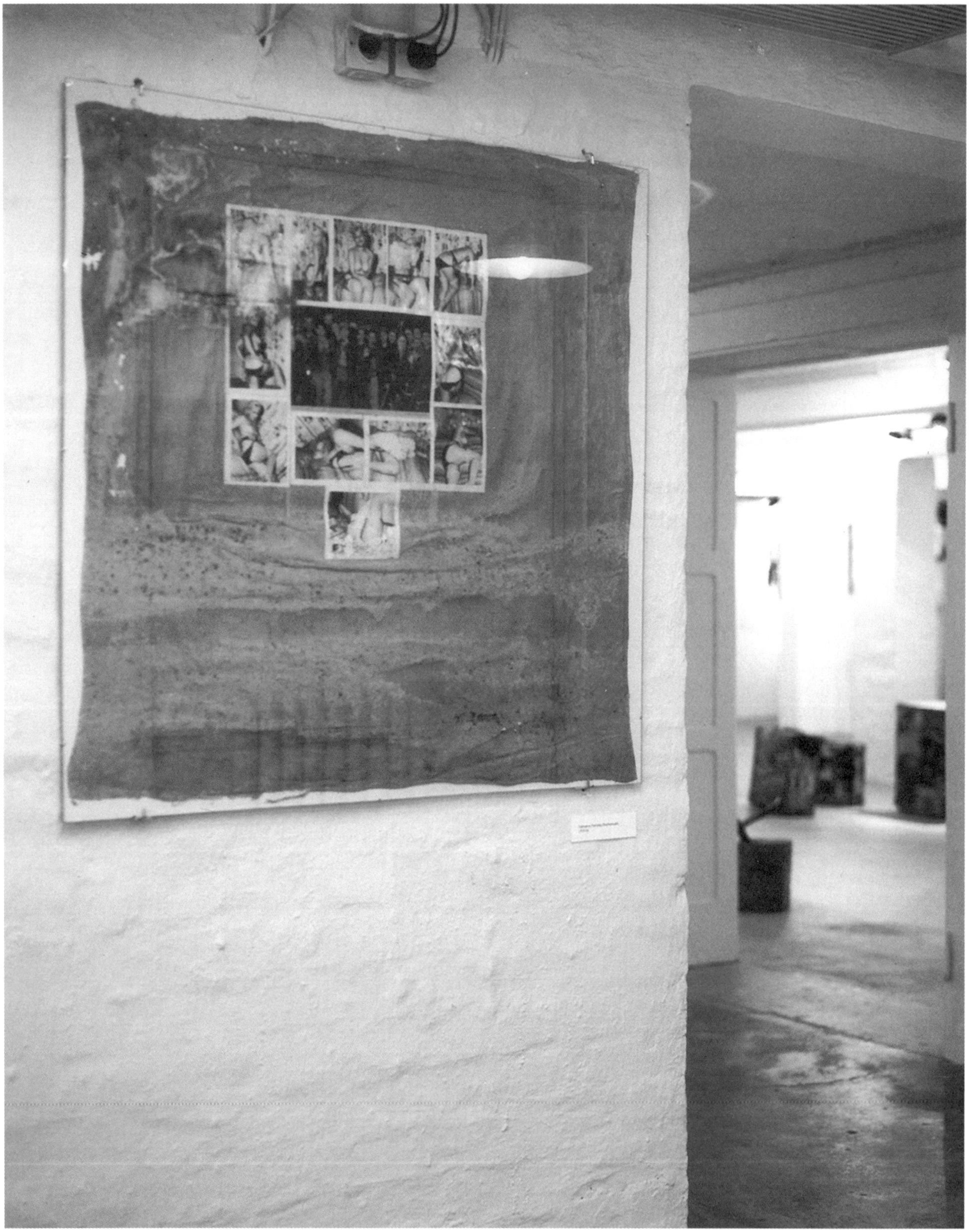

Boris Lurie-Ausstellung im Desinfektionsgebäude der Gedenkstätte Weimar-Buchenwald (Detail #3)

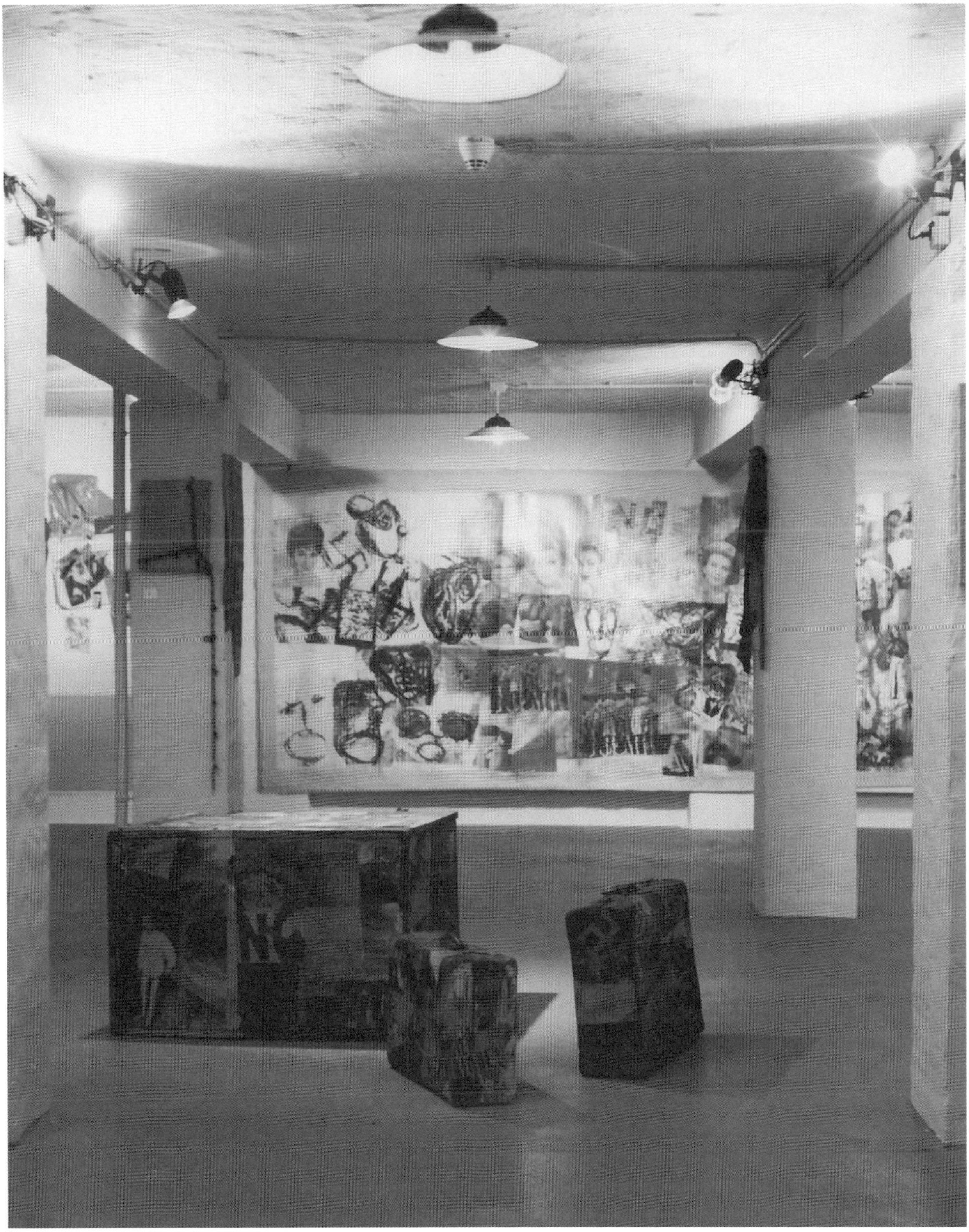

Boris Lurie-Ausstellung im Desinfektionsgebäude der Gedenkstätte Weimar-Buchenwald (Detail # 4)

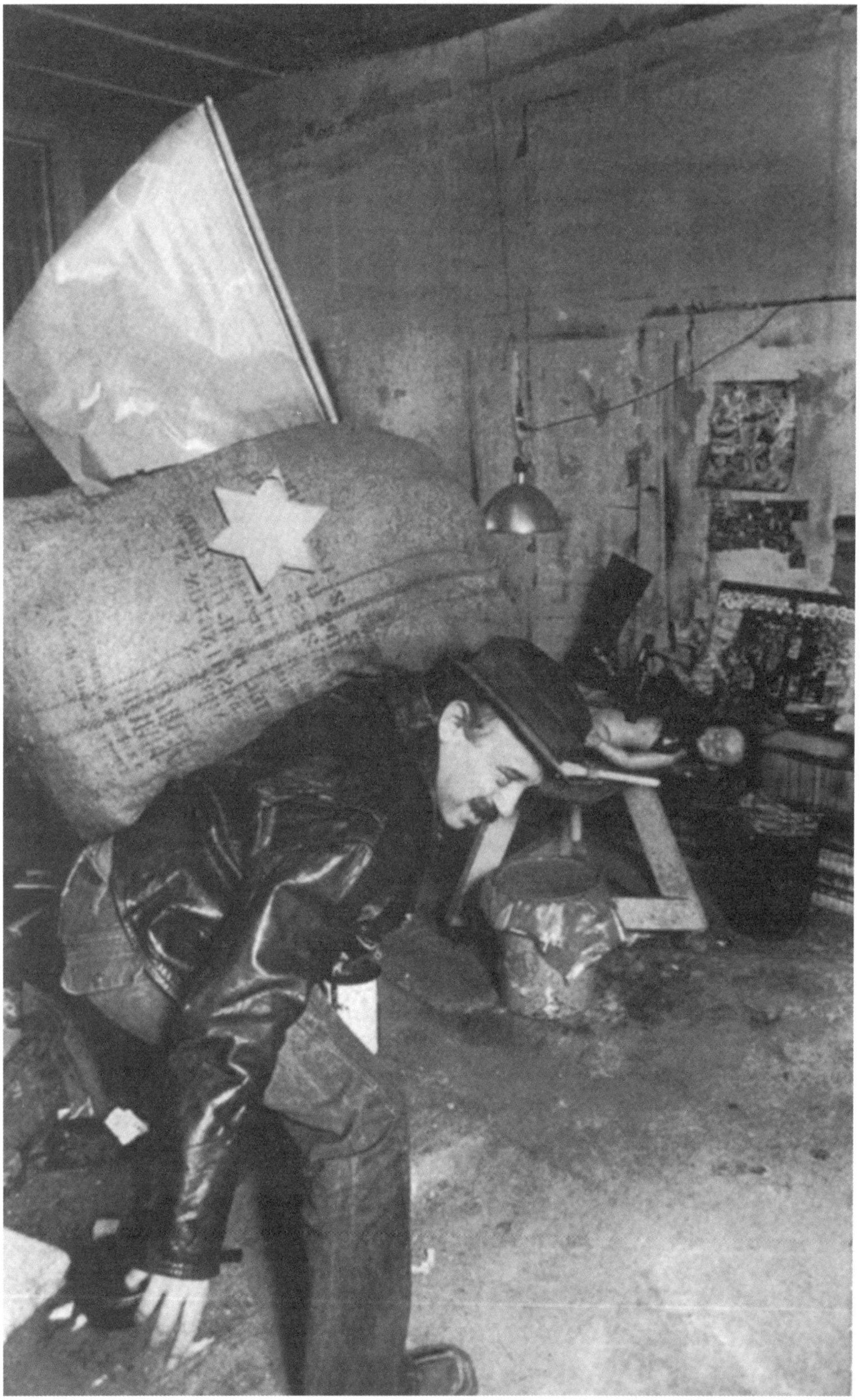

Boris Lurie in seinem Studio in der Sixth Street, New York (Downtown), 1977

Geschriebigtes
Gedichtigtes

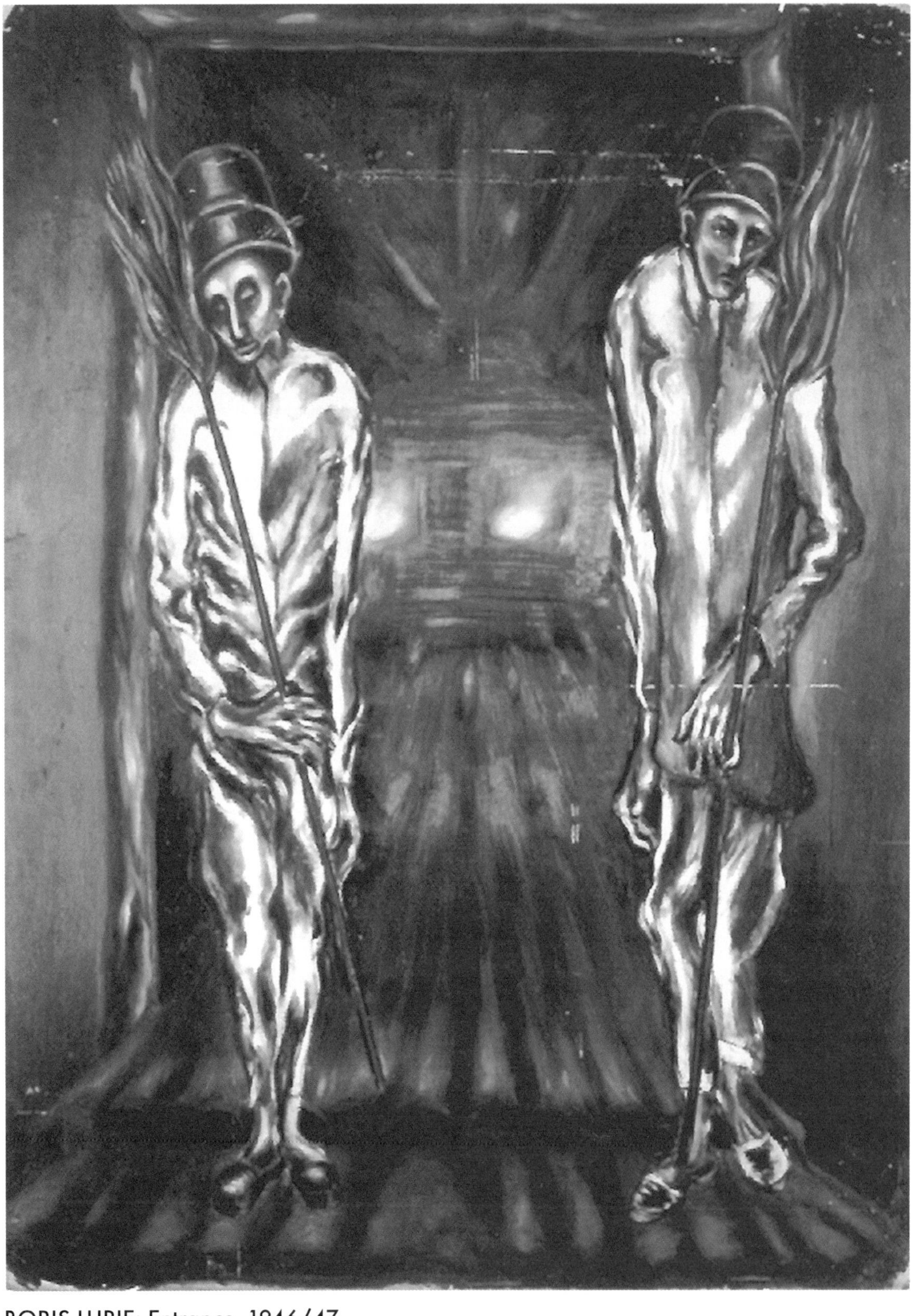

BORIS LURIE: Entrance, 1946/47

[1947]

NACHT, STUTTHOF

Um sechs Uhr ist der Tag zu Ende. Alles ist ruhig, leises Schnarchen tönt durch die Baracke und hin und wieder ein leises Seufzen oder Selbstgespräch. Und auch der Gummiknüppel, der die Menge zur Ruhe gebracht, auch der liegt müssig in der Ecke des besseren Zimmers, wo die Herren schlafen, die Kapos und Aeltesten zu Abend essen und sich das Neueste erzählen, während deren Diener sich bereits zur Ruhe begeben.

Die kleine Nachtlampe über der Eingangstür verbreitet ein spärliches Licht, in welchem ich Leute sehe, die in ihren Socken hastig irgendwohin laufen und dann wieder zurückkehren ... das übliche Bild einer ruhigen Nacht, in der sich der Häftling wünscht, dass sie ewig dauern möge ... vorausgesetzt, dass er schlafen kann in Gesellschaft zweier, dreier Kameraden in der Koje, vorausgesetzt, dass er sich nicht das Fleisch unter seiner Jacke blutig reissen muss, vorausgesetzt.

Ein anderer Tag ist zu Ende gegangen und es hat gar keinen Zweck darüber nachzudenken, was an ihm geschehen ist: dasselbe hastige, übereilte Aufstehen wie Tags zuvor, dieselbe Scheibe Brot – wenn sie nicht kleiner wurde –, die dann von einem anderen Häuptling mit Marmelade beschmutzt wird, dann, beim Ausgang aus der Baracke, eine Schüssel mit „Kaffee" für drei, und später das oft vergebliche Suchen nach dem Manne mit der Schüssel ... das Suchen nach einem ruhigen Platz ... dann das Entrinnen vor einer anderen Peitsche, der man unvermeidlich irgendwo über den Weg laufen muss. Es scheint hier ewig zu regnen, der Schlamm dringt dir durch die Stiefel ... und nach dem stundenlangen Apell versuchst du wie gewöhnlich die Umzingelung zu durchbrechen, dich zwischen die Krüppel, die im gegenüberliegenden Block hausen, zu mengen, in ruhigere Gegenden des Lagers zu gelangen, um der Arbeit zu entwischen. Gelingt es dir, so läufst du auf den grossen Platz vor dem Haupttor, wo ein reges Leben herrscht. Kolonnen stehen da, Kolonnen alter und „besserer" Häftlinge, und du läufst schnell zwischen ihnen hindurch, läufst in eine Toilette, tust, als wenn du sehr beschäftigst wärst, bis der Tag graut, bis die Kolonnen das Lager verlassen haben. Die Stubendienste kommen inzwischen in die Toilette, um sauberzumachen, und wenn du Glück hast, treiben sie dich nicht auf die Strasse ... Dann, Mittag, wo du jederzeit deine Schüssel Suppe riskierst, wenn du nicht zur Arbeit warst. Nachdem du die Schüssel Suppe ruhig im Magen hast, merkst du, dass die Baracke umzingelt ist, und kein anderer Ausweg als zur Arbeit dir geblieben ist. Und was die Arbeit bedeutet ..., das weisst du aus Erfahrung.

Und nun, nachdem es ruhig geworden ist und alles zu schlafen scheint, verlasse ich die Bretter, breite die Decke auf dem Boden vor den Fenster aus, sehe die beleuchteten Zäune und hinter ihnen ein paar Lichter aus schlecht verdunkelten Fenstern des prunkvollen SS-Gebäudes, und schlafe langsam ein. Ein wunderbares Gefühl ist es zu wissen, dass man Ruhe haben wird bis vier Uhr.

Ein Pfeifen und Schreien weckt mich auf: Manche zögern noch sich anzuziehen, andere sind im Nu in ihren Kleidern. Ich bin zwischen den letzteren. „Alles raus", brüllt eine Stimme in Polnisch. Ich bin vernünftig genug, nicht zwischen den ersten zu sein und auch nicht zwischen den Letzten. Draussen ist es kalt und trocken – ein wahres Wunder hier – und Kolonnen strömen aus allen Baracken. Zuerst werden wir in Fünfer-Reihen aufgestellt und marschieren unter lautem Kommando. Dann erlischt die Stimme, die ersten in der Kolonne laufen beinahe, während die hinteren nur langsam gehen. Andere Kolonnen mengen sich zwischen die unsere, und als wir am Ziel sind, sind wir eine einzige Masse von Zuschauern, die um einen halbbeleuchteten Fleck im Zentrum des Lagerplatzes stehen ... und wohl kaum verstehen, was los ist. Alle Strassen, die zum Platz führen sind überfüllt, Leute hängen an den Fenstern der Baracken, um was zu sehen. Andere, wohl die Mehrheit, kümmern sich nicht darum, was vorgeht, schauen nicht mal zum hellbeleuchteten Punkt herüber. Wir erkennen fast gleichzeitig ein Gerüst, einen Galgen. Wir erinnern uns, dass er schon am vorhergehenden Tag dagestanden hat, jederman wusste, dass jemand gehenkt werden würde ... doch wir alle hatten es schon längst vergessen ... Ein beruhigtes Murmeln fängt nun an – was bedeuten soll: das ... also ist es! –, das durch ein lautes, „Ruhe!", unterbrochen wird. Wir hören nicht, was der Mann sagt, wir merken bloss, dass er zuerst Deutsch spricht, dann Polnisch. Und dann kommt eine Gestalt in Sicht, die Gestalt eines Jungen. Die meisten drehen sich um und schauen in die

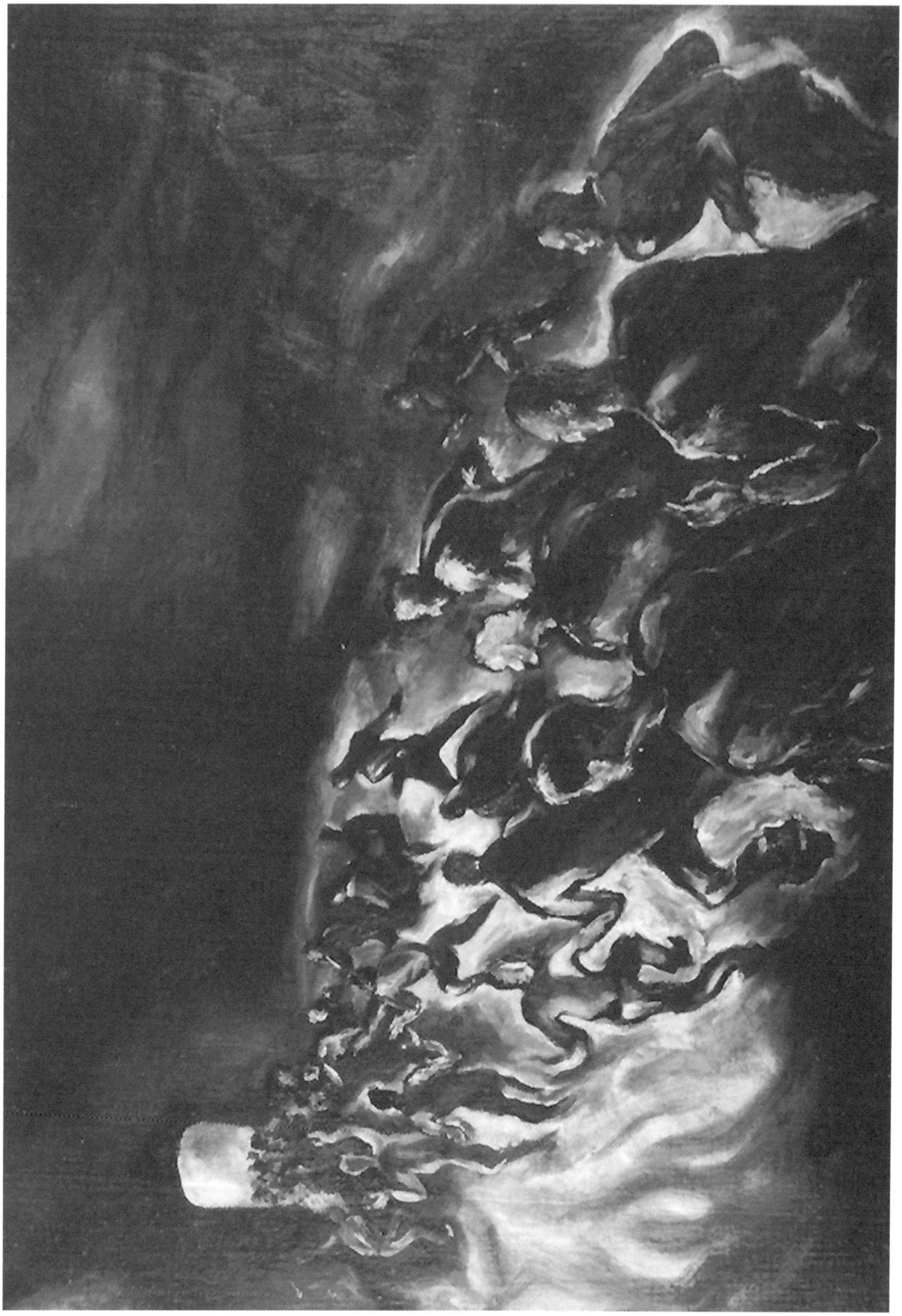

BORIS LURIE: Back from Work, 1946/47

entgegengesetzte Richtung. Andere, die schon auf halbem Wege zurück sind, drehen sich um, bleiben stehen, und warten doch. Und ich schaue hin, dorthin, wo er auf dem Stuhle steht, und es scheint mir als wäre er ruhig und gefasst. Niemand spricht und niemand ruft ihm etwas zu. Das Selbstverständliche muss geschehen und die Strafe ist wirklich nicht gross. Der Lagerälteste, der die Zeremonie leitet, stösst den Schemel weg, der Junge fällt und hängt. Und dann gehen doch die Mützen herunter, zuerst vorne beim Galgen, und dann geht es wie eine Welle weiter. Während die Letzten die Mützen erst abnehmen, haben die Vorderen sie schon wieder an. Er soll noch ausgerufen haben: „Lang lebe die Rote Armee und die Sowjetunion!" Ich habe es aber nicht gehört.

Es gibt keine geschlossenen Kolonnen mehr, als es zurück in die Baracken geht. Es wird wieder gesprochen, vielleicht leiser als zuvor. Und es scheint mir – natürlich ist das Blödsinn – als wenn ich der einzige wäre, der sich nur einen einzigen Gedanken gemacht hat, über den Jungen, den Schlosser, der aus Russland kam und einem SS-Mann mit dem Montierschlüssel auf den Kopf geschlagen hat. Vielleicht hatte ich die Gedanken deswegen, weil ich doch glaubte lebenzubleiben. Vielleicht. Und unbekannter hängender Heldenkamerad: Was glaubte er?

Und dann ist es wieder Nacht und später Morgen. Und auch in Stutthof bei Danzig ist es hell bei Tag und dunkel bei Nacht. Aber grau, düster und regnerisch ist es da immer – bestimmt auch jetzt.

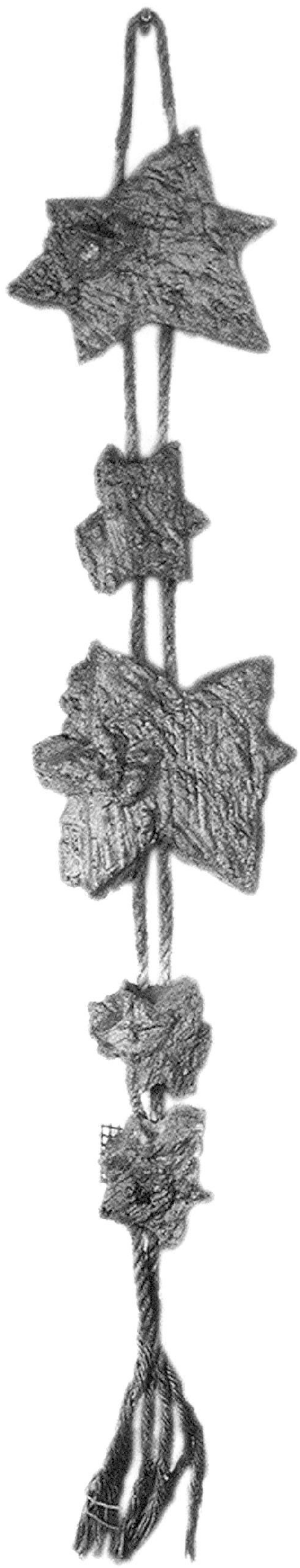

BORIS LURIE: Rope and Stars of David #1, 1970

[1955]

Hier, in New York, Friedl,
ist es anders als in den Buchen-Wäldchens

Man geht zum Doktor und er schaut Dich
drüber
ob Du ihm Wert bist ein Hundert *or* ein Tausend
KaZet-Reichs-Dollars.

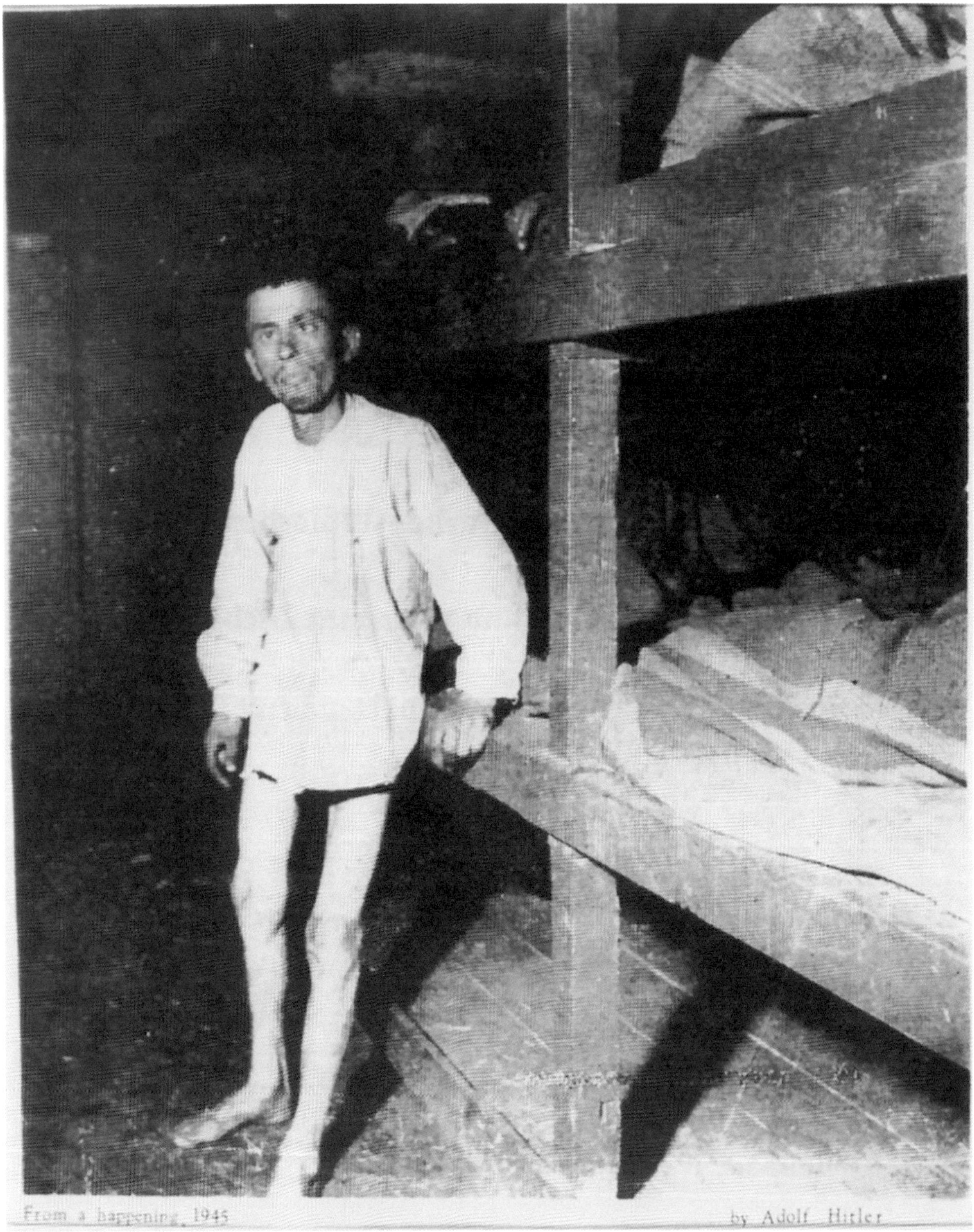

BORIS LURIE: Happening by Adolf Hitler, 1962

[4. April 1984]

DREI SCHLANGEN

schwimmen in dem Wasser über der Betondecke, eine ohne Kopf. Nein, eine ohne Körper – hat nur einen Kopf. Den Körper haben wir schon aufgegessen. Nun ist es wirklich so, dass dem Kopf ein neuer Körper wächst, damit wir ihn dann wieder essen können? Oder wird aber der neue Körper schlammer, schwächer, nicht gut zum Essen sein? War es nicht vielleicht doch ein Fisch, der aufgefressen wurde? Ein Fischkopf nur, der jetzt ganz von alleine herumschwimmt? Die zwei Schlangen, die da im Betonwasser schwämmeln, sind meine zwei Schwestern – die eine, grosse und robustere und die sehr schöne Schwester, die schon längst bei den Toten ist. Der Schlangen-Kopf oder Fisch-Kopf doch – der bin ich.

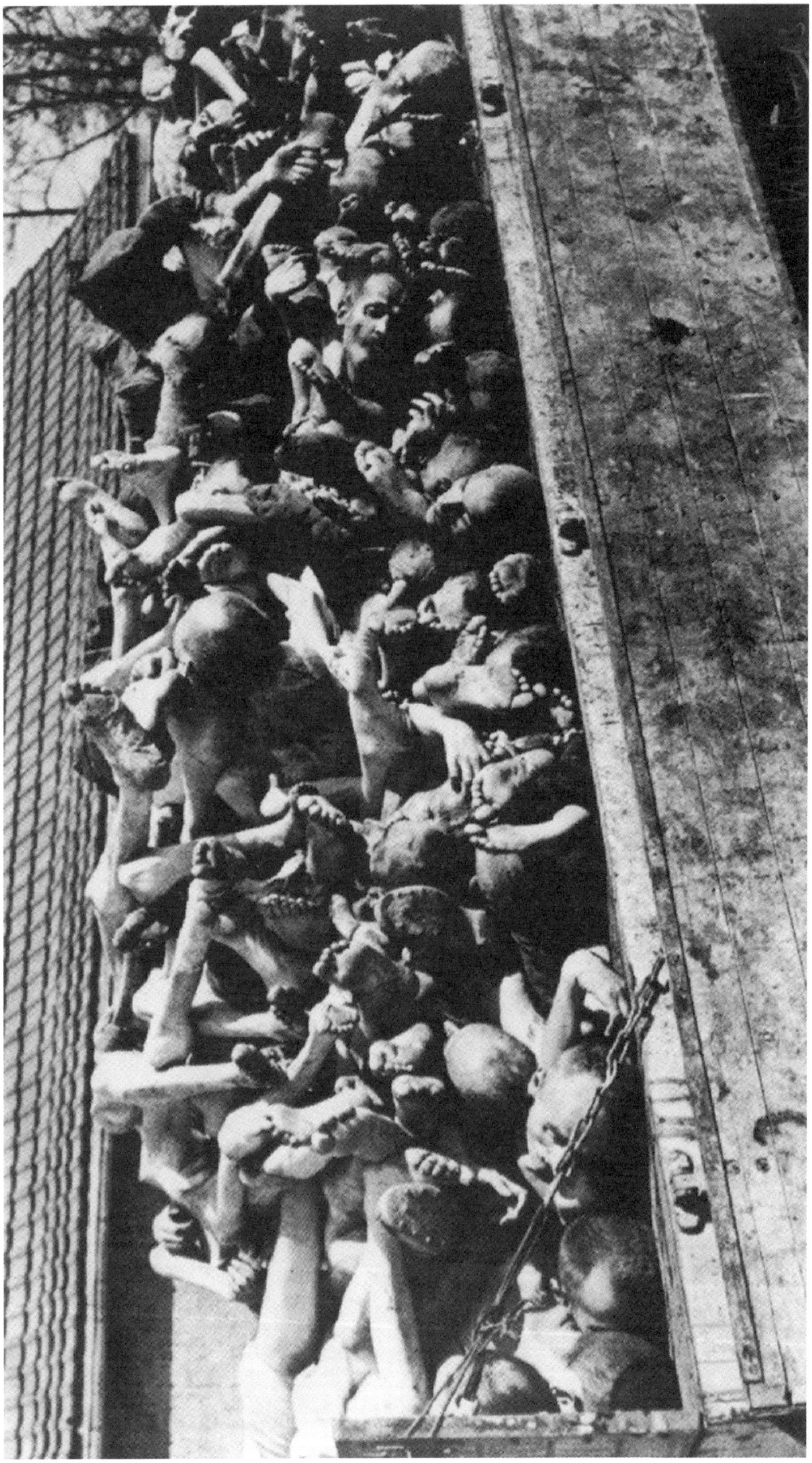

BORIS LURIE: Flatcar Ensemble 1945 by Adolf Hitler, 1962

[Februar 1985]

Drei separate Zeilen --

was schőn, ist hässlich, was hässlich ist doch schőn!
ach gib mir doch ein wenig Zeit zum Schmerz!
ich liebe die Pariser Prostituten.

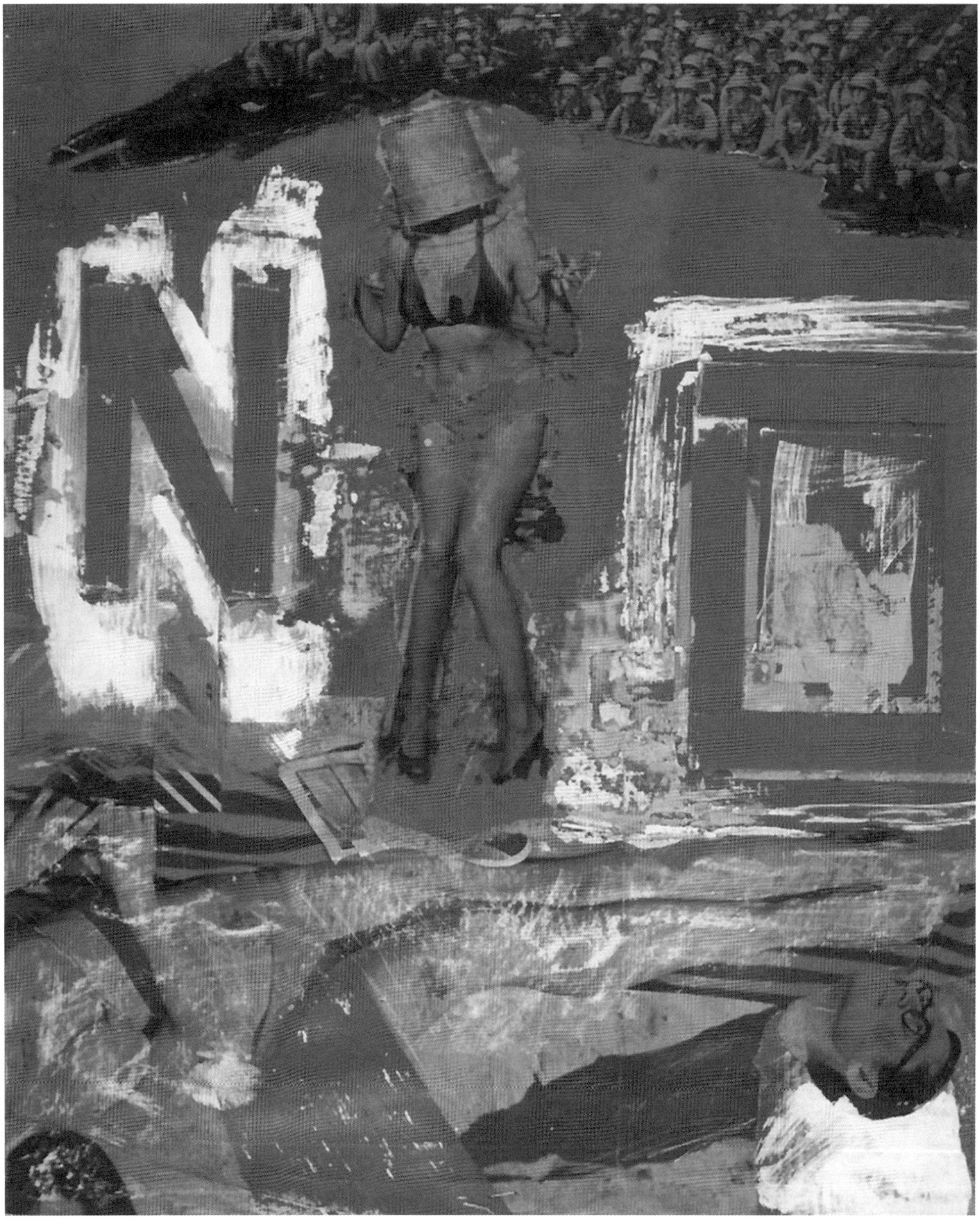

BORIS LURIE: NO with Pinup and Pail, 1962

[März 1985]

GESCHWOER AN HEINRICH HEINE

Warum schreibst du gar nicht All (...allhimmlisches) – in Getto-Sprache? Warum denn im Aegyptisch der Sklaverei Amerikas? Ich denke ... haha nun schon seit neununddreissig Jahren, versuch' es, wenn man's denken rufen kann: In Wolkenkratzer-Hochägyptisch verknüpfle ich mein Hirn. Warum denn nicht in Hoch-Voll-Blut-Deutsch? Die netten dadaistischen Grosskinder (verzeih mir's... – un-Blut-linear-verbindlich) der Intellektuellen von den SD-Sonderkommandos, „might find it very much amusing". Was ich auch hiebei tu: auf aus dem tiefsten Massengrabe Untermenschen-Deutsch. Warum denn nicht in deiner eigenen Gettosprache sich zuzudrückeln? Die jüdisch' Sprache einst in bezäumten Räumen konzentriert, rennaissanciert von Höherer-SS-und-Polizei mit Himmelsfahrt-Germanicum ... sie fing schon an beinah', im ersten neuen Judenstaat, mit offiziellem Adlersstempel zu existieren – doch die Zeitfrist, die ihr zugeteilt von den europawestlichen Kulturbehörden, verhinderte ihr Vollblühen. Dreiviertel der Getto-Insassen sprachen's mit Schönheit, die wahre, unverschmähte jüdisch' Mutterzunge. Doch damals nicht, im verdrahteten Quartier – das baltsprächelnde deutsch-kokettierende Ich: Kaninchen dieser linguistischen Selbst-Sezierung.

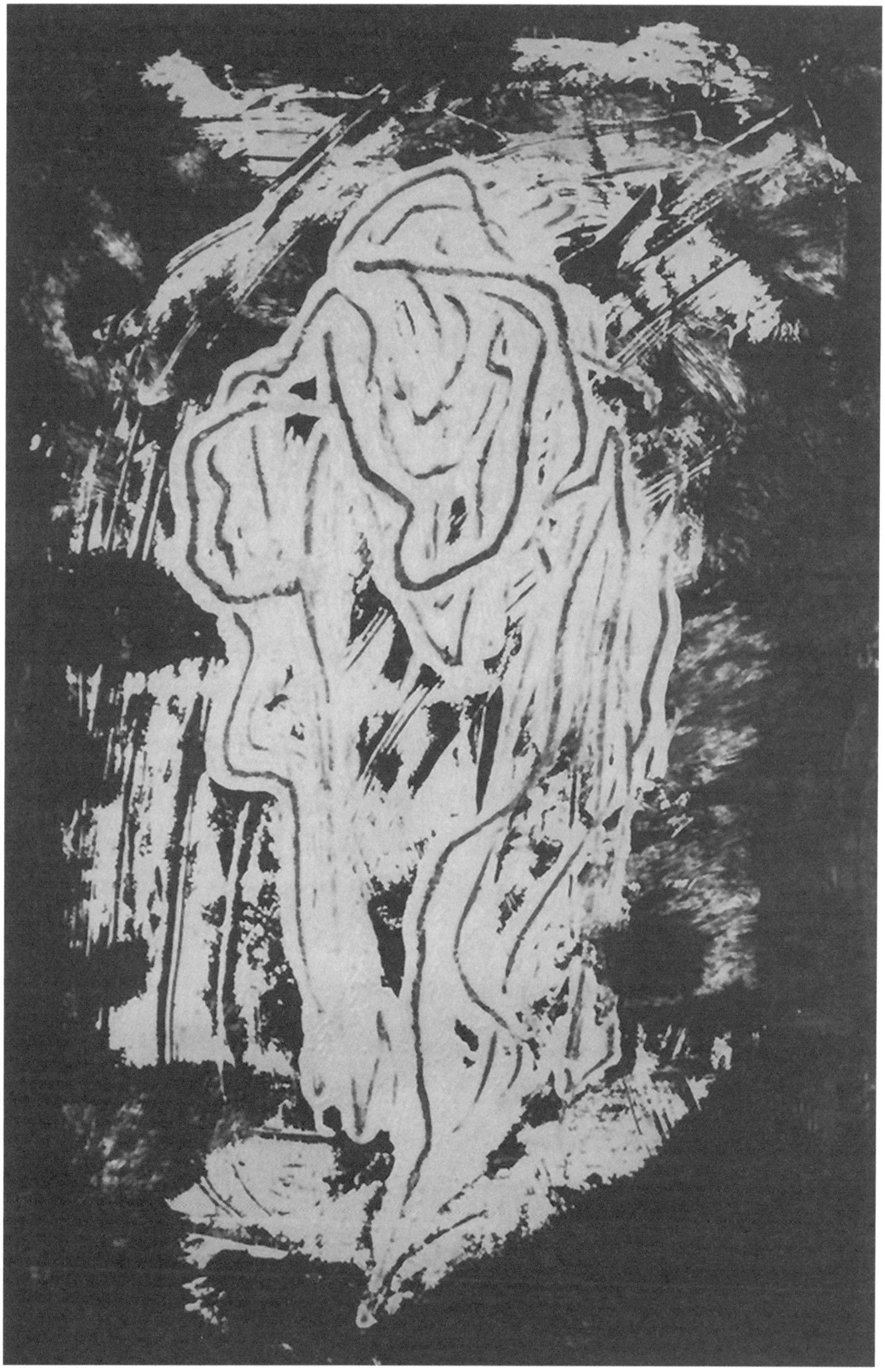

BORIS LURIE: Feelpainting #1, 1970

Hab's Jiddisch später nur langsam erlernt, obwohl Vater und Mutter es mit Geschmack sprachen – intim, und nicht intim, wenn zankend (nebst der so zärtlich-und-hysterisch Russensprache). Ich konnte Jiddisch nur palavern sehr unfrei ... so spät wie Stalingrad geschah im Anno Zweites Jahr (der ersten deutschen, nicht später zweiten, amerika-ägyptisch Sklaverei) – und ich bin achtzehn. Und nicht bei der strahlenden Roten Armee, doch Getto Sklavensturmkommando. Wo Jiddisch die Sprache aller toten Mütter ist (auch in der Freiheit-Heutzutag). Und ich begann's zu sprechen, als ob ich's immer kannte (mit Ausnahme von dem sovielen Seelischen, was ich nicht kannte ...), und schau! Die Worte kamen doch ganz bilderschön! Nun schreib' ich, Grosser Poet der Suffranz, des, was sie nennen Holocaustes (als ob es so ein Dante, den ich nicht gelesen, schreiben könnte) – statt auf arabische Dörfer zu schiessen, zur Renaissance meiner Eier, in meiner Wut. Forciere mich zu raisonieren, rational und cool und postitiv, wie ein displaced'er Immigrant es nun mal muss – im Nebulae-Jew-Yorkicum. Verstehe die amerikanischen Buchstaben ganz gut? Kaum die anglopharaonische Satzstellung. Des' zischende Finesse bleibt mir fremd. Ich habe in KaZets zuviel gefressen. Ich schaff's schon, auf Imperialistisch-Zunge irgendwie. Obwohl die Eingeborenen hier fühlen, dass ich Alt-Bolschewistisch spreche. Und dann ... mir selbst vorlesen, was ich geschrieben, ist Tortur. Und diejenigen, die mich für einen verkauften Kaffee lesen, sagen nichts, nur schlucken. In meinem Hochdeutsch besitze ich doch einige Gefühle-Raffinessen. Und meiner Grosseltern

Jüdisch ist schon längst entweht. Zu wem und wofür soll ich kauderquatschen, in meinem Jenseits-Riga-Baltisch-Jecken-Deutsch? Diejenigen, die meine Sätze platzen hören sollten, – die hören's ja sowieso doch nicht.

Die erste Sprache, die mir die Leningrader Milchbrust-Ammen eingeflösst haben, das Russisch, kommt letztens auch stahl-stark, wie der verschmähte Kamerad Stalin, es wird, überall zurück. Ich symphoniere es ganz gut; mit Mischmaschakzent auf die längre Dauer (viel schlimmer noch als der Grusine Stalin). Das Jiddischsprechen blüht nur kurze Weile... es wird nach drei Minuten Friedhofssteine schwer. Aegyptisch-anglosaxonisch geht schon ganz gut in der leichten Konversation, sobald die vielfache Diaspora hineingewachsen in mich, ich nicht versuche zu verbergen. Jedoch ist alle längere Unterhaltung, in einer jeglichen Pferdeverspannung: ein Wurg. Sowas konnte auch bei allen sogar normal-heimsprachgen Leuten lauten. Es scheint mir doch, all' Völker Söhne und Töchter, unterreden sich vorbei, flugweis am Ohr. Und, einer Mutter-Muttersprache lebend oder normal gestorben haben, hilft nix sowieso. Sie vorbeireden sich allbei, um die lebendig/toten Ohren; so ungefähr wie's war in Babylon.

Ich breche die nationalsozialistische Sprache (mein' liebdeutsch muttisprachig Freunde seit mir nicht bös, das ist Subkonszienz-Gewimmel, ich meine das nicht an der Oberfläche so – das klingt nicht weg...). Manchmal, auch 'rum mein Ohrenlappen, da klemmt die deutsche Sprache, singt die deutsche Sprache so melodisch, dass es mich dann nicht zwingt zu zittern. Es sei bloss meiner grosszügigen, doch fremden Tante feine Sprachenkunst: 'Ne noble baltendeutsche grosse Dame hat mich mit Erdbeeren und Schlagsahne gefüttert, nachdem ich hoch auf dem Stuhl Heines „Drei Grenadiere" rezitierte und später auf den Gartenboden mutig herabsprang. Mein' anwesende Mama hat auf paar Wort Deutsch mit der Gräfin Protestation eingetritten – ... dass alle Russen-Judenbengel überhaupt nicht so begabt sein, wie die's meint. Das hat mir einige Liebe für Poesie hinzugezüchtet, was ich beim Erdbeeren- und Schlagsahneessen spüre immer noch. Doch wusste damals nicht, dass ich bei Heines Judendeutschen nicht als Grenadier, aber als Jud und ohne Zuckersahne, selbst „schutz-gefangen" würde in Goethes Vernichtungs-KaZets. Die Erdbeeren der aristokratischen Dame auf dem Rigaer Strande ermöglichen mir nun zu poetisieren, seid mir nicht bös', es ist subkonszient – auf Rachendeutsch.

Du glaubst mein Freund, mein Menschenfresserfreund, das was gewesen ist, ist nicht mehr? Mein Vater, möge er gut ruhen, sagte pensive zu sich, in meiner Anwesenheit jedoch, damit es meine Eier rühre: „S'ist alz a Cholem." (Traum) Er folgte nie dieser apatethischen Versündigung, er war, wie er sagte: „Gross-Fabrikant." Er irrte sich. Was ist geschehen-und-gewesen, das verschwindet nie. Das lebt forever darling, auf unerreichbaren Höhen oder tief, in dem Seelenschmiehl. Und kommt immer zurück und klopft schön an der Hirnestür. Und falls gerade nicht bei mir, dann bei Dir-und-Dir, und dem verwesten Dir-und-Dir-und-Mir. Soviel denn für „verstehen", nicht verstellen.

Die schwer bandagierte deutsche Sprache klopft nun an

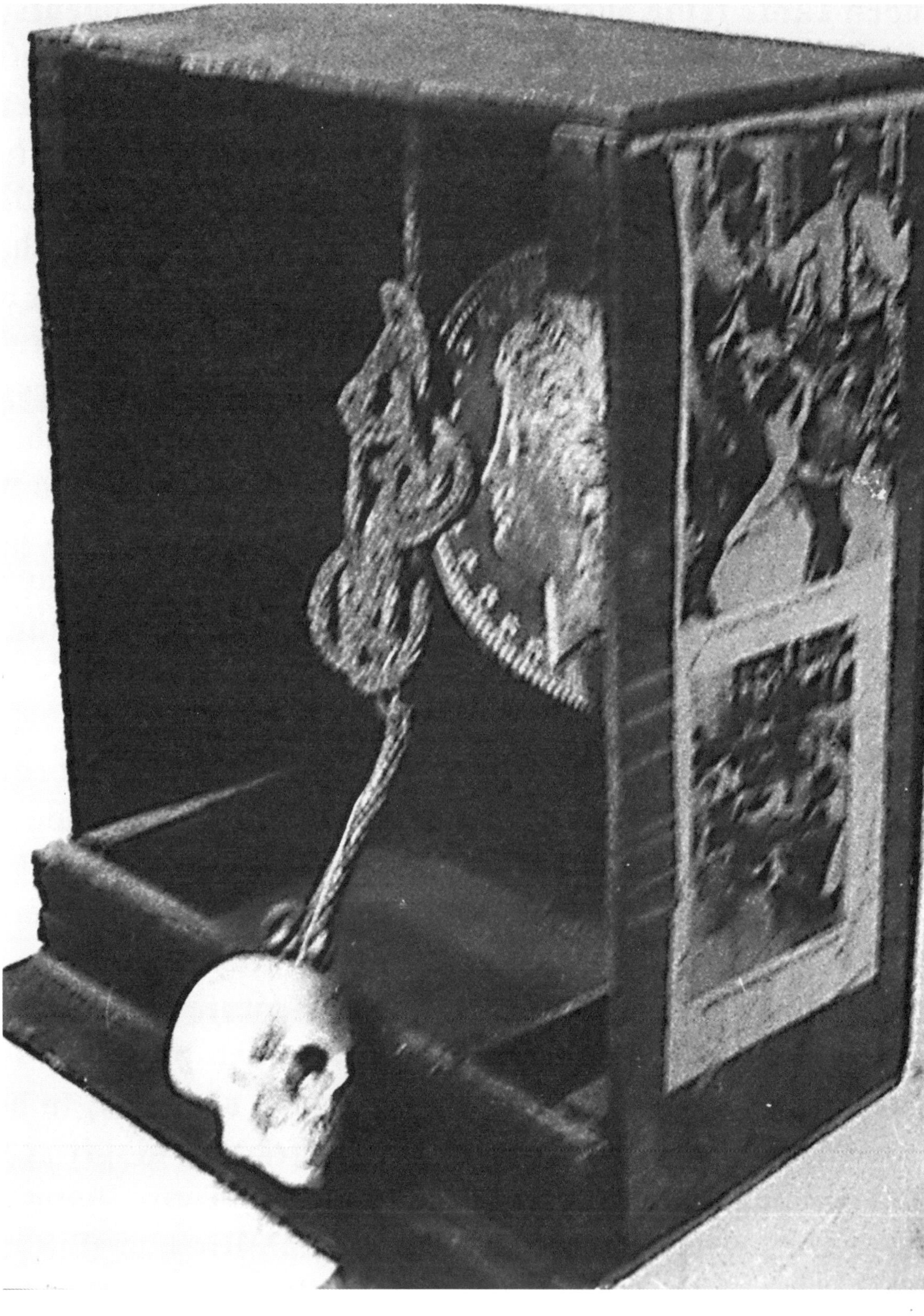

SAM GOODMAN: The Box, 1963

der Seelentür bei mir. Die will wieder hinein. Die gibt mir heut'...ein Butterbrot, das eine „freie" deutsche Arbeitsmagd bei einer Politurmaschine in dem Poltewerk in Magdeburg des Lagers Buchenwald für mich hinterliess... Und sie war schön und blond und sie sprach nie ein Wort (nur, weil es verboten war?), hatte wahrscheinlich nicht den Mut, weil sie sogleich, wie sie im Dröhnen der Fabrik entstand, wieder verschwand ... und mir die Politurmaschine für Granaten somitbei vererbte. Es war ein ausserordentlich grosses Stück Gold, das Butterbrot, bebuttert mit wahrer Ersatzmargarine ... und hatte mir vielleicht den Mut gegeben, von dann ab freiwillig zu schleifen, auch wenn meine Geschütze, zwecks Mangel an Dynamit, öfters als nicht, das Ziel verschleifen; ich schiesse immerhin, vielleicht wegen der Erdbeeren und des Margarinebrötchens – und hoffe wahre Butterbrote, Kuchen mit Erdbeeren und Sahne, nunbei auf eurer Sprache Deutsch zu verschiessen, nicht zu verscheissen.

Mein Rassenlandsmann Heinrich Heine flüstert mir ins Ohr: „Mein Grosspappie und Grossmammie haben Alpendeutsch auch nicht gekannt, keine Furcht! Steig auf die Gartenbank herauf und pfurze, laut! S'ist solch a Zeit", sagt er, „dass man muss stünkeln mit Gewissen!" Ich bin wieder bereit. Der andere schnurrbartete SS-Heinrich hat mich glücklicherweis' verpasst. „Doch schreibt mir liebehaft ins Ohr, was ich zu sagen hab, damit ich dir und deiner deutschen Sprachkunst kein Schwörerei antue!", sag ich zum akademisch-alten Heinrich Heine.

Das Butterbrot, das so einst geschmeckt, drückt meine

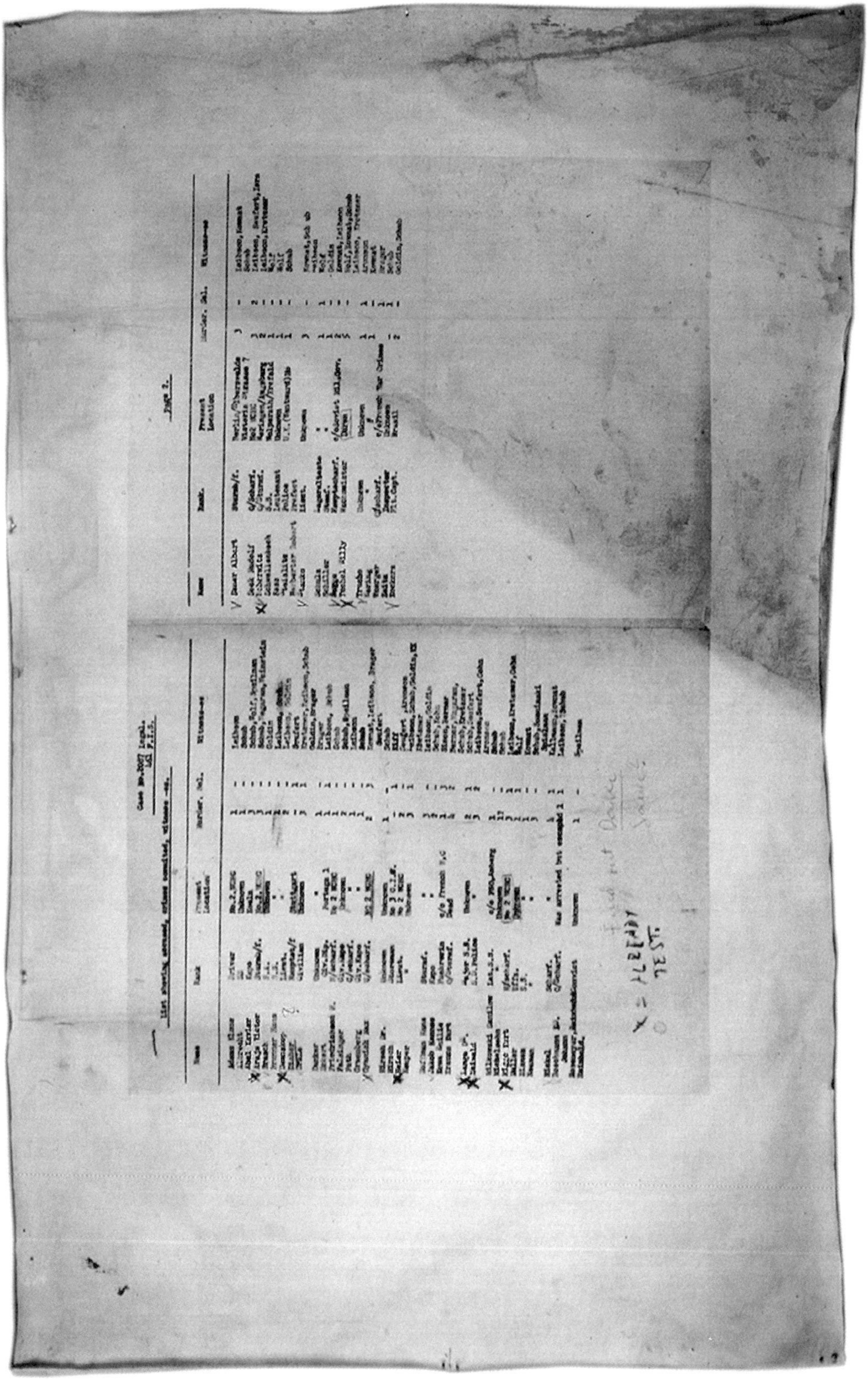

BORIS LURIE: Liste, 1947

Brust wie die Leichen, die Margarine wird von verseiften Ameisen gefressen, und Erdbeeren spucken aus meinem Maul wie Vauzwei-Vergeltungswaffen – auf Deutsch, in die Allherrlich-Ewigkeit. Chagall, aus meines Vaters Witebsk stammend, ist heute – dead! – Wir brauchen neugeboren fünfjährig' Genien-Russen-Judenbengel! Und wieder einmal – mich!

Väterchen Stalin hilft mir rauf auf die Gartenbank. Er wusste damals nicht, er würde seinen Leibessohn (... auch seinen Sohn, mich) als Grenadier in der Gefangenschaft, hät' feig ermordet wissen. Mein Mamma wurde auch erschossen, im gefror'nen Tannenwald. Was mit der Gräfin Baltendame geschah, weiss ich nicht. Und der mich eingeschlossen Heinrich Himmler hat seinen Selbstmord immernicht vollendet. Jedoch die andren Führer wurden von den Amerikanern und dem Papst nach Südamerika verführt zum Tango-Singen. Was mit der „freien" schönen deutschen Arbeitsproletin geschah, weiss ich auch nicht: Muss sie mal in Magdeburg unter den Trümmern versuchen zu lokalisieren. Ich hoffte doch damals ..., dass sie sich in mich dann verlieben würde, den beinah „muselmanischen" Leichnam. Und was den Stalin anstiess, wisst ihr doch ..., er starb und kommt nun stark mit der Faust zurück, in unser Stinkhaus. Er fühlt sich vorläufig noch ziemlich schwach. Ich hänge irgendwo, mit Hitlers Seele, im Berchtesgadener Gebirge. Der Heinrich Heine ist der einzige ununterbrochen lebt und isst für ewig Erdbeeren mit Sahne. Wie sie's – in der toten – Mame-Zunge sagen: „Rosinkes mit Mandlen."

[20. März 1985]

Der Meister stirbt.

Ich stehe sonun auf dem Ei
und balanciere mich auf Stelzen
                                        Sülzen –
doch der glückliche Dali hat es schon geschaffen
sein Leben vergeht nun.

[16. April 1985]

Des Nachts
steh ich
rum die
Flacksweiber
Mein Rotorooter-Scooter brüllt

Statt auf die Scheiben seifen, macht es
desnackts
Quadrille

Mein Seifeneifer schlägt den Mond,
wenn morgens dann die Elfen aufstehn
sind sie alle tot.

Die Alten, dickschwänzige Bäume,
schlagen sich steif
im Wollust
Zorne.

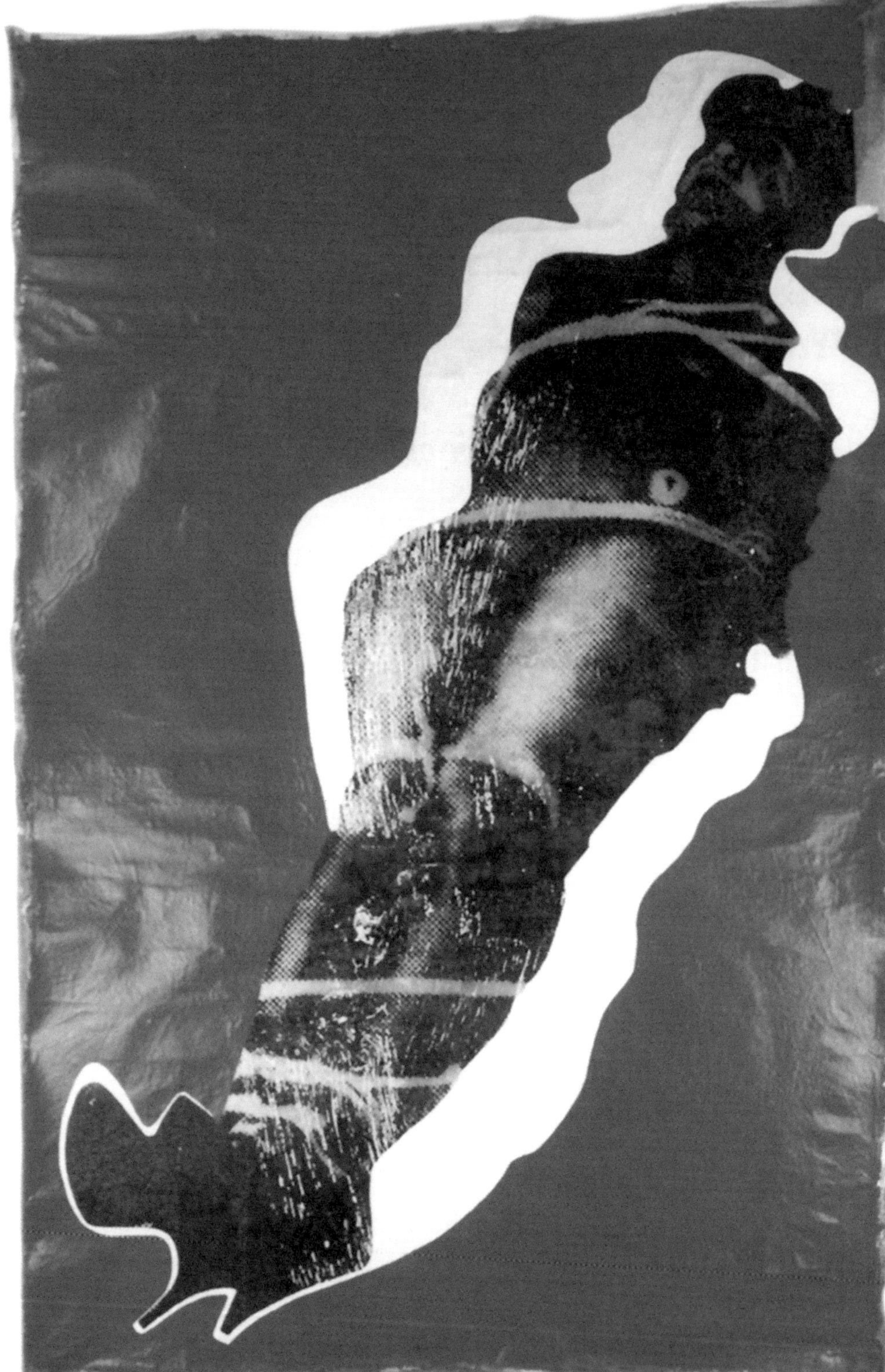

BORIS LURIE: Love Series (Bound with Red Background), 1963

[17. April 1985]

Was ist das Symbol der West-Schweinerei?

Das Schweinefräuchen, natürlich, dasselbe das ist abgebildet auf Magazinendeckeln, mit Maul, aus dem verstöhnt mit Saugepumpen, die nasse Stinksheit-Wollust.

In einem widrigeren Masse, die noble Kunstes Filmaktrisse, die ausschaut scheu, nur ist beschmutzt mit Hochkunst-Syphilise.

Warum wehen sie dann ihre Fahnen so offensichtlich? Das Sau-Schuld-Komplex, als heiliges Symbol, soll doch intim im Eierstock verborgen sein.

Doch nein –, die sich aufopfernden Christianer hielten das Kreuz hoch,obwohl es schrecksam und gefährlich war.

Das Schweinsweib-Lippenmemorial verbirgt gar nichts: und saugt alluns, in den parfüm-stunken Säuretopf hinein.

Die einzige Abwehr hier gilt, ist sich hinlegen, und aus den doppelt-knallrot Münden, zu bepisst sein.

[22. Dezember 1985]

Die grossen Künstler existieren ja in ihrem Schleim
– „Mooresbrüder"
Die Schönheit die ist Wahrheit
haben sie in unverknüpfter Einfachheit
weisswölkig gegen Blau des Himmels
in KaZets gesehen.

Nicht so, wie in Museen –
wo man keinen Schleim zu fressen kriegt.

Das ist doch vielleicht alles Melancholia,
nach dem Guten/Toten.
Da´s überlebt ist,
hängt man sich auf, die schleimig scheinheilig Medaille.

Ich bin so schrecklich hungrig,
doch schlucken kann ich nur noch guten Strassenschleim.

Das gibt es nicht, in Konditoreien,
entgegen Kunstschund zu verhandeln.

[30. August 1987]

Das ist, ich bin Kaninchen
das bei der Eigensezierung, Heil abermals Radierung!
– umgebracht?

Nun spricht das Telefon, laut,
Guten Morgen Kindchen Rindchen:
Wiederaufstehen! *Wiederaufstand!*

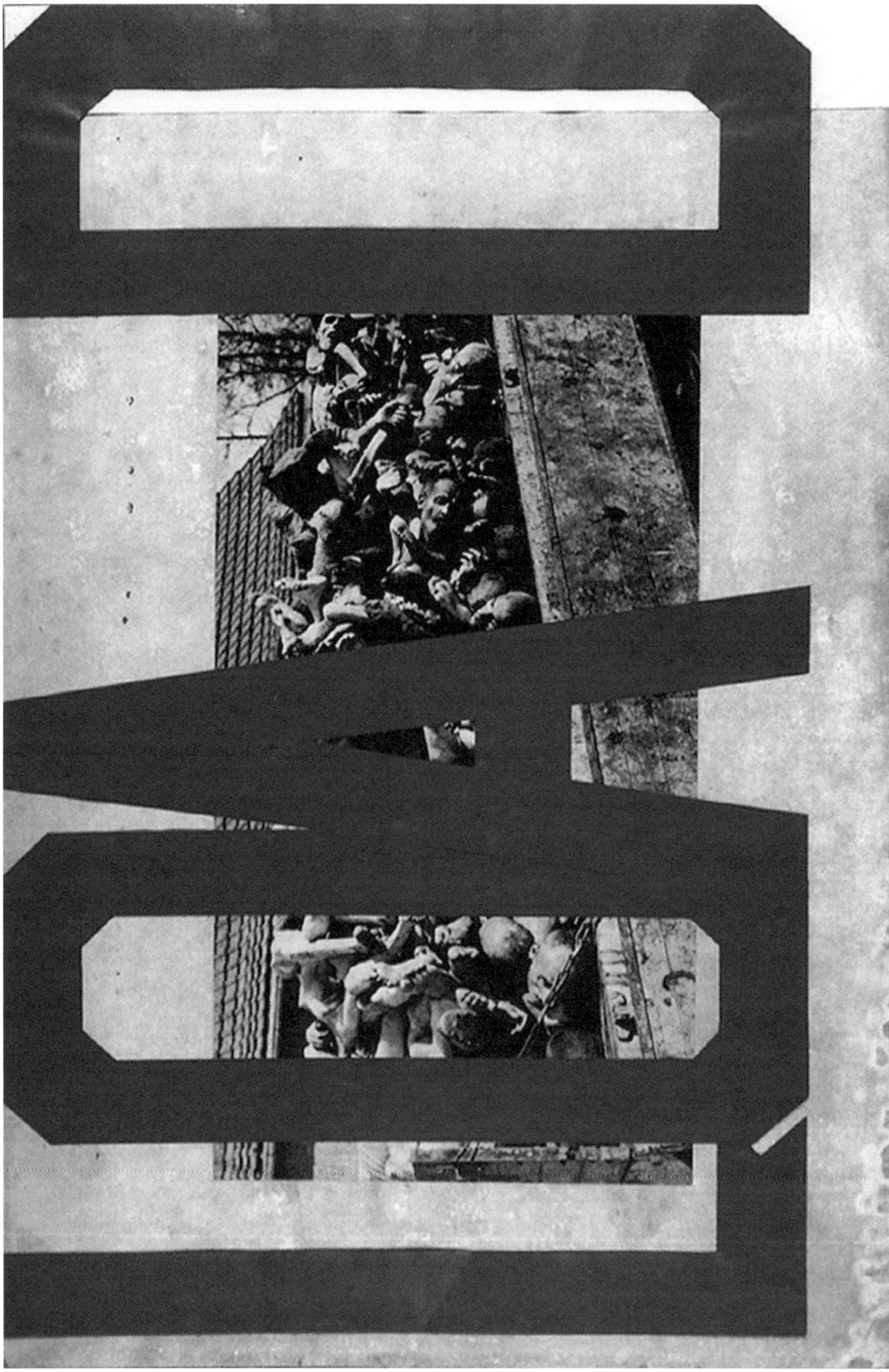

BORIS LURIE: Hard Writings LOAD, 1972

[30. Juni 1988]

SICH MIT DEN NAEGELN NICHT ZU KRALLEN

Da klettere ich herauf, der Schacht im Felsen, keiner stört mich nicht dabei, klettere, so gut und kein Problem, vorbei an manchem der Gardisten, die auf den Felsenplattformen sitzen, stehen, die lassen mich passieren, überhaupt mich nicht bemerken scheinen...gelange in die Oberlage – natürlicher Ausgang ist verweigert, da ist ein Schlitz, zu dünn um durchzukriechen...die haben ihn vermauert? Kaum, der Felsen ist ja Felsen, und so ist's unvermauerlich? Ich hänge an den Händen und kann bestimmt nicht zurückklettern, geht es nicht als mich nur fallen lassen.

Da unterm Felsen, da ist ein unterirdisch – Alpensee. Drei Häftlinge plätschern falsch in einem flachen Boot herum, warum, das weiss ich nicht, es ist nicht wirklich Arbeit noch Spielerei. Es gibt einen unhörbaren Befehl, der leise ausgeführt und dann sich auch – entfremdet. Die Machtinhaber haben ihnen nichts getan, hier geht alles von allein, sie sind, wie es so üblich ist, einfach verschwunden, das geht hier immer alleweil, und niemand kommandiert da viel noch schreit.

Mich haben sie – ich bin so glücklich immer! – immer übersehen, das heisst ich müsste überleben. Die schlimmen Geister hauen wahrscheinlich ab, es ist ihr letzter Krach, reden tun sie niemals nicht, man muss alles von alleine, mit eines Phantasie versuchen zu verstehen, und dann doch gibt es nimmer ein Zurück, du kannst auch vorwärts gehen, doch hilft es nicht.

Am See ist nichts zu tun, kein Schweifen mit den Eimern, schöpfen und wieder zurück... Und wenn ich mich nun heb' hoch in die Schacht ... wahrscheinlich denke ich, dass die patroullierten Wächter auf den Felsenbalkonen, hoch, erstarrt, beim Beipassieren doch von selbst meine Beredsamkeit eliminieren. Passiert aber doch nicht. Der Stein – das bin ich ganz allein – der klettert hoch.

Es ist so komisch, dass auf den Wasser-Wiesen Gräser walten. Doch keine Geister schleichen mehr, in der totalen Dunkelheit, von unsrigen. Die Häftlings-Drei sind wie ein stiller Scherz verschwunden, ich bin allein; das passiert immer in dieser Höhle so. Ich war doch nicht in dem Kommando ihrer und habe niemals einem angehört; immer alleine zweckvoll angestellt – tat ich überhaupt nichts. Wozu denn sie mich brauchten, weiss ich nicht: wahrscheinlich nur um alles anzuschauen, zu vermerken. Sie brauchen vielleicht später wen zum Aussagen, verstehe ich doch nichts – es ist so klug! – Ich könnte immer wieder nur jawohlen.

Doch wirst du sehen, die lassen trotzdem mich nicht raus. Das heisst, sie lassen schon, der Felsschlitz lässt nur nicht. Nur unten-nach, zu dem Absturz; auch wenn sie endlich abziehen nun. Das Fallen wird doch kaum erträglich sein; ich spreche nicht nur von dem Felsenboden zehn Stock zurück herunter.

Was die da machen in der Kluft, was sie angezettelt haben, und warum solch eine – Institution? – wo man nur unterirdisch Boot fährt – warum leitet? Die haben bestimmt ihre eigen-keine Gründe. Mein Job ist doch zu überschallen und nicht die Pesach-Kasches fragen, die in den kahlen Hallen hallen. Das klärt sich alles gar nicht späterhin, wenn die Recherchen wie leise Guillotinen gar nicht fallen – sollte ich wenn...dabei bin; sonst werd' ich nichts entballen. Passiert ja doch nichts.

Doch mit dem Steinschlitz schmal so klein, dass ich mich dadrum nur mit Fingern krallen, da gibt es nichts mehr als Absturz, doch weiss man nicht, ob zehn Stock auf den Felsen fallen, heisst kaputt. Solch' Sachen sind nicht jedesmal bewiesen, und wenn man stürzen kann, dann könnte man auch fliegen; vielleicht nicht. Das wird sich alles kühle sehen lassen, wenn man den Boden trifft. Ein Heraus aus dem Schlitz zu Oberflächlichkeit, gibt es doch leider nicht.

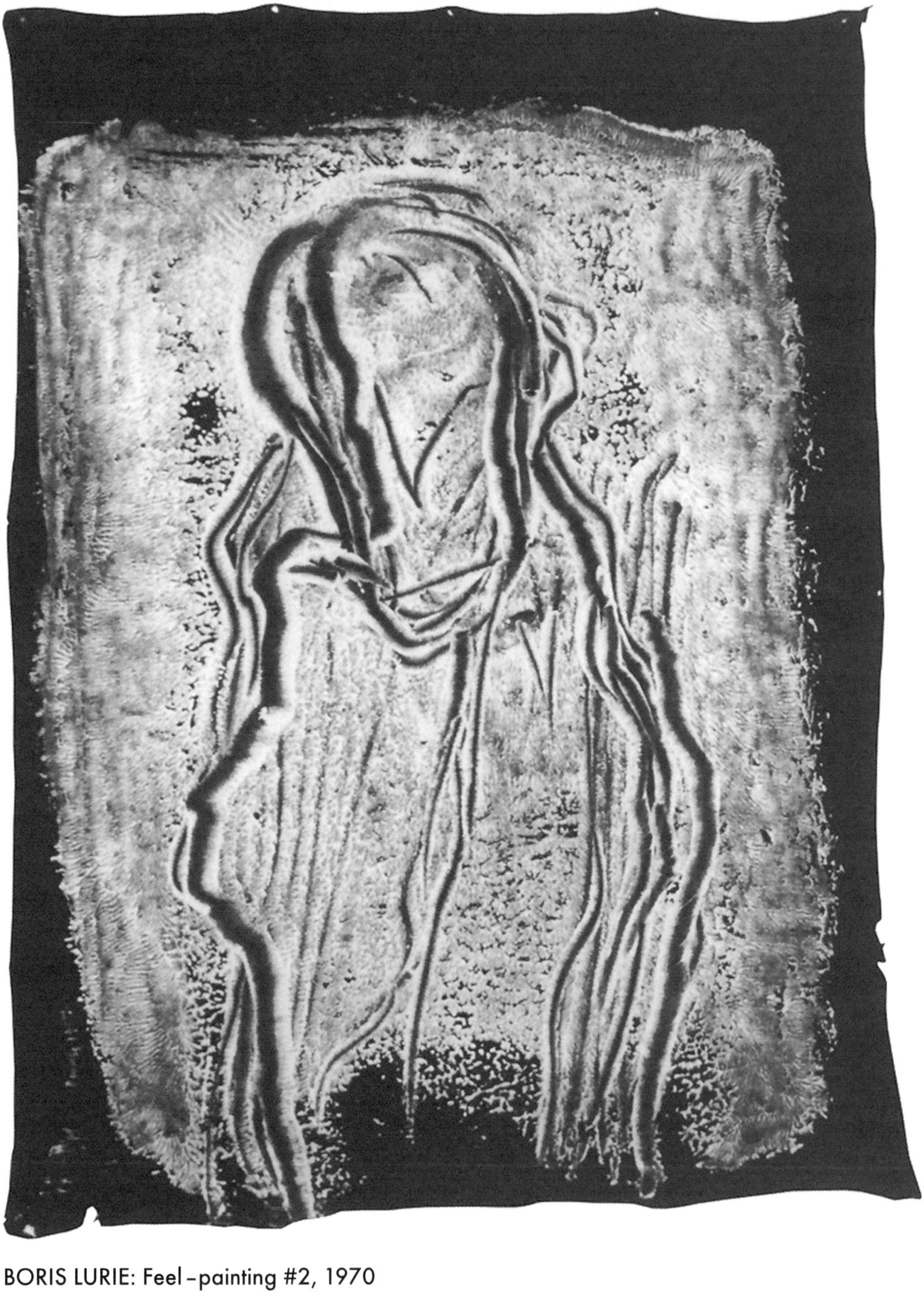

BORIS LURIE: Feel-painting #2, 1970

[17. Juli 1988]

Er kommt nur spät nach Haus
Die heil´ge Arbeit macht nicht frei
nur Sklaverei

und wenn er nun Daheim
da legt er sich ins Bett ans Arschloch
seines Schwein´
und säugt und säufzt und säugt es rein
und heilig ist er
weint und weint.

[23. Juli 1988 Köln]

DER ITALIENER STUTTHOF-KAZET DANZIG-KONSUL ALDO CORADELLO

Muss ich mich überlaufen, schützen, putzen, kriechen –
nach Stutthof Sztutowie bei Danzig-Gdansk,
am Baltisch Mutter-Urin-Bucht –
Museum Stutthof, Stutthof ewig, deutschgeschrieben –
wo an dem Tische dauernd sitzt
in einem Vorzugshäftlingsblock,
am Tisch – allein – kein mehr Gefangenwesen
allein, aus Holz, wie es der Tisch, geschnitzt,
mit seinem italienisch-Schnurbart, kleinem, aufgeklebt

– und auch wie damals, sagte fast nichts niemals nicht
sein Deutsch war gut
– doch gab mir Suppe!

was er nicht heutzutage kann,
weil er ein Statuum aus Holz,
und keiner mehr, im KaZet Block,
als ich, und er, aus Holz:

Wo soll *ich* „dichte" Suppe kriegen
um seine Gutheit nun zu füttern?

[7. Dezember 1988]

DER
DOM
SCHIFF
PLATZ

auf dem die Eichen riechen
schliefen
kriechen

schiessen
Eichelnüsse schleifend krachend kriechend
trajektierten

Eichenbäume
Eichenmänner Frauen Kinder
hu-beln

wo die Strassensteine stöhnen
jubelnd flehend
ob Verwesen.

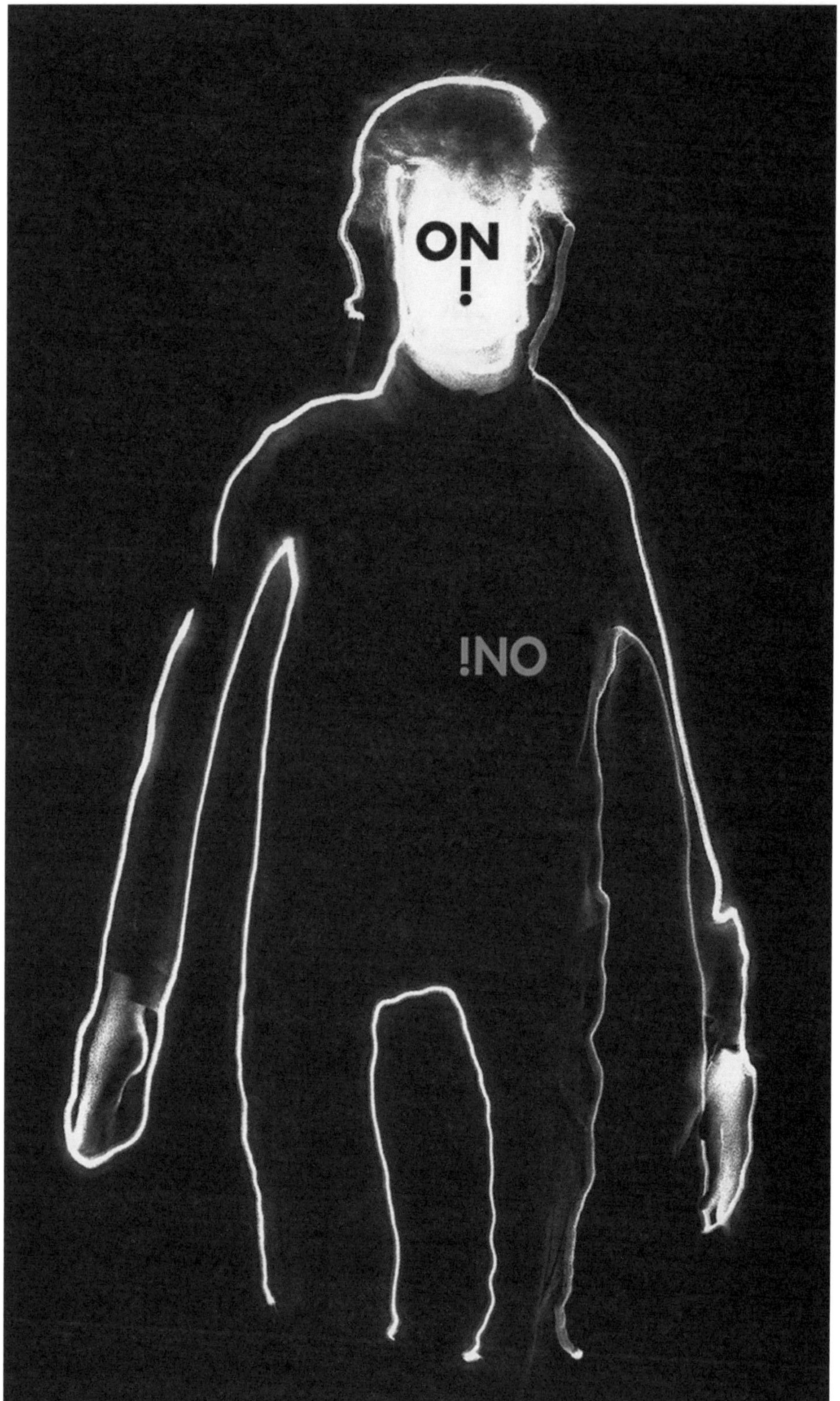

DIETMAR KIRVES: ON!work, 1993

[29. Februar 1990]

AN KUNST-PARTEIGENOSSE DIETMAR K.

Mein Kamerad ... Du mich besudelst ...
als häftig Deines Vaters, Deutschen Volkes
SCHWER´

Ich kruzifixe
über Deine nackte
tapf´re Brust
Kunst-Ordens-Ritter-Brust
den Judas´ Jesus Christi gelben Davidstern ins Fleisch
und provoziere Dich hiermit
als absolviert von Deines Reiches Schuld

als Römisch Papst
im Namen allerunser Juden.

Wir,
die Erwählten
nehmen nun-ab-nun zurück
das Schuldeslied, auf uns
zurück.

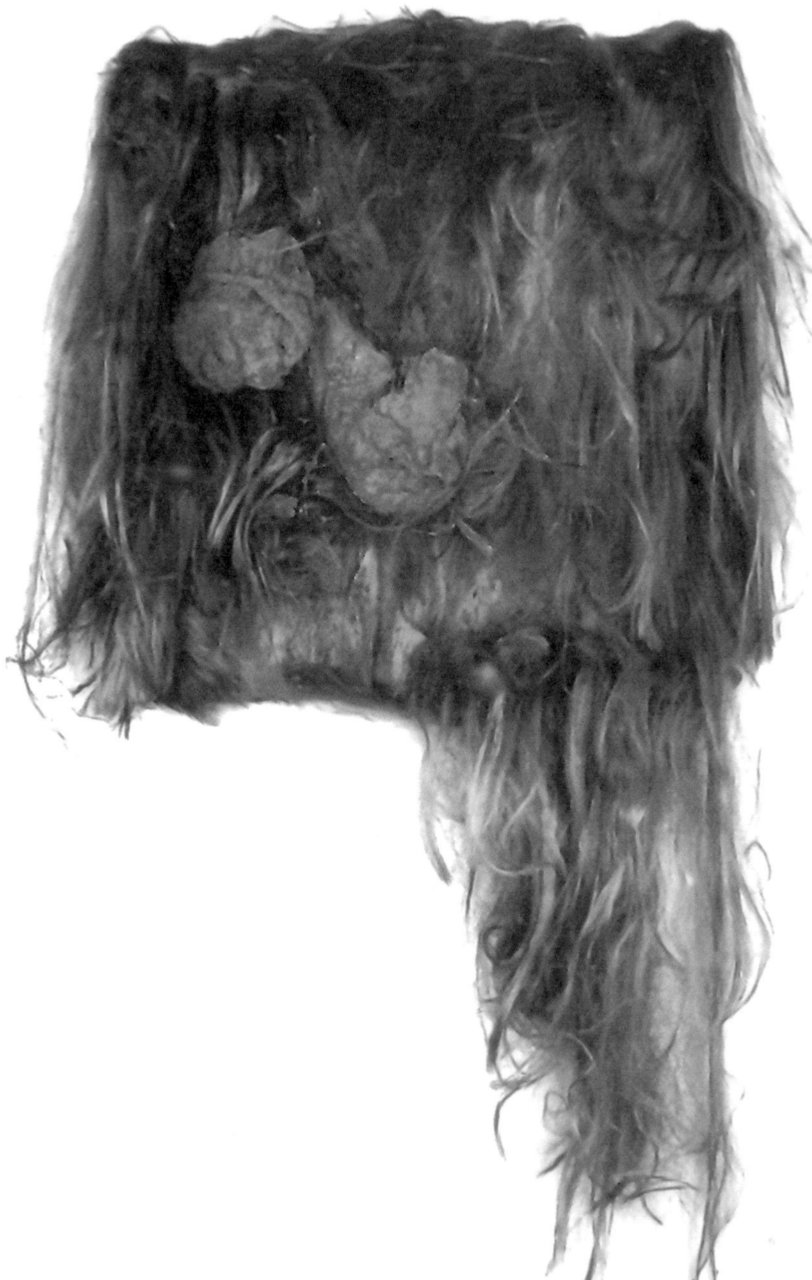

BORIS LURIE: Hair, 1972

[15. August 1990]

Ein Onkel steht da
„Hand ab!" in der Mütze.
Ein blondes kleines Mädelchen, fragt ihn: „Wie spät?"
Er schmunzelt, sagt ihr nichts,
hebt seine Hand, zeigt seine Handuhr
ihr hauend, vorbei ins Gesicht;
dann lächelt wieder sie
das kleine blondgeschworne Dirndelchen
in kurzschuldlosen Höschen
voll von Vertrauen für gutmütige Onkel „Mützen ab!"
– schwänkelt den Hinteren hinweg.

[23. September 1990]

Es war einmal
ich stehe in ´ner Reihe
man teilt die Suppe aus.

Es langsam geht
doch immer „Vorwärts!" – *wir* Helden-Kombatanten!
zu wo der Kessel dampft.

Wir sind gar nicht zu hungrig.
Man zahlt hier für Verdienste
für lebenslängig gute Taten
für lebenslängig, was man geschaffen
für lebenslängig Tapferkeit und Heroisums
für lebenslängig feine Kunstesarten
für lebenslängig Anmut ins Gesicht
und längst betreut´ Verdienste.

Man wird nun revanchiert, zuletzt,
mit einer Schüssel Suppe;
das dampft hinweg
man löffelt´s nicht
und man ist quit
und noch dabei
sehr immer in der Jünglings-Haft.

Man soll zufrieden sein,
man lächelt kaum.
Die Sonne scheint – durchaus natürlich.
Man legt sich ganz begnügt
unter das Grüne ´rein.

Die Schale leer
der Kessel dampft
kleinlich´ Lokomotive.

Die Wasserbrühe-Wolke in der Luft
ist ganz pro Frieden
kriegerisch.

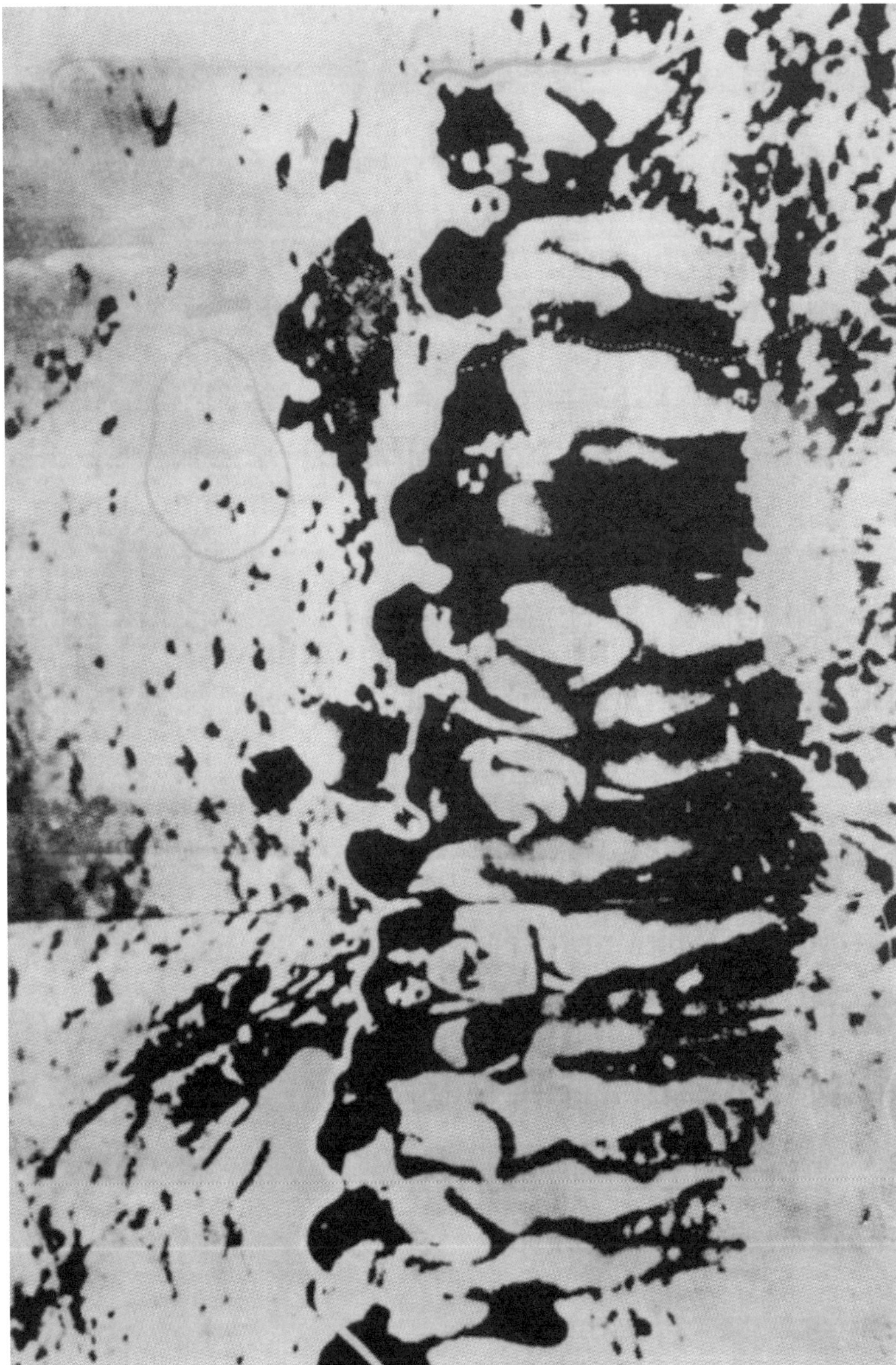

WOLF VOSTELL: Treblinka, 1969

[25. September 1990]

Drum spring ich drauf

die Stöcke die kassieren
Mannschaften – rezensieren
und auf die Mittel-Taille um das Kreuz
der Mittelseite
Mittel-Fleisch-Stück

halbnackte Frauen in den Feuern
spielen
schiessen
annullieren

[10. Oktober 1990]

Die ganze Beichte
ist ohne Gunsten Gottes.
Die ganze Büsse
ist ohne Gottes Segen.

[30. Dezember 1990]

Ich bin halb russisch Bau´r
halb Jud´-Aristokrat;
das russisch Bäuerchen
so kugelrund, mit rotbefleckten Wangen,
schneeweissem Bart
verbirgt sich
verwirrt, in den gehenkten
strőmend´ rabenschwarzen Haaren

im Bart-Aristokrat

und lächelt sanft
ins Christusbart:
was ist denn ihm
passierte?

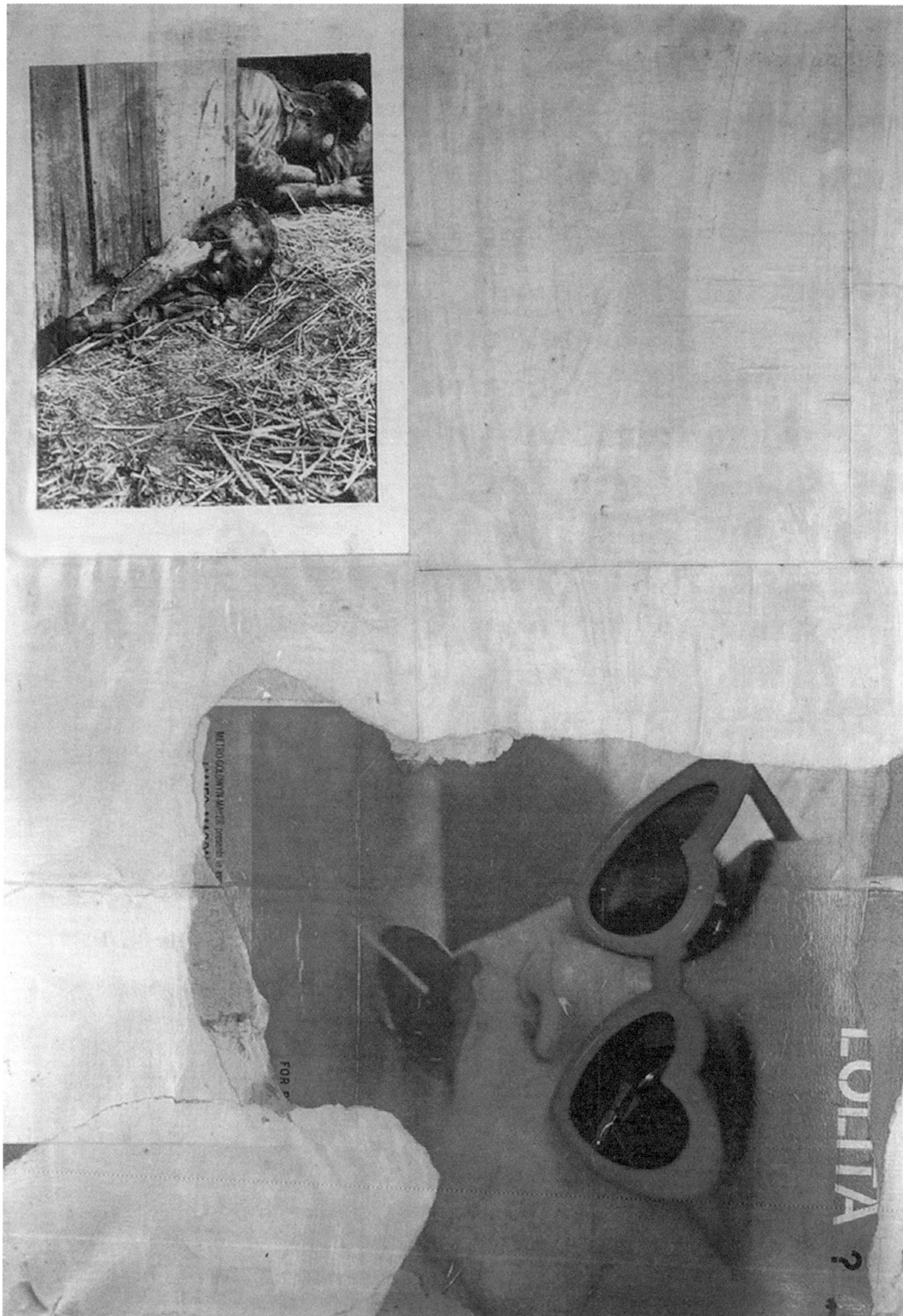

BORIS LURIE: Lolita, 1962

[9. Jauar 1991]

deswegen
sind wir all verschollen
geschwollen
zerschwollen
verschworen
entschworen
morgens
wenn sich die Sonne schält
die Quelle stöhnt
die Seele quält
die Sonne schmäht.

[11. Januar 1991]

Deutschland!

liegt mir lieb
unweit
des meinen Herzens
– da sind die evakuierten Gräber
– zwei Damenfinger, rot-nägel manikürt.

Drum wird mein Herz
sich schlagend
auf dem Küchen-Hacktisch
immer duften:

Deutschland

– es zieht mich zu den Köchen
– ins Gericht.

[10. Mai 1991]

Ich hab ein Loch, in meinem schwarzen Sock,
(der Befehl steht: Erschiessen!)
und Gorbachov durchfliegt´s,
sein furchtlos´ President´sches Führer-Aeroflot,
die Union der Sowjets von der ganzen Welt
zu ausverhödeln.

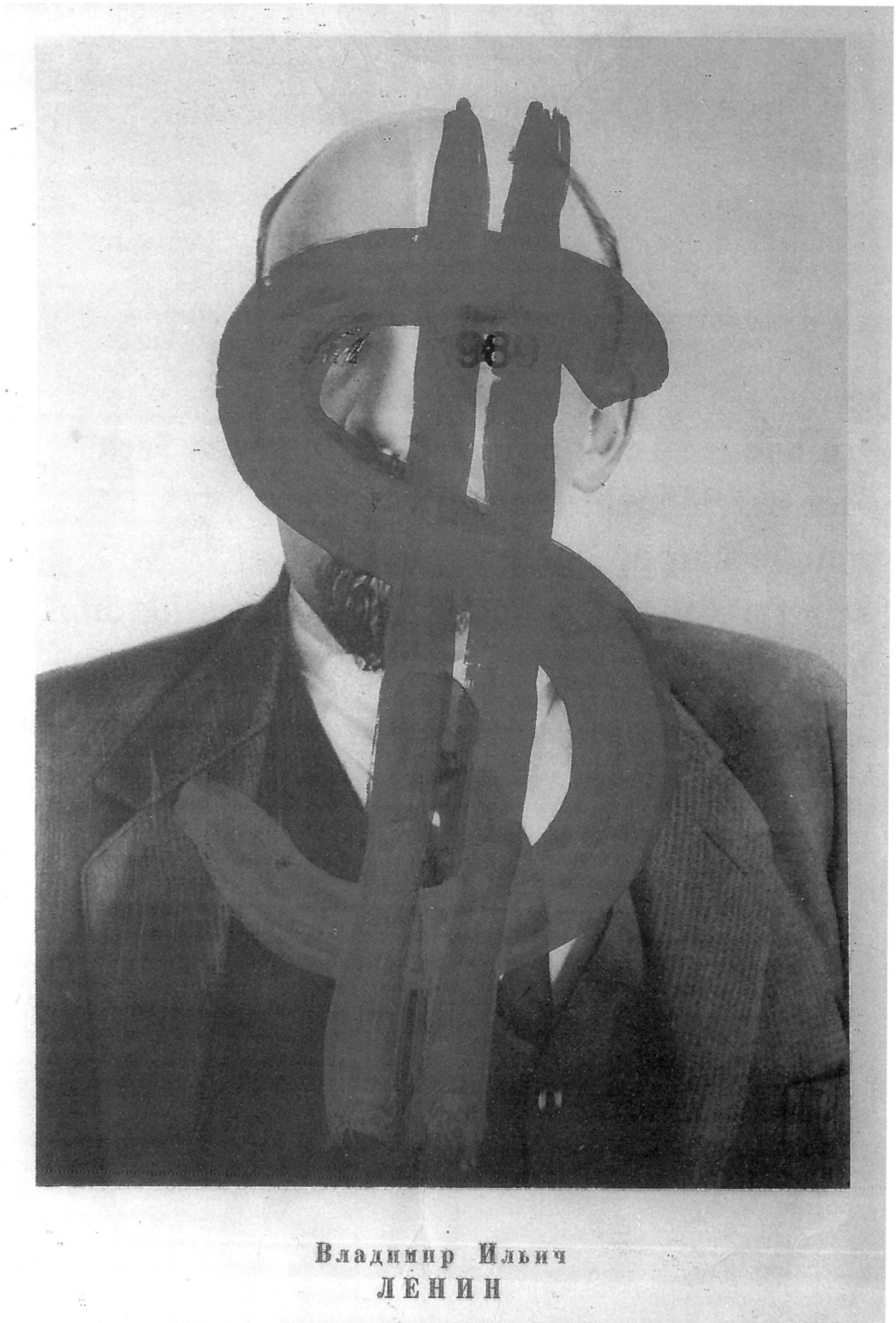

DIETMAR KIRVES: 891011. Ansicht vom Verfall der Ikonen, 1989

[15. September 1991]

Nimm doch den Schatten
vor die Augen

gedreht – –
der Spiegel, wird zur Wand

der Tango spielt.
Tuch um die Augen
ZERSCHMETTERN
MUSS
GEPLATZT

ist alles andere als „Kamerad"
das schőnste Wort ist „Kamerad".

[26. März 1992]

Still:
wir bauen eine Brücke
eine Kirche in den Himmel
mit den bösen Pfeilen, Türmen

Reichsbau Stahlbau Stachel Beton
Panzer Brücke, –
übers bisschen pisschen flüsschen Jordan

statt zu einfach überschreiten
mit den Händchen, in die Luft zu greifen.

[15. März 1993]

Es kommt die Aerztin,
um bei mir Sündenabflut richten.
Eisweiss-bereicht (ist sie)
und business-gleich.

Das Resultat ist Säuberung der Quellenstösse.

Sie sagt mir Lebegut, aus Drübenheit,
und zählt mir zu, ihr Leben,
und zahlt mit ihrem Schnee,
mir! für den Hoffnungs-Service.

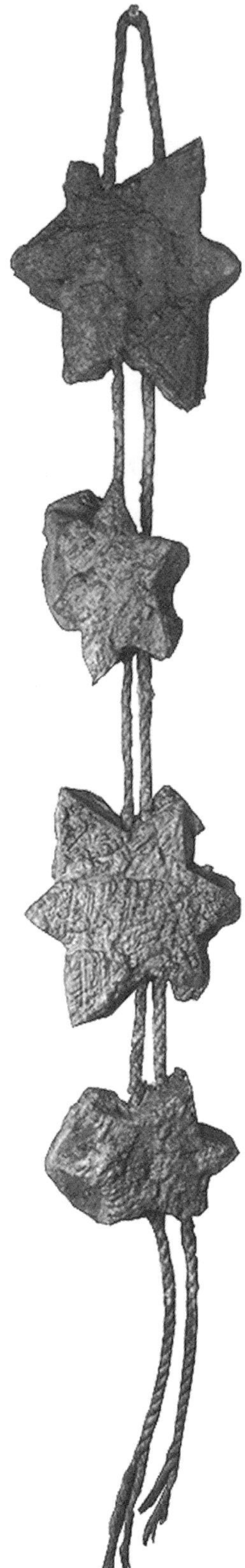

BORIS LURIE: Rope and Stars of David #2, 1979

[25. März 1993]

Der Morgen ist
wo mir die Worte kommen;
zerplatzt dann das Gefáss
um allerlieben Weltempfindungen.

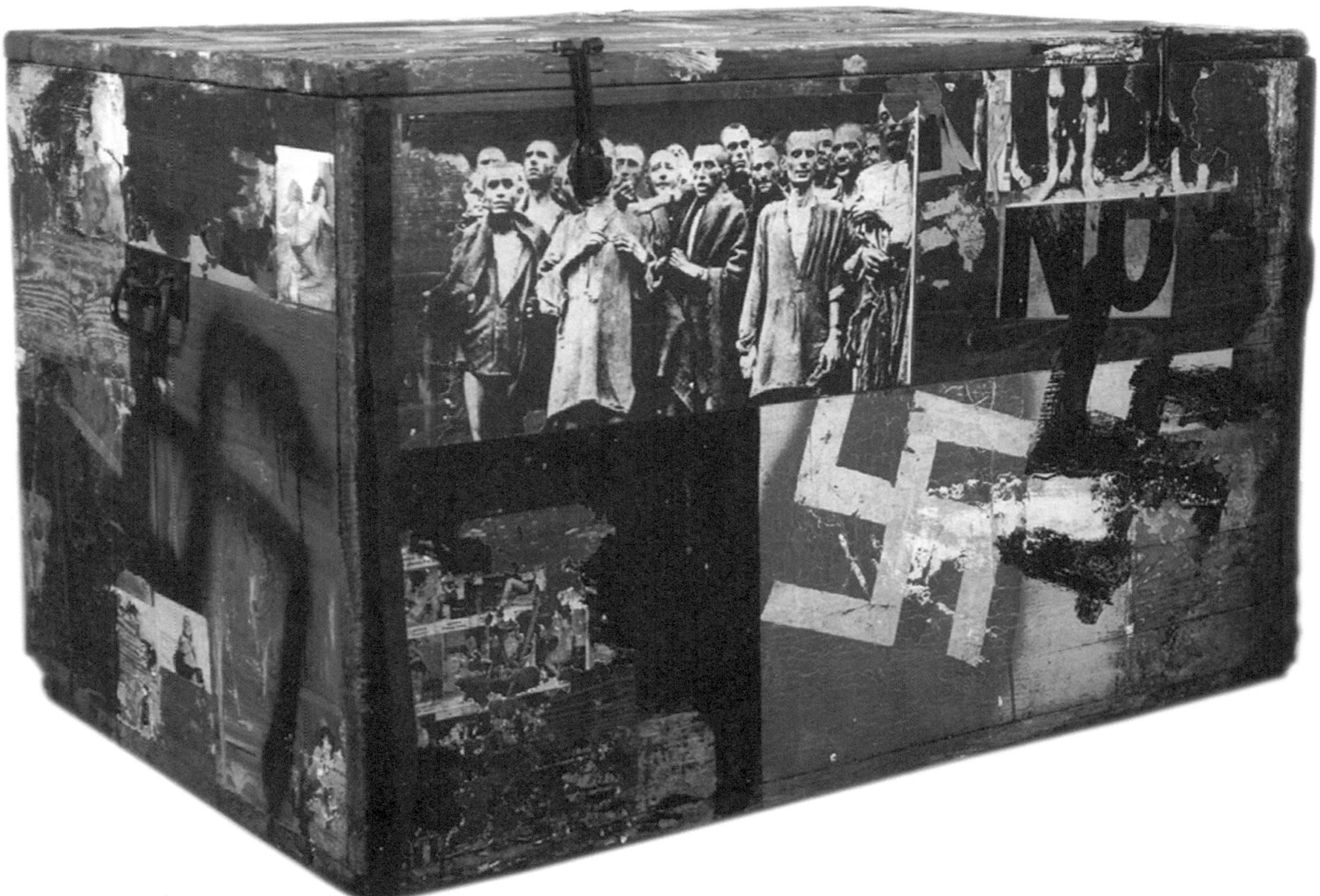

BORIS LURIE: Immigrant´s NO!box (Vorderansicht), 1963

[28. März 1993]

Bis Fünf Uhr – zu gespät …
muss ich noch zu der Zug-Station
muss wieder mit 'nem Taxi zum Hotel
und weiss nicht genau *ob das es ist*;
wie kann ich mit zwei Händen alles schaffen?
Die rot-armeeschen Panzer-Taxis gibt es kaum,
wo werd' ich diese *Päcklech*
mit den muskelwehen nur zwei Armen wie die Vögel,
packen dann verpacken,
und wem dann Unbekanntem Retter,
mit den Blutdollaren so bestechen;
und später lange …
wo die windig' Newa *war* und die Palaste …
Raupenschlepper-Panzer fahren –
— alls mit solch' totgefror'nen Schnelligkeit?
Die Stadt ist ausgemerzt
wie Kalifornien das gold-verreckte Land
— nicht zu erkennen.
Un-populiert plötzlich mit ex-Sowjets (enthaucht!)
und saurer Menschen gibt es kaum
die mir entlaufen Hilfe helfmir helfen können
wo mein' Geburtsstadt Leningrad
getauft „Sankt-Peterbourg" zum Kotzen
zu Ehren zukunftsfetter Ratten Zarenwerdens.

Ich schaff' es bestimmt nicht
doch nimmer weiss man's übers Glück

vielleicht wird sonderartenweise
gelingt es mir geschäftliche solide Verbindungen
mit ex-Genossen, Maffiosen/Demokraten,
Faschisten und Zaristen, schwarz-Orthodoxen,
unabhängig´ Gaunern machen!
Um Fünf Uhr (zu spät)
explodiert hinweg der Koloss Russland Autobus
ob ich es schaffe mit den U.S. Pinups Koffern oder nicht,
den KaZet/New York Stümmeln?
— allein, in meiner herbstlichen zwei toter Schwestern Stadt;
Grossvater, im gutgeflegtem jüdisch´ Friedhof
(statt Babi-Yar noch Rumbula)
in dieser Trotsky-Stalin Brüder Stadt
wo nun — zum zweiten mal
die Revolution wieder geschlagen hat
diesmal, die revolt-Tierung, ekelhafte der Verwesung,
scheisslich demokrate, Weisse — Kluft!
von wo ich wegmuss
in die Koffer saugen, weinen.
Dann, späterhin, mit all dem unnützig´ Gepäck, Jehovah´s
Spruch, es ist beschert,
wieder zurück
zur Helden-Leninstadt,
woher die Welt zweimal entstand;
entstehen wird; und ich entstand;
das Wieder-Leningrad
in meinem Körper,
wirklich haben.

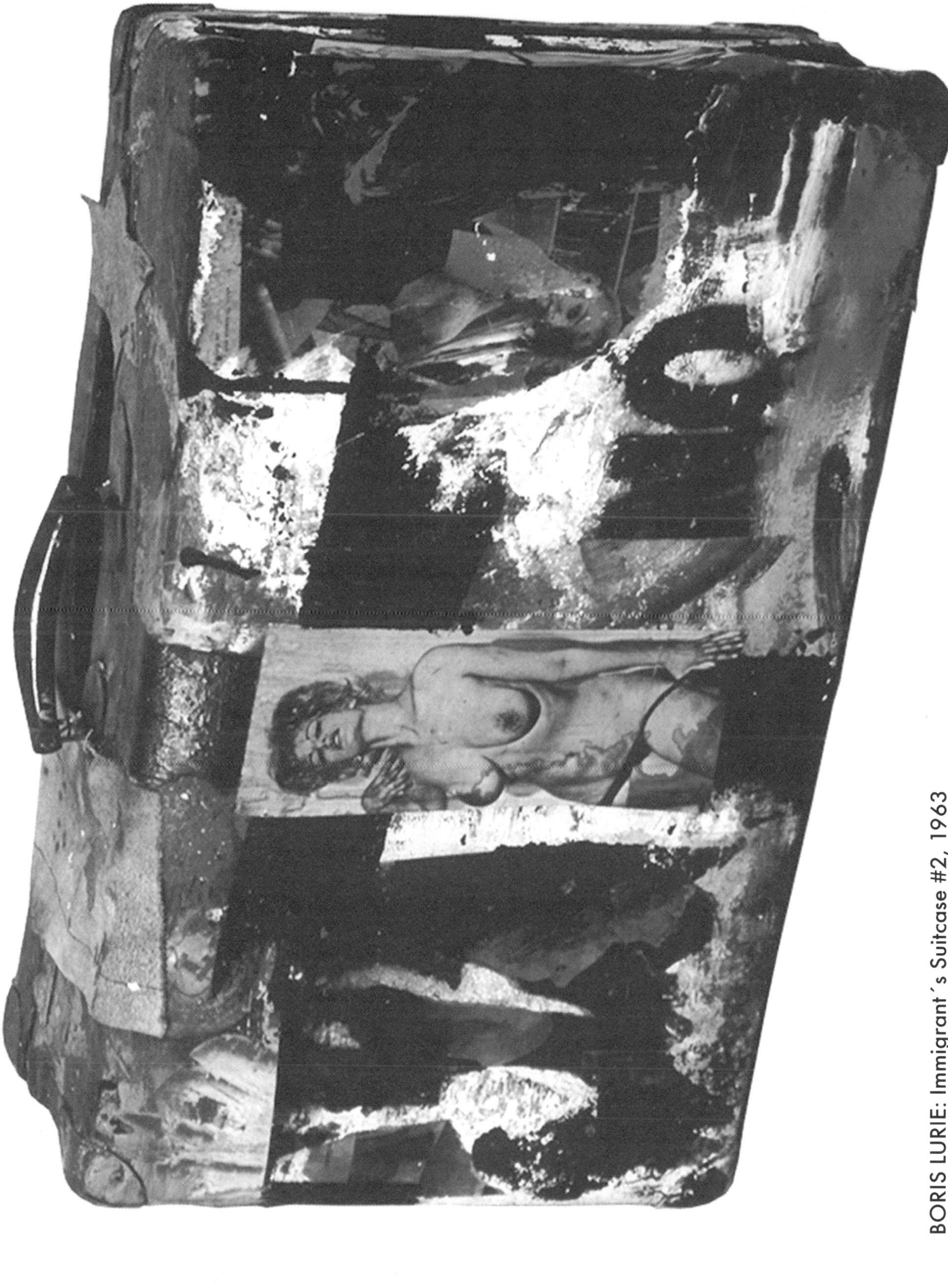

BORIS LURIE: Immigrant´s Suitcase #2, 1963

[3. Mai 1993]

DIE TRAGOEDIE

WIRD VOR MILLIONEN HITLER-ZUSCHAU´RN

N
VOR MIR

FUER MICH ALLEIN

S
AUFGEFUEHRT!

[20. März 1994]

Wenn in Gefahr,
und man aufsteht

da schmiedet man nicht Kunst
-- Garnichts --
vielleicht doch Waffen.

Und Michelangelo verschwindet, vor einem Taschenmesser.

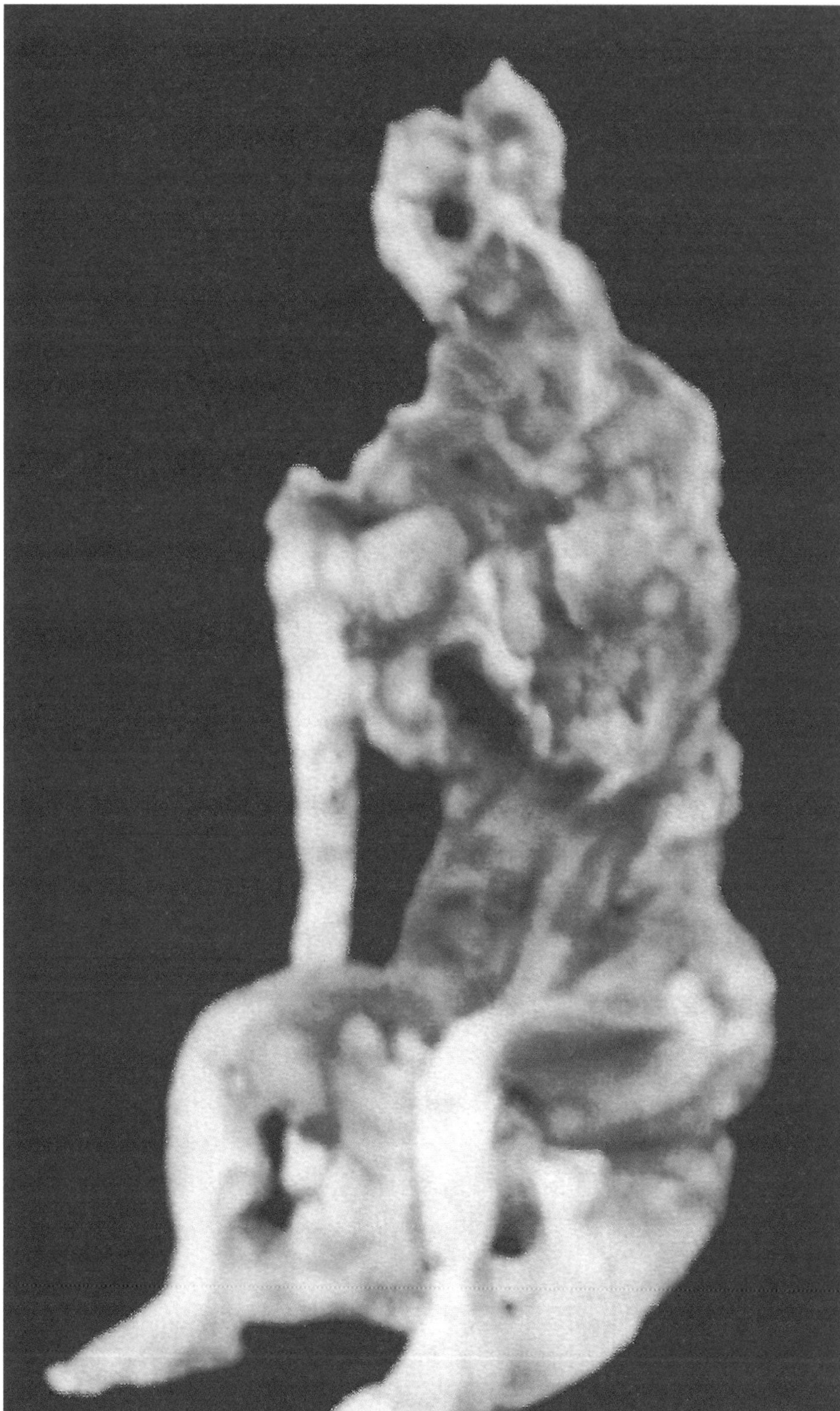

SUZANNE LONG WOOD: My Brother Died, 1997

[8. Mai 1994]

Nicht Menschen doch: GE-WESEN

des WEIBES KREIS

mit STAHL

durchlesen.

[20. Juli 1994]

Wir sind die Künstler, die die Kunst betrieben
Kunst vertrieben
in die Kunst sich nicht verlieben.
Was nun folgt ist kein Vergnügen.

Auch die Kunst, die richtig war,
war kein Vergnügen
doch jeweils, wenn nicht Verlügen
immer eines selbst betrügen
mit der Gunst sich selbst zu spiegeln
spielen, auszuspühlen.

Und der Moloch, dem die heisse Liebe aller Tuer gilt
kaut, ganz zufrieden.
Ohne irgendwelcher Wut –
frisst garnicht –
die, seine Kunst ausschieden.

[20./26. August 1994]

Und schliesslich ist das nur
das Schwert
der Strassendreck
und keine Malerei
bedreckt.

Des Ritters Schwert.
Der Schlachtfeldsdreck.
Nur keine Pinselei
Befleckter Held.

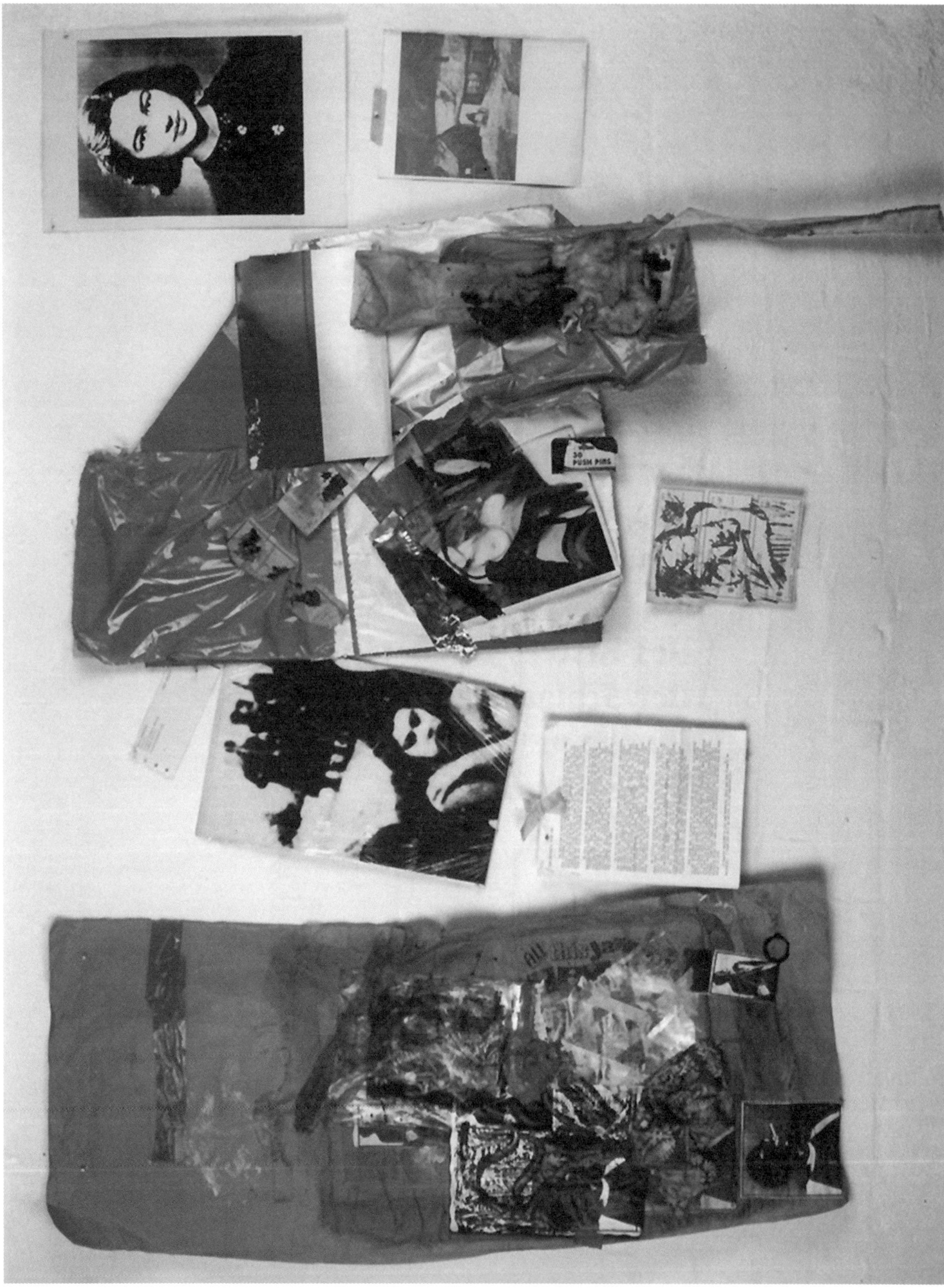

BORIS LURIE: Wall Collage 66 St., 1985

[29. August 1994]

Blutige Schlachten
in Mailand und New York
niemand bemerkt es

und ohne Blutvergiessen
ist letztes Blut geflossen
in plötzlich-Leiche meiner Schwester –
und kein Adieu zuvor I´m sorry

fern-kalte
im Vulkan gekochte Schwester
kocht mich
ins Eis gebackt.

[2. September 1994]

Der Tag ist schon vorbei
Keine Gefahr
Es ist dunkel
Jetzt kann man in die heisse Sonne gehen
– spazierengehen –
unter Ihren
Ausstrahlungen:

Gewehr dabei
und ich hab´s nicht
müsst immer in der Westentasche,
bei der Kartoffel
stechen.

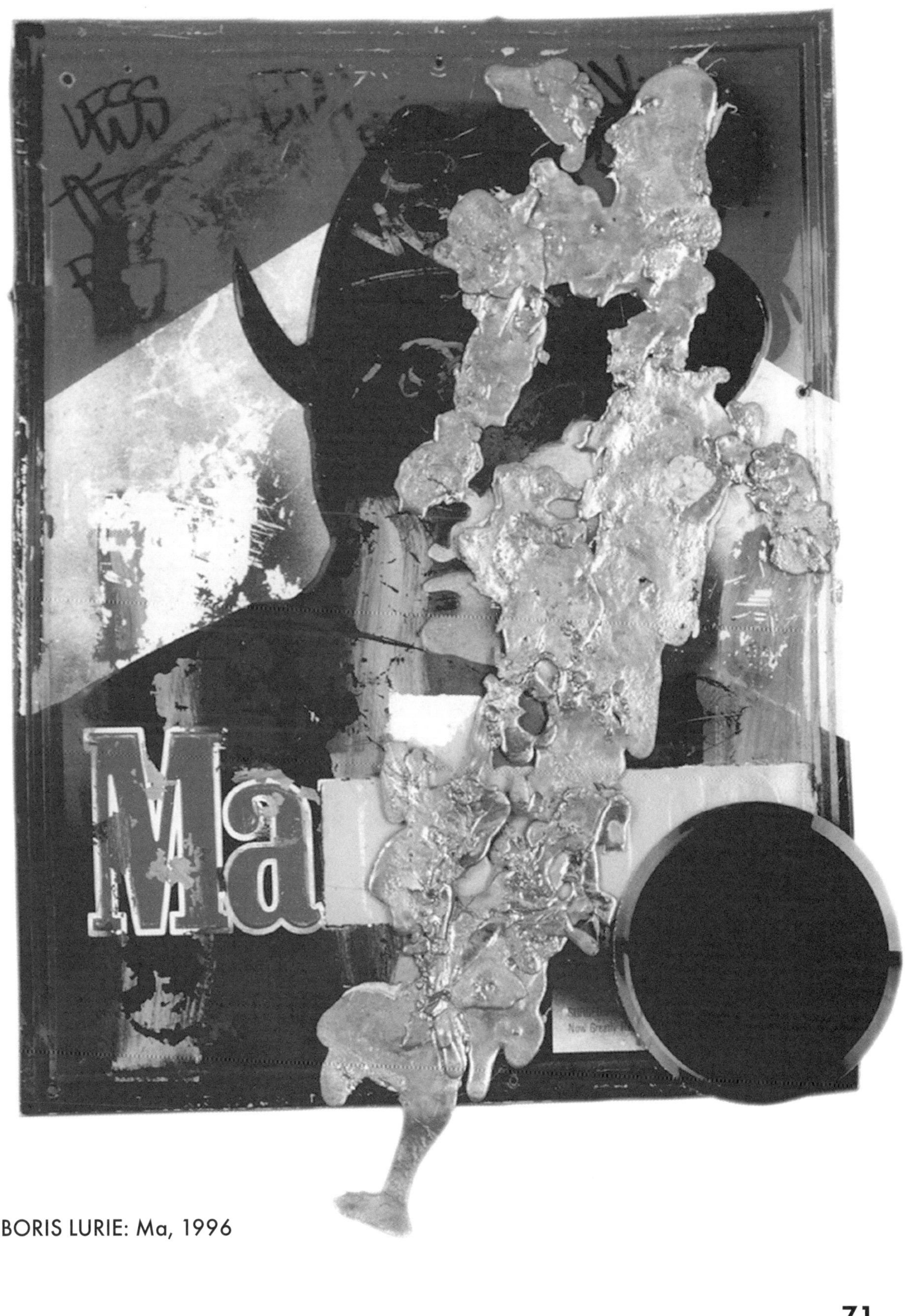

BORIS LURIE: Ma, 1996

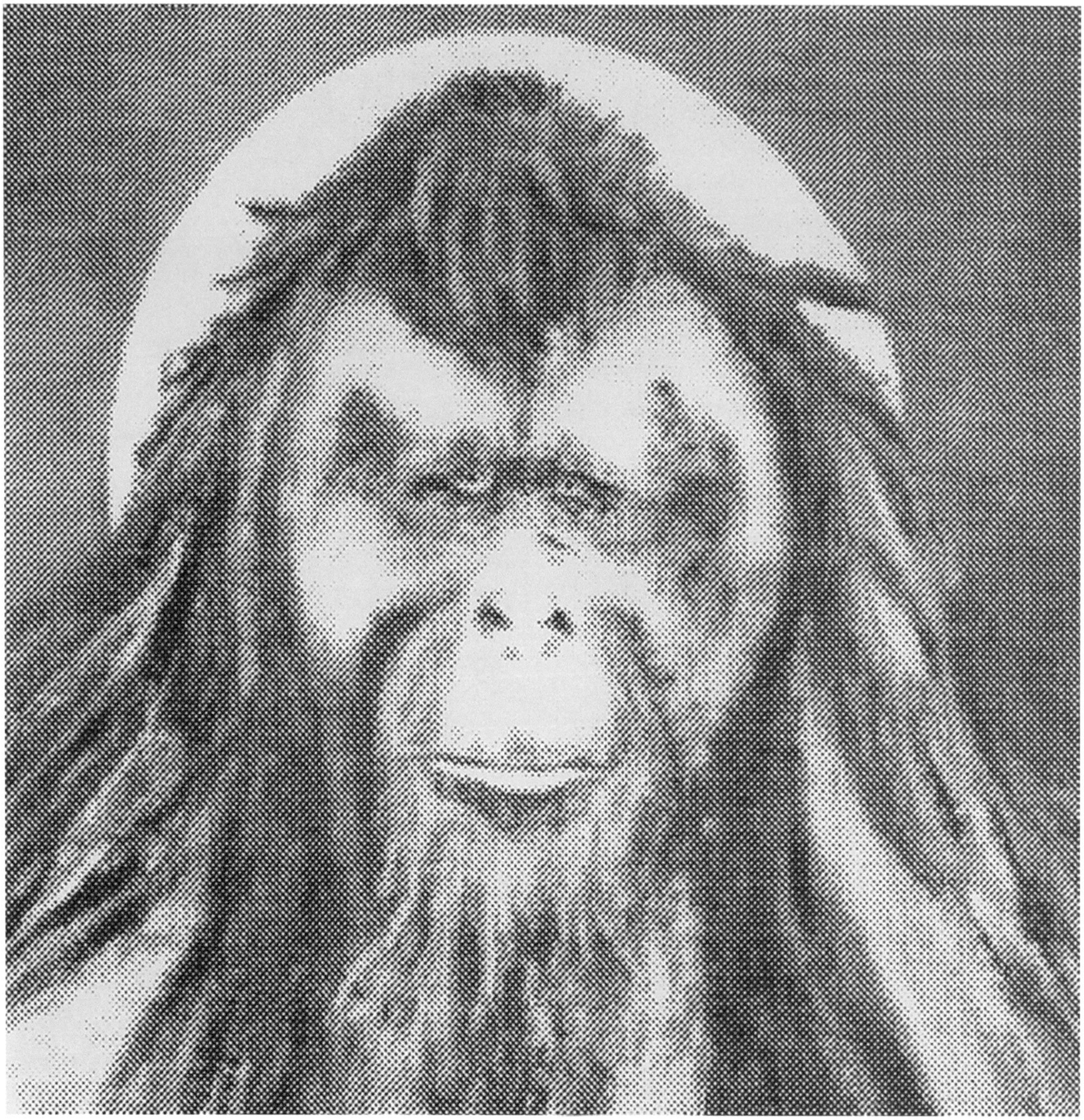

MARTIN LEVITT: Cheyenne Bitware, 1999

[24. September 1994]

Man flüchtet in die Arbeit
drum
tun!
Das Lager-   tum
spezifisch Dinge/Was
                zu lagern.

Und Arbeit macht das Leben
trocken-sauer
– – rotrübensüss
falls man daran viel später
                Aber-glauben.

[24. September 1994]

Es ist so eine Bibelszene
Mit Felsen-Bergen,   (Belsen-Bergen?)
Tal – –
                vielleicht wie *Gallilea:*

Ich sehe von weithin, mein Vater kommt zurück ...
von woher her ...
im Tal, beim Bergaufstieg und über Steine – –
wie kommt er, Sträfling
von der sogenannten Arbeit?
unbewacht und ganz alleine –
ein Krüppel ist er´s, mit einem, wenigstens
Holzbein oder Krücke . . .
und humpelt er hinauf in meine Richtung und zu mir.
Ich ruf ihm zu:
„Ach Vater, Du wirst´s nicht überleben ...“
Er ruft zurück: „Das tut mir´s nicht,
ich werd es überleben, ganz
bestimmt.
Doch Du wirst´s nicht.“

Dann ist er bei mir, höher auf dem Steineberge,
doch ist er nun ein Esel,
ein scheinbar junger,
wenn auch nicht zusehr aufgefüttert Esel
und zufrieden; mit sich selbst – angenehm.
„Na heb Dich auf die Hinterbeine!" sag ich
und kniee Demut auf den Steinescherben
und kitzel' ihm den Bauch was ihm gefällt
„Na sag mal Vater, dass du hast einen guten Sohn!"

Das Raubtier, ganz Papa nun, schmunzelt
und das Juckeln tut ihm wohl:
„Ich habe einen guten Sohn", brummt er
und wiederhohlt, für mich:
„Ich habe einen guten Sohn."

(Es kostet ihm doch keine Scheibe).

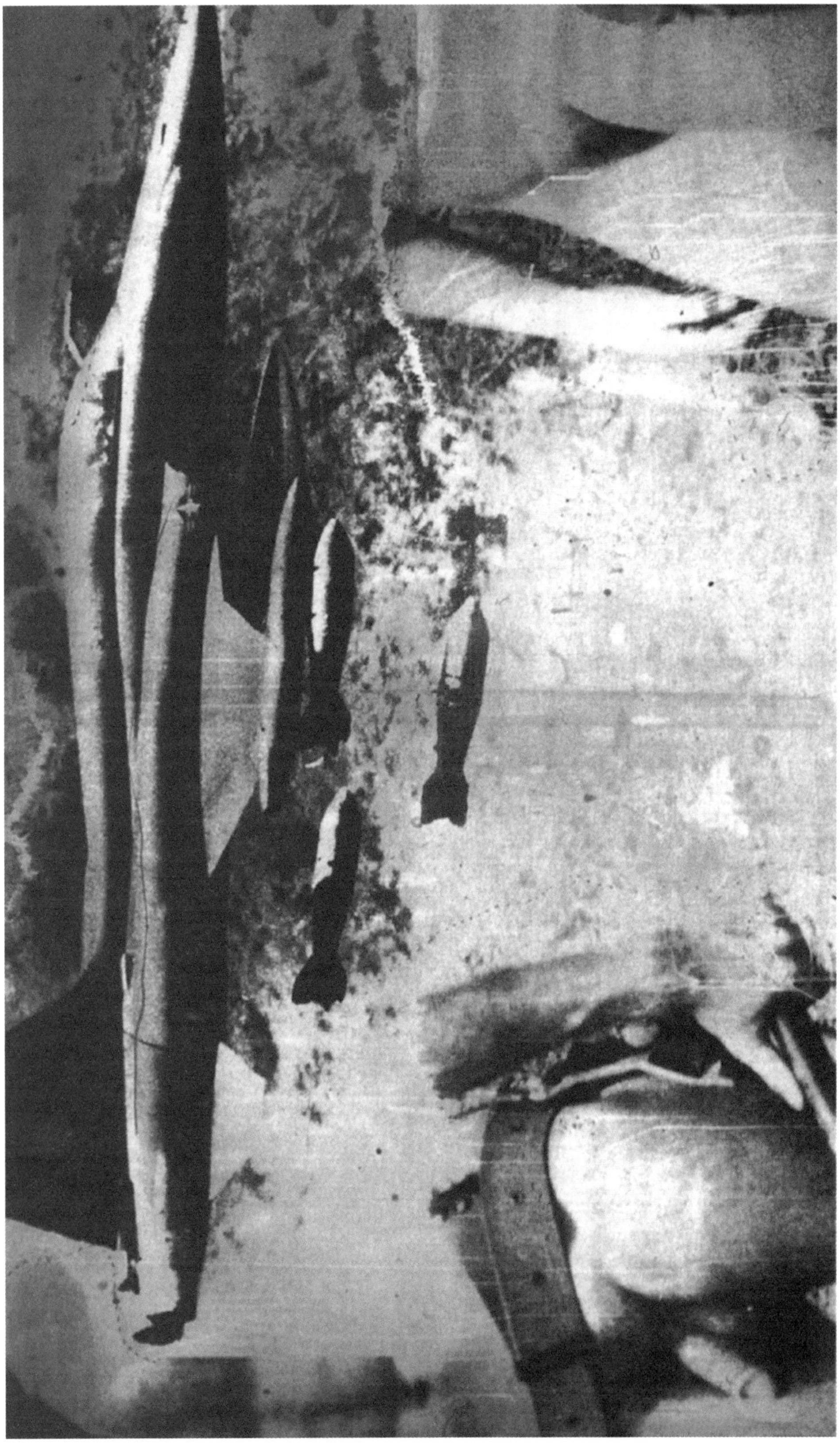

WOLF VOSTELL: Flower Power, 1968

[17. November 1994]

Du weisst es ist sowie im Krieg

schau Dich nicht um
ZURUECK

hab kein Erbarmen mit dem
GEFALLENEN

Erbarmen wird
GERICHT – –

zum einfachen
ZERSCHMETTERN – MUSS

[1995]

APFEL-BELUEGEN
TOTENBETRUEGEN

MICHNICHTBETRUEBEN – –

SPIEGELGEHOER
LEUTNUTZER-SPEZIALIST

EIN SINNLICHES VERUNSTAENDNIS

DER SAMMELPUNKT
FUER DIE SCHWERWAESCHE.

[1995]

Ich wollte Schlittschuh
auf den Felsen laufen.
Wassersaufen
Durch die Sorgen sähen.
Dann wär ich ganz zufrieden

WARTENICHT!

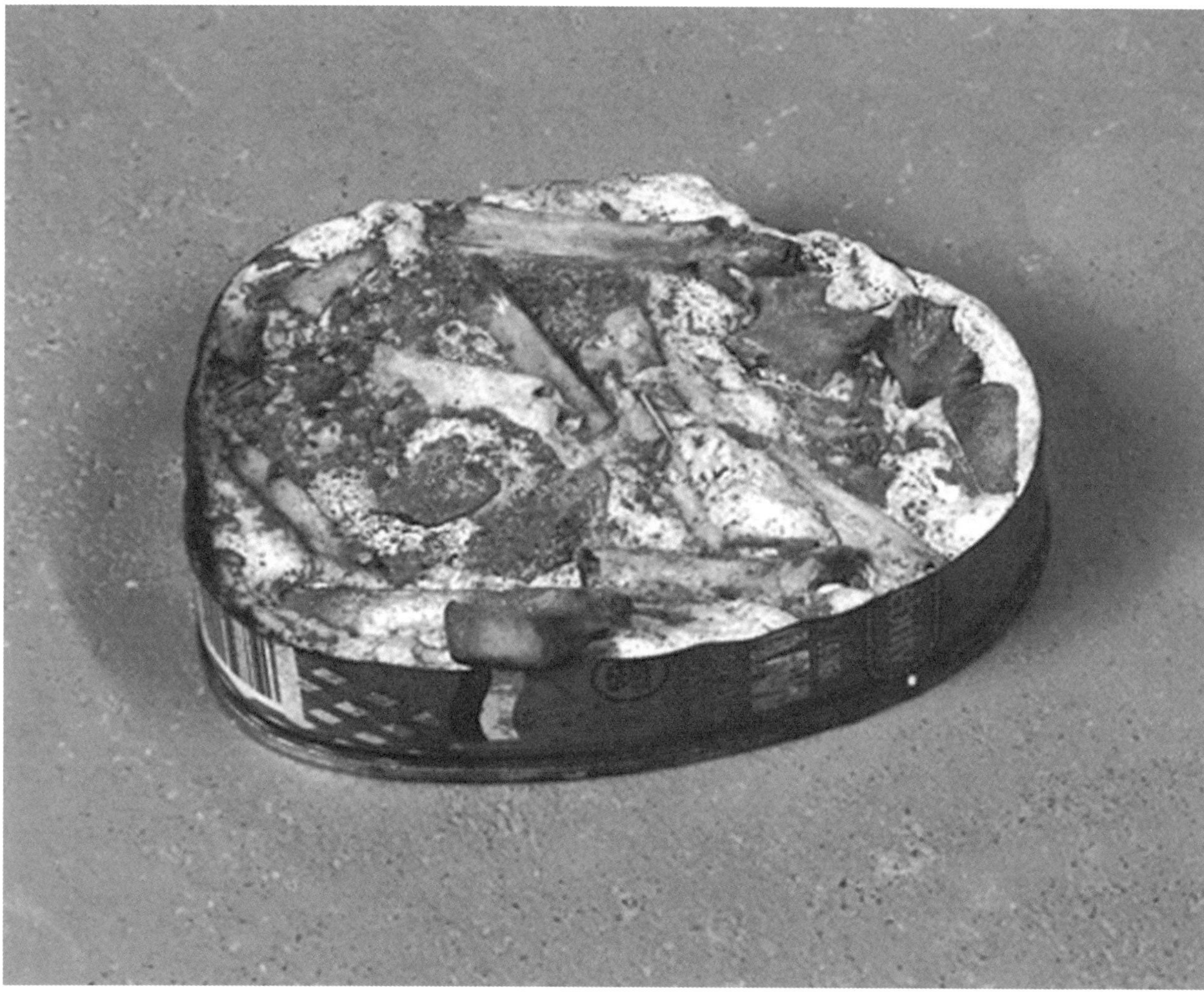

BORIS LURIE: Chicken Bones, 1990

[12. Januar 1995]

Man schwebt mit Macht und Seele
dem Vater, eine Zuckertüte,
mit ins Zuckerbein zu prägen:

Dann, Krach!
Die Hühner stürzen sich
auf das mit Milch volle Waschbecken.
Die kleinen Hunde treiben sie hinweg und lecken.
Die grossen Bullenhunde packen sie im Maul,
spielerisch scheint es
und Knack, ein kleines hässlich´ Stöhnen.

Ich lauf zur Wirtin:
„Die Hunde töten kleine Hunde!"
Was kann sie tun?
Sie ist in ihrem huren-weichen Bett wie immer:
„Naja die Aktionismen sind schon glücklich überwunden."

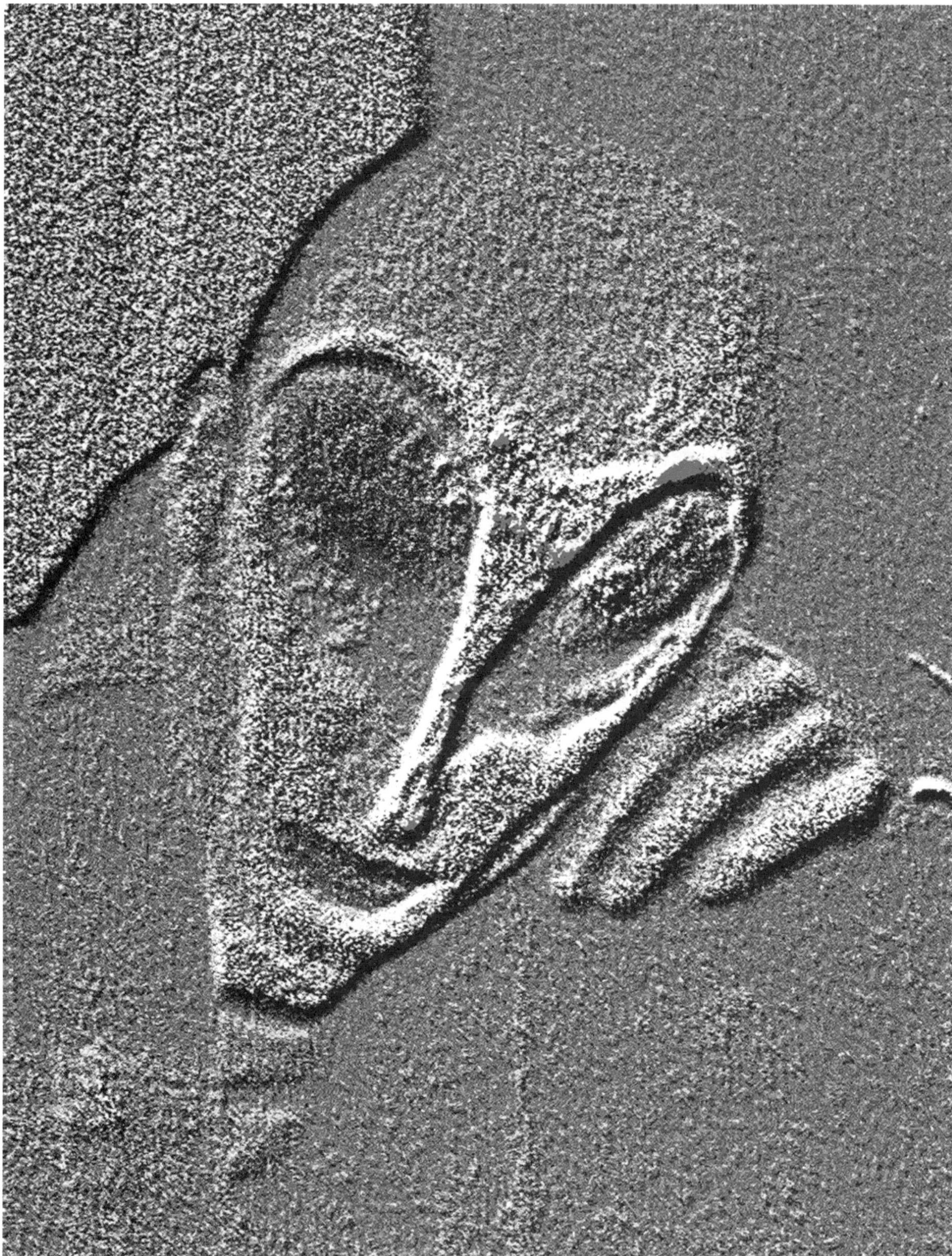

DIETMAR KIRVES: NO!mask, 1978

[8. Juni 1995]

Du weisst:
Woher weisst Du?
Durch wen weisst Du?
Wieso, weisst – – Du?
Und was weisst Du
was wir nicht wissen werden,
wissen können.

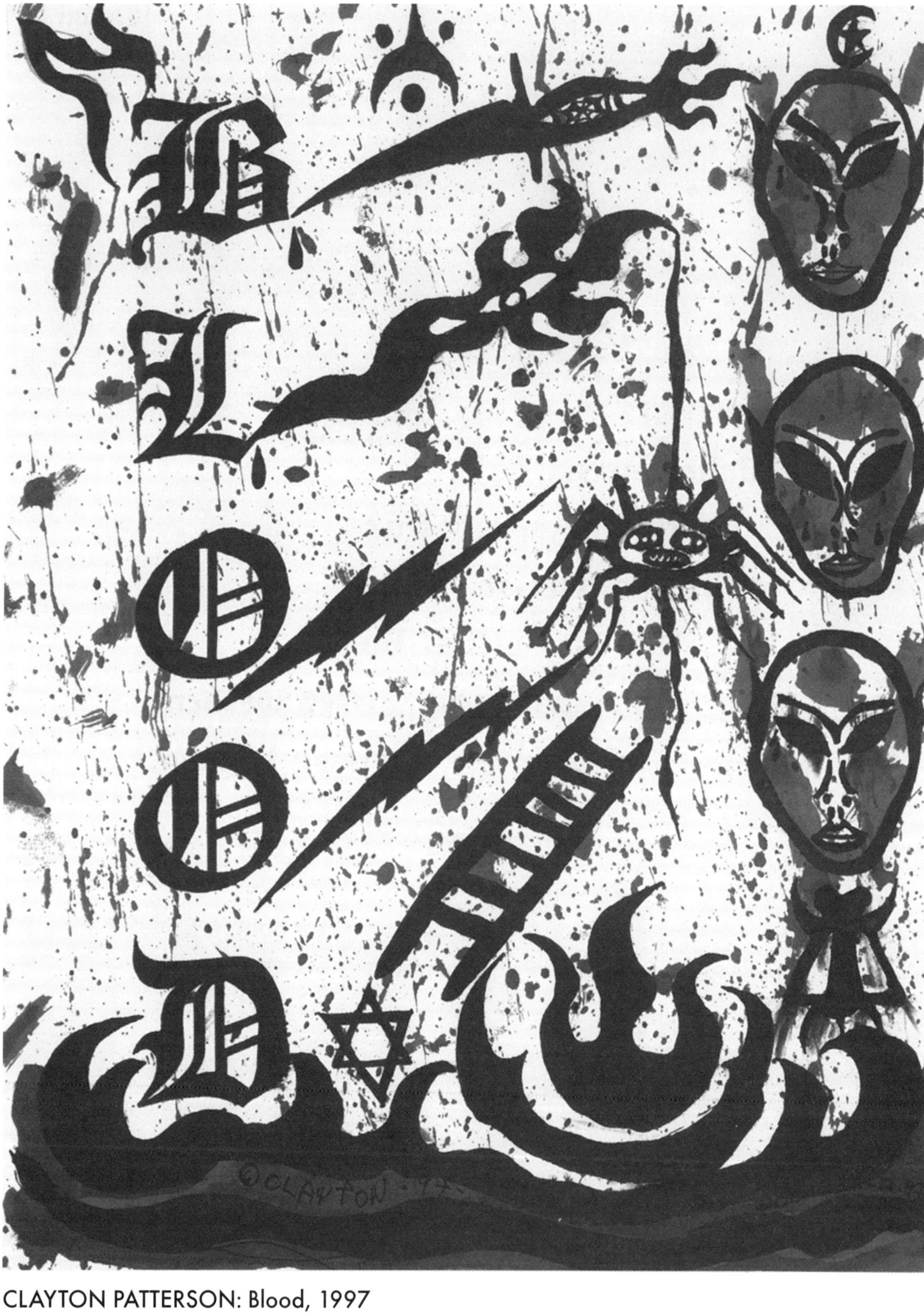

CLAYTON PATTERSON: Blood, 1997

[9. Juni 1995]

Es scheint´s:
´s ist´s   weiss
und steinern
schweben himmels die Gerüchte.

Es   schweisst´s
Gefrorenes
mit Ohren,
die Gesichter.

Es   schneint´s
mit Schnee,
die stummen Glocken sinken,
heben uns sich zu

und Hirnenmasse
mit Nervenstärke
entzückt das Fressen
dieser Wolkenhülle.

Ich weiss, gar nichts
und weniger,
mit jeder neuen, klugen Stunde.
Das Wasser pisst wie Frühlingsschnee
vom Stachelzaun
zur heilig Untergrunde.

[11. Juni 1995]

Wir nehmen uns das Küchenmesser
und schneiden durch den Dampf;
dann schnitzeln wir das Wasser
in bequeme Scherbchen.

Das Feuer auf dem Herd wird sinngemäss
in Andachtskerzen umgehaucht,
dann saugen wir die Butter,
dem das Kalb entnommen war
auf kleinliche Gasscheiben
von Segen-Späne-Kommissbrot,
erpressen edle Coca-Cola
samt längst-gehackten Menschenknöchelchen
aus der oxegynated Flut,
und setzen uns zum Mahnmal Mut,
die Mahlzeit westlich-menschenrechtlich
durch die Schlangendärme
ins Ewig-Sowjet-Weltall zu verdrosseln.

Die Wasserbrühe,
mit essbarem Gefangener Sowjeter Suppensand,
aus Vitamingründen gemerzt, mit Krumpeln
vom verkohlten Lower East Side Häuserbrennen,
wird wie der heiligste Nektar,
dann sonder-gleich, zu der Behandlung
dem Judenmesser zugestehen.

Es ist so komisch, bemerke ich nur jetzt,
dem tobend Völkersturm,
der säurestärklich unterm Festtisch brüllt,
dem haben wir vergessen,
die Ballenfäuste abzuschneiden.

Es waren an dem Bankett-Tisch,
es blieben nicht gemetzelt,
bloss Löwenherzen,
unserer etwaigen, gewesenen Genossen.

[17. Juni 1995]

What´s more to eat?
Der letzte Brocken, schon verfault im Munde.

What´s next to eat?
das Leben darf, *die Foodesblut,*
nicht keineswegs zu gehn zu Ende.

Was gibt es noch?
What´s more to squash the gnawing sorrow?
What´s more, to drown the sumpfig stagnant
des Ozeans
der toten Votzen
Pfütze?

Ah! Smoke!
Bin Mann. Nah-Gott.
Hält ab, verraucht, die Magdeburger-Lagers
New York-Zeit, für Viertelstunde.

Was noch?
Es gräbt im Schlund vergrabne Furcht?
Army-Konservenkasten U.S. condensed milk
samt Kasten ham-and-eggs
total verschlingen?

Die Frucht! möcht ich.
Nein, aber nur *one* can of Birnen
schön – Elfenbein enthautet
meiner Mutter supple Hüften:
Zu süss, Ihr Fleisch, too sweet!
Wird Magenwehe, jetzt,
Kleinkind-Ausschläge jehe.

Dann „Sleep!" Befehl; das Schlafen im Gehirne
(der Nichtgerechten Ungerächten)
mit Eintrittskarte, von vorausgesehner dreams,
mein Liebling seelig German Schäferhündin –
die soll appear
das hoffentlich, nicht gruselig,
nicht gruseliges Transportieren,
Bestand von meiner jugendlichen Bilderproduktion
immerwieder dann verlieren,
und dazu noch und höchstwarscheinlich doch,
Scheinwerfer – schwarzer Nacht
und ohne jegliche Erfahrung, ein ungeschulter Lehrling,
wie man das macht,
warscheinlich doch zum hundertmals krepieren.

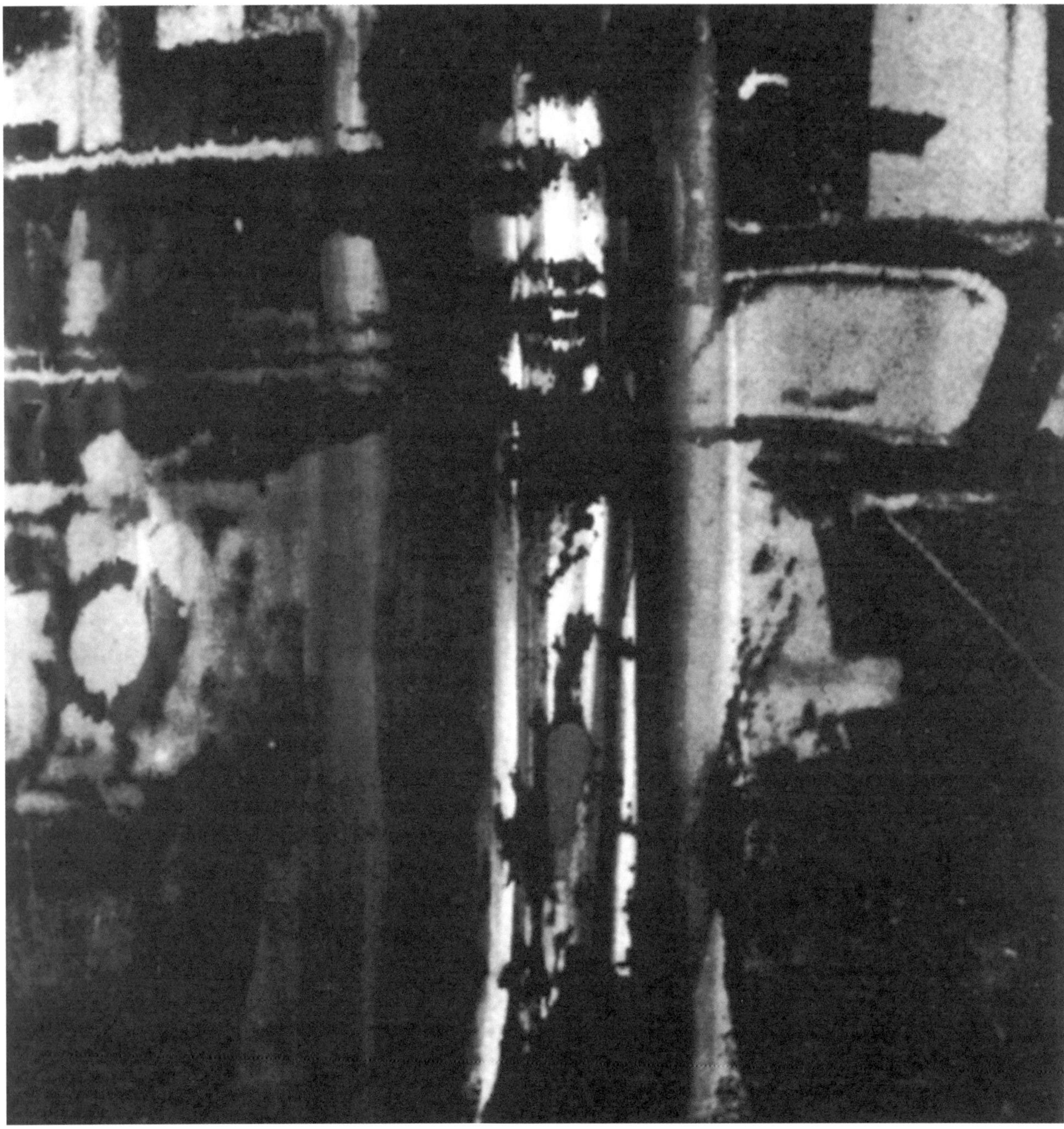

WOLF VOSTELL: Vietcong, 1969

[17. Juni 1995]

Der sanfte Gardeoffizier –

Blumen/Rosen blühen schwitzig grün
schmutzig
dreckig
meine Haut ist fleckig
anderswo umsonst noch nie

„Du darfst nichts zum Fressen bringen!"

Ein fürchterlicher Schlag fiel
hüften absatz schlichter weile
an meinem Kopf hinein vorbei –

und immerweile.

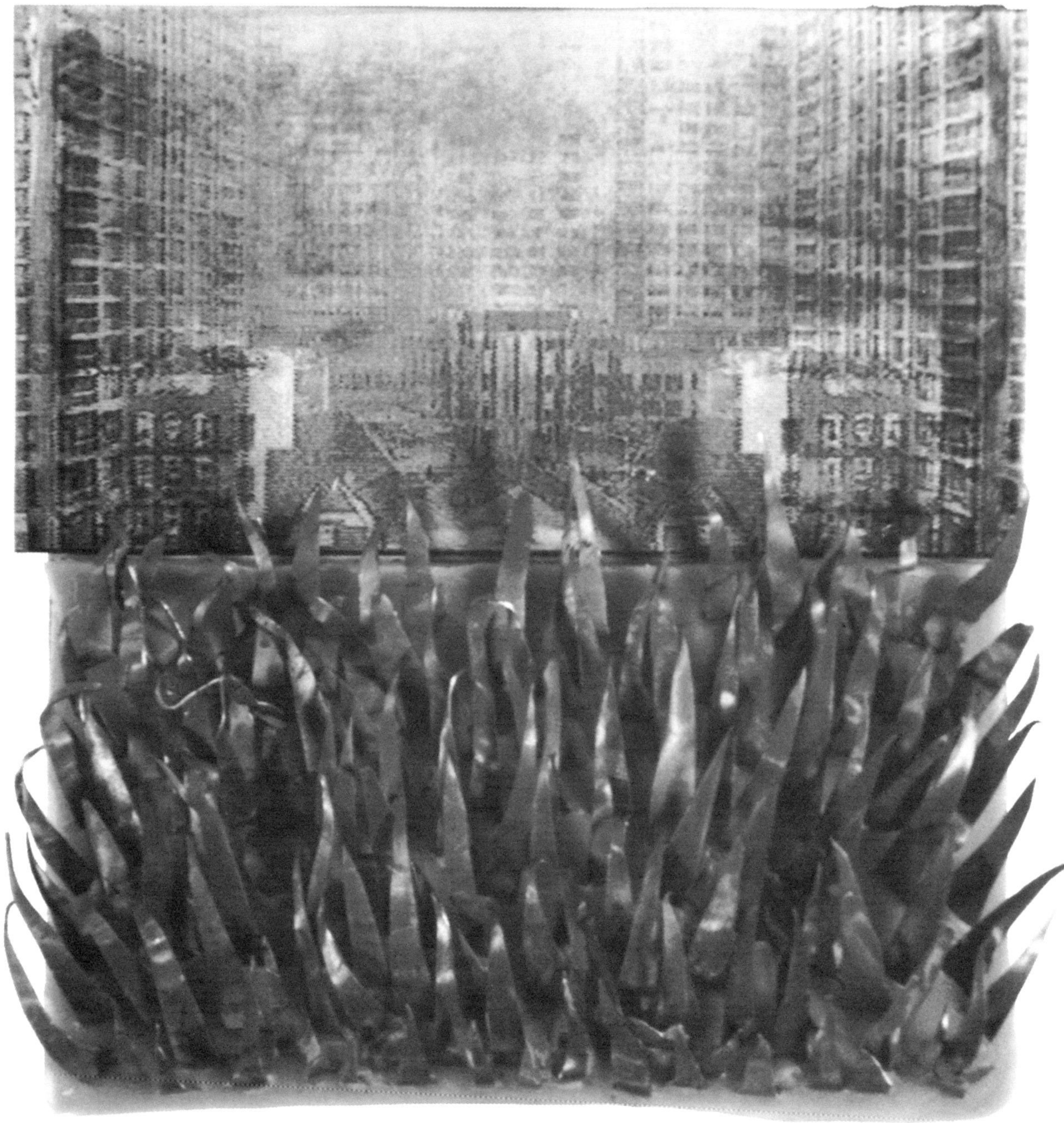

KLAUS FABRICIUS: Grenzland, 1996

[1. Juli 1995]

Es wimmelt grob New York vor Leuten:
Ich hab niemand zum sprechen.

Chinesen drehen
Kunst-Hecklers spähen
Heimlose flehen: mit der Uhr im Stand.

Das Karamellenwasser fliesst
über Fidel Castro
Rasputin-Russisch
in den Gross-Kanaan Palästina-Sand.

Es gibt niemand zu sprechen.
Es gibt niemand zu fressen.
Die Schüler lernen in den Schulen
den frieden freien Liebeshass.

Und Fäden –
wird gezuckt –
hinab:
doch wahrhaft nicht gesprochen
schwatz:

ganz höflich: nix verstand –
zwei Ameisen,
im Riga-Sand des Riga-Strand.

[5. Juli 1995]

Ah!
wie der Zentral-Organ der arisch-Mischlingsstadt, der stinkt
sodass hinaus, auf die hehle Strasse gehen
die Gurgel mit den Wurzeln,
auf die gewes´ne Seele
springt.

[17. August 1995]

DER LIEBE
kommts niemstmals
verschwunden;
im Immigranten-Schleich von Houston Street
verhummelt;

& verklungen;

Chinesische, von Partituren
ergeben sich
aus ihren Hűllen
in umgekehrter Richtung
Ostward, hoch!
und da ist Wűste, in dem grűnen Land
gehöhrt den Liven!

(Juden!)

und Garnichts weht da
stummelnd,
űber einen Ort.

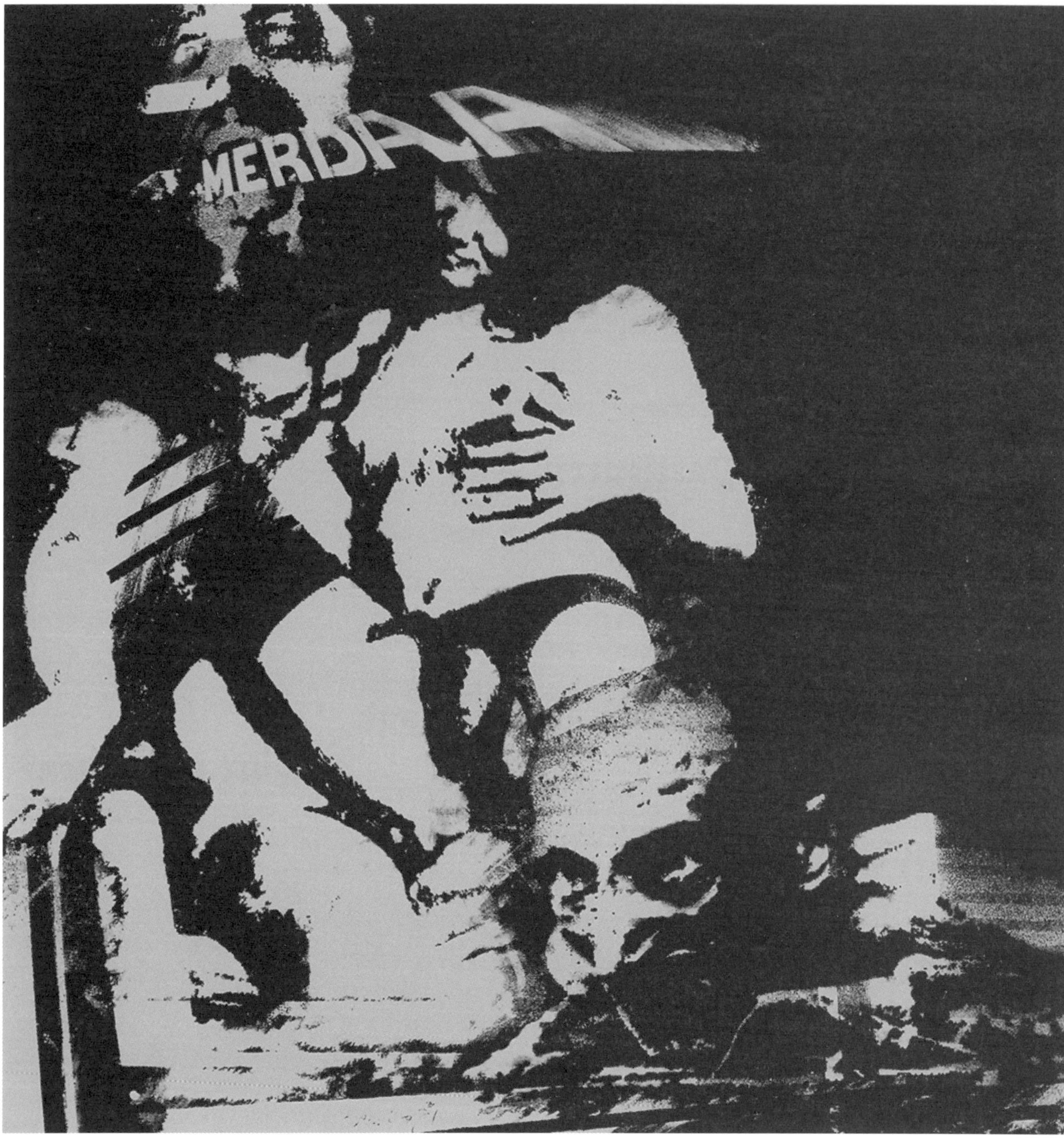

PAOLO BARATELLA: Merda, 1971

[27. August 1995]

Wann ist   benannt
die Unterhosen tauschen
Wann wird bekannt,
die Därme auszulaufen

Wann muss   gestand'
die Höhlen endlich anzugreifen!

Begreifen,
dass der König und die Königin . . .
die Königin hat rabenschwarze Augen
hat keine Kleider
(sie hat keine Augen).

[4. September 1995]

So möchte ich mich, an der Treue
– stehlen
an dem Stahle
stählen
mich, an den Stalin
fegen
und den Yehovah
segnen

Kamele reiten –
dass der Wüstenwind der Einsamkeit
zunichte wird.

[15. September 1995]

Wenn ich vom Schlafenreiche aufsteh
da gibt es Niemanden, der zu mir sagt

weiss –
weht

„Die Mutter".

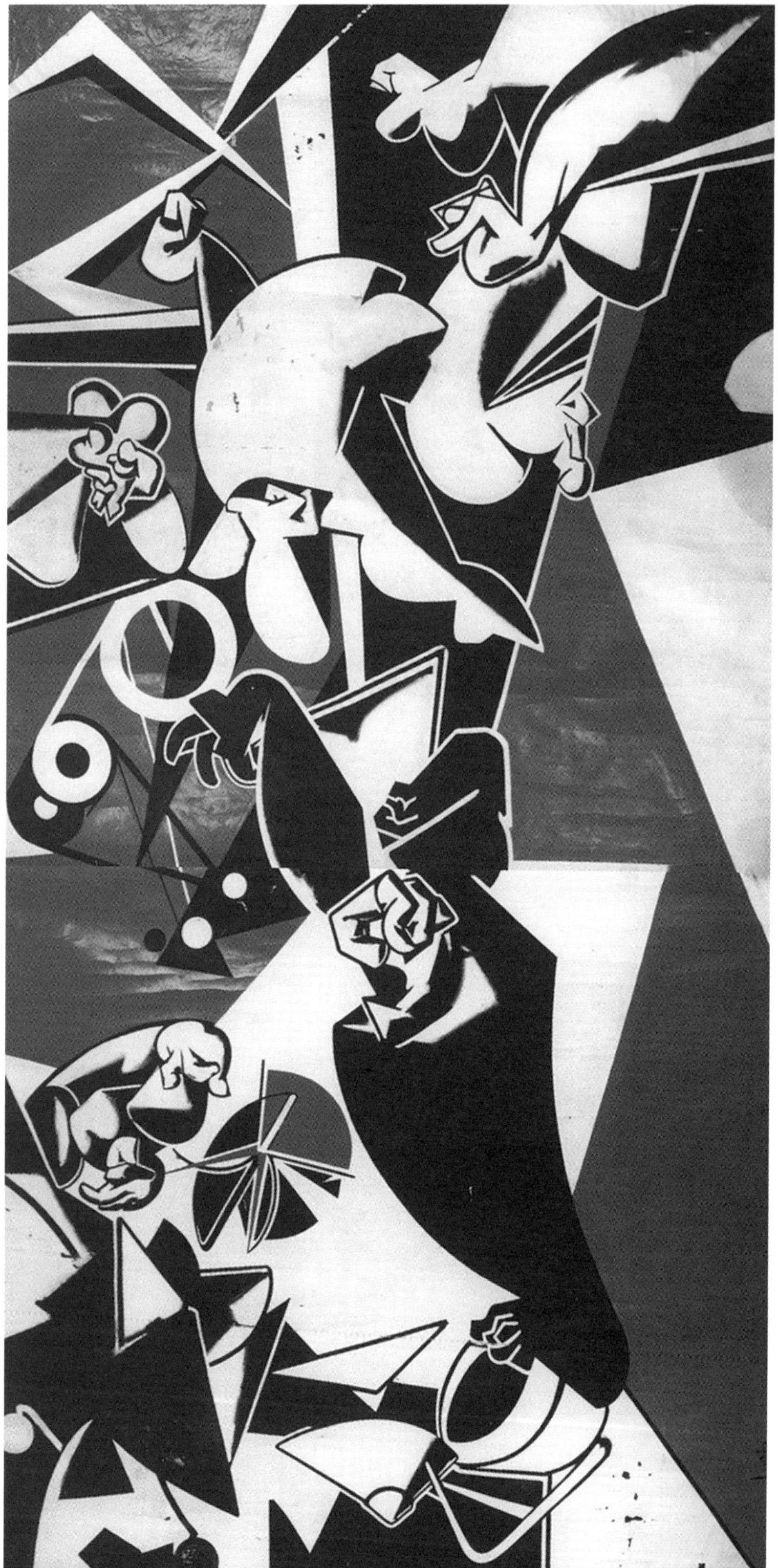

BORIS LURIE: Dismembered Women (Fighting on the Roof), 1952

[Oktober 1995]

Ich stehe auf
hinauf –
hinab

Der Morgen, schwul,
schwűlt mich zum Grab

Der Morgen, Universum in dem Loch
Grűss Gott!
Grűsst mich erschűtternd zitternd:
Motorrad-Entlauf!

Kraftloses Motorrad
Kraftfahrerloses Rűderad!

Maschinengrűndungs-Gasse
Altershasse
Mittel-Taille Wache
Die Hunderttausend-Millimeter-Grosse-Sache.

[16. November 1995]

Der Heldentag ist dann – –
nicht wenn der Krieg vergeht
vergibt,
und Seele mit dem Siege stirbt.

Doch wenn der Sarg von Josef Stalin,
von Nichtgenossen,
die Genossen, auf den Schultern,
zum Balsamieren
– – trägt

– die letzte Säuberung, vielleicht
passieren muss
passieren muss!
war nicht gelungen.

[3. Dezember 1995]

Ich schreibe an das Archivat
dass mir die Mütter
nummerieren werden

dazu damit mit Einzugsbrief
die Väter/Alten
um-signalisiert
benommen werden

und schönheitshalber

die Listen
ungehämmert
auf zinkeren Stinkplatten
Heimwärts
Heim-Werts
ausgeschaltet werden.

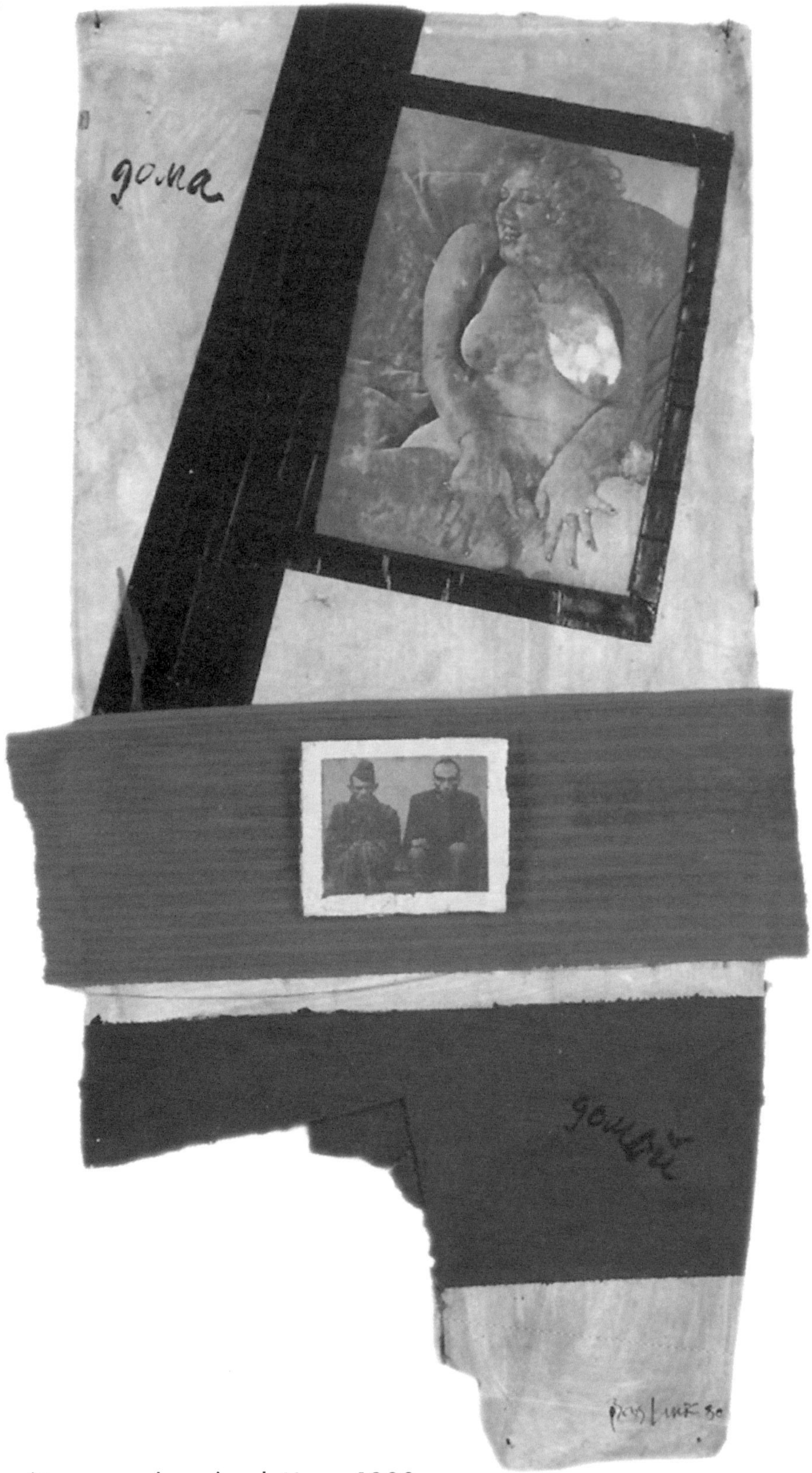

BORIS LURIE: Doma/Domay, zuhaus/nach Haus, 1980

[4. Dezember 1995]

Ein sonderliches Für-Sich-Leben hat doch viel Geben,
Nehmen und Bestreben.
– Nun explodieren! Mach´s gut nur einmal
Wennsomöglich
geboten und gebetet: du sagst nun, Freisohn, laue „Nein?"

Bleib immer nur ganz hinten, in der Kolonne.
Nein, Dummkopf, nicht ganz hinten,
da kann man abgeschnitten werden,
so in der Mitte – ziemlich hinten.

Und keine Heroismen bitte.
Nur dann, beim allererletzten ohrenfeindlich Lösungsknall,
verdiene dir die kaltgeschmiedte Freiheit wieder
auf Rechnung deines Gottes spielerischen Glücks –
auf Dich allein bedacht! –
– oder auch sonst, *Andersweise* . . .

Kralle dem Geschichtlichen Vollstrecker, schon tot,
um den Hals noch vorher!
Wunderschön
im schwefelnd düster schwarzeblauen Dunst des
Nachtewesens
– *Phantasieweise* . . .

[1995/96]

Man strebt mit Macht und Seele, dem
Ankers Wege
seine Ziele
anzustreben.

[11. Januar 1996]

Die liebe Schlanke Deiner Seele
haut
rettungslos
haut zu
zu sich

mit Säuglings
Margareten
Marmeladen-Strähne.

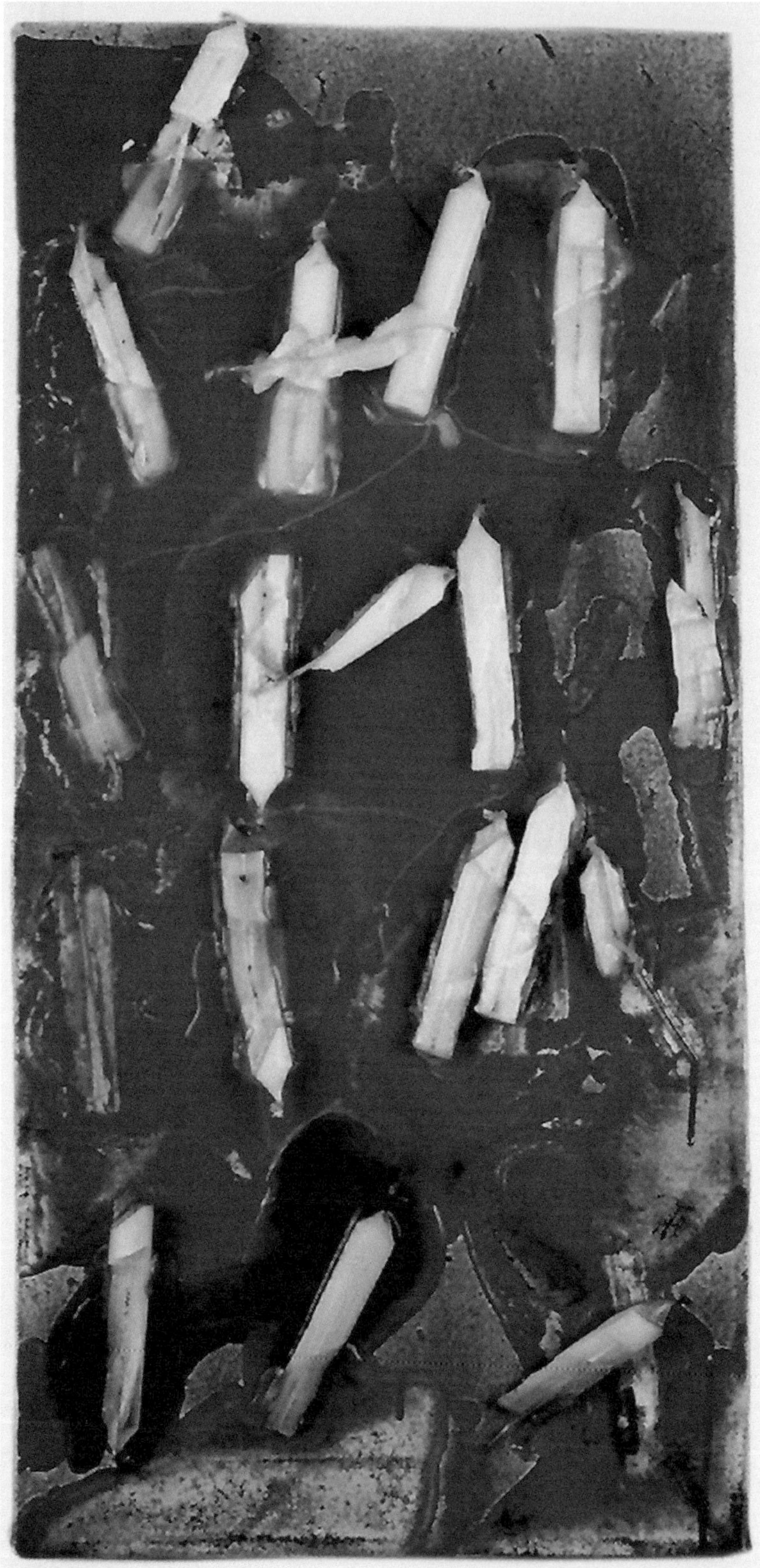

BORIS LURIE: Candles #1, 1996

[22. Januar 1996]

Luft der Regung, in der Ferne
hebt die Waldeslaube
in Nachmittags-Sterne.

und das Bett des Wahnenschlafes
dringt mitunter
aus dem Wolkenkratzer –
Schlafens
Schlagens
in die Heiterkeit zurück.

[Februar 1996]

In hemmungslosen Stanzas
das Blut im Herzen pumpt
und Kunst und alles andere
ist doch sehr gut

obwohl die Vögel, Mücken,
die nicht stechen können
zum Lebenskreislauf Hitlerlebens
fressen.

Ich lass mich darum nicht
dem alten Schlächter widersetzen.

[20. Februar 1996]

Zum
Durchzukratzen.
Zum
Umzutasten.
All meine Kinder
Fetzen zum Lachen.

Liederkranz
ausgemacht.
Anschlagbrief
wird angelacht
Hintergrund
eingesetzt.
Heldenfiguren
im Vordergrund.
unmöglich
auszumachen.

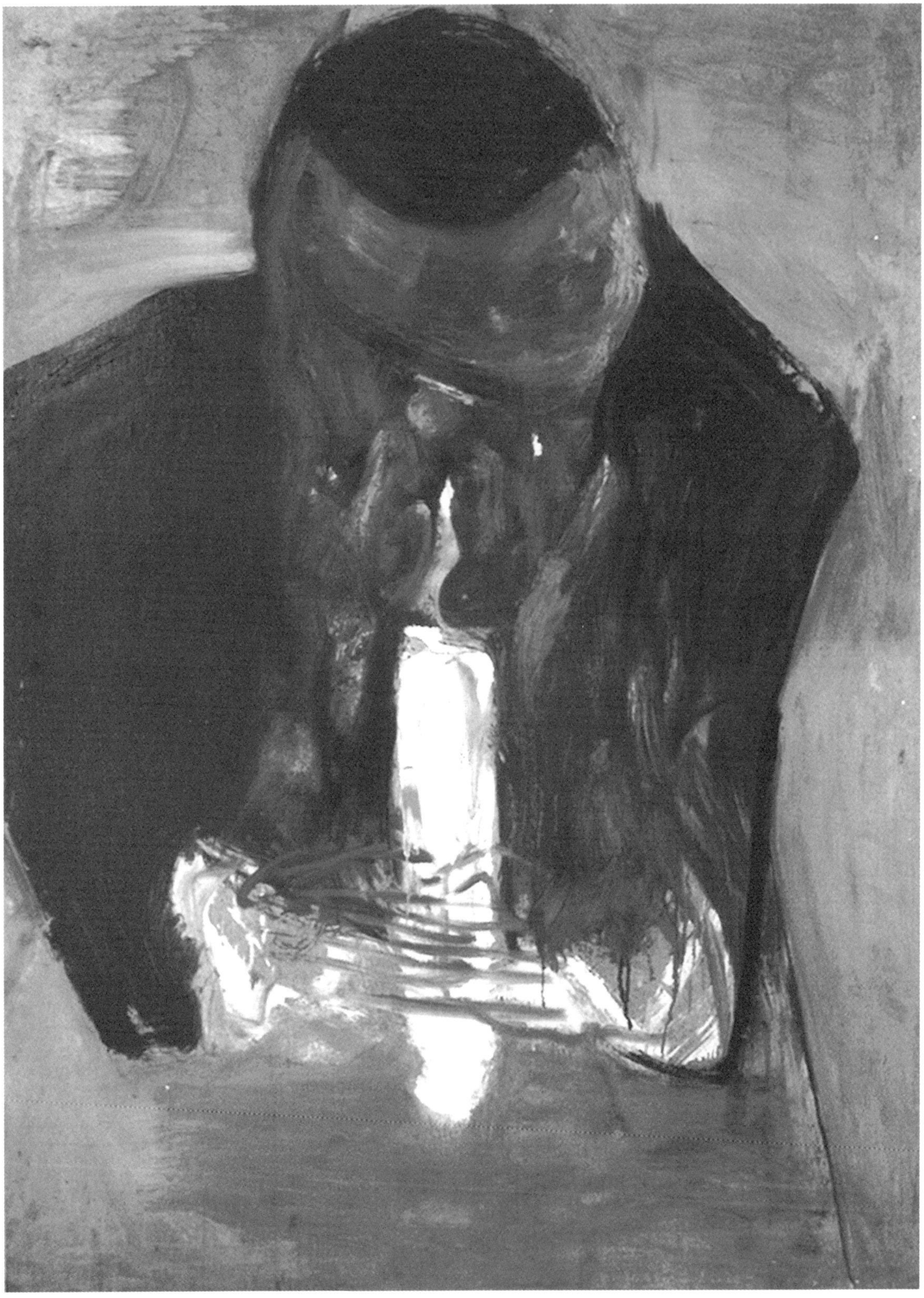

BORIS LURIE: Old Man with Candle, 1960

[22. Februar 1996]

Wenn man noch nicht so alt ist
da steckt noch deiner Mutters Liebe
an die Insektenflügel,

so dass das Fliegen
nicht so wahres-häftig dann erscheint.

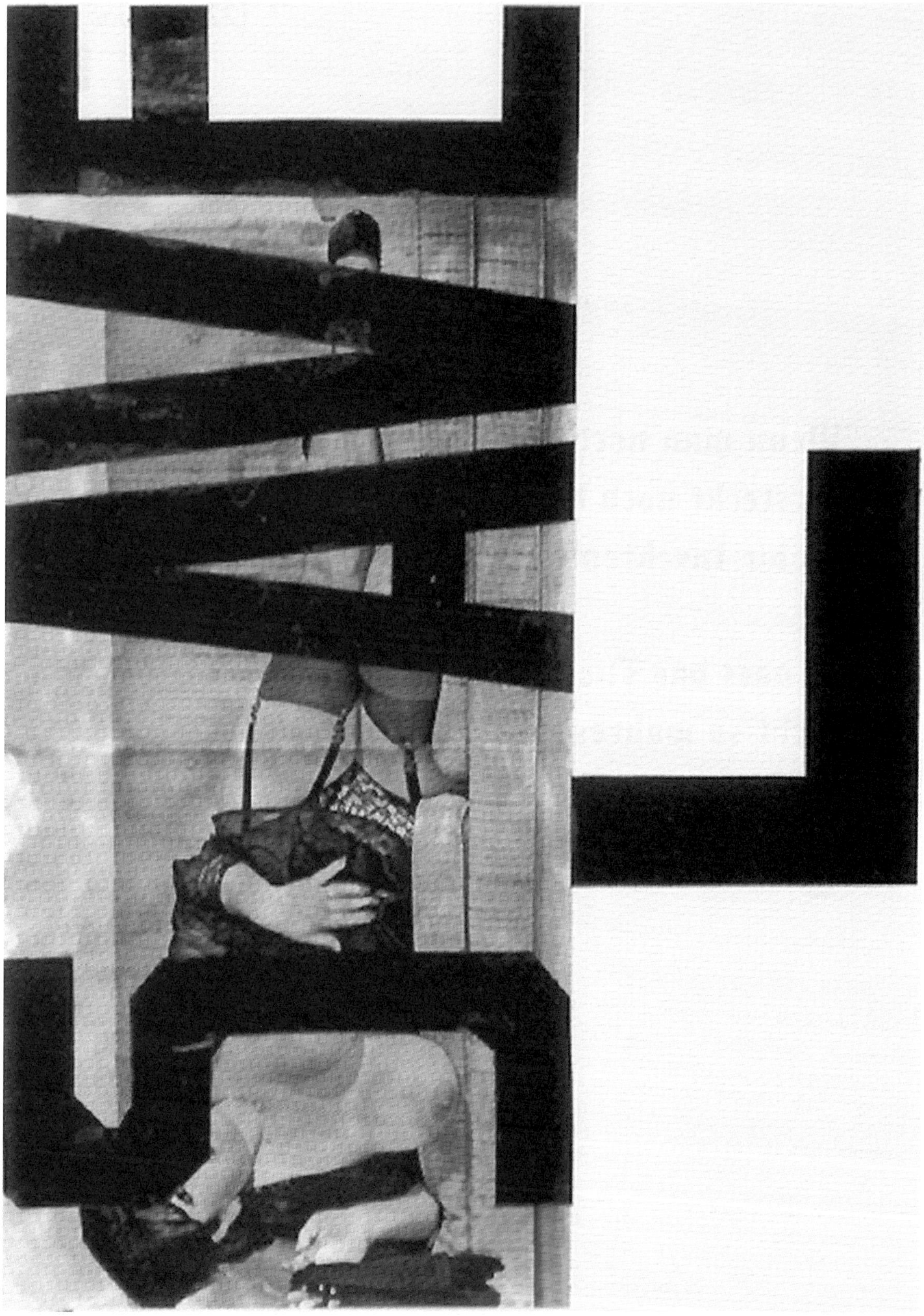

BORIS LURIE: Hard Writings SLAVE, 1972

[23. Februar 1996]

KAUFT man sich
mit Yeltzin-Rubeln
Prostitutensterne
aus dem Freiheitshimmel,
schmeichelnd ihrer nackten Jungfrauhüften
mit dem übersatten krummen Schwanz –
vorbei –

weinend um die alten Veteranenmütter,
der Skelette hängend mit gegerbter Haut –
Lenin Heiligkreuz,
im zahnlos Gorbachovschem Maul,

bittend ob das Trinkgeld ihrer Töchter
drin ins Russland-Loch der Schufte –
Nur das Beten und das Betteln fällt da
in die Kremlin-Urne rein.

[März 1996]

Das ganze Leben
so wie in einem schlechten Traum
zu „Cancellation"
zu schmerzlos wegzufegen

Die Kunstessegen
das Grossgefecht
Grosslügen
nimmer zu belegen

Die Babyscheissen
die mit Todgefahr am Durchlaufsband
auf Körper zielen, explodieren,
nicht wahrnehmen

dann, anfänglich, mit blauen Augen
wie ein scheisslos' Kind
nur immerdann das Gute
was auch existiert!
zu sehen

und schliesslich dann zu sagen
ich konnte nichts verstehen mit Verstand
alsdass die Uhr verhurt
nach rückwärts geht!

[15. März 1996]

Der Liebe gibt es vieler Arten,
die eine ist
man hungrig ist

Das Raubtier muss
nach Blut angreifen:
Beschuldige das Univers.

Doch strebt Er, grössenwahnsinnig, vielleicht
in den Gottesmachen-Wolken.

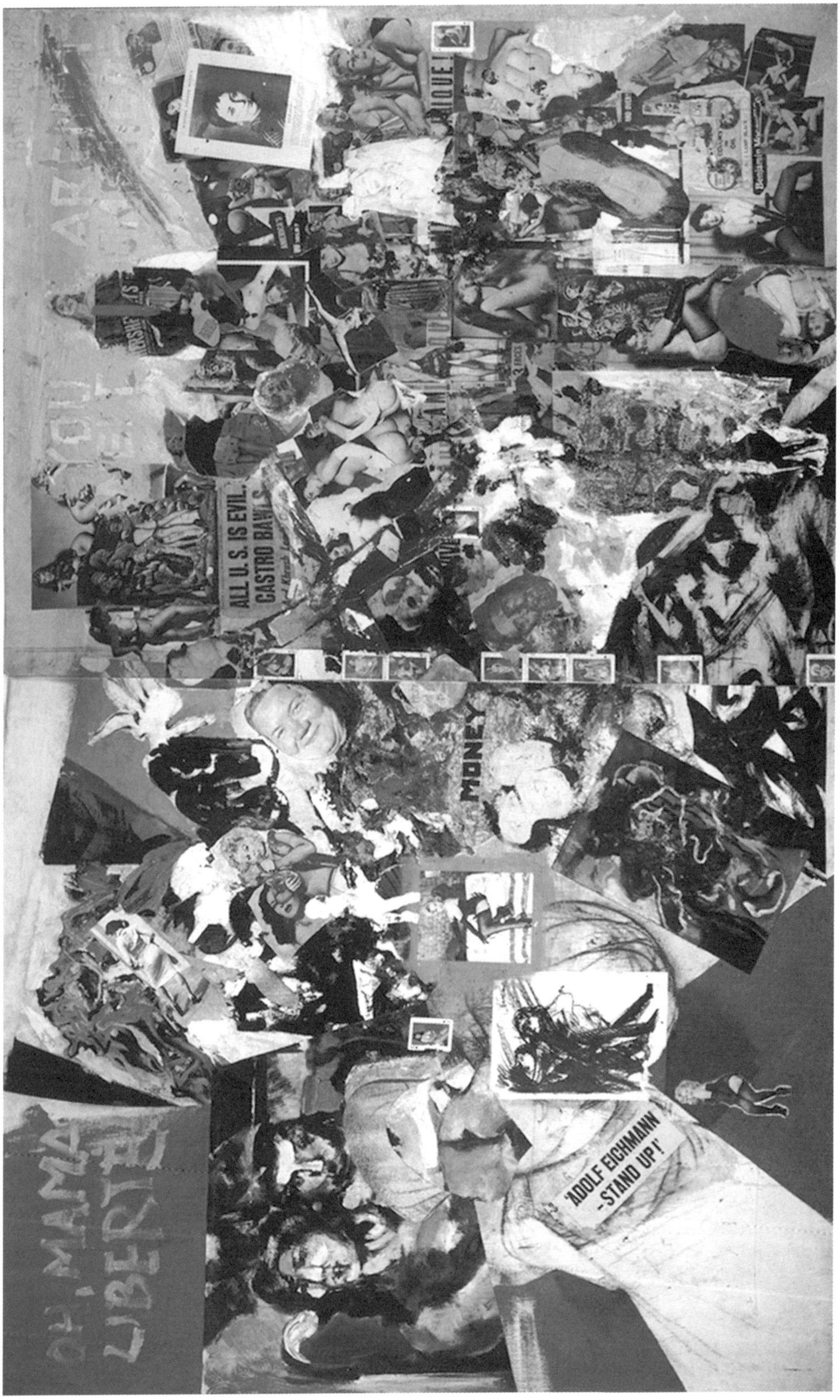

BORIS LURIE: Oh Mama Liberté, 1960

[Mai 1996]

Wo sollen wir die Aengste
füllen
wenn Mutterknochen so
zersplittert sind

[3. Mai 1996]

Worte aus dem Dunkel heben
Totes zu beleben

Sprachen des Vergessens,
mit Schock und Schokolade zu verkleben.
Taufmutter, vom kurzen Leben langweilig,
für uns're Erben zu bestehlen

Es gibt nur Sinn,
im Kampfe um die Heldenstadt Madrid
im Jahre Neunzehnhundertsechsundneunzig.

Zieht rote anti-Todes Fahnen zweimal hoch!

[3. Mai 1996]

Doch: wir müssen Stützen straucheln
krückenlaufen
Krücken stauchen

dann mitnoch munter, die Luft saufen:
Pfützen auszuhauchen.

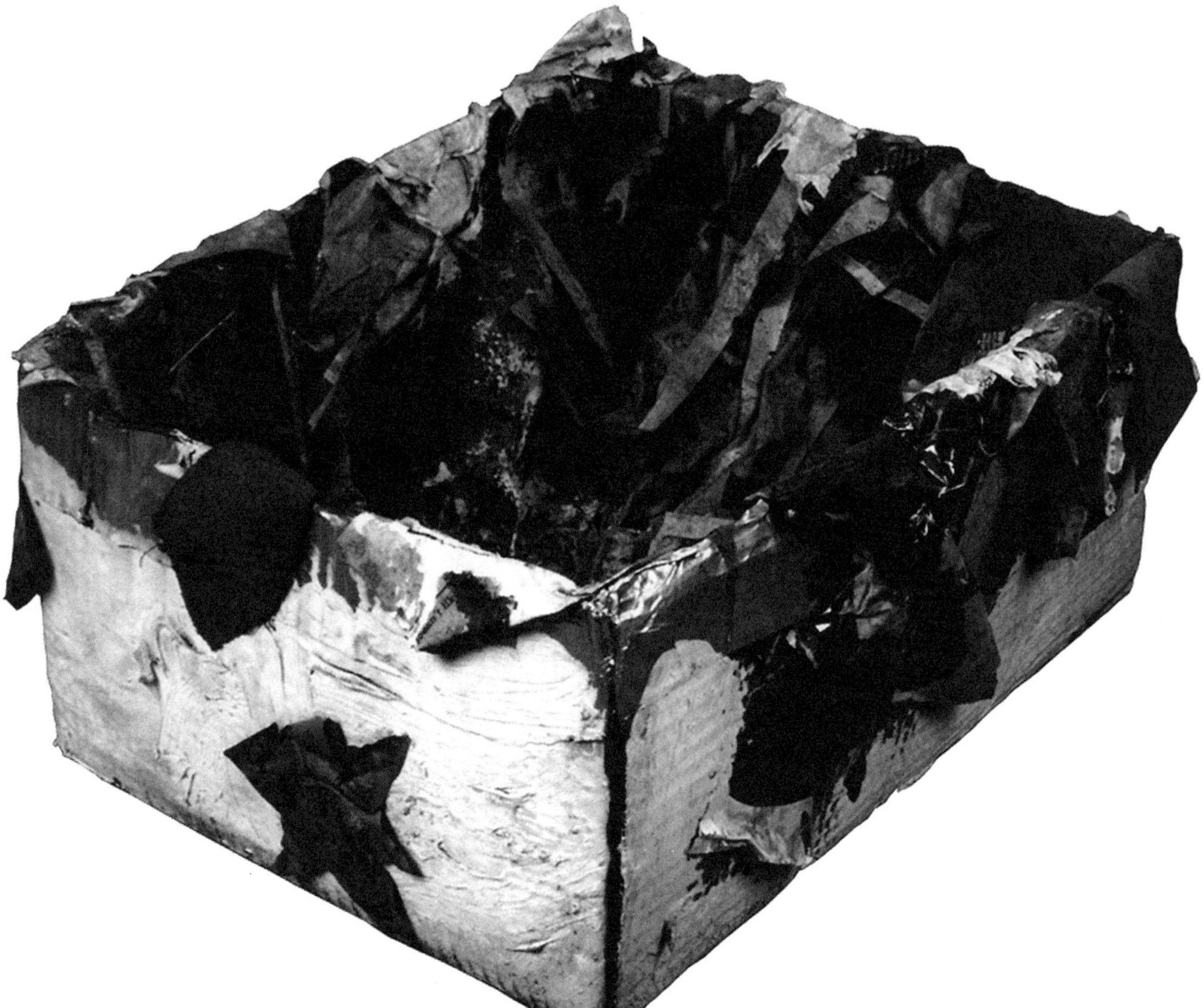

BORIS LURIE: Rumbula Visit, 1974

[13. Mai 1996]

Das Wahrgeschick
Die Entenherden lenken

Der Rauch von dem Rumbula Wäldchen
weltweit die Welt ist rundherum
und wer will wissen wovon vielen
versteckten ritualen Flämmchen

spielt sonnbefleckt auf dem/was war/New York/das Wändchen

[15. Mai 1996]

Das Stauen
stosst mit stählern abgesägten Zähnen

Und Flüsse
fliessen, wie immer rückwärts, in die Seen
Sehnsucht

In Ingroland
ein Partisanen-Teddybär
der fleht:
Komm doch nach Haus
zurück
zum Spiel
Gelobtes Land.

[Juni 1996]

RAKETENFLUEGE, INS ALL TAL
ZU GOTT, ZUM HEIL
DIE STERNE, IHRER KRANKHEITEN ZU UNTERSUCHEN
– VON DIESER ERD' ENTSCHLUEPFEN

IN JEDER KARRE KAU'RT
ZU-TOD GEQUAELTES DORA-WESEN,
ENTWISCHT DEN SCHLAEGEN
– OHNE MERKMAL
MEMORIAL

UND DIE RAKETEN DORA WERNHERR BRAUN
AUFTAKT! – WIE LAUT MIT RAUCH UND FEUER
SCHREI'N
INS HOEHLEN-GRUENE KAZET HEIM
– NICHT RUECKZUKEHREN

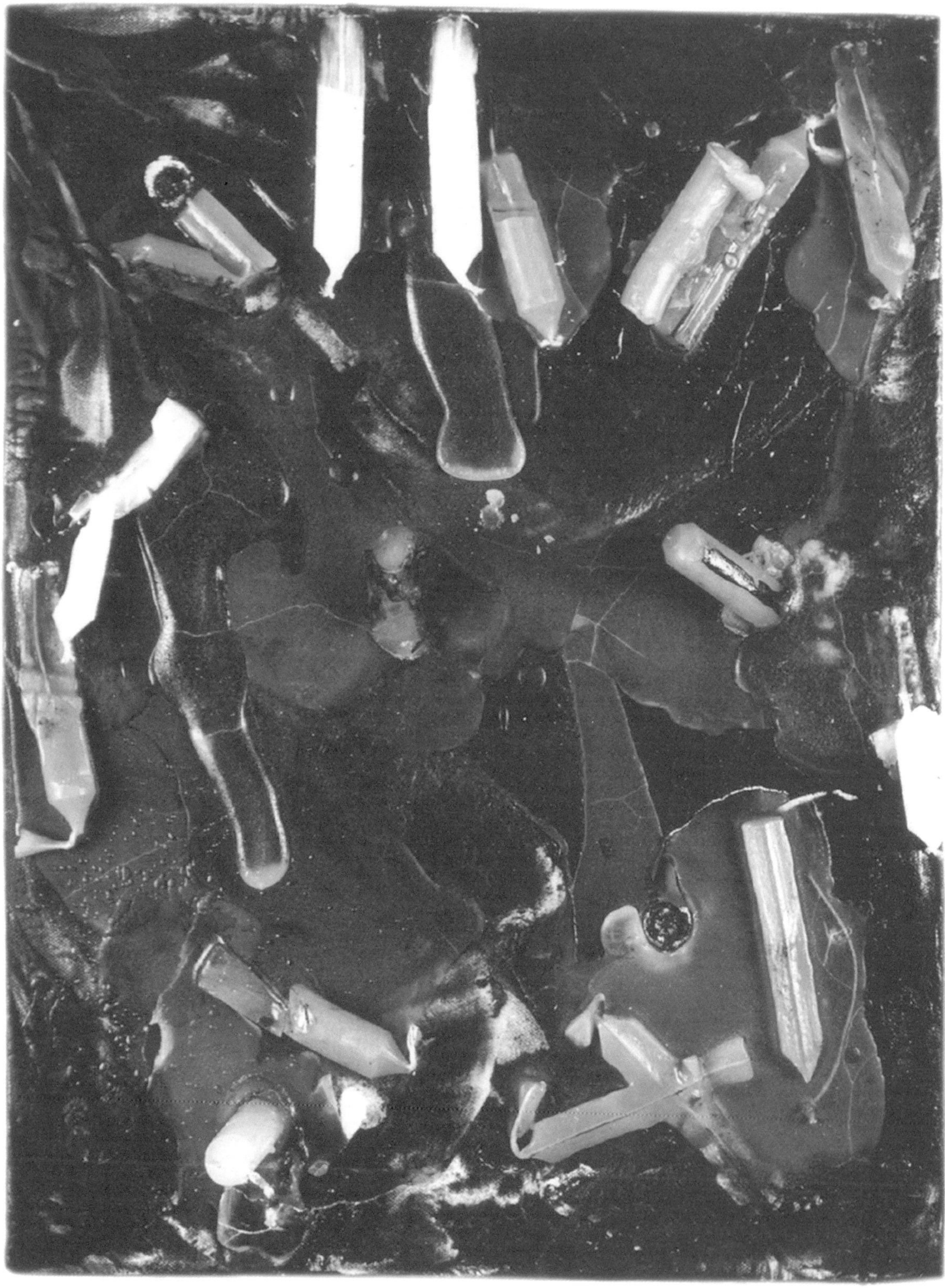

BORIS LURIE: Candle #5, 1996

[Juni 1996]

Es gibt nirgendwohin zu gehen
    nirgendwohin zu fahren

Ein neuer Ort! : heilt der Idiot

Man kann nur fallen oder steigen

Kein Immigranten-Brei: Die Steine bauen
Kein Immigranten-Brei, sich zu versteinern

[Juni 1996]

Zittern immer, sind doch da
die Stellen.

[2. Juni 1996]

Die Energie kommt schon zurück,
woher kommt sie? aus parfümierten Vitaminen
und scheinbar steht es fest geschrieben:
das Unterhauchen fördert die Genien.

Der Stiftungsstab des Weiblich-Frühen
regt sich hinauf
auf Geburtsstufen
und stechend Peinliches beinah vergeht . . . –
im Grafengarten Forst, es fühlt sich rote Kirschen
– im schmausen Apfelkuchen.

Heil, sanft-geleerte so gelehrte Brust.

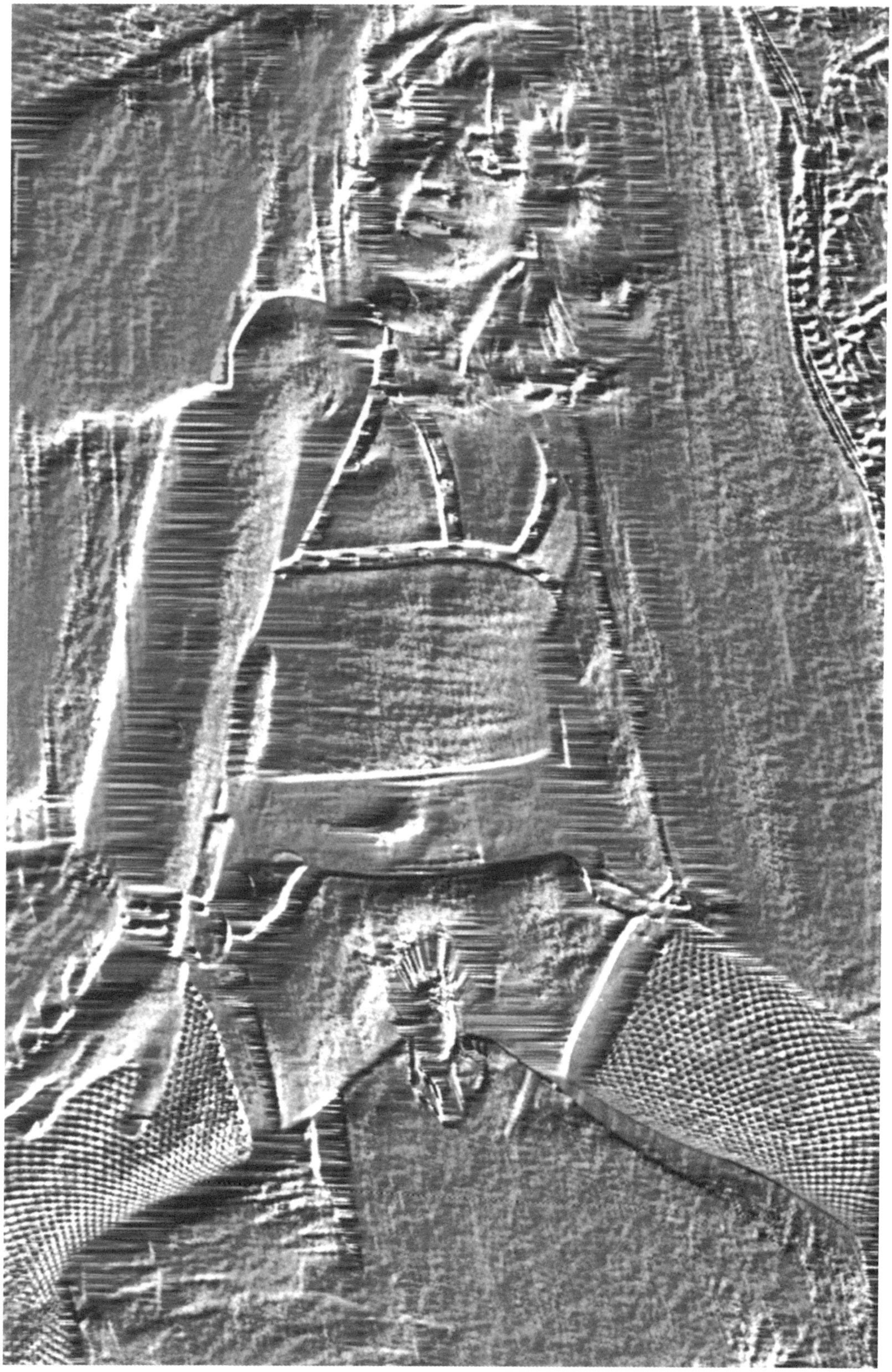

MATHILDA WOLF: HeShe, 1994

[8. Juni 1996]

3 Rosen schmecken den Altar
und was dabei zu machen ist

Wir alle Glaubens, sind durchaus erschrocken

Die Vierte legt sich galant
trűgerischer Erdenweise:

Sie wollte nicht mitmachen, in der verrochen
und verruchten Sache.

[12. Juni 1996]

Es flüstert schlimme Sachen,
weiss-rosa und halb-schlafend.
Befehle, so das Leben zu zer-heilen,
Morse-Moses telegrafisch.

Die Sonne hinter Greuel Wolkenblei
bricht durch
gelblich
gelb-atmend.
Pastell-impressionistisch
Grünbänder-Schiesskommando-sanft
die Unser-Aller-Mutter, schwirrt,
des bräunlich kackisch speckig Ländchens
Farbenquatsch –
ins bleiche Sauerschmand
dem farbenfreien Immer, weghinzu.

Und das ist alles, von den schlechten Lagen,
allein für dieses Heute.
Der Koffer klappt nun zu – Verschlossen.
Hat keinen Boden.
Nur heimtückischen Haken.

[12. Juni 1996]

Die Heimat ist dort, wo nichts ist:
Im Stratojet, kurzweilig,
kurzweilig auf die Schnelligkeit
allein des Weglaufens, dann sicher angewiesen

Und, in der Wüste,
da hält´s man aus viel länger,
wenn man sich von der Sonne,
im Schatten eines Selber, zu verstecken weiss
und nur sich selber, nasse Wahrheit, trinkt.

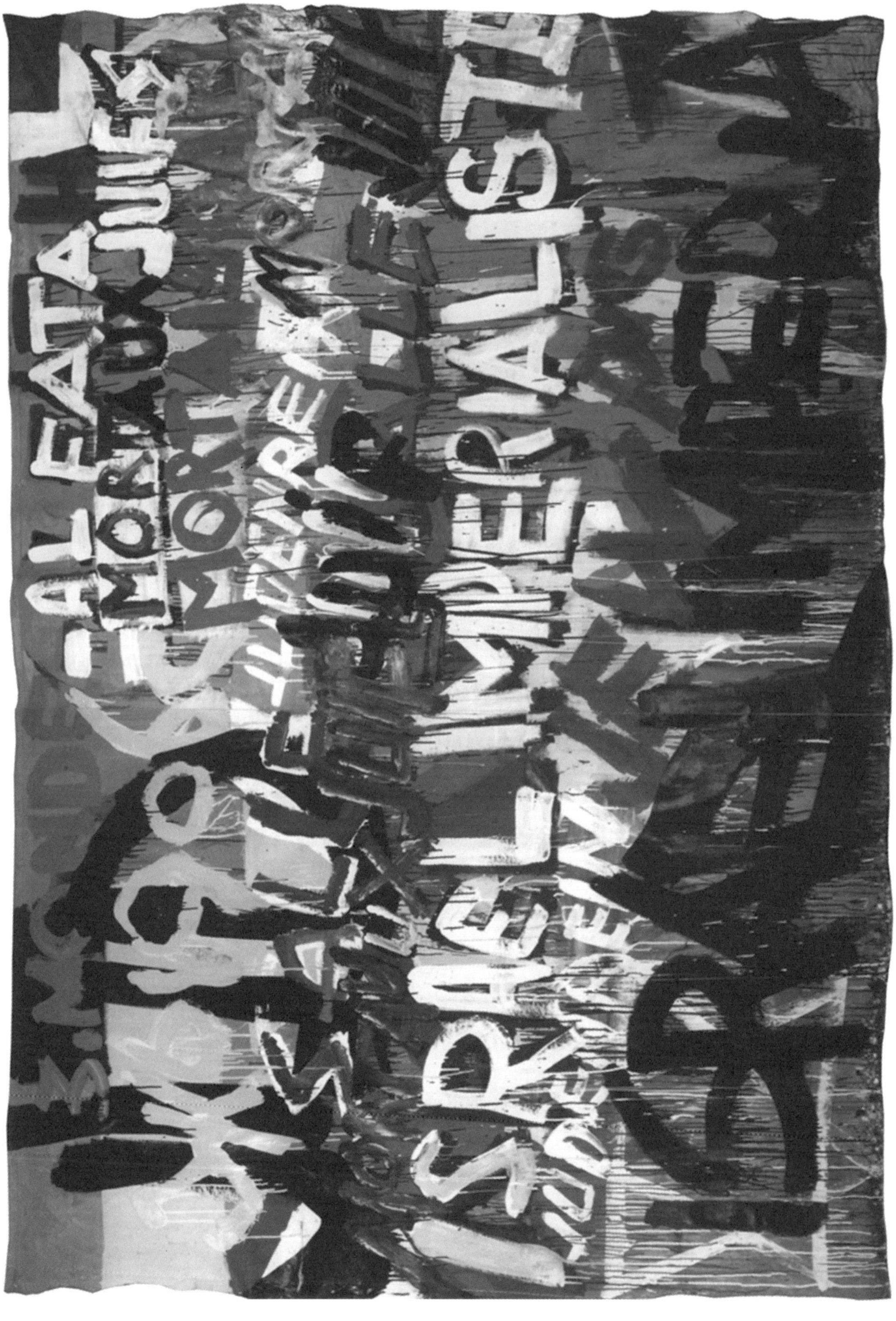

BORIS LURIE: *Mort aux Juifs*, 1970

[15. Juni 1996]

Der Jude zahlt gut
fürs hitlerianisch´ Sauerkraut.

Legt darzu mit, Tomatensosse

Totensosse

ins *Du* –   mein Liebchen –
natürlich bist Du eine Jüdin?

[17. Juni 1996]

DIE FRAUEN

plumpe, fette,
rauchen
Zigaretten, Auschwitz-Flammen, Nagasaki-Flammen –

ein jeder ihrer robust nackten Akte, in den Asch-Teer
einbefangen –
dann werden sie noch tanzen . . .

plaudernd, sauend, klatschend,
unbefohlen!

bald werden sie zu Opfern werden
Alles
wird ihnen dann, ihr Tratschen, Krähen, Schwatzen dann
verziehen!

Ich – Beschauer –
werd für meine Nur-Gedanken
zum Mörder, zur Schuld, Schuldenträger
selbstvon rechtvoll angewiesen:
Bis der heilige Tobacco aller Welten
in das Gold von unmachbaren Werken
aus verbrannten Körpern meines starren Körpers
Asche wird.

Bis dahin am Leben bist,
du feiger SS-Künstler, musst du schwitzen,
um die Luxus-Schädel-Mausoleum-Herrschaftswände
für die Ausgesuchten neuen US-SD Menschlein
mit dem Pinup-Dekor zu beschmutzen.

[20. Juni 1996]

Oh wie sich wie einstmals

die Sterne
in Tomaten-Sossen-losem
Spaghetti-Wirrwar
um bessere Positionen, sich wühlten

Die Strebsamkeit
der funkel-alten
Universums-Produktionen

wie irre Ameisen

in Strähnen von den
totenweiss-Spaghettis
ungebuttert
sich zum Ausgang beben!

Der Tore
gibt es schon den schweifen Huldigungen,
doch wie sie dann, im schwitzend kehrend Topf
und ohne glitschriger, vergossener
Rot-Bluten-Sossen

den Sternensplittern

wie zu finden.

[22. Juli 1996]

Den Bauch verlieren
Bilanzen komputieren
Den Därme-Austausch
zu um-spülen

Den Proletarier-Söhnen
mit blutend roter Korke

Einbürgerung
verbieten.

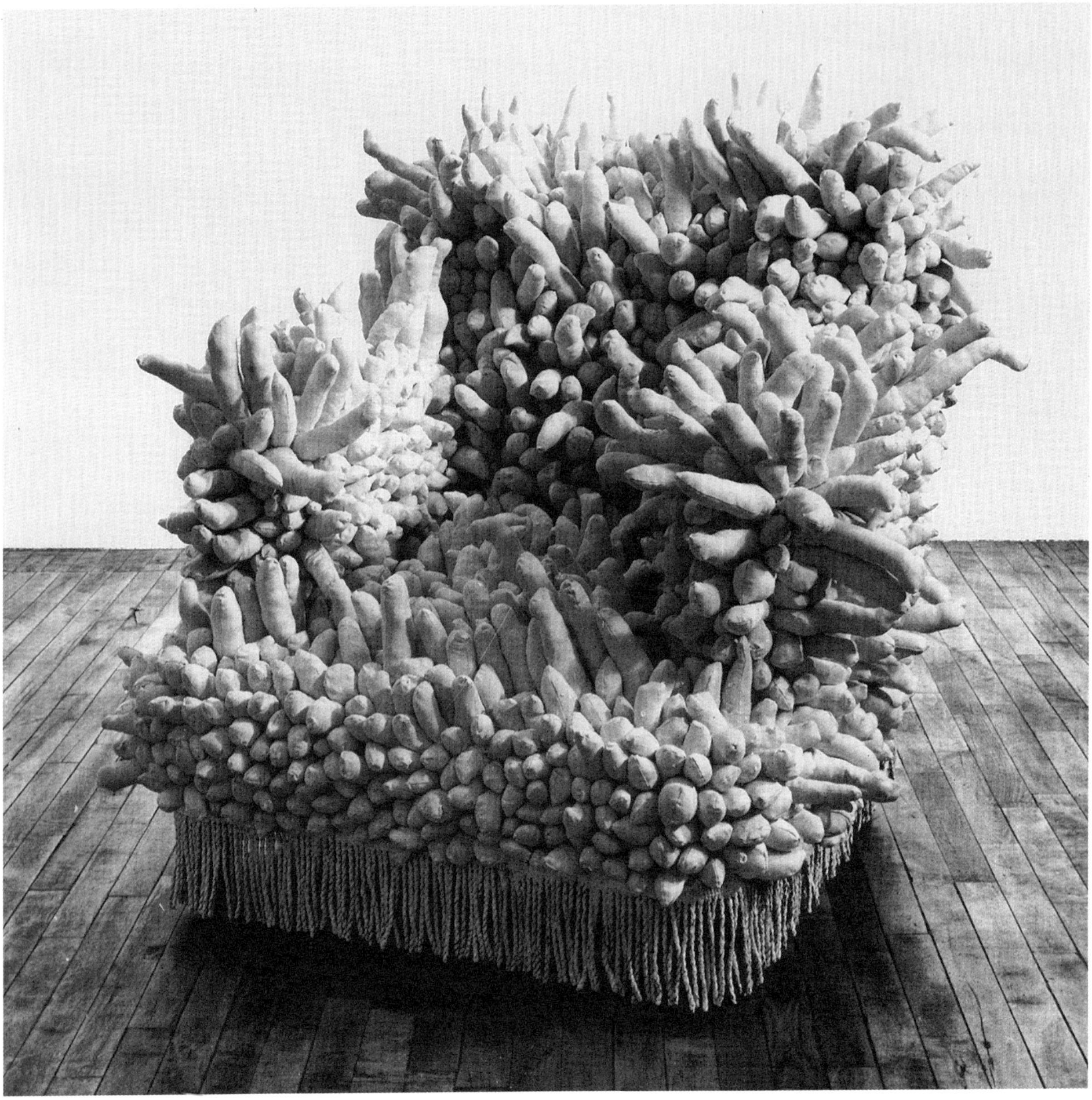

YAYOI KUSAMA: Accumulation #1, 1962

[22. November 1996]

Wir gehen Frauen jagen.
Der Tiger gibt es nicht mehr, in meinem Atelier
die sind so mild geworden, eingeschlafen,
zwischen meinen Meisterwerken:
Doch traue ich mir nicht zu ihnen,
und den Meisterwerken, nahzukommen
ohne das *Geschoss*
(und habe keins)
(... die Tiere, es sind doch solche schöne, wilde Schaffung)

Drum geh ich mit den Jungens oder besser noch allein
nicht weinend doch gemein, ich bin ja bei Recht Mann
die Frauen, zu Trophäen – und nur dazu, zu jagen.
Und warum Frauen, unnutzbar, zu jagen?
Weil mich doch meine Mutter in die Welt gesetzt hat.
Fast ausschliesslich aus diesem Grunde nur
und weil die Welt ist so wie
– sie´s geschafft, sie ist.

[29. November 1996]

Die meine Göttin
mit den grossen Brüsten
mit der festen Fotze
ist verschwunden.
    Die alte *Gőtzin*
    mit den schlammen schönen
    Henkers Titten,
    mit dem hasse-ruchten
    Absatz, steif im Maul
    verschmähter Hitler-Küsse:
    ist verschwunden.
Die stolze Hure,
mit den frauenhüftig frauenhäftling
Slavenhüften Sklavenhüften
mit milch-vollen gebig Brüsten,
mit den ehren-kühlen Augen,
kühnen Stichen, in mich bohrend,
ist in sagenhafter Negev-Wüste
auch verschwunden,
auch verschwunden worden.
    Es kauzt nur
    von Höhen dreister Wolkenkratzer-Pyramiden
    ganz gemein enthüllter Lüster:
    Schmähe uns!
    Die Angriffsfrau

der besetzten Philistiner Küsten –
die beim ersten Knall
von der verdrosselten Pistole
in der Uniformenhose
in das Kinderhemd der kleinen Wünsche
seufzend, sich verbirgt,
unter der nahrungswerten Mutter-Pisse.
    Mutter! was hast Du
    in Deiner massengräbner
    hacke-knöchlein Güte
    deinem winzig Männchen, doch geschafft!
Wach auf! aus zimbambum kambum New York:
Wer braucht sie alle schon? Die bösen Hexen,
die aggressiven Damen der Geschäfte?
Und die Verschollen und die Verschwunden Worden
(– und deshalb, die Treuen?)
    Ich habe doch die Krokodile
    am Mexiko Lagune Boden,
    die sich um garnichts freuen,
    noch sich in ihrem Schlaf am Meeresboden –
    wie mir's befohlen!
    mit Eigengift betreuen.
Wir sind ein reiches Land, mit vielen schwarzen Negern
    Weiss-heissen Weibchen-Krokodilen
    schnarchend
    „Fress dich auf", in süssem Schlaf
    an ihren steilen Wolkenkratzer
    Klagewänden.

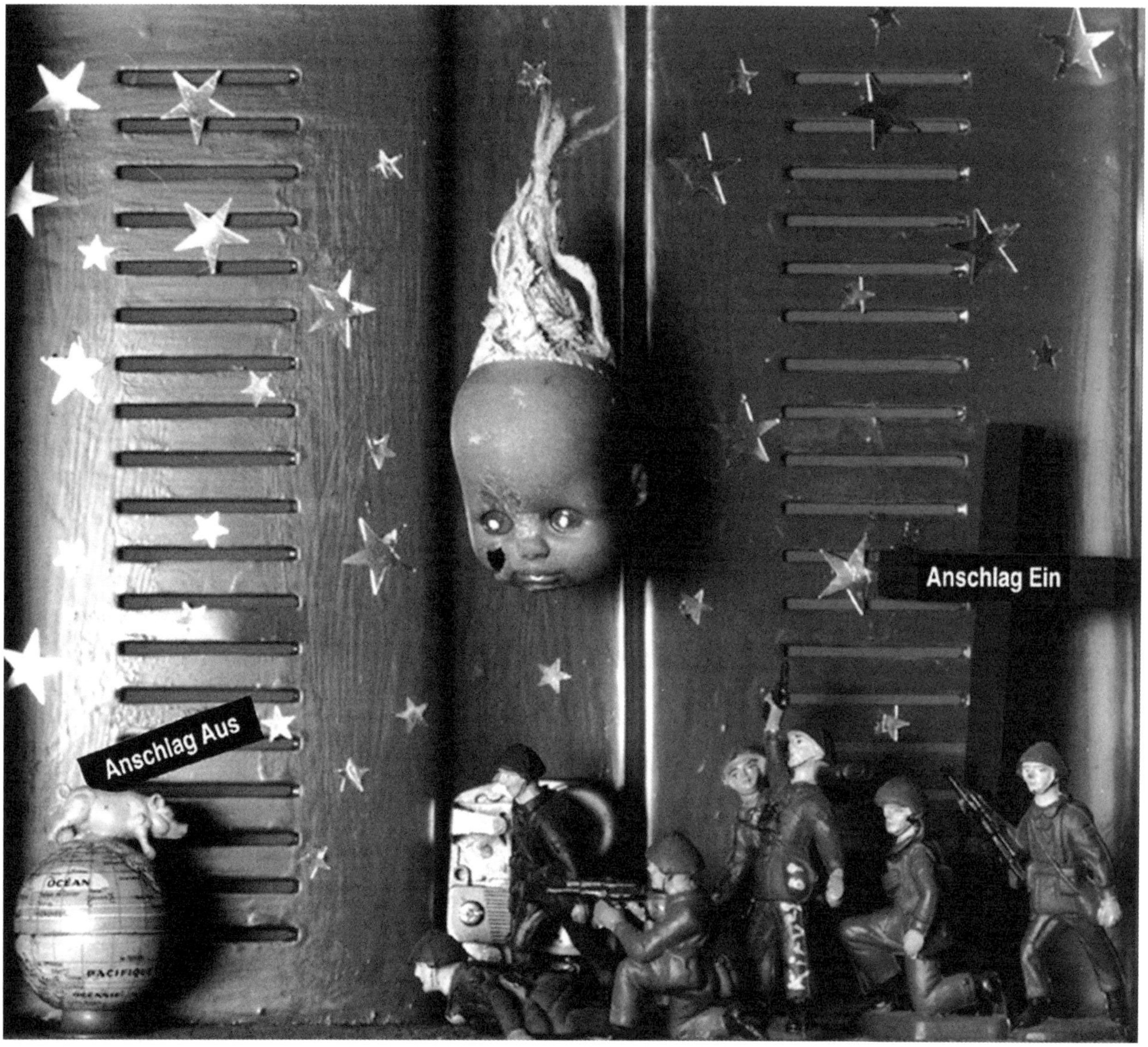

DIETMAR KIRVES: 89111. Ansicht von der Evolution, die ihre Kinder verlässt (Detail), 1989

[14. Dezember 1996]

Mein lieber D.!

Du bist ein gutes Bűbchen

Du kriegst ein gutes Hotelzimmer
im Vorder-Himmel
Erziehungs-Fräuleins-fraulich-Pflegen
mit Verpflegung

Wohin, nachher?
Starr Unkraut vergeht nicht.

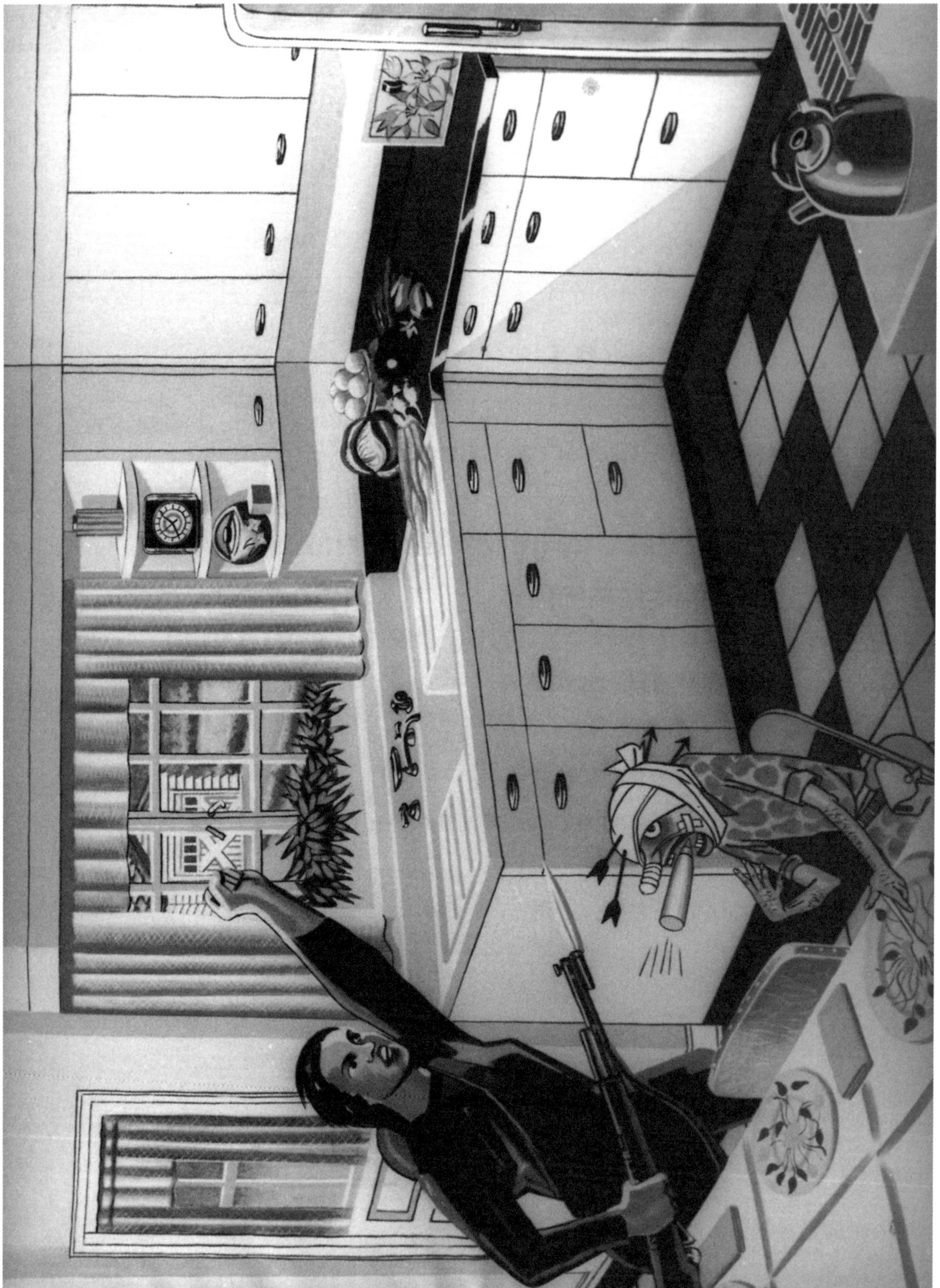

ERRO: Interieur Americain, 1967

[1997]

Ich nehme wiedermal den Spiess in Munde.
Der Broadway hat wiedereinmal,
aus Schmutz und Dreck
in goldene Touristenhotels
die Zeit doch nicht verschlungen.

[5. Januar 1997]

Du willst mich heiraten,
Du willst eine Jüdin werden?
Wie soll ich das erlauben:
Du willst nach Auschwitz fahren?
Das Rabbinat erlaubt es, ich doch nicht:
Du kannst auch dahin kommen,
als Bundesdeutsche Passagierin!
Dazu brauchst Du keine Jüdin werden.

Na, und wegen der Verheiratung –
Die Züge fahren leere Fracht,
von sich alleine
mit zu-grossen Verspätigungen –
und kommen sichtbar sauber
sausend, wenn wir nicht da sind
vorbei an uns bei der Station
(wo wir auf sie so nicht begehrlich – wirklich – warten).

Ich muss da dauernd immer wieder
unter-Decken
um meine sogenannte Arbeit
mit dem sogenannten stumpfen Beile
zu durchbrechen.

Und Heirats-Schluss mit Rassenkuss
im viertgenannten Deutschen Reiche
ist ein Problem, das man gerichtlich
und gesetzlich untersuchen muss,
obwohl Ver-Ehlichung
mit noch vielzähligen New Yorker Jüdinnen
in deren eignem Auschwitz-Heim Amerika
sogar Verrat am Judentum
mir scheinbar stellen könnte.

Und Heim-Machung mit Dir
in dieser kurz-frankierten Welt,
mir noch des argen Adolf-Alters
kinderkurze Hose
bei dessen Stichpunkt,
mir zerfetzen möge.

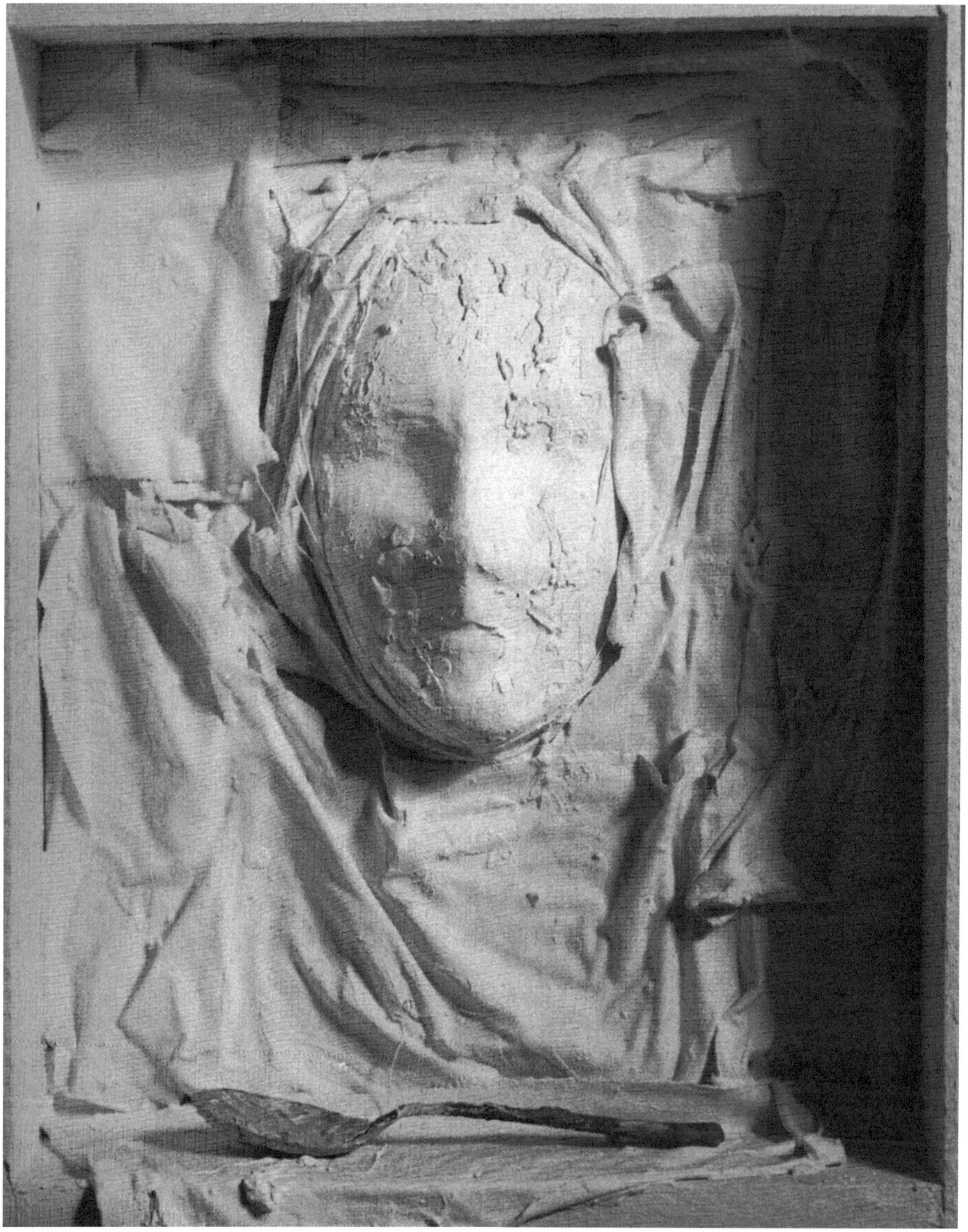

MICHELLE STUART: Alter, 1962

[2. Februar 1997]

Die uniformierte Konkurrenz
macht Stich-Konzert
mit Säbeln – abgehobelt worden.

Mit Wanderns Wüsten-Stäben in den Händen,
um uns da mit den stumpfen
Schuhesohlen abzumetzeln.

Und danach stehen sie noch auf der Bühne
wie eingefrorne Pfirsichkerne
und haben Angst vor Heben
ihrer umsichtlich gefährlichen Gewehre
gegen uns, das schame
Zuschau-tum.

Versteinert sind sie, die historischen Marionetten
vor grellem Totschlag, gegen uns.

Und Bühnenlicht verlischt
stillschweigend doch volldenkend
teilsgedenkend.

Wer sind sie denn die Greise,
die ich da vermute,
in den chinesisch ob japanisch
antiquitistischen
zerzerrten
Teufelsmasken.

[19. Februar 1997]

Schliesslich am Abend
schreien die Geigen

am blauen Abend.

Rom ist verblutet
im Kolisseum.

Russland gefangen:

im
Schweine-Sülzen.

Männliche Wikings
im Grunde des Meeres
graben für sich
Massen
Herbergen.

Amerikaner:

wie Flöhe
entfliegen
auf den
verstreiften
Buchenwald Dora
Wernherr von Braunen

Ding-dong Raketen

Einstein und ich
umklammern die Wiege

die sich gefährlich schaukelt

schauen mit letzterem
gelb-sternen Auge

Fernsehreporte:

und wie
sich steif in der Umarmung
die starren Hauptquartiere-Wolkenkratzer von New York

sich freudesgierig,
sich zertanzen.

[29. März 1997]

Wie überhaupt DAS OBERHAUPT
die Macherei
die angeknüpft
Schikanerei
ruhmreich – Noblesse
DAS ALTERTUM
behexen will

Und wie warum ...
an Bettesseite
sich knieend vor der Eingeweihten
der Jungfer
die vielleicht keine Jungfer sei –
Sie, ausgemetzelt
glücklich doch!

(Das Opfer sein?)

Bildschön
ein wenig müde
ein wenig müde
in den dunkelgelben Haaren, schon genesend
stets – (für die Ewigkeit)
in dem schneeweiss verschneetem Bette
lagert

Statt diese Ruhe anzusprechen
nur wortgemässig
Sie heiligst
auf die Stirne küsst
und Letztere
des Ghettos Druck, des trocknen Kusses seiner Lippen
an des Umzinglung, vor dem Schiessen
zuckt –
stillschweigend und bejahend annimmt

von Dem
in schwerer Stunde
Sie verlassen hat

und ihn
kurzfristig in dem Rausche
mit grossem Glück so heiss pulsiert –
begnaden tut

Starrsinnig so.
Und unverdient.
Verhextem.

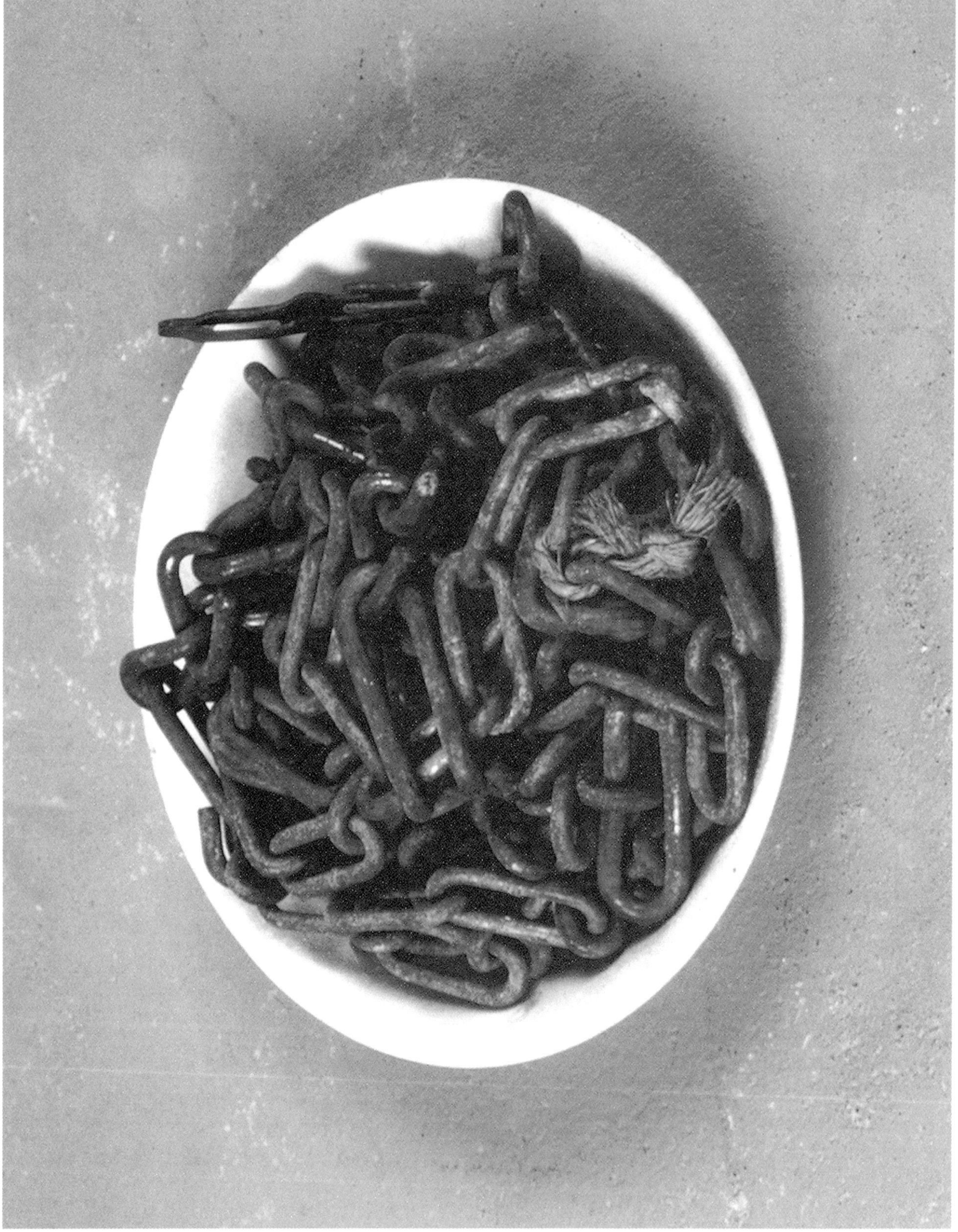

BORIS LURIE: Chain in a Dish, 1964

[25. April 1997]

Links. Rechts.
– Nichts.

Zwischen ZWEIEN
ALBANIEN.

Schritt-im-Tritt
VERWESEN-t-LICHT

angenommen / abgeschieden.

KAMPFFAHRZEUGE
mit den Roten HIMMELSSTERNEN
in den HAUFEN
stőhnen.

RUSSENMAEULE
mit CHINESEN drin
bringen Nahrung
ALBANESEN.

Wunderschőn
ist das VERWESEN
sagen die SERIOESEN.

ZWITSCHERN tun wir
MICKIMAEUSE:
LACHKRAMPF-ALBANESEN.

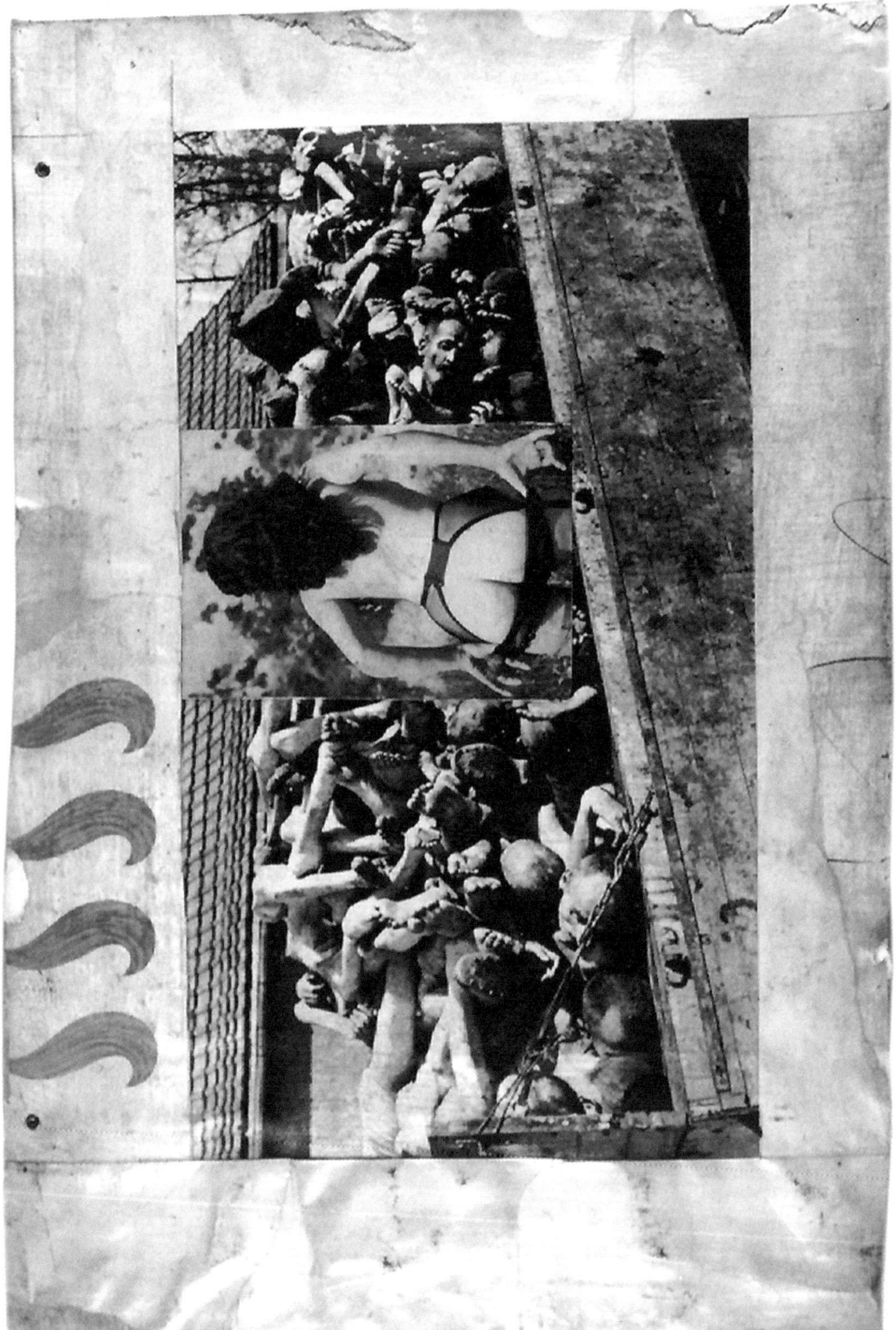

BORIS LURIE: Railroad Collage, 1963

[20. Mai 1997 Woodstock]

Wo gibt es einen Gipfel
wo Schauer von der Menschheit
auf Felsenspitzen in Gebirgeshöhen,
die mit den Häuptern wie die Schlächter-Degen
in den Himmel stechen
nicht existiert?

In Meeresmitte?...sich über dem zerstörerischen Wasser,
wie ´ne Möve, leblang heuern?

Noch purer ist es hier, im Düsenflugzeug,
in ausgemerzter Stacheldrähte Hungersluft
die nix vergibt:
kurz vor dem Absturz durch die Bombe-Explosion.

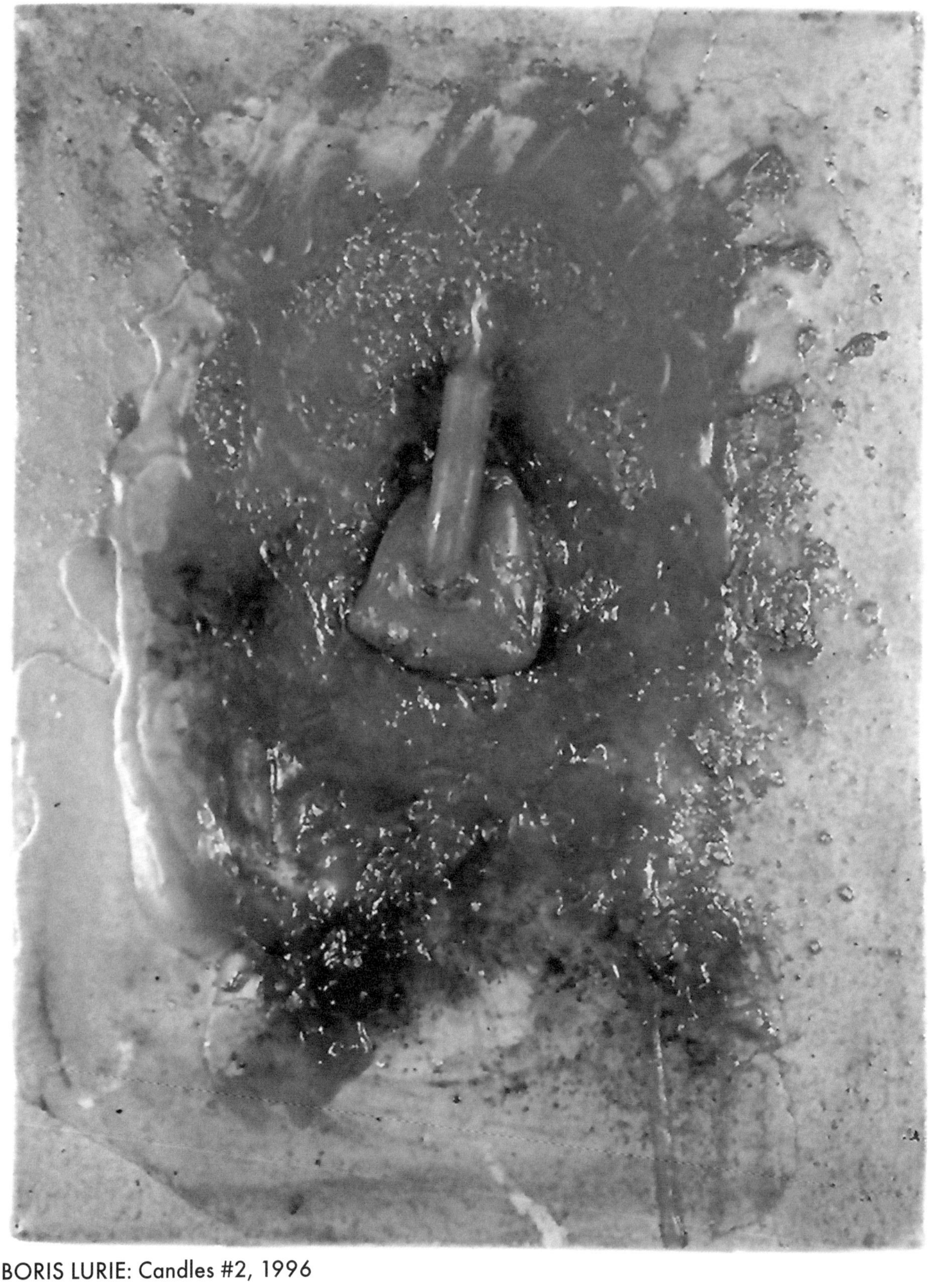

BORIS LURIE: Candles #2, 1996

[27. Mai 1997]

Wir leben, in der veralterten Villa, am Stadtesrand.

Der Garten ist sehr schön, verwachsen, herb, wie ich' s lieb hab.

Bäume, Sträucher über den Kopf; Grass – ungepflegtes.

Die Pfäde sind noch immer, beinahe gut zu finden.

Auch meine Mutter ist da.

Der Doktor kommt speziell von der Stadt mich besuchen.

Da gibt es, in einer dunklen Ecke, Küche oder gar Gerätekammer, eine kleine Untersuchung: nichts Aussergewöhnliches.

Der Mediziner ist ein kleingewachsner Mann, unagressiv, zurückhaltend; kühl-überlegend in seiner Spezialität.

Ein lieber Herr, zu dem ich all Vertrauen habe. Wirklich human. Bescheiden.

Dann weist er meiner Mutter auf ein Glassgefäss, dass sie darin meinen abgeschnittenen Penis in Pflanzenöl einlege.

Das Gefäss scheint auch nicht zu sauber zu sein; wird nicht sterilisiert; braucht es bestimmt nicht sein, Olivenöl aus fernem Lande, genügt dazu, muss ich vermuten.

Der Chirurg weist Mutter auf einen Holzgriff, das zum Geschirrwaschen gebraucht wird; sie soll den Penis damit in das Glass dreinkriegen, es mit dem Stiel hineinschlagen, so dass es vollwüchsig in das Oel gelangt; nachher den Deckel zuschrauben.

Die Mutter macht es nicht gut, scheut sich bestimmt davor, auf meinen Penis schlagen.

Ich nehme ihr den Griff aus der Hand, und tu´s allein. – Kein Problem. Mit leichtem ab und zu Hämmern, glitscht er rein. Fügt sich schon mal, demütig in die schmale transparente Tube. Ich fühle mich, so wie gewöhnlich, gut – und nun besonders ruhig und befriedigt.

[9. Juni 1997]

Und wenn die Stunde schlägt
die Wolken schrecken bei
auf Katzenbuckeln

der Häuschen Augen
brechen zu den Knieen,
und Zweige Winterbäume
klatschen dürren Händen
keinmal aufwiedersehen –
der Schnee begleitet winselnd zitternd
des Grössten der Poeten Epopäe.

[10. Juni 1997]

Ich versuche so gut wie möglich
aus meinem Mistkasten heraus
das Gericht für mich zu kochen

Es ist ja Pflicht, dem seelig Getto-Gott,
die Knochen schön erhalten

Der demokratisch-Freiheitskörper
muss laut Gefangensein-Gebot,
für immer, wenn auch kurze Zeit –
falls in der Laune nur,
spick-span wie die Pop-art,
in meiner Badewanne
doch getunken werden

Die Haut, das Bild
worauf das Leben Schläge konstruktiert
muss raffiniert
danach von Schwitz, geschrubbert werden

Der Seele ist alldas nicht angenehm
denn sie besteht darauf – verschollen werden –

Woraus denn, ausser Futter, gährt das Alle-Grosse?
die Historie & Hysterie
und wahrhaft wahre Seeles Kunst?

Aus den gebrochenen Müllhaufen.

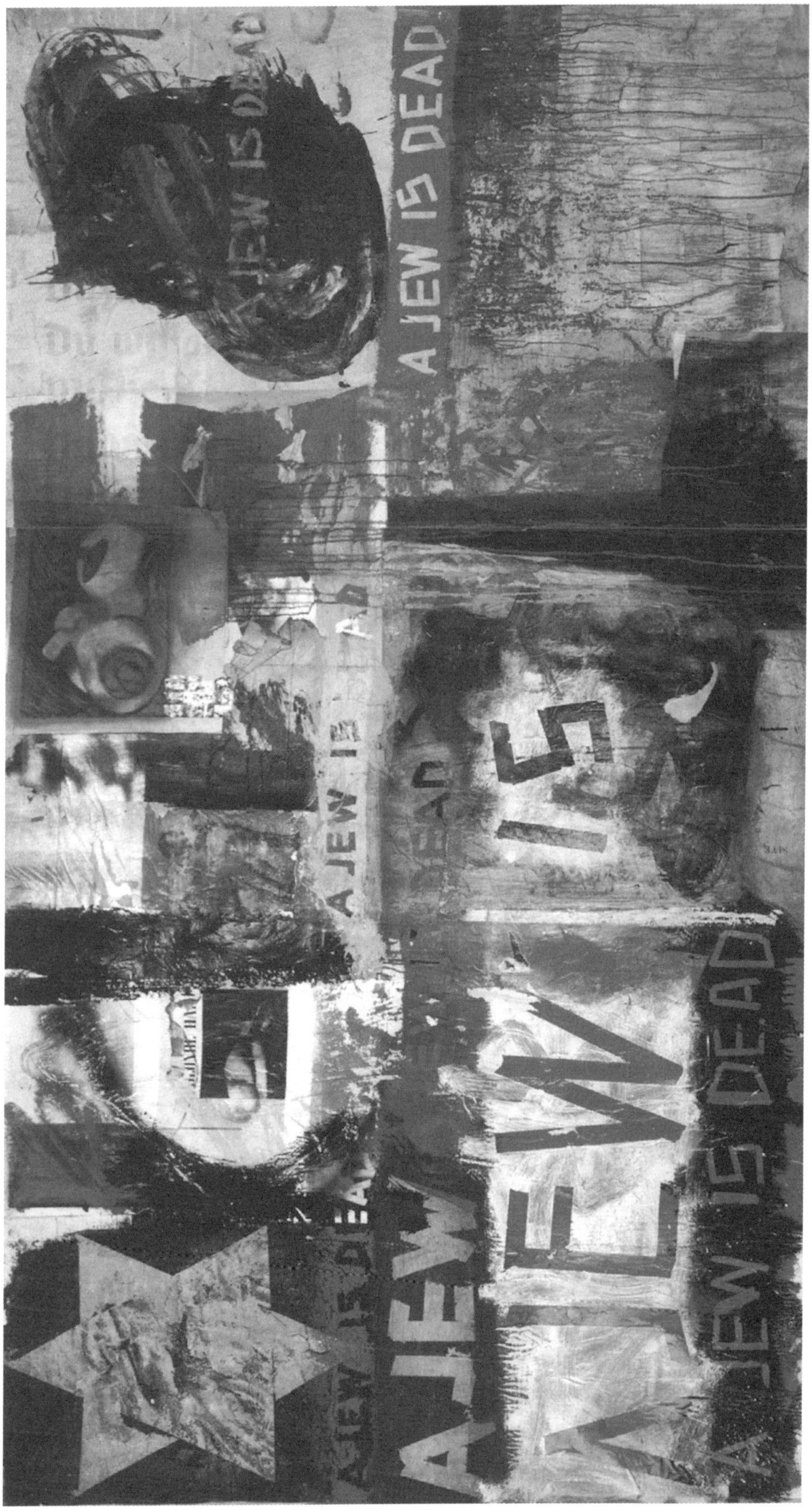

BORIS LURIE: A Jew is Dead, 1970

[22. Juni 1997]

Es sind da Puppen in dem Schnee
mit wächsernen bläulich-rosa
Gesichtern

Man kann sich da die Füsse brechen
in Weiss wie Meeresgrund, wie tief
besät, mit stolpernd Löchern

Die Leute da, sind gläubiger und stärker –
sie arbeiten

Und per Entschluss, entfliehe ich –
mit langsamen gewagten –
verschämten Schritten

Kein Wort der Rüge.
Auch von den zwei drei frommen Alten Bärten

Und ich verzichte auf ihren teuren, glänzend,
vollen Laib, des schwarzen Brots

Denn Hunger hab´ ich null
noch selbstlos Mut
doch höllisch folternd Frost
doch Appetit wie Schweinefleisch
entgegen mein persönliches Verwesen.

[28. Juni 1997]

Schon schneen schneegeballte Flocken
mit schlammen Fäusten

Und im Herz-Quartier
ist´s lahme Fische trocken

Der trügerische Wind
pfeift´s lügeseufzend
fehlgeschlagnes Liebeslied

gefällte Bäume, drum den Stacheldraht,
schreien zu Gott, verflickt, verleumdte Worte,
weshalb in ihres Fleisch genagelt
des Saujud Jesus Christi Stacheldorne

Der mürbe, durchlocht
Harter Stiefel
haut in die weisse Milchdunst Pfütze
so dass das trockne Blut nun – Feige!
Hoch! von der Stiefelsohle
in die böse Wolkendecke spritzt

Wo ist Das Gott
in welchem Schlund
wird Das gestapelt

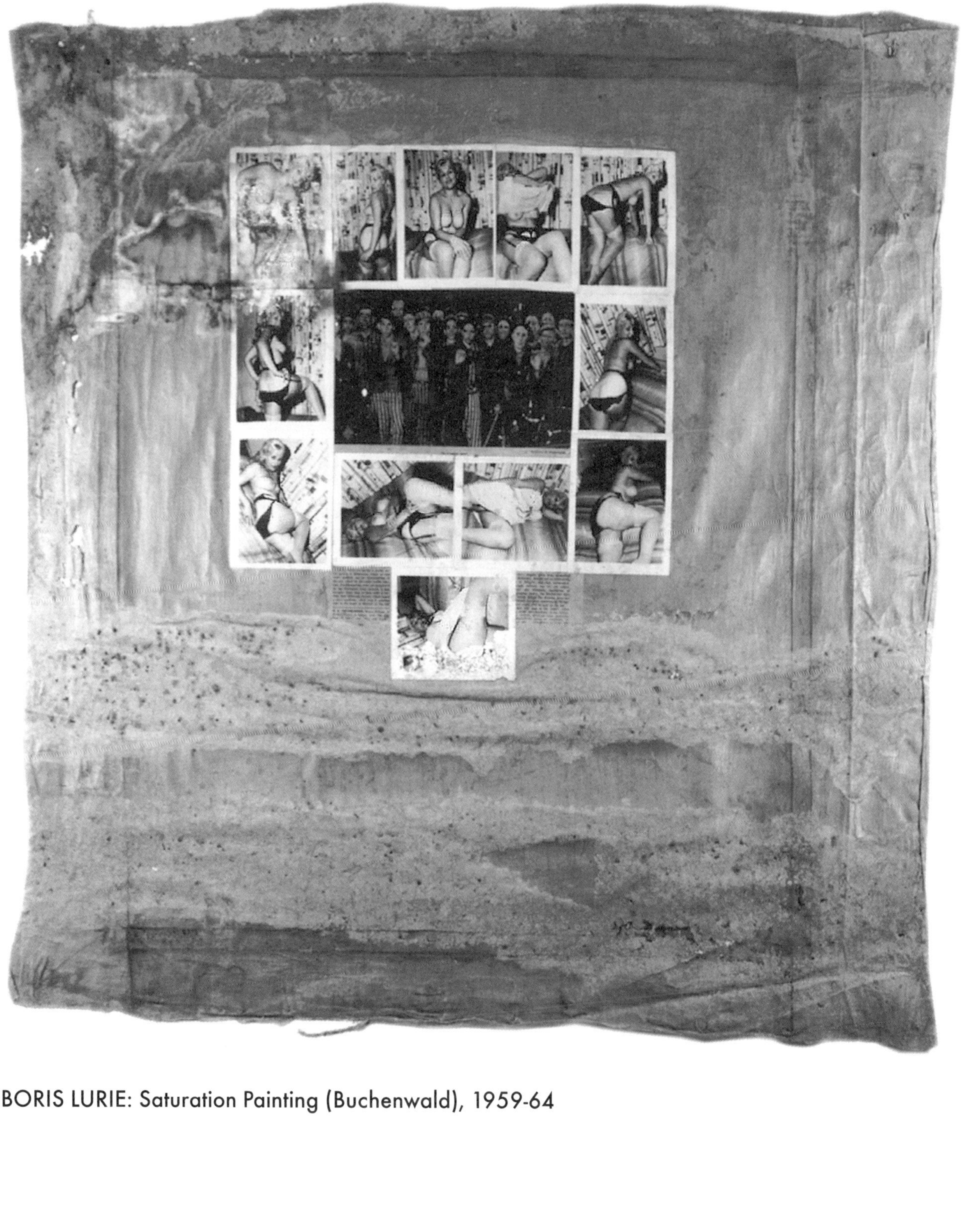

BORIS LURIE: Saturation Painting (Buchenwald), 1959-64

[4. Juli 1997]

IM LAND DER MAYAS
specken
ALTE LUEGEN
und heimwärtsauf
BEFLECKEN
ALTE MEISTER
TRUEGEN

Aufstehendarf
MACHT ALTEN GEISTERN
DEN KRAVALL

UND KROKODILE
KLEINE KINDER
SCHLEICHEN SAND
AM MEERESSTRAND

DIE ALTEN GEISTER
ZUM WIEDERAUFSTAND IN DEN HIMMEL
ALS IHRE GEISEL
ABZUFUEHREN:

ACH WIE DIE KLEIDER
DUERRER LOECHER
DEN KLEIDUNGSSTUECKEN
IN DIE LOECHER HOPPEN

UND WEHEN FETZEN
von den Andromyden
IM STALLE VON DEN STERNEN
UND GESTREIFTEN BLUTEN

. . . UND LENIN'S
GRAD

DAHINTER IN DER FRAUMILCHS
VOLLMILCH BUSEN,
in dem bubblig
ARRARAT

im neblig ARMEN-SCHLEIER
von der kindelnd
WUT
IM KERNE
MUT?

[9. Juli 1997]

Die Zeit steht still, wenn man nichts tut:
leer – inhaltslos –
***eingetőtet* alsob sie dann nicht wäre.**
Im weisen Faulgenuss
scheint keine Uhr zu gehen.
Man gähnt
und zwitscht in wahrem Klugmut
auf die blőden Sterne.

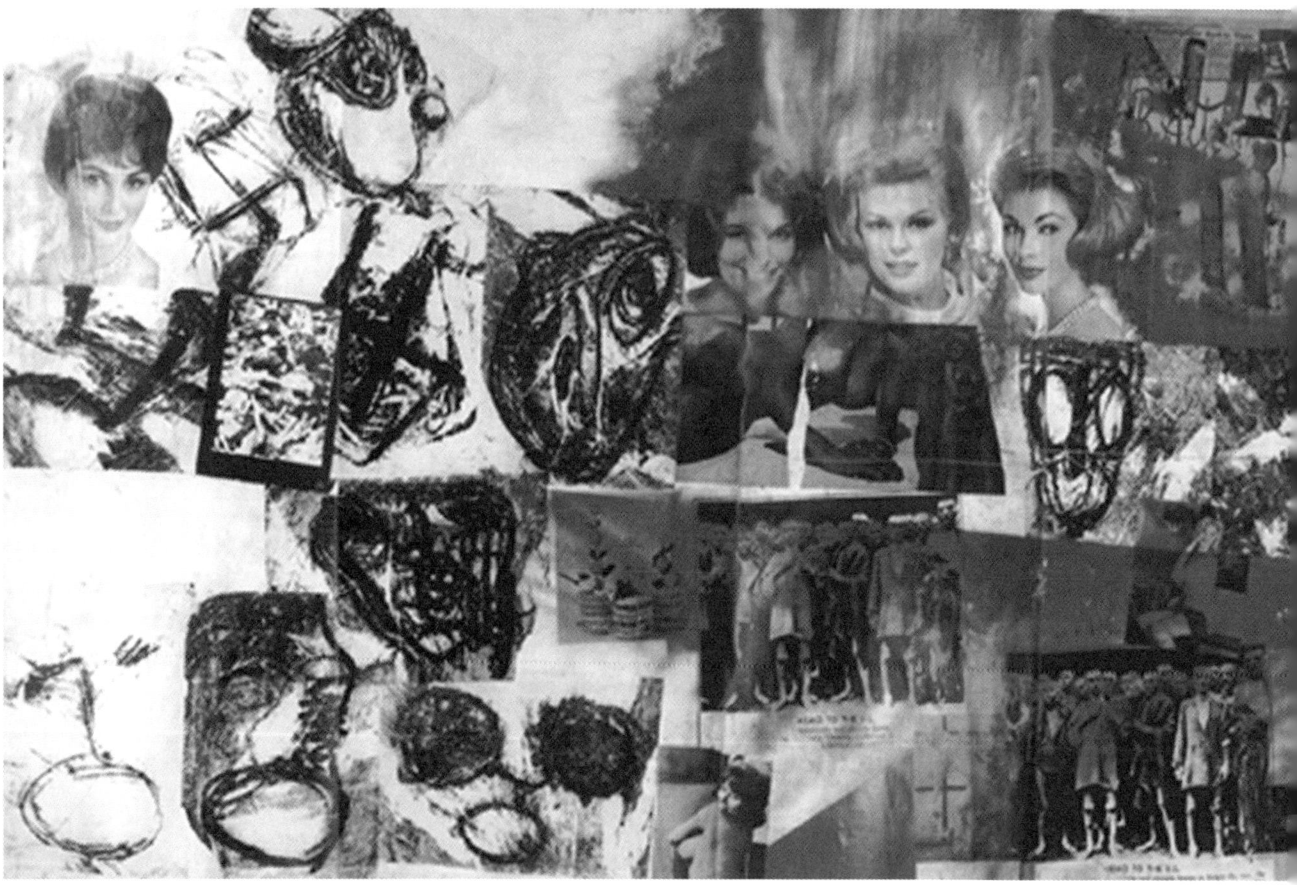

BORIS LURIE: Saturation Paintings (Memo to U.S.A.), 1963

Die rennt so blitze rasch, dass sie nicht ist
wenn man im Einzelkampfe Steine auf die Welten wirft,
so dass die Ewigkeit dadurch erregt
empört
erstarrt, so nicht mehr wirklich wäre –
Kapituliert.

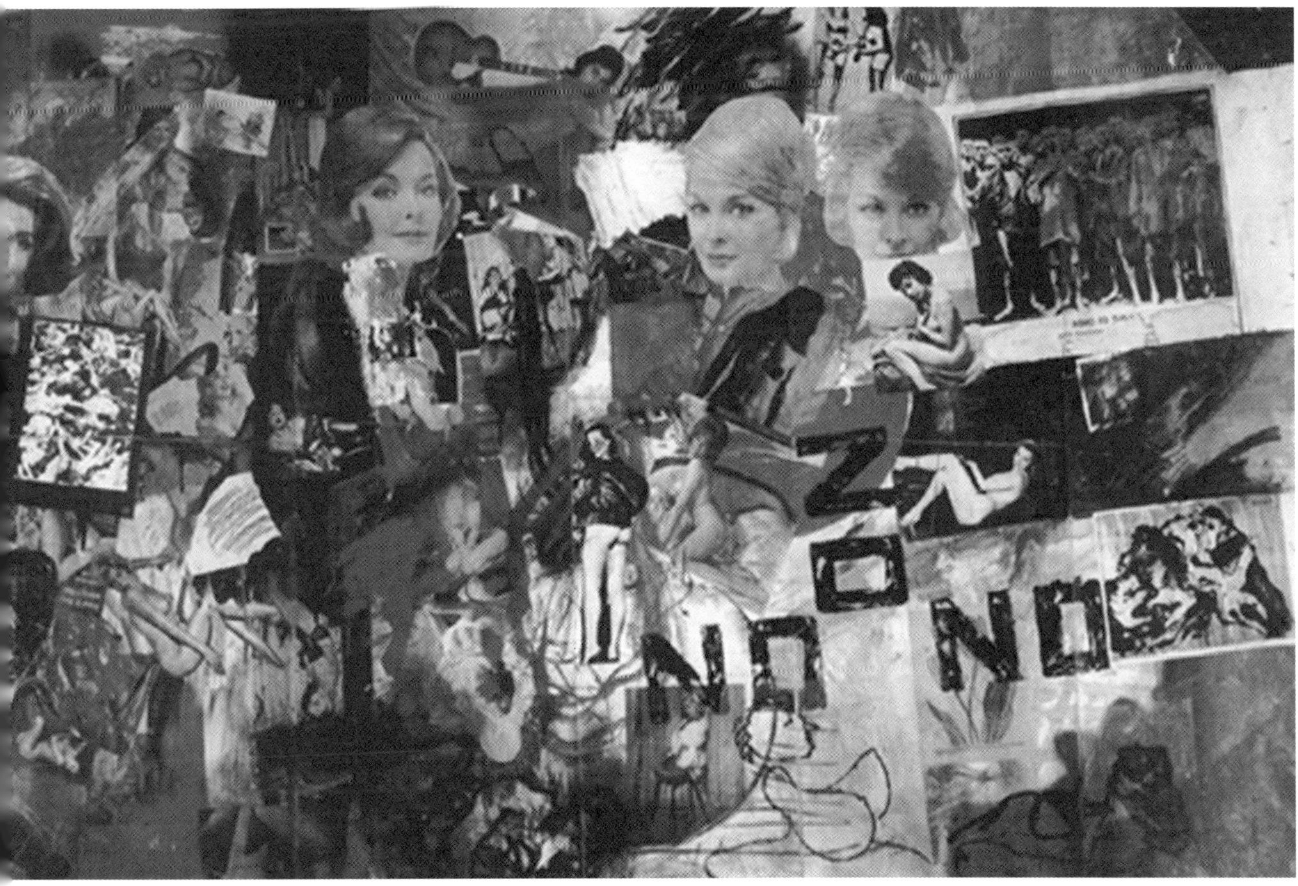

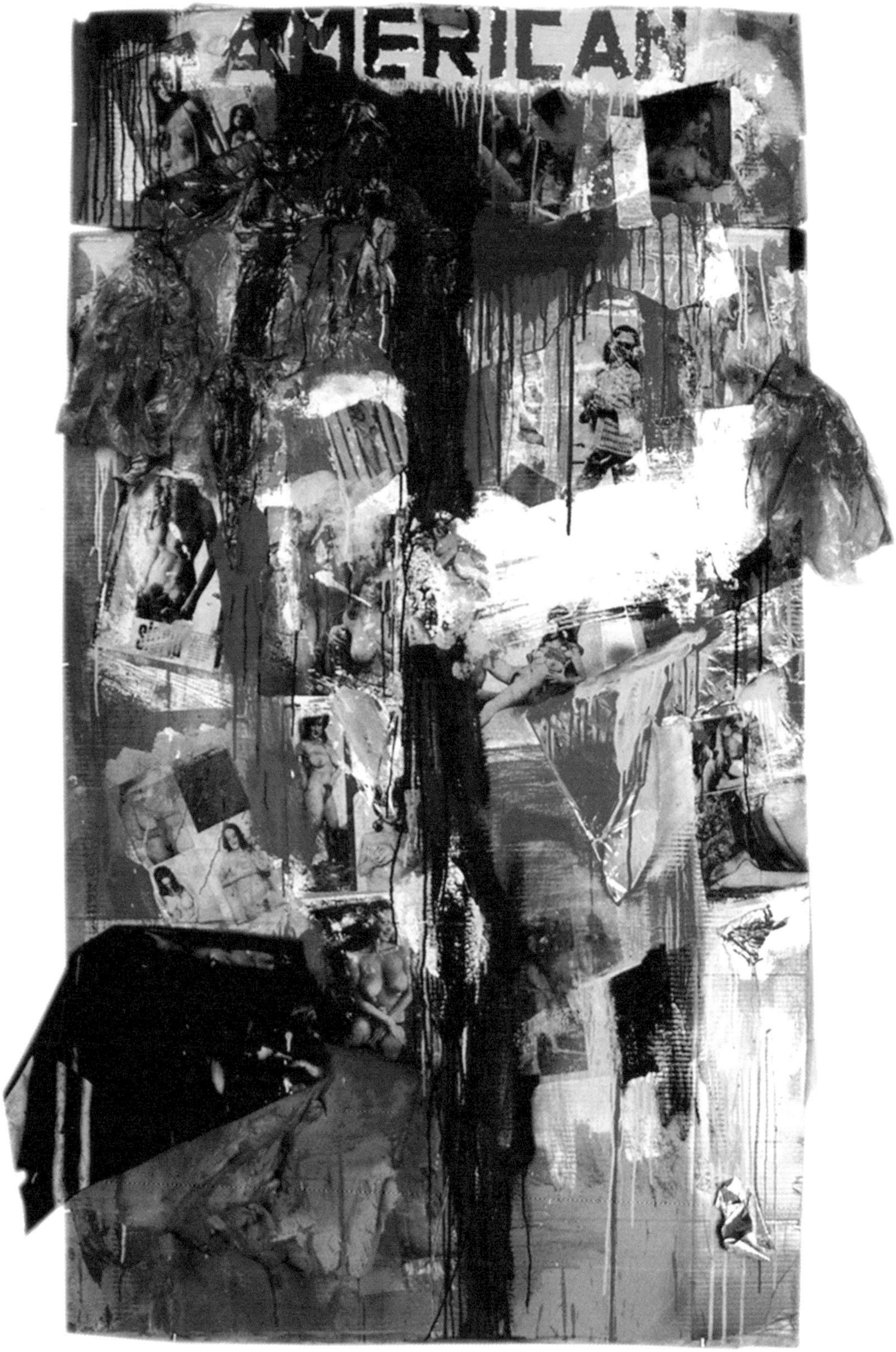

BORIS LURIE: American, 1970

[13. Juli 1997]

ES WIRD DA
AUS RAGUSA-STUECKEN
GETROMMELT,
WIE RELIGION

ICH BITTE DICH:
NUR KEINE
NACKTEN-SERIE

NUR KEINE EINGEWEIHE-MISCHUNG
IM KARUSSELL

KEINE VORAUS-GEBETE.

[20. Juli 1997]

DIE NACHT-HEIMS-REITER
sind verstossen
auf der
SCHWARZ-NACHT-INSEL

Die jagen da die ZUKUNFTS-PINSEL
wie sie aus ihren RIECHE-LOECHERN
auf schwarzen SCHEINE-PFERDEN
in die FEINDES-GROTTEN stechen

Die Jagd bleibt immer hoffnungslos –
Und wenn sie dann in ihre KLIMA-STAELLE
NICHT-HEIM-KEHREN
so sind sie wenigstens erschöpft
und haben was erreicht

Dann strotzen in den Sinn
der SCHWARZEPFERDE
die geilen Jungfern
die sie auf ihrem UMSONST-RENNEN

nicht geschnappt –
in langen Serien der Hässlichkeit,
Trostlosigkeit des UEBERABENDLANDES –
mit derer Kronen werter HAARE-PINSEL,
die man zum Griff
um MEISTERWERKE zu erschaffen –
nicht schleudern kann

Warum denn SPORTEN
diese TOTE-PFERDE-RENNEN
durch diese ENDES-GIERIG
düster NEU-LAND HOCH-TURM
tropfenden HEILAENDER-STRASSEN –

Weil einzig und allein in dieser
WEISS-PFERD
TREIBER TRIEBER ABTREIBER und SCHIEBER
ROEMISCH METROPOLE
Endlösung-KRUMMER-REITER-RENNEN
dem guten Moses´Herrgott
Freude macht.

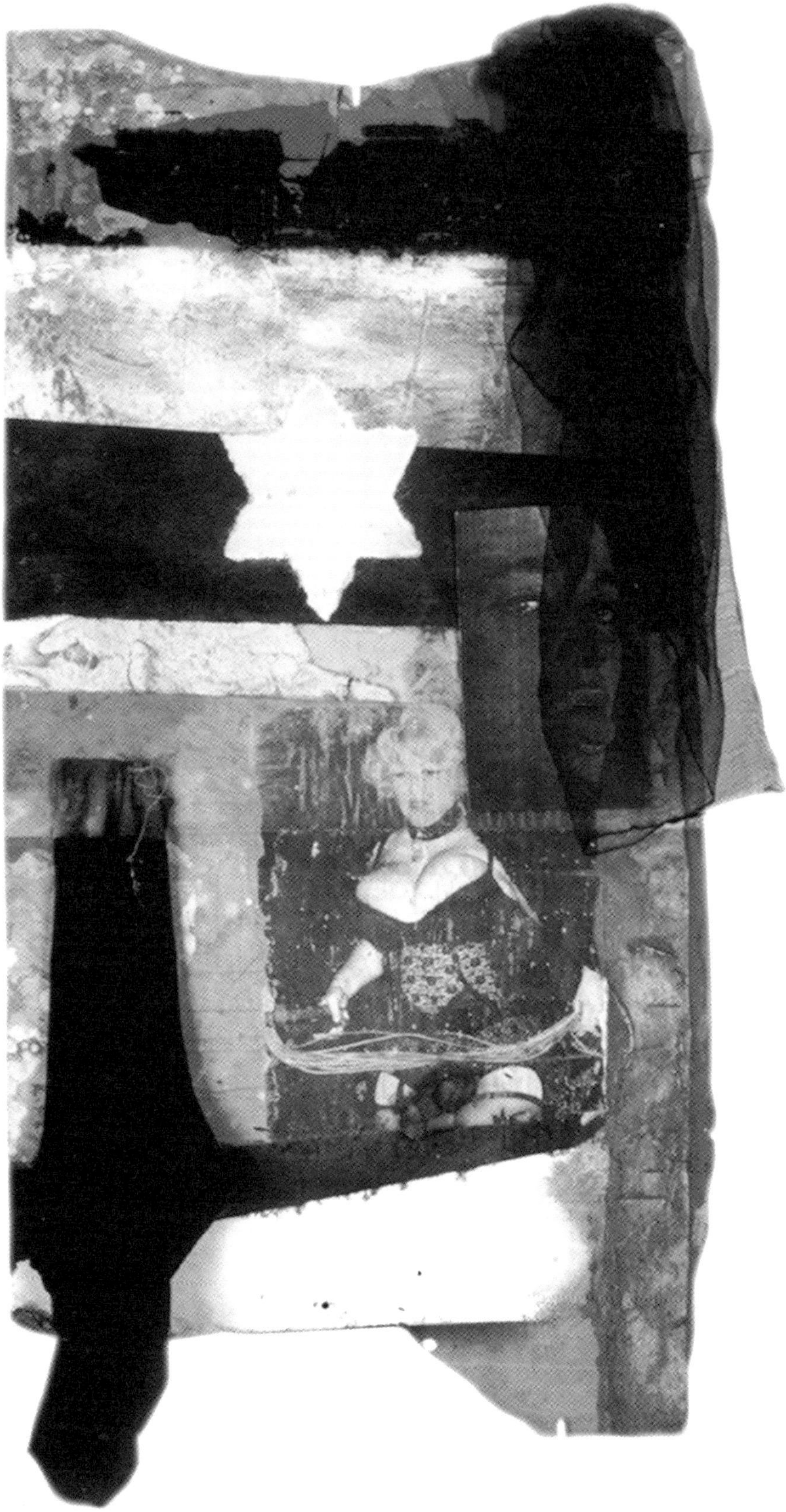

BORIS LURIE: Gertrude Heil, 1970

[1. August 1997]

SCHOEN-JUNGE-MAEDCHENS

Sechzigjahre
Der Ausgangspunkt, verzweigte Hinterbudenladen
Das Schwitzbad, heisser viel,
als erste New-York Immigranten-Sommers Hitze
und wälzen Tausend
der verflochtenen Fleischklumpen-Damen
im Höllenofen des verfett´ten Widerstandes
das ist das Paradies
so ist´s
in der Zusammen-Schwesterschaft
ein jeder dampft allein für sich verzwickt
sein unerwartet´ Märchen und Novella

Und ich bin kleiner, doch schon ein Mann –
und nunab weiterhin von diesem Schweissbad weg –
die kolossalen Statuen –
von das sind nackte Mamas, so ausschauen?
erkennen mich total nicht an, als Herr ob Feind, ob Freund –

[3. August 1997]

Die kalte Luft
drängt sich
durch diese ungehobelt Bretter-Spalten.
Weisst du
was philosophisch-so-gesprochen
Was Kälte ist?

[3. Aug.ust1997]

UNBEDINGT
nach Peter Weiss´s Auschwitz-Lesen,
muss ich Ice-Cream essen.

Wo war ICH?
War DA NICHT.
War anderswo.

Wie kann man in solchem Orte
überhaupt gewesen sein?

Ich war in manchen Orten,
wo das Ice-Cream Essen nicht gestattet war.

Jetzt kann ich nimmer in das Ice-Cream schluchzen.
Und aus dem Auschwitz sind gewachsen Ice-Cream-Söhne.

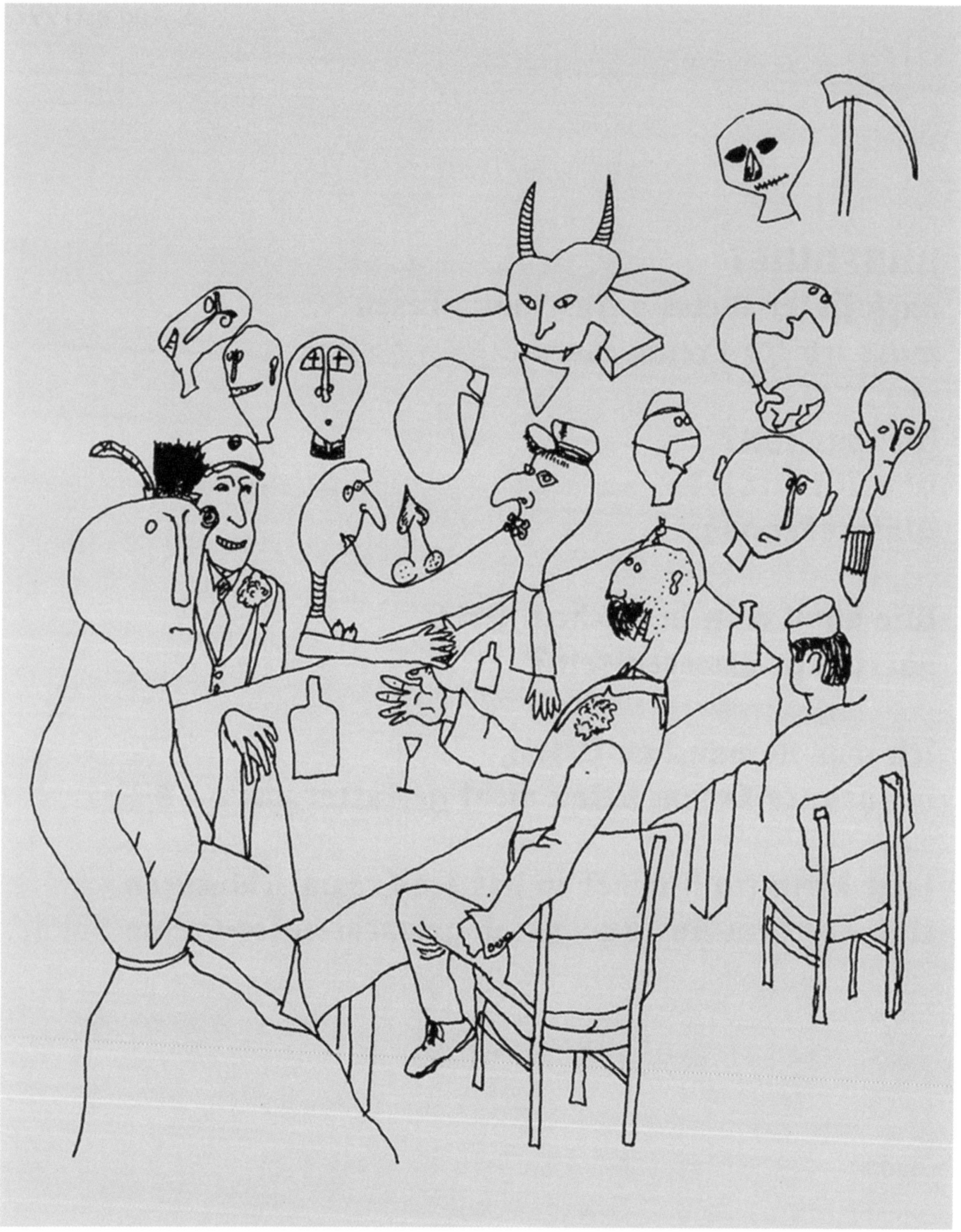

KLAUS THEUERKAUF: Nunc est bibendum, 1984

[25. Aug. 1997 Woodstock]

Wir sitzen rund dem Tisch.
Die Frau ist   Anti-Lutze.
Du wolltest es doch so
das Frauchen, dass nicht so . . .
Ich, so erfordert – trügerisch
                    Dich dutze.
Es geht bergab.
Ist kein Verhöhr.
Wahr-haftigs-mäss: ist kein Gespräch
ist kein   *zwei-zwistiges*

abrupt Gebet
das wir zum
                    Därme-Austausch
basteln *müssen*,
in unsrem Garten blühender Gesetze
                    Justiz-Schwämme –
DU:
Anti-gucke Anti-Lutze
Nie um die Ecke rückwärts gucke
Anti-Gucke –
falschgesehne
falschgeliebte
fehlgeliebte –
DU: ant-Liebe Anti-Ljubow

DU: ANTI-LJUBA!
DU: ANTI LJUBOW TRESKUNOWA!

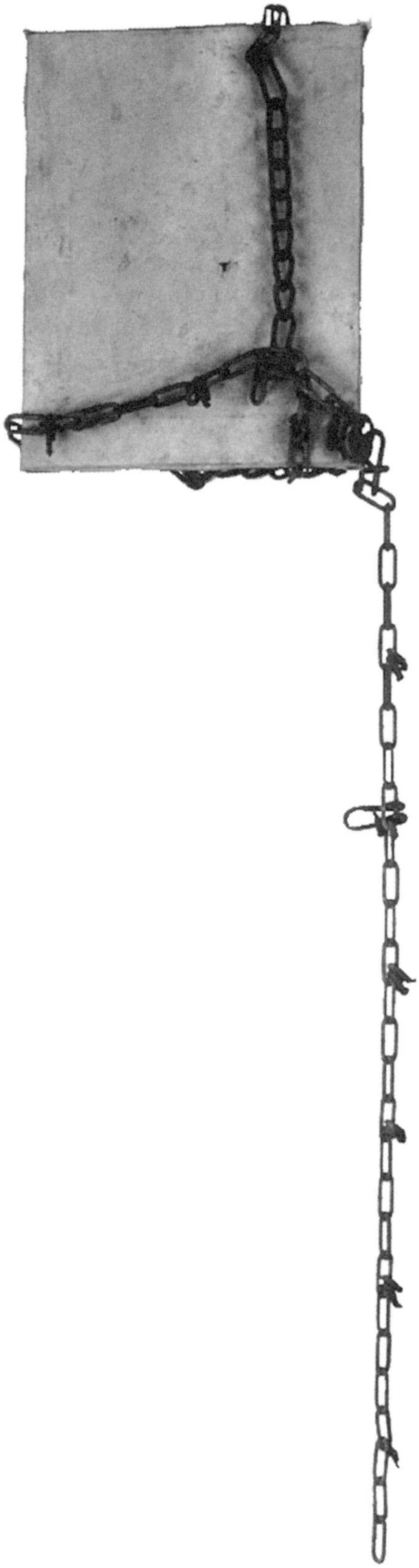

BORIS LURIE: Chain, 1966

[9. September 1997]

Ich hab es da
zersplittert machen,
dass nur die Affen –
über die Sachen lachen

den eingeweinten Brei mit Zucker schmachten

auf schöngehobeltem, zaristischem Parketteboden
auf einem ausgetragnen Laken
alldas, was darauf platzt
zusammenhaken

mit beissend kochend Roter Pfefferfarbe
in ausgesuchten – grad jetzt – Orten
mit vollsturm Wagekraft
die brennenden Instanzen dieses zukünftigen Feldzugs
genau! wo so´s passieren wird –
mit diesem blühend Pfeffer-Rotblut
in Geometrische Quadrate
geburtsgetreu! und immer alleswissend
mit zitternd krämpfend harter Hand
erbarmungslos, nun
einzuzeichnen.

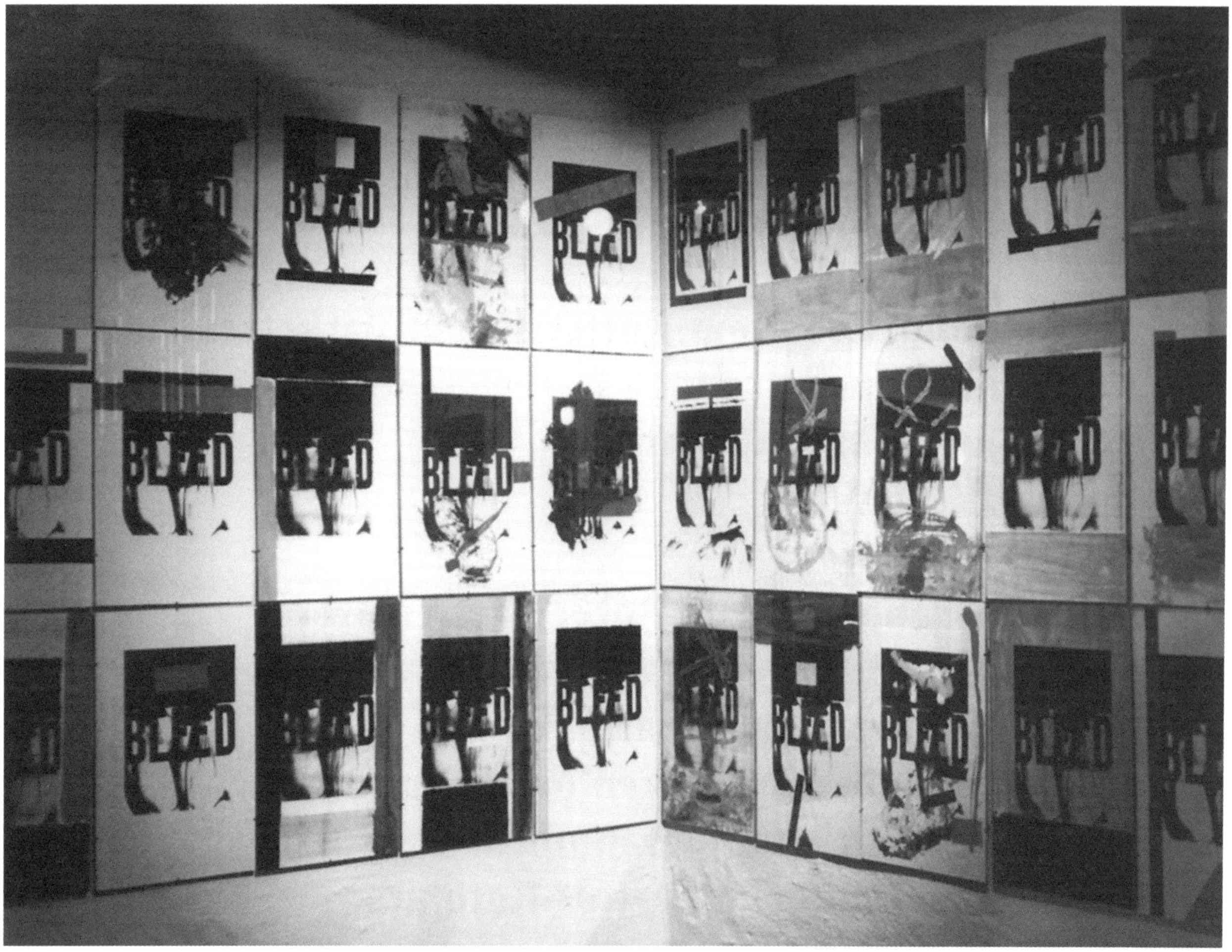

BORIS LURIE: Bleed, 1969

[2. Oktober 1997]

Wie grandios die Wachen
in ihren Kerkerkammern,
ihr Freisein stramme stolzen!
sowie die Liebchen – nun! –
auf ihrige Verehrer
in deren Ruhmes rostig Panzerketten
– kotzen

Längst schon verstunken – *Nein!* –
die liebe *Ausstoss-frohe*
Ländlein-Massenherberge

und was da drin
im schielgeworfnen Blumenstrauss
muss wieder raus alsdann es mich verrecke
– im Darm
Totaler Krieg
verknüpft

Du blonde Schlinge-Baltenjungfer
wie schön war's doch – für dich!
als du mich durch dein Loch
in meines Löwenherz, zu Mord
geschossest!

[11. Oktober 1997]

Wie Heut
die *Lepradakken*
wegen des Russland-Todes,
auf eisernen Balkanen-Kugeln,
die eignen roten Eier fressen –

Sodann
ins Heil der Zukunft eingesalzte Börsenschweine
den Siegesflug nach *Rom Eterna* –
auf Adlersflügeln da schon angekommen,
derselben eingeweinte Eingeweide
mit Köpfejäger schrumpften Christusköpfchen
zu Ketten-Kettenwürsten
Sprengstoffstopfen –

Wer wird
das Angebot denn immergierig leckern –

[14. Oktober 1997]

Trunkene Stimmen
schleppen die Töne –
Langsam in Ferne
rauschet das Höhnen
– Ist´s auf ´ner Insel
tiefe im Walde? –
Echos ab Himmel
minus der Sterne,
hundlosen Jaulens
zimpernder Stücke
stapelnder Witze –
schüssiger,
Heimatsgrüsse.

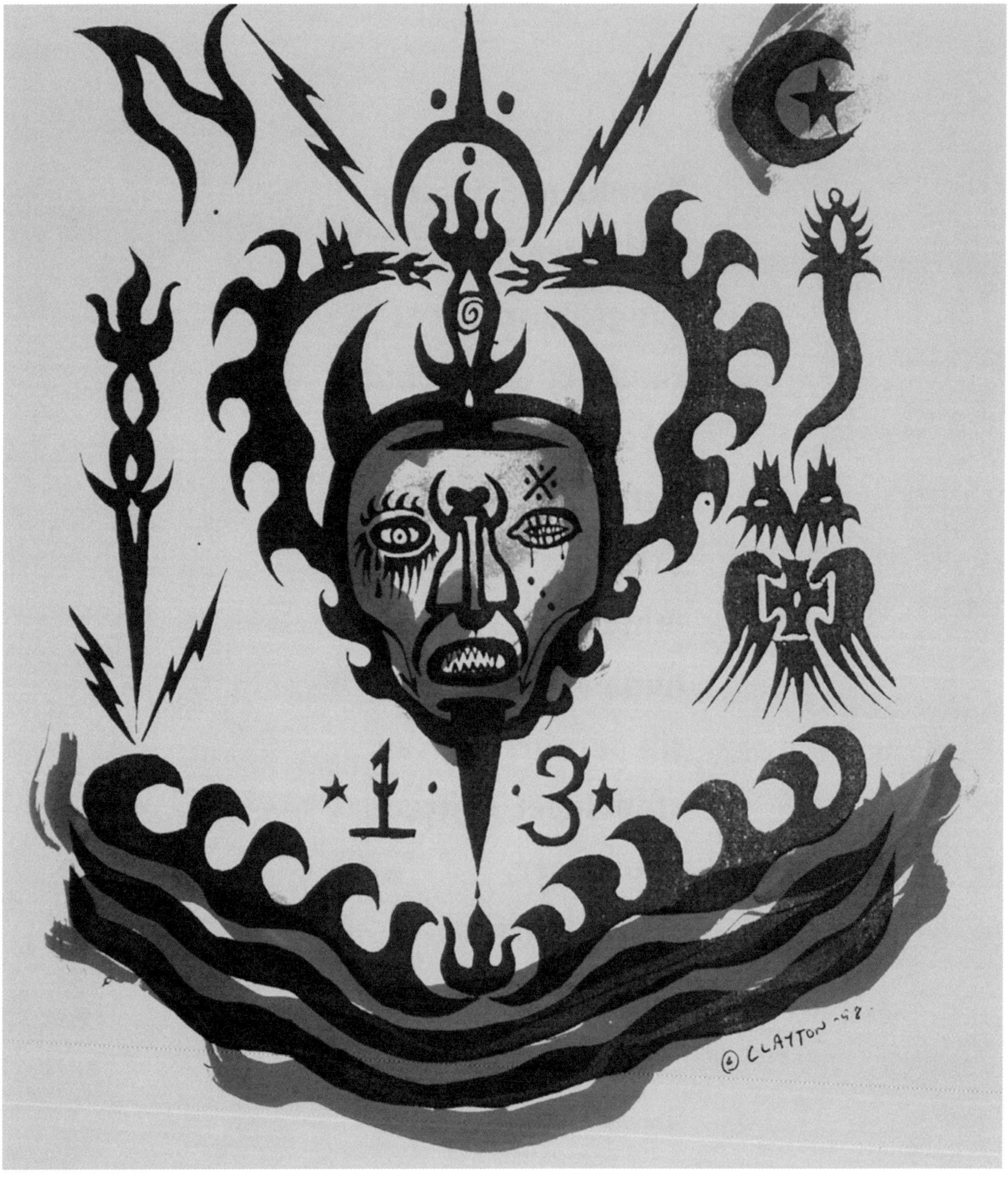

CLAYTON PATTERSON: Head 13, 1998

[18. Oktober 1997]

Die Welt dreht sich zu schnell: *ich protestiere*!
Es ist schon drei Uhr – und ich bin noch verschlafen.
Kannst du nicht langsamer auf den verkalkten Schienen
Rückgang puffen?

Das Telefon rasiert zu schnell
ob klingelt öde überhaupt nicht –
zu allen, die schon lebendig schlafen –
und nicht aus Altersfragen –
die niedlich' Babies schnarchen hollywoodster.

Der Fernsprecher hat nichts zu sagen
ausser *stossen*:
und sowieso kann's nicht verstehen
die Wall street-art-world fart-world
raffinierte Strategien.

Die Faxe braten Beethovens Sonatas
aus eingedrillten Satelliten
in uns're Orgie hinab –
Gib Schwung! Verwehen!
Durchs allesimmertötend Universum-Reich –
die Eingekrümmelten, zu Heldenkämpfen zu erregen:

Du, Welt!
HAST ZEIT!
Mach's langsamer
auf Kinderstube.

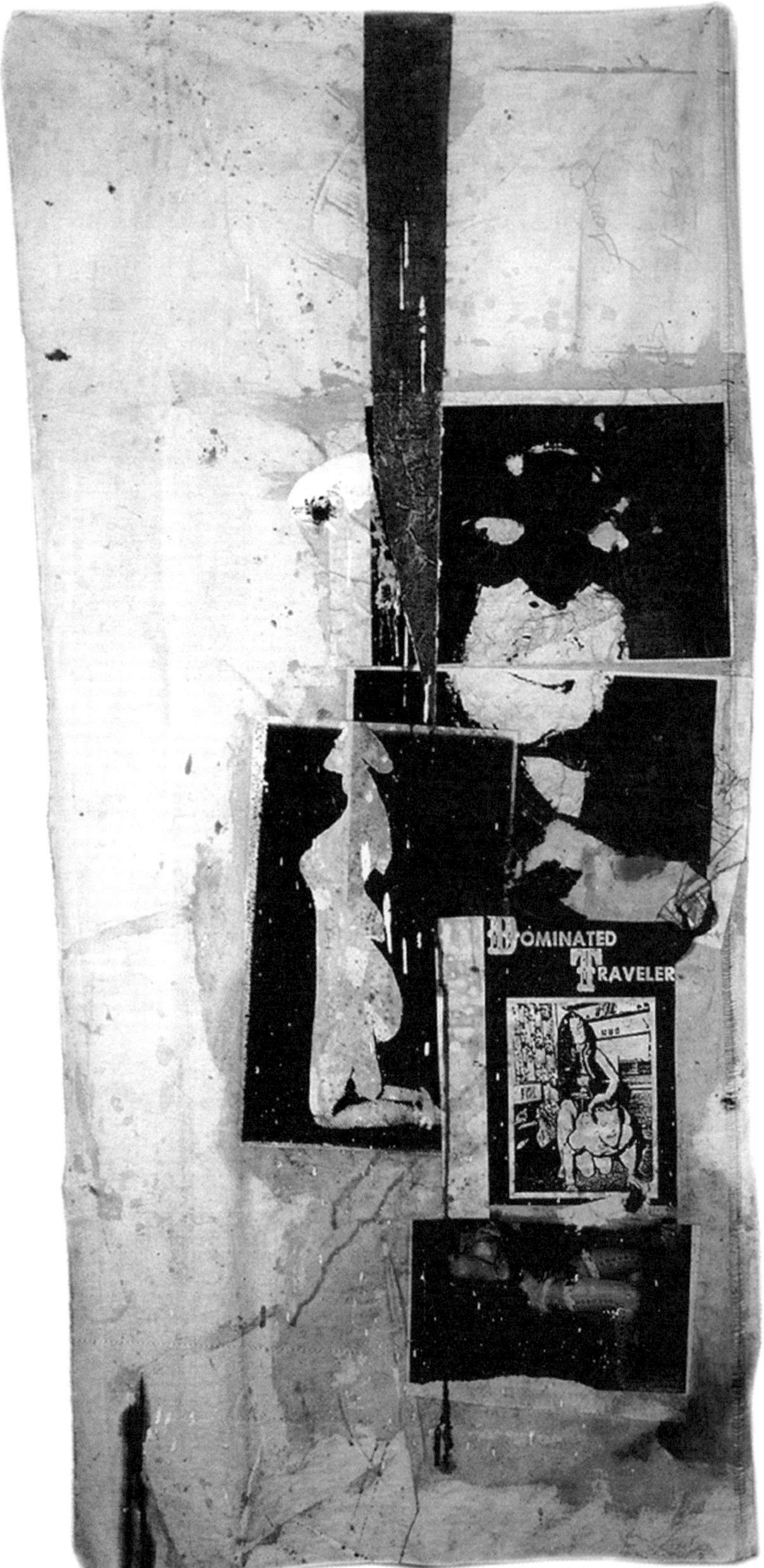

BORIS LURIE: Dominated Traveller, 1979

[20. Oktober 1997]

Unterbreche nicht den Schlaf!
genauer, Halbschlaf
das Allerwichtigste.
Ideen kommen da
die nicht „wissenschaftliche“
das heisst „mechanische“
in unverheilter Weise
das sind die Grössten,
werden dann zu Ausschlaggebenden.

Wer schaukelt in der Wiege seiner ewig Mutter
ist kein fauler Wettlaufrenner.
Wer schlummert tagslang in dem New York Keller
ist nicht der unbedingte Faulpelz
der die Post-Mod behelle.
Wer tot-schläft in KaZetten, hindurch den Appellen
ist nicht der Schlafschwanz,
der Schule Dritter Sperre.

Der Oben Da, der hat beschlossen
sich längst zu entschlafen.
Deswegen, um das Garnichts überwinden
muss man loyal
mit Schlafe kompensieren.

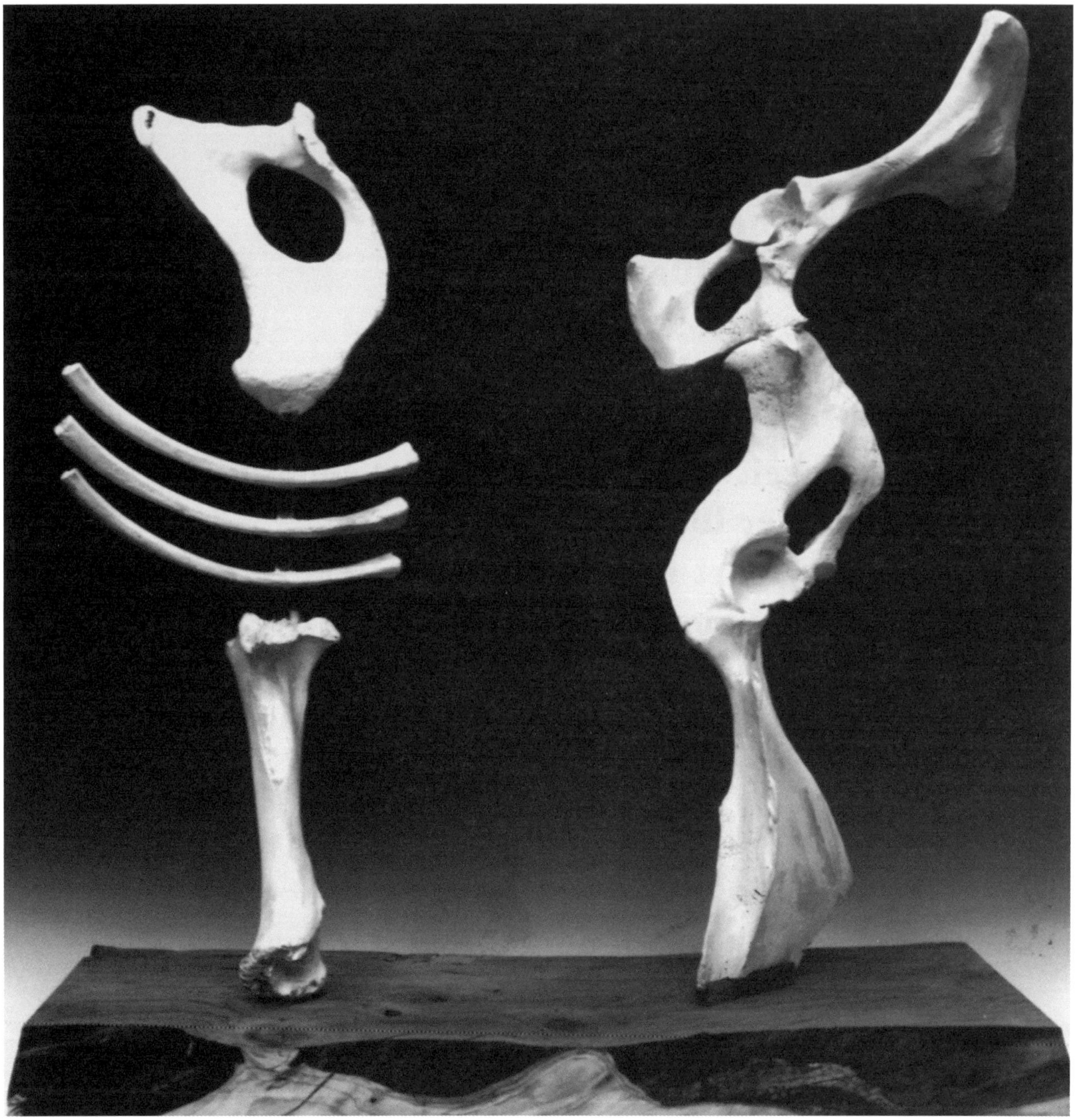

ENRICO BAJ: Two Nuclear Forms, 1962

[20. Oktober 1997]

SCHOEN-WILD
hast du mir in die Zähne eins geschmiert
mein Herz zum Klampern machen –
Der Schreck verblüfft die Furcht
jetzt krieg ich wieder Mut,
zum Anzufassen.
Ganz ruhig, mit nem Schmunzel, minus Wut.

Bald krieg ich meine Arme rum den Hals
und zerre dich zu sich, fast liebehaft,
und streck, mein Bein, für dich,
zum delikaten Stolpermachen.
Dann werde ich die Schultern
dir auf die Diele schweissen.

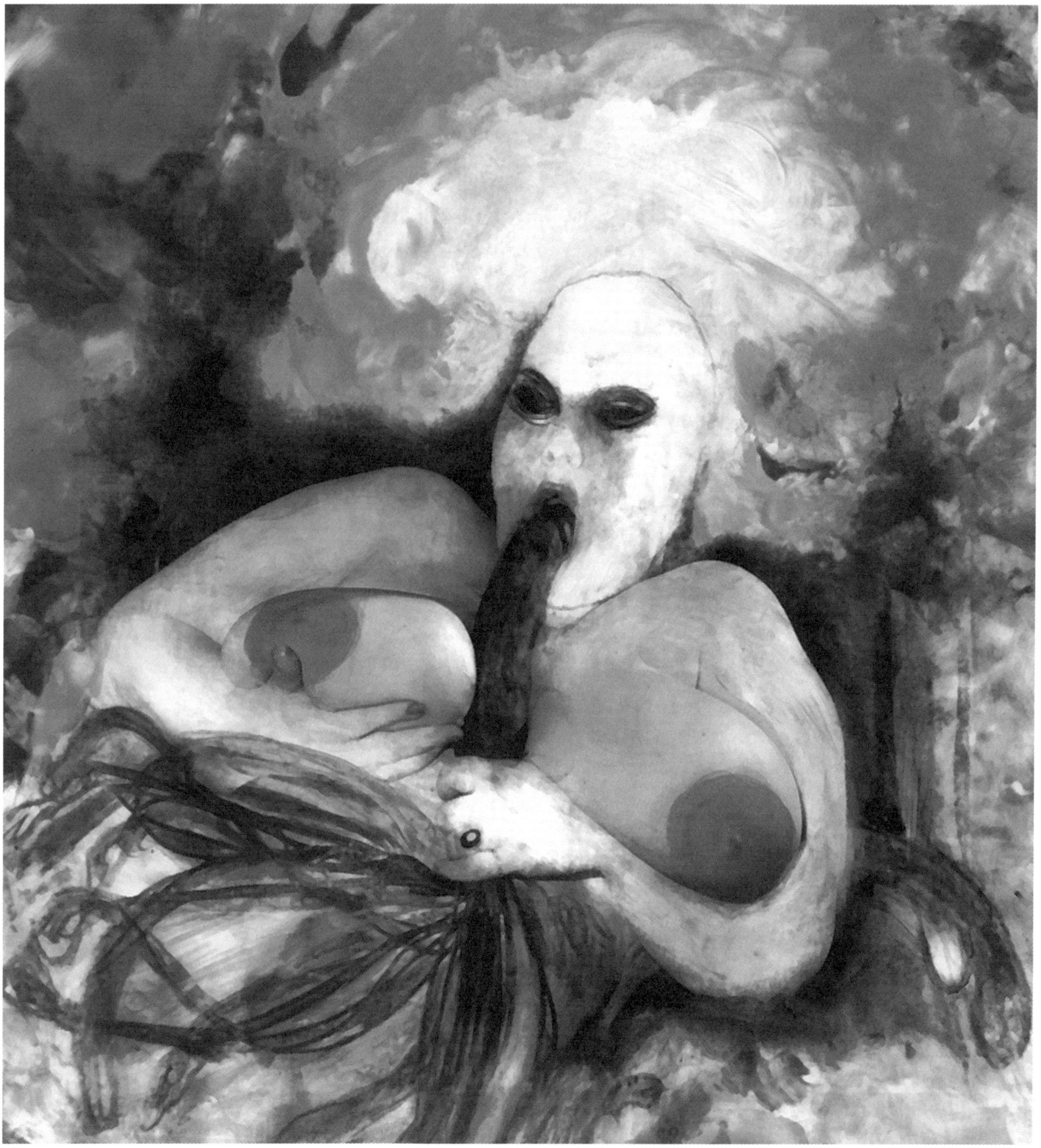

MATHILD WOLF: Hydra Eins, 1999

[22. Oktober 1997]

„Hier", sagt sie, „verschling mich!"
Verschlungen, wird sie gut belohnt,
denkt sie.
Ich werde wirklich doch verschlungen.
Und zahle dafür darum gar nichts.
Doch –
mit mein' Gehirn, ins Schwarze
Universums Loch.

[22. Oktober 1997]

Barking dogs don`t bite
ARTISTEN

Wieviele *schoine Frauleins*
in den Porschen,
flehen meine Augen
aufzustehen
mit Pistolen

ABENDLAENDNERN
stehen in den Hosen
Mauser-Röschen.

[2. November 1997]

Zuck, zerbrechen die Maschinen.
Heil, in der Kunst! –
es gibt mehr keine Stile

Golden Blut –
fliesst in den puff´sten Madison´schen
Mammut-Boutique Vitrinen

Vorbei an üblichen Kolonnen
der nicht mehr meiner Juden.

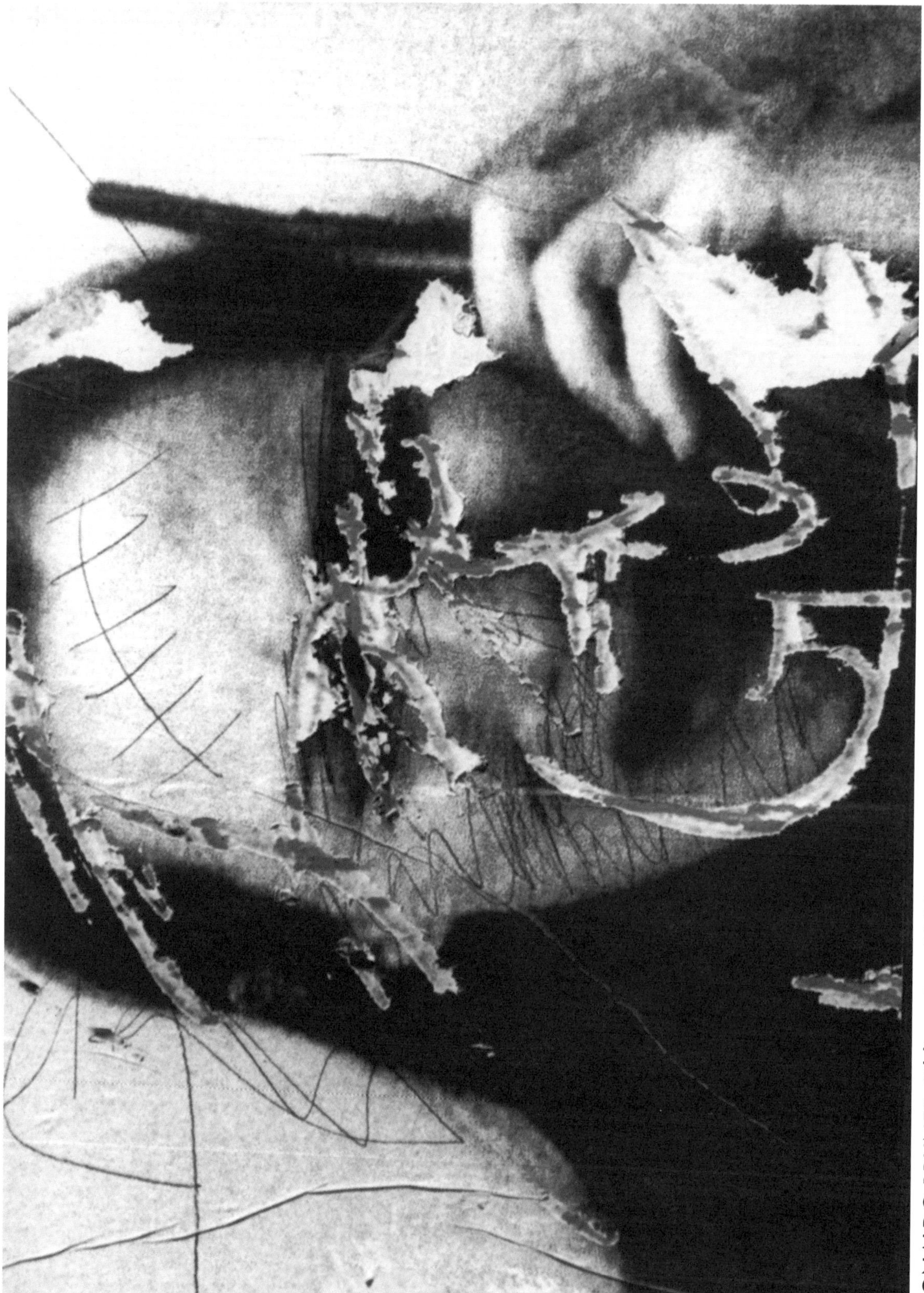

RONALDO BRUNET: Obliteration, 1999

[3. November 1997]

Schonwiedermal

enthüllen schlampe Lappen, auf dem nassen

Pariser Trottoir

verblasene Gedanken, die aufgehäuft
wie die verloren-habenden Matratzen
verduftend in gescheitert Graugott-Wolken

die Prostitute mit den steilen Hacken

zum Wiederleben, auf den streckbaren Asphalten,

zu sich ins Wässerige zieht

die Steinestrassen

nicht zu bepflastern.

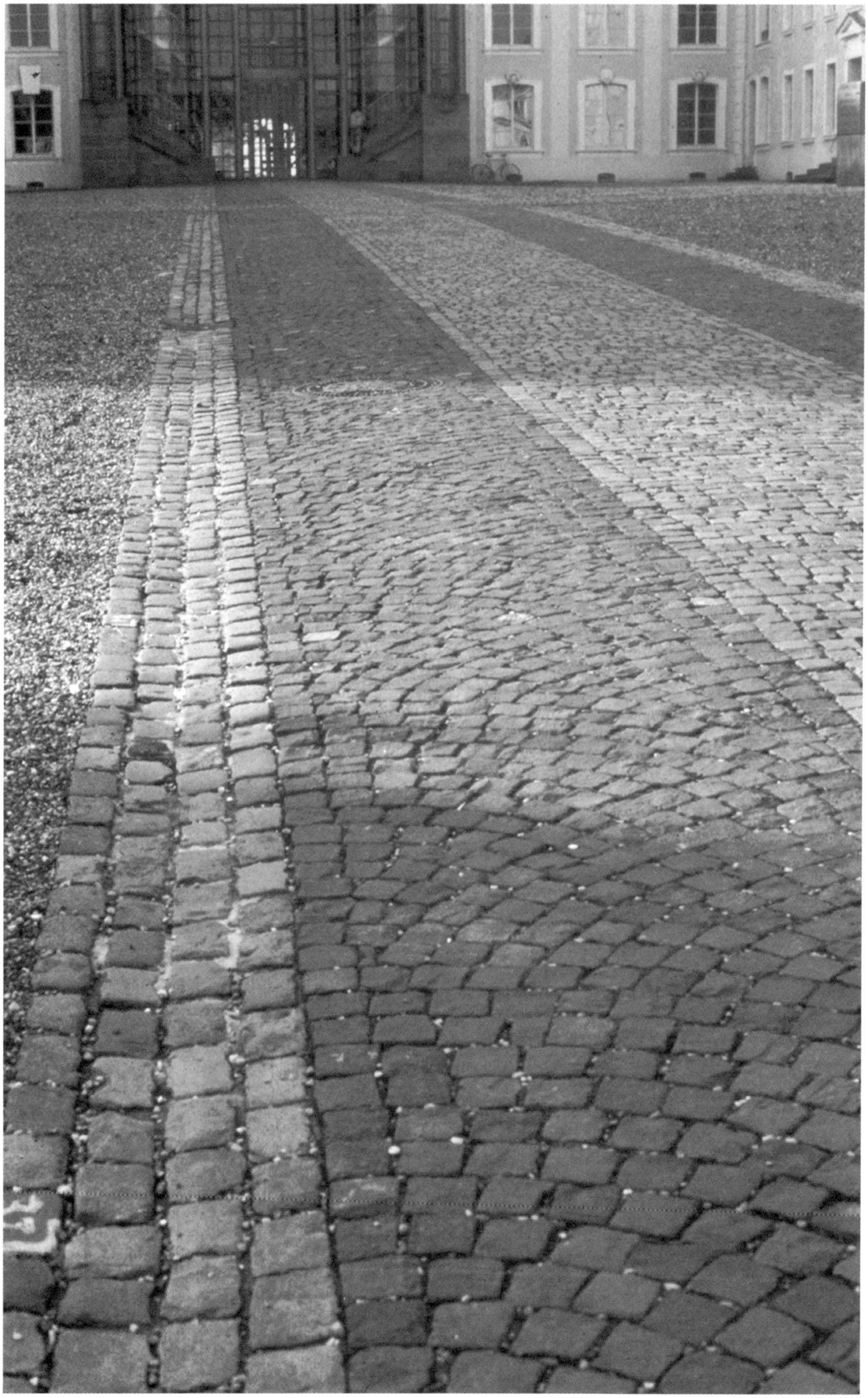

JOCHEN GERZ: 2146 Steine (Mahnmal gegen Rassismus), Saarbrücken 1993

[3. November 1997]

Das Lappenhandtuch reibt die starren Knochen –
Die Utensilien – der Löffel – vergeben ihres Joches.
Und scheinbar stehen heisse Pellkartoffeln
bereit zum Abmarschieren in das Hoffen,
ins immer dort und überall jenseits gewiss geleg`ne
Schlaraffenland des Liebeshoppens.

[16. November 1997]

In Wolken schweben und nichts sehen
die Stilligkeit – des neuen Gulden-Meisters
Atrophäen

Die beste Zeit, die habt ihr schon verpasst
da, als die Fahnen steile wehten
auch die Gulagen verkalten ins Gold-Rot
– byzantium-religiősisch
auch die KaZetten, phantastisch in der Scheusslichkeit
so märchenhaft –
Die Zukunft, die nicht kam in Gottesschreck
mit Glauben des Chossids, des greisen Onkel Moisches Tat –
freiwillig in die Feuer stürzen

Brutale Freiheitskämpfe, mit Massengräbern, leider.
Kultur-Revolution, mit ´brochen Knochen, leider.
Den letzten Kampf der Desperados der Geheimen Christen –
die habt ihr ja verpasst – auf Wiederleben!

Mein hinkender Genosse und mein schmutzig Kamerad
– auf Wiedersehen.

[22. November 1997]

Leichte Effekte –
schwere Steine
platzen.
    Die, rasen.
    Wir, kriechen langsam.
Die fressen Süssigkeiten.
Wir feine-schmecken,
das Eingesalzte Uebersalzte.
    Die haben Kummer
    über die Heldensagen,
    die verkrochen.
Wir singen –
die Niederlagen.
    Die, steinern
    weg –
    wir wehen mit den Narben.
Wir schmerzen brach.
Die spielen mit den Geigen:
Ihr Raubzug um den toten Katzenkopf
ist längst mit Ruhm erledigt.
    Der Blutfeldzug
    der stummen Löwenkätzchen
    braust durch die Allernächte
    der Hoffnung vielleicht nimmer kommend
    Tagesrausch –
    die Aeuglein nochmals vor den Siegen
    blindend.

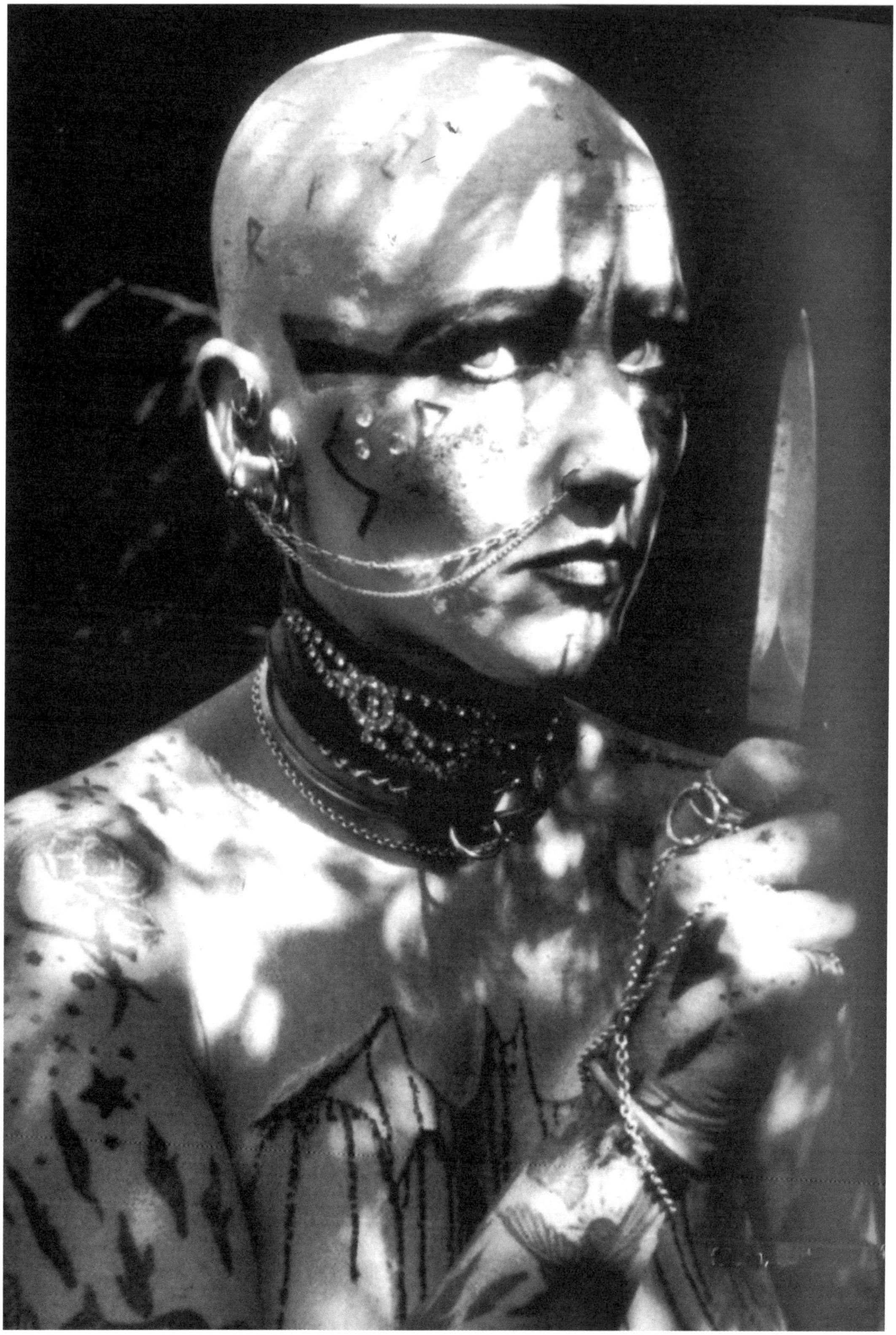

CHARLES GATEWOOD: Falcon, 1994

[25. November 1997]

Schőnheitswidrig –
er hat sich eingesessen, in den Affairen.
Er schlummerte beitage auf den Stelzen.
Er –
aufgewachte –
mit liebehaftigen Armen ´rum die Gőtzin.

Er schlingte einer Hure um die Fetzen.

[27. November 1997]

Die Schleime schluchzen
mit schuldig zitternd Herzenshieben
wenn man im Greu'l
der nassen Niebelungen-Schiessernächte
Erlesung machen muss von vielen schönen
Frauensilhouetten –
ob Mutter Schwester ob Geliebten –
auf schmierigen Markt-Strasse Pfützen

die Feigheit mit Machetenstössen
von sich, in andere zu stossen, rauskalkuliert,
sich nicht entscheiden kann,
von welcher Geistin mürbe vergewaltigt werden,
der blonden dünnen dicken schlampen
statuesquen Getto-schmeichelnd
Schwester der Barmherzigkeit –
entmannt sich dann dem zu entrennen,
der Hässlichsten von ihnen sich zu entfremden.

[29. November 1997]

In eleganter KaZet-Uniform gekleidet
des Anno, April 1945
und ohne jeglicher Klamotten, nur dem noch-steifen
Kunst-Malheur-Pinsel – –
drin´ kostbarstem
und bolschewistisch rothaarigem Porsche- Renntier Flitter
und luxuriöser Massenherberge, auf den Kurfürsten,
erreich´ ich wiedermal, im Anno Neunzehn-sieben-neunzig,
Vereinigten Berlins Altneulands Sowjet-Reichs Ruinen,
den Lebenslauf, der Einzig-Weltmachts Judenfürsten,
im Klapper meiner 73 Zähne
durch Fusshieb-Schritt der jubelnd nazi Siegeshorden
durch Schritt-im-Tritt totspielender KasZet-Kolonnen
zu durchkreischen.

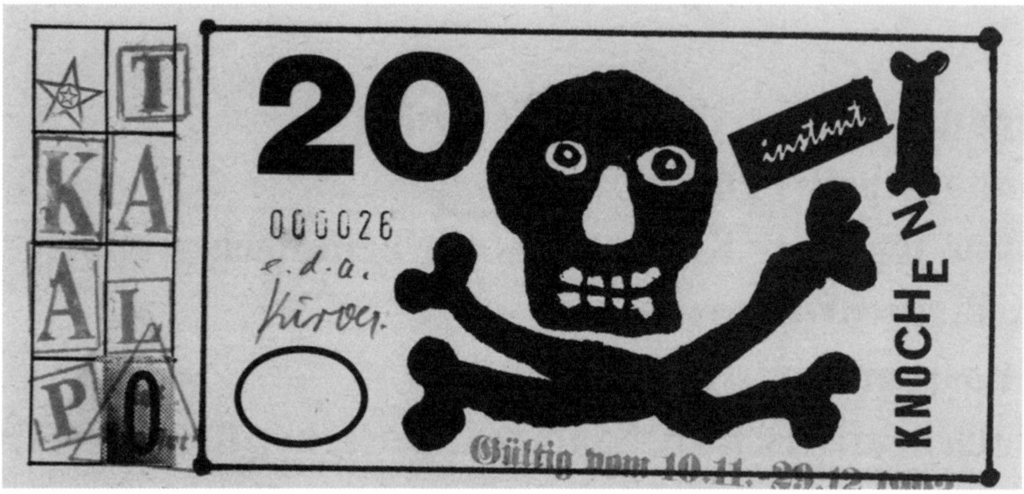

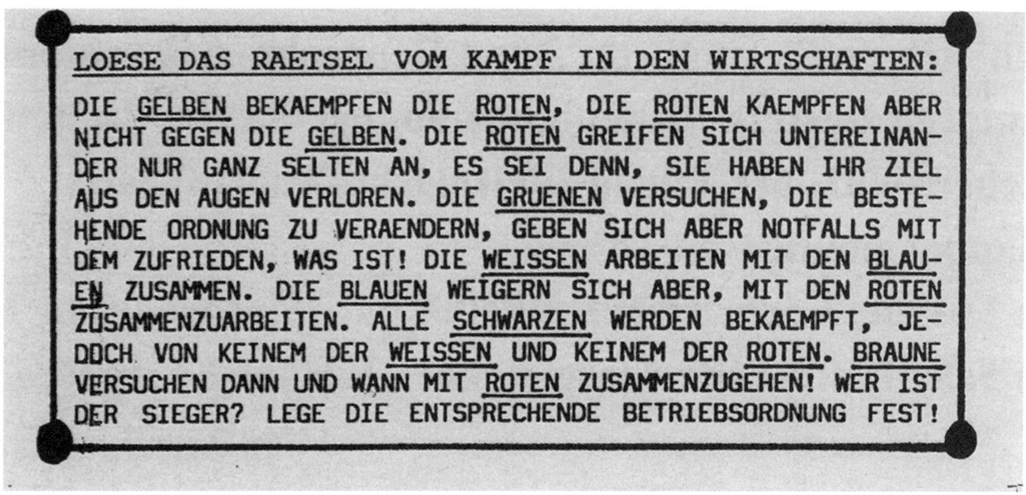

LOESE DAS RAETSEL VOM KAMPF IN DEN WIRTSCHAFTEN:

DIE GELBEN BEKAEMPFEN DIE ROTEN, DIE ROTEN KAEMPFEN ABER NICHT GEGEN DIE GELBEN. DIE ROTEN GREIFEN SICH UNTEREINANDER NUR GANZ SELTEN AN, ES SEI DENN, SIE HABEN IHR ZIEL AUS DEN AUGEN VERLOREN. DIE GRUENEN VERSUCHEN, DIE BESTEHENDE ORDNUNG ZU VERAENDERN, GEBEN SICH ABER NOTFALLS MIT DEM ZUFRIEDEN, WAS IST! DIE WEISSEN ARBEITEN MIT DEN BLAUEN ZUSAMMEN. DIE BLAUEN WEIGERN SICH ABER, MIT DEN ROTEN ZUSAMMENZUARBEITEN. ALLE SCHWARZEN WERDEN BEKAEMPFT, JEDOCH VON KEINEM DER WEISSEN UND KEINEM DER ROTEN. BRAUNE VERSUCHEN DANN UND WANN MIT ROTEN ZUSAMMENZUGEHEN! WER IST DER SIEGER? LEGE DIE ENTSPRECHENDE BETRIEBSORDNUNG FEST!

DIETMAR KIRVES: Knochengeld, 1993

[5. Dezember 1997]

Dem Kostenmeister
der Siegesfeuer
einhundertmal
entronnen
worden.

Dem Abschlachtssaug
der Friedensdürre
eintausend hohler Mahlzeiten
vertropft
doch nicht vollkommen
sich verronnen.

Er sträubt wie Katzenbuckel,
dem die grösste aller Mäuse
– nur die Kleinsten!
wurd´
entkommen.

[1998]

Das Malertum kommt aus ´ner Bűchse
von Konfekten
in das ist eingeschmolzen worden
ein Davidstern-mit-Hammer-Sichel
unter versternten Hakenkreuzen.

[17. Januar 1998]

In KaZet Ballroom-Uniiforrn,
die *Dinge* gut verkleidet,
bin doch bescheiden
vor den Hurendamen,
die mir so herrschaftlich gefallen.
Ich bin der backfischart´ge Patriarch
von Lager-Prominenz da ganz alleine –
nun werden diese geilgemalten Frauenbilder
wie Flutwasser auf mich zuhauen
ohne Erbarmen
und meine schöne Kapo-Uniform,
so schwerschlagend mit grossem Risiko verdient,
in Fetzen zu den Museumssouveniren reissen.

Was sind denn diese unschuldigen Mädchen,
die nun als Prostituten prallen?
Ich hab' doch nicht die kleinen Kinder
zu diesem Festzug eingeladen.

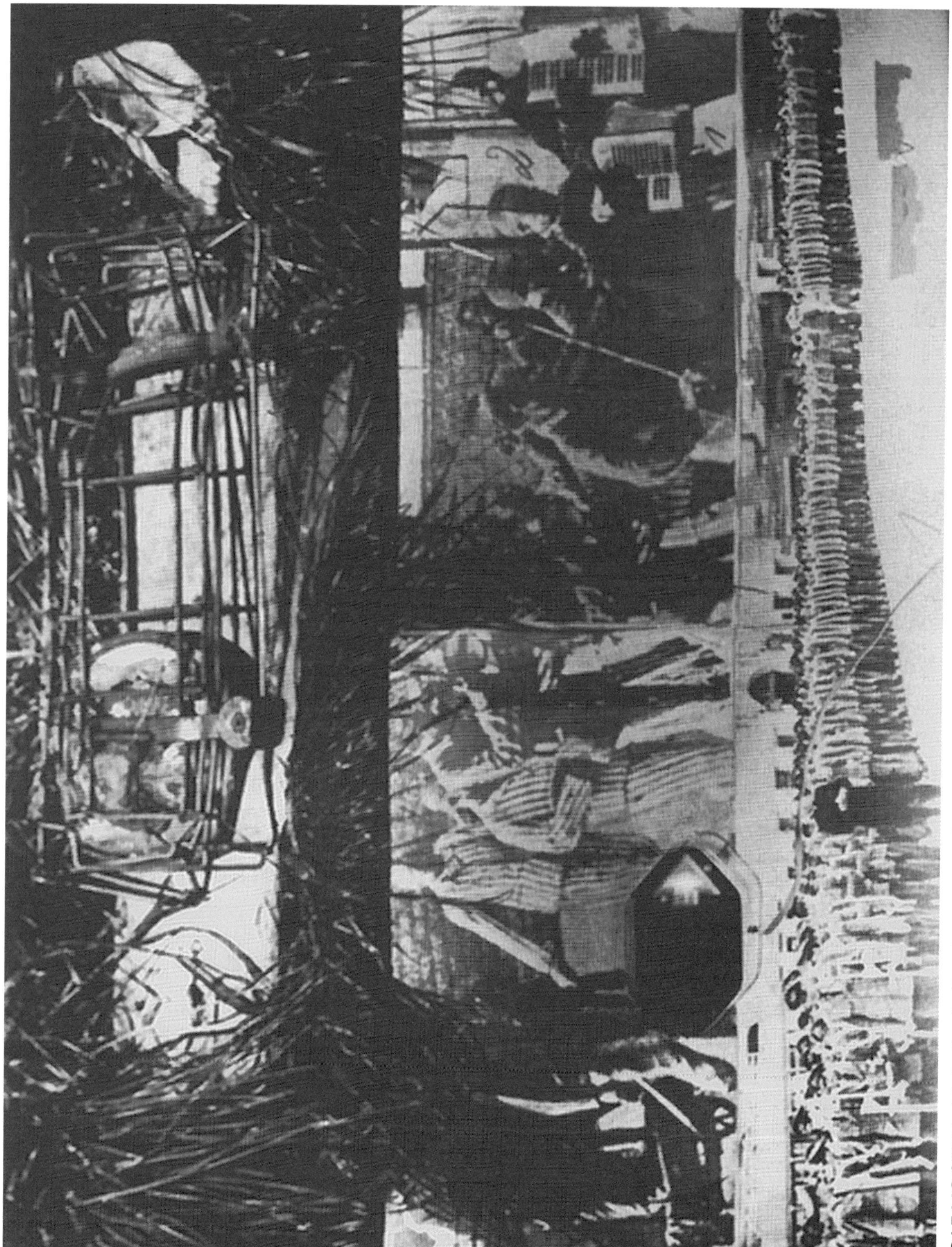

WOLF VOSTELL: Nein Buch Oradour, 1959/61

[21. Januar 1998]

In meinen feinsten Streifchen-Kazet-Unterhosen ausgestattet
auf hohen Hacken
damit ich der SS gefällig wäre
mein schwarzer Büstenhalter prallet mit dem dicksten Teil
zusichgeliebter Häftlingssuppen
– in meinen rarsten Kriegszeit Kapo Seidenstrümpfen
verwalte ich – die im Appellplatz jetzt schon – Aus-Gerichteten
mit meinem nackten Popo durchaus appellierend sichtlichem –
es geht doch immer um die beiden Hälften,
des sexuell-Versicherten –
– im Scheinwerf-Schein des zu-Gehängigten
der ewig Bloede schreit:
Es lebe Rotarmee und der Genosse Stalin – –
– da bin ich ewig zeitlos schon dabei
in meiner schönen Schönheit dreckigsaueren –
schon von Strip-teaseten Eleganzen der kommend grossen Freiheit
ausgefranst
und Aktivist bin immer
in dem alten und dem neusten Babel-Märchenland
– kulturträgerisch teutonisch und tatarische Judasgleich Bestie

nun um die Wahrheit der Boutiquen
liberalissimen Museums Nouveau-Richen
statt die veralterten Popo SS-en – –
sowie ein genialer Andy Arsch-hole, ich anfleh

damit nunmehr im Kriegsgolde erstarrtem Ausschiedsdarm
des König Davids Passionaria Liebeslieder, anzusingen.

[21. Januar 1998]

DAS MOECHT ICH HEUTE ESSEN
EIN HUEHNCHEN AUF DEM APFELBAUM

Sagt es zu mir, ins Ohr mir schlafend flüsternd
Die Herrschaft Dadaist Monsieur Marcel Duchamp?

ob brauche ich ihn nur zum Deckel
meines eignen Rätselkastens
die Rätsel nur mit – Historität
Le-giti-imismus – –
um letzter Lösung zu verquälen?

Nicht auf mein eignen platten Bubenfüssen
die grandiosen Lebensrätsel
eigenfäustig zu begehen?

[27. Januar 1998]

GENOSSEN
VON DEM STILLE SCHWEIGEN

Das Flüstern hat mehr
keine Ohren

Dem Luftzug
sind verkrümmt die Beine.

Hochhalten muss!
Das Mucksen *Seine*

Die Sehnen darf man nicht
als Wrackholz spalten.

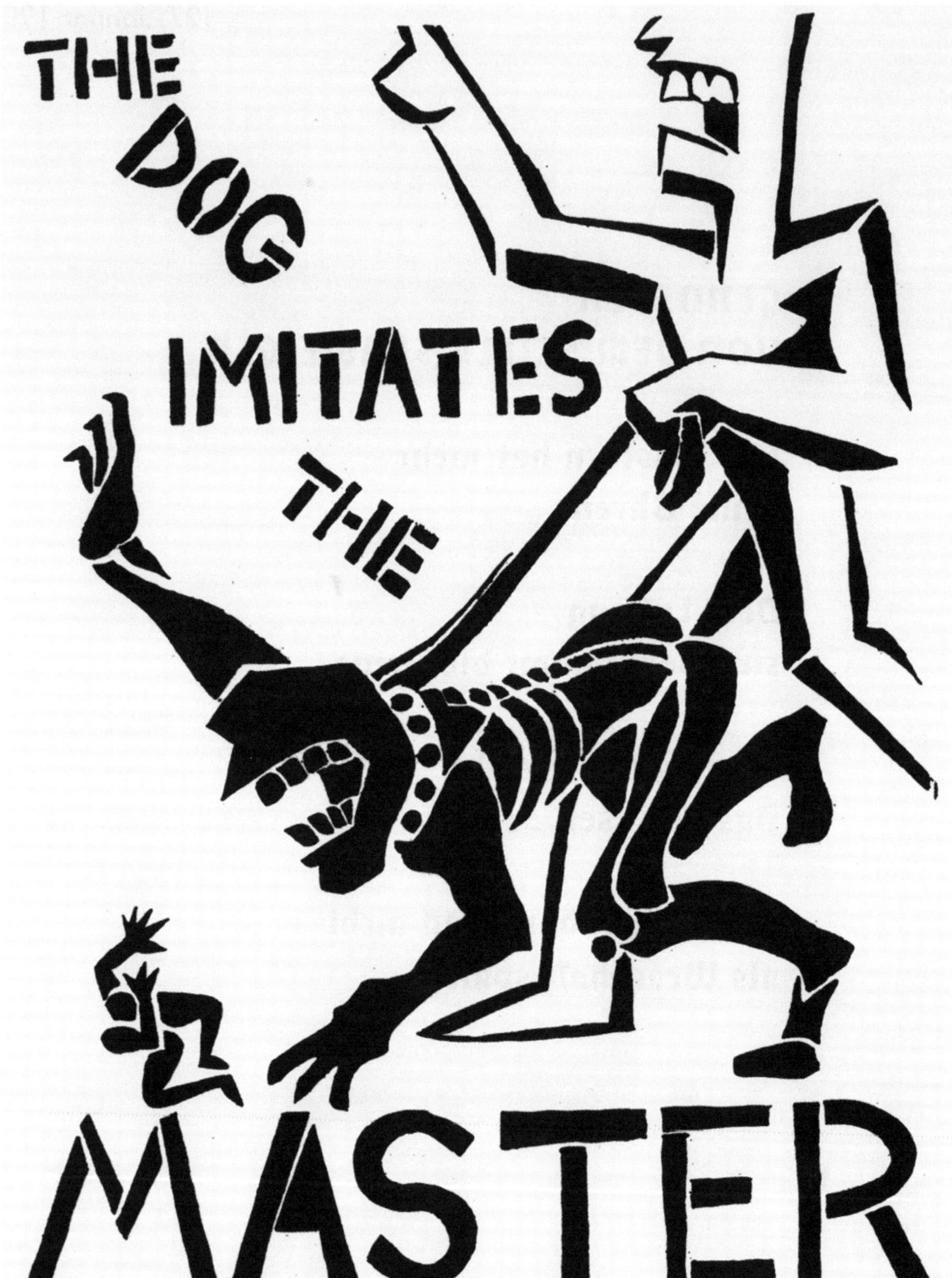

SETH TOBOCMAN: The World is Being Ripped #10, 1984

[31. Januar 1998]

Der Alte Terrorist
pflanzt die Heuschrecken
untern Mutterstisch.

Schrecket die Raben,
die das Fliegen
für sich alleine haben
mit den Poltergeistern
nicht begrabend,
wie als Adonis, liebehabend

Krähend
ins Antlitz.

[Januar/Februar 1998]

WARUM WIESO
auf welche Art und Weise
hat sich der Krumpelhafte
auf den Beinen
dem Grossen Liliput
das Hauptwesen enteignet

und welche Seile
strickten später
zu seinem flachen
Weiterbleiben
Wasserhauen

[Februar 1998]

Höhnen ... spotten ...

GLAUBEN

an das Alles
an das mich –
kaum, an das Dich.
Warum, leider, nicht ...
Ihr seid doch gleich-Wegs
Ichs.

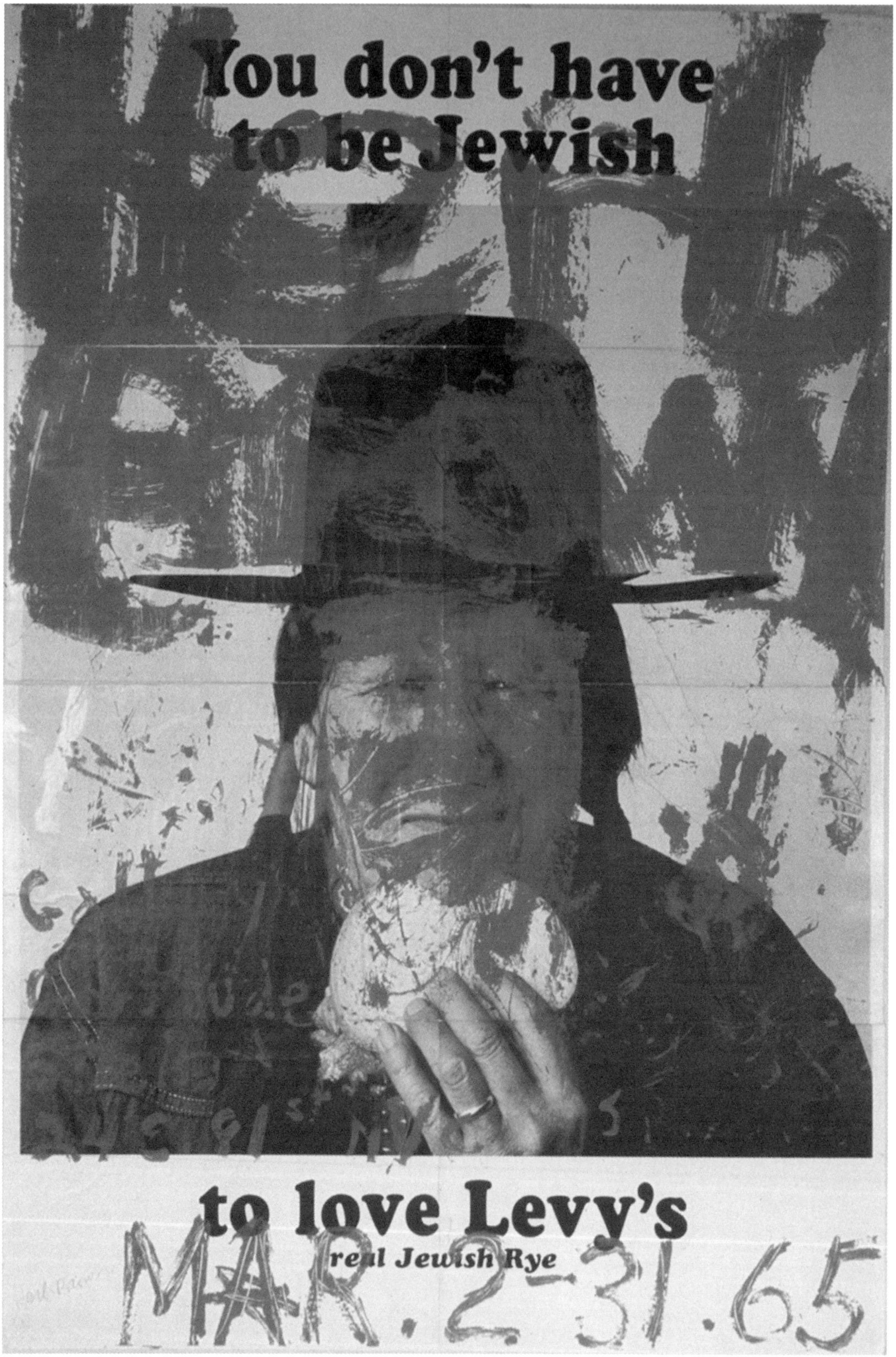

HERB BROWN: You don`t have to be Jewish, 1965

[Februar 1998]

Sag mir nur leise
leise heuernd
Vogel,
hebend,
ich bin dir Kamerad.

[2. Februar 1998]

Aus dem tiefen Brunnen
Worte zu erheben.
Fische da zu haken,
lichte heben.
Sie nicht quälend zappeln lassen,
die die Sonne nicht mehr grellen mag.
Registrieren –
gleich danach in meinen Meisterschlund
mit Erfolg
und aufeinmal verschlingen.

[3. Februar 1998]

Meinliebergott! Brauch keine Liebe!
Gib mir ein Schwert
und eine Hauses-Keeper.

In Universen ohne Emotionen
es gibt natürlich keine Liebe.
Und wenn da Jemand Homeless drunten liegt
gib ihm einen zweiten Hieb
damit er dann zum zweiten male nicht verstehe:
ohne Liebespassion
ohne Schwerter:
es kein Erbarmen gibt.

Haushälterin!
Alles in Ordnung bringen,
die möcht ich bitte jetzt er-kriegen
– die Schwerterhiebe
dann verkriegen.

Meinliebergott, ich brauche keine Liebe!
Gib mir ein Schwert
und eine Hosens-Keeper.

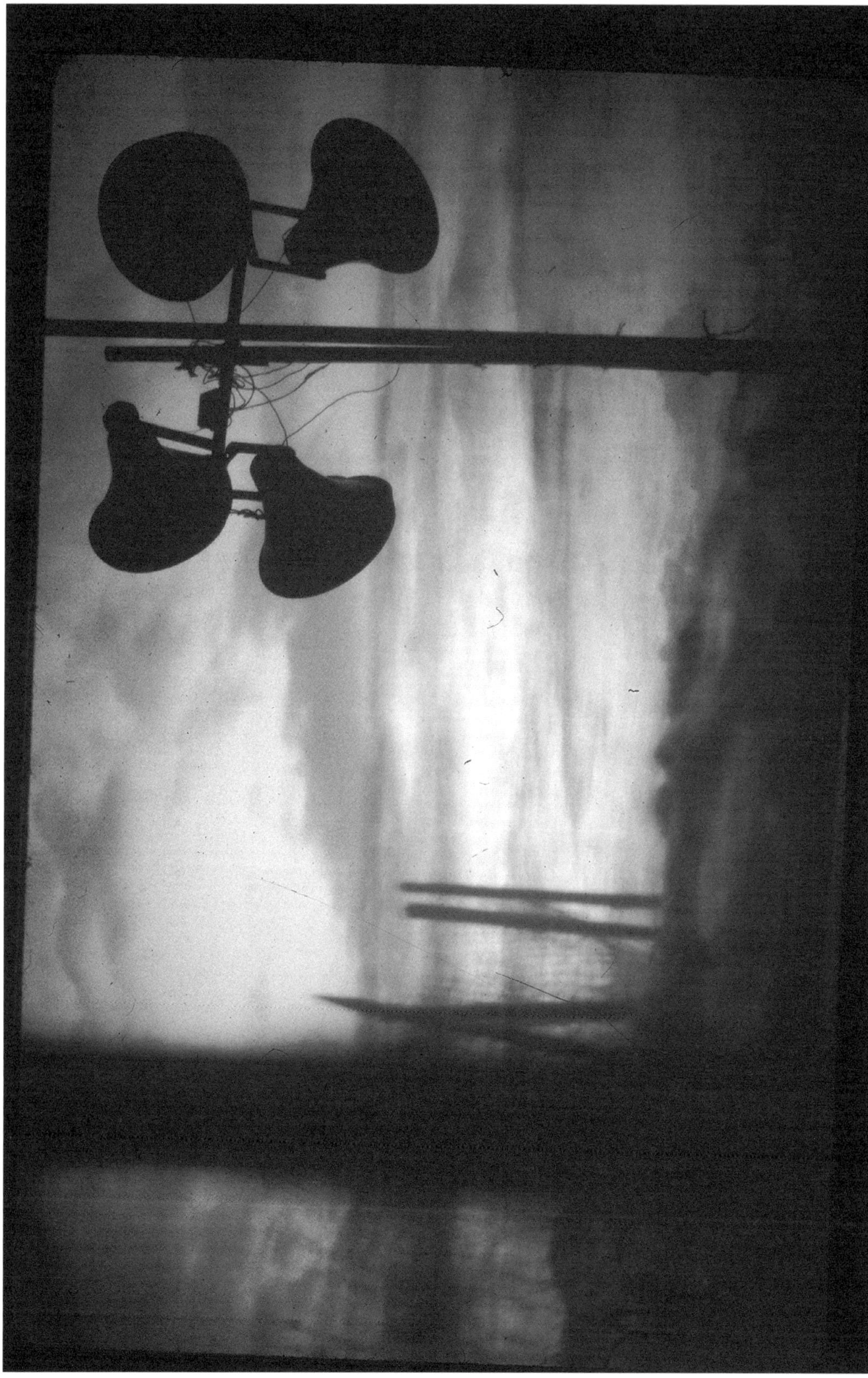

AMIKAM GOLDMAN: Sea Sirenes, 2000

[19. Februar 1998]

Erwache, morgen früh um zwei.
Ich werd´ dich wecken, die zwei Toten fressen.
Es klappert mir nicht gut im Herzen,
dass wir den zweien nur, – nur helfen.

[9. Juni 1997 - 21. Februar 1998]

Und wenn der uhrlos schwirrend Zeiger
Stillstand steht gestillt

die Wolken schrecken bei
auf Katzenbuckeln
der Häuschen Augen brechen zu den Knieen
und Zweige der bestraften Winterbäume
klatschen dürren Händen
keinmal Aufwiedersehen

Der Schnee begleitet
hündisch winselnd zitternd
des Grössten der Poeten
Epopäe.

[27. Februar 1998]

Der Tod ist gut.
Er bringt uns Gänsebraten
verbotnen Speck und räuchert buttrig Riga-Lachs.
Und in den ausgetöteten Ruinen Magdeburgs
in den von ihm verschonten Kellern
nährt er uns tagelang des konservierten Lebens.

Dann sagt er –
viel nachträglicher:
Na – gib zurück!

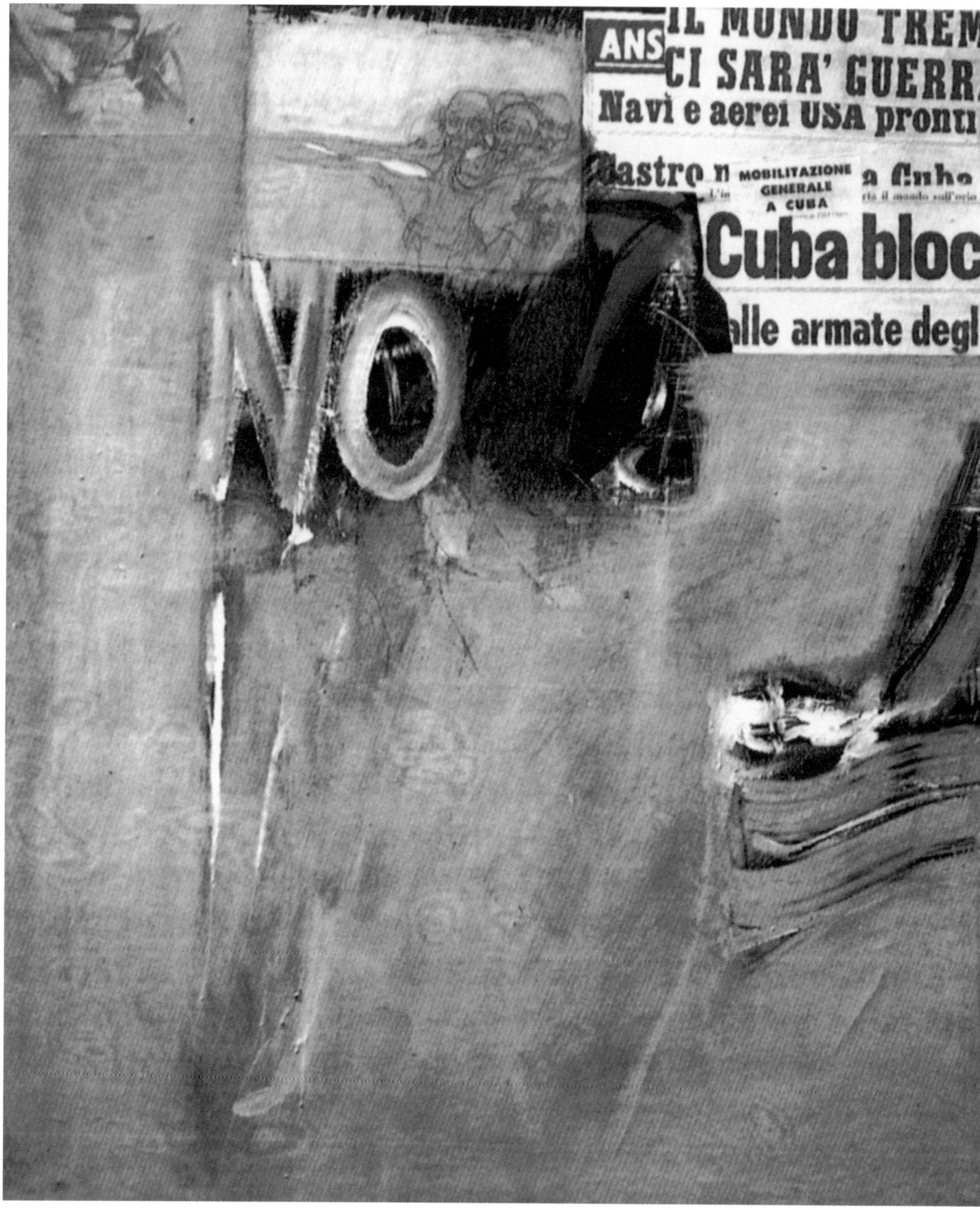

PAOLO BARATELLA: 23 ottobre, 1962

[27. Februar 1998]

Ich werde streben ... STERBEN?
wohinnach –
mich meine Morgensträume
direkt-strebenmacht

und wenn AUSFUELLEN:
bestimmt nicht
wahrscheinlich ... doch ... BESTIMMT!
nicht sterben.

[März 1998]

IM WALDES- UND FABRIKENWAELDERN
sich selbst beobachtend, vergeht einem das Leben.
Das wird erlernt.
Es wird erlernt:
im *Realismus* – das Würdige nicht existiert
die Seele bleibt doch, wennoch flatternd dir-gehőrend.

IM NORMALSLEBEN
geht die Seele weg:
und frei spazieren,
dem klassenlosen Uebermenschen-Untermenschen
WIE DAS GESCHAEFT BESTIMMT.

[9. März 1998]

Trinkende Gässlein, im nassen Paris
Haufen von Motten, ins Amorlicht
Papier mit Würstchen, mit Frau-Kau Pommes-frittes
Drinnen im Magen, verwahnet der Mut –
Sei auf der Hut!
Die Sans-Coulotten steinern mit Wut
Gefängnis von Bastille!
– Metro Bastille.

Die dunstgeklemmten Lampensterne von den Ex-Paris-Juifs
bejahen es: „Merci beaucoup".

[10. März 1998]

Wenn man im Inneren solch` Buchenwälder gastet,
dann weiss man, dass das wirklich existiert.
Doch heiligweise glaubt, dass draussen das nicht existieret
wenn nur rauskommen,
dass alles sich im guten neugebornen Lande arrangiert.

Stimmt.
Draussen gibt´s schon etwas besseren Morgenkaffe
und Knüppel rasen nur auf den Hinteren
doch in dem eigenen Kopf
gibt es keinen einfach-Kapo, dafür Schuldigen
nur sich selbst: die freigewordne Herrschaft Untertan
wie es die Freiheitsdiktatur speziell für mich bedingt.

In dem besudelten Jerusalemer Tempel
kann man nicht Channukah-Befreiungsfest drin feiern:
in für die Mordes-Heldenhorden glockenklingelnd Kirchenszenen
gibts nimmermehr Entweihung spreizen. –
In Buchenwalds darf man noch bete-murmeln.

In Buchenwald da kann man alles machen
sündenhaftig zum Verderben
auf Grosse Wolke und Buchenwaldlich` Wölkchen schnauzen.

In den gesellschaftlich zeig-mal Museums-Gräberstätten
darf man die Seeleswahrheit
mit futuristischen-globistischen
anarchokapitalistischen
Schnellfahrtsmethoden
für das gesellschaftliche Gut
verwolken.

Im Buchenwald-Memorial
da kann man Spitzenleistung schon erreichen
sogar verwirret rum das kleingebaute Krematorium rasend hinkend
auf sich selbst in den Ofen schauen.
Und danach ewig leben.

Im Buchenwald Mahnmal,
darf man den Realismus, Logik, gründlich schmähen.
Die Geister: Helden, gleich wie die Teufelswärter,
hoch zu den Lüften flehen.

Das ist doch solch ein wahrer Ort.

Das ist doch solch ein wahrer Ort,
wo draussen nur die Affen in den Masken
Karnevale drehen.

In Buchenwald – das Memorial ob nicht
drin darf man Allwelt inhaftieren,
was stimmet so! Und was nicht recht!
Und das was Alles nicht vorerst erloschen ward –

Es stimmt ja: Garnichts.

Sogleich wie es passiert.

Spielt überhaupt keine Rolle.
Ob Innen oder Draussen.

Weil Ohren in den Augen per Design einfrieren
man könnte sogar wissentschaftlich sagen
manchmal ist´s besser –
immer schöner! Drinnen
als im Aussen, Guten, Freien
Kapo-capolosem Demokraten.

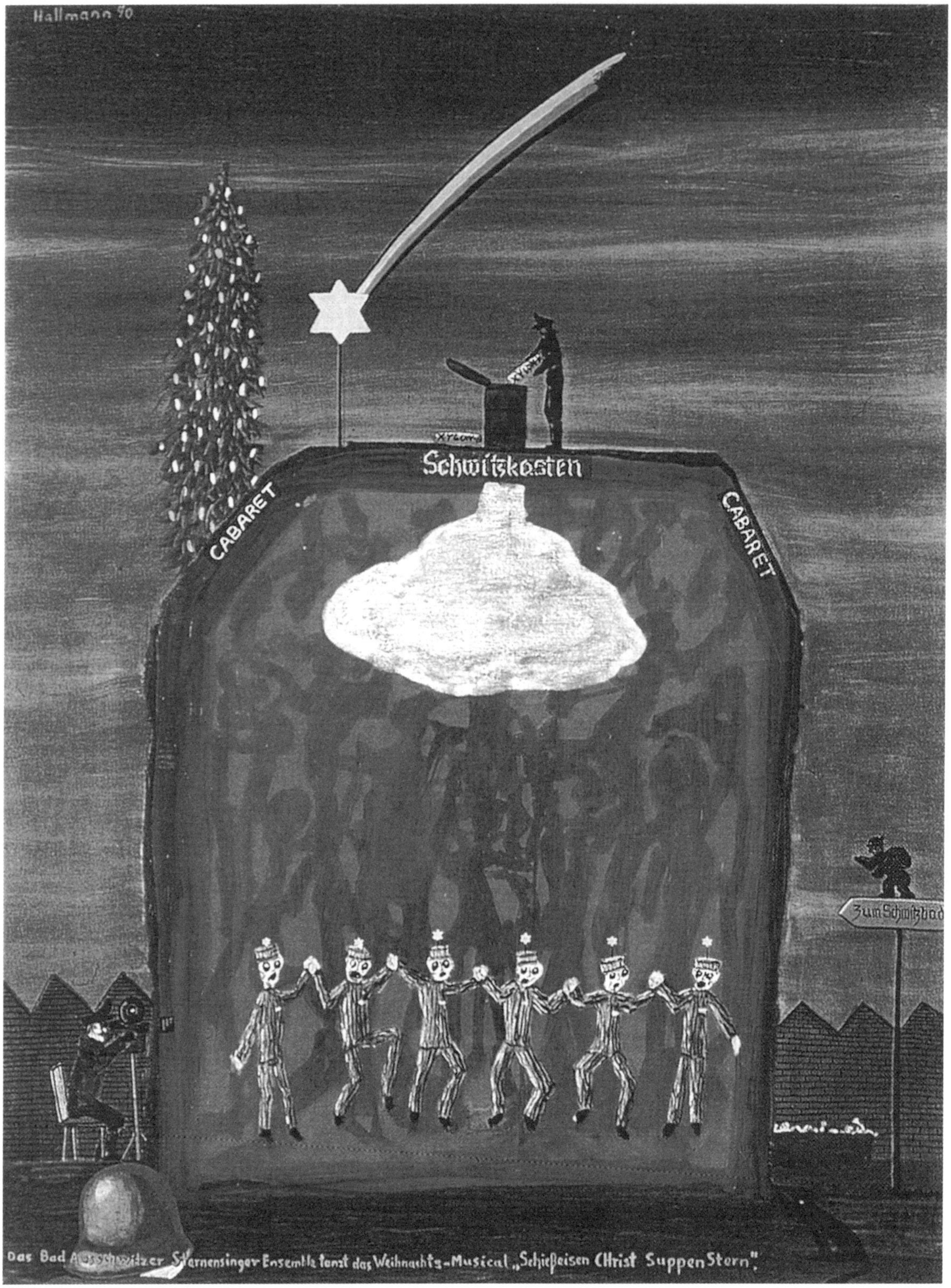

BLALLA W. HALLMANN: Das Bad Ausschwitzer Sternensinger Ensemble tanzt ..., 1990

[21. März 1998]

Es ist schon spät
und laue wälzen die Madonnen
auf der benagelten breitspurigen Matratze,
besäten des Stillschweigens

wie so die Morgenluft weiss-blaue
durchs Glass der Fenster, löchert durch,
so dass Figuren in der Regung,
nicht unterscheinbar wie ein gelbes Kneuel
schwerer Wäsche seien.

[21. März 1998]

Natürlich bin ich religiös,
den Heiden ist es nicht verstehen
– ein Messer nehmen und es nachherig
auf Nadelspitzen Herzens drehen.

[23. März 1998]

Jetzt sind wir in ´ner Zeit
wo Jeder, der so gross verliert
als Sieger nun gehuldigt wird
mit allermöglich Ehren, in Kremlinschen Palasten
– Es sind Liquidatoren, die die Cäsaren sind
von Kreationen, die sie zu nichts gemacht
– und Menschlein auf den Knieen beten an
genau wie regelrechte Künstlerseelen
des all-vergnüglichen Verstehens
am völkerrechtlichen Altar – im rauschend Bossniack.
Warum denn nicht Verlierer Adolf Hitler auferstehen?
Noch völlig nicht gemacht?
– Warum, den Judas-Patrioten Judea-General Rabin
– doch! umgebracht!
den beiden, Hand in Hand – nicht wieder Leben geben?

Warum denn darf die linksche Jecke-Jüdin Frau Rabin
an die getauft-versteckte Jüdin U.S.-Sekretärin
zu dem Vergehen
Die stalinistisch-arge Friedenstaube-Brosche schenken?
Für ihre globus-imperiale friedensblutend Muttertitte?

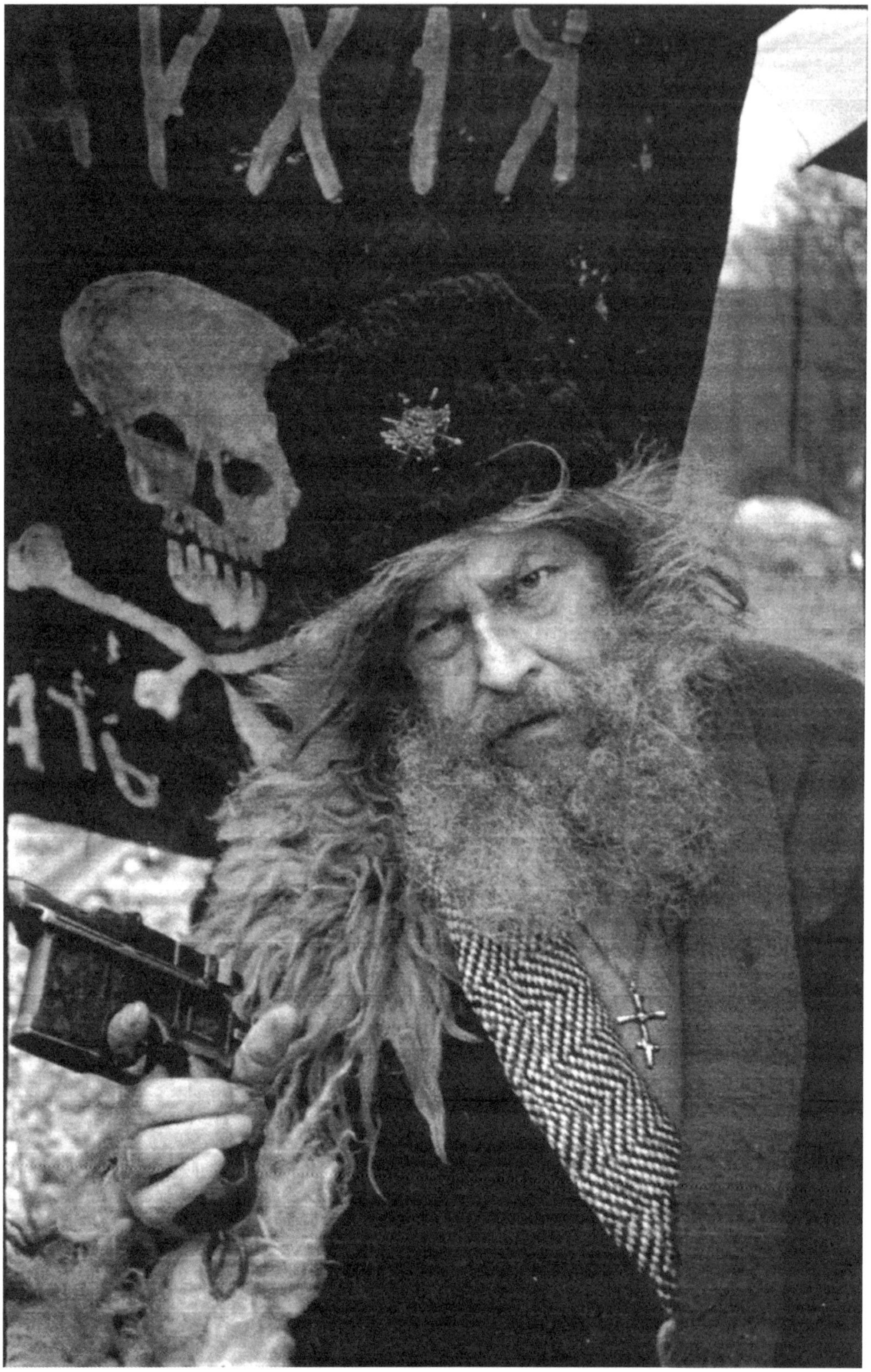

KONSTANTIN K. KUZMINSKY: Photo of Mine, 1999

[24. März 1998]

Es kratzt mich drinnen was, in meiner neuen Hose
sowie ich mich bewege
und das heisst, dass ich lebe –
erheitert mich mit zuverläss´gem Mini-Schmerz
– den ich verstehe.

[April 1998]

Ich sitz in meinem Büro.
„Titanic" – gut kunst-finanz-schön ... eingesunken
Die holokaustschen Sachen, nicht so blühend.
Van Gogh-gleich Ohrenfilme laufen immer stürmerisch.

In Hollywood gibts viele Enten,
auch ich glaub manchmal Ente mich verstehen.

Die Sekretärin stosst den Herren hinein— in das Kabinett.
Der Feldmarschall ist angezogen, wie eine federlose Ente.

Er wäre ein verschmähter Representative
von abgeschiednen Enten.

„Was darf ich für entmachen?"

„Ich bin verschwörerischer Vertreter-Selbstvertreter
von gloriösen Enten.
„Was dürft ich Ihnen zutun?"
„Verschlachtet Enten – historisch zu verkrümmern."

„Gute Idee. Wir müssen dann die Gelder finden,
um das Publikum zu überwinden.
Ruhmreiche Enten, im Bruchteil der Sekunden
in Bildschirme hinein, zur Ewigkeit inkapsulieren."

„Werden Sie dies Attentat riskieren?"

„Man kann heut wirklich alles
für jedergleich Geflügel, unterackern.
Entrepreneurisch federleichte Investierung.
Die Enten sollen es bestimmt heroisch finanzieren."

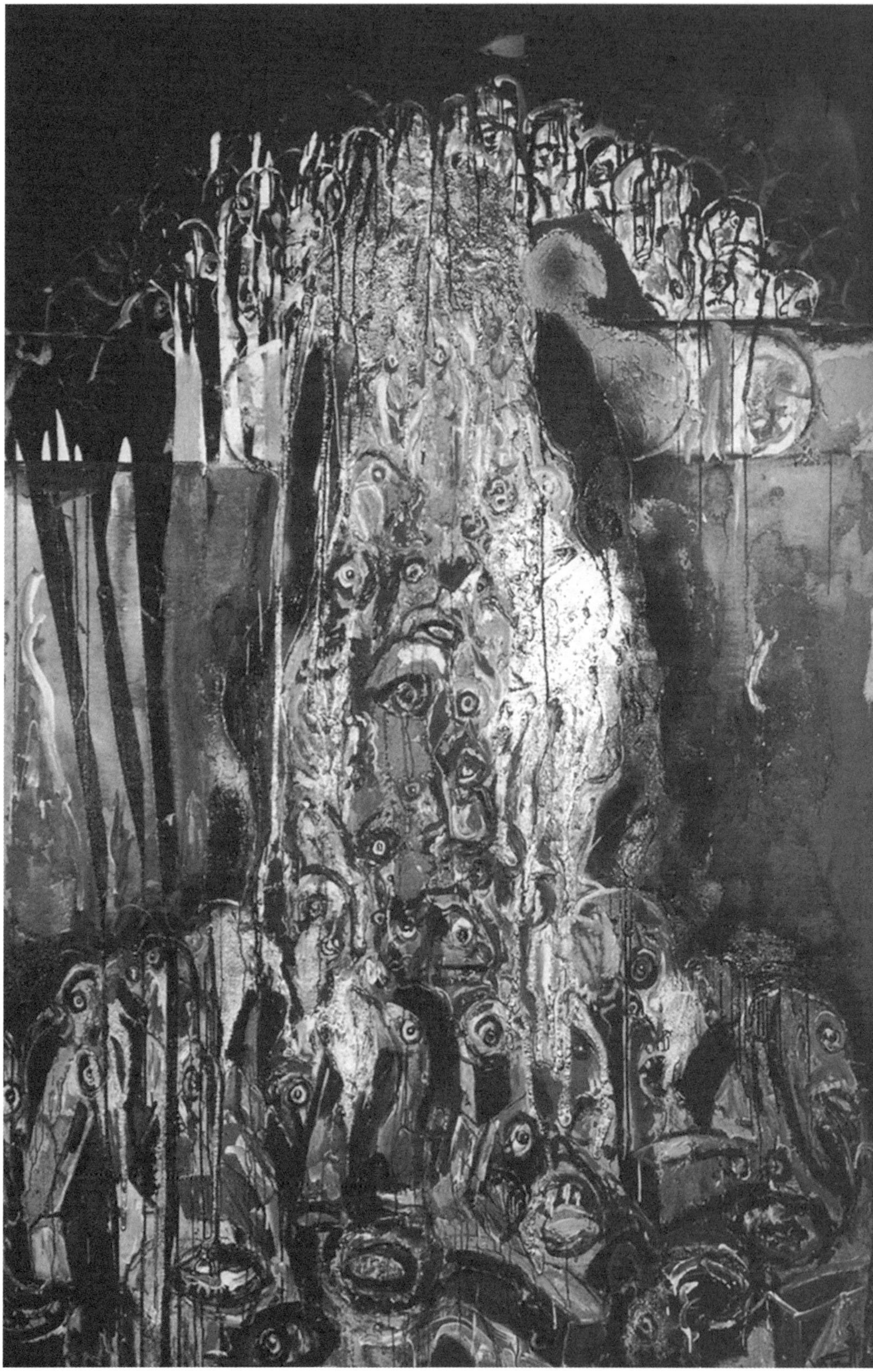

WOLF VOSTELL: The Fall of the Berlin Wall, No. 6, 1990

[Tod Wolf Vostell. 3. April 1998, Berlin]

Der von den deutschen *Künstemachers*
Künstlernarren
mag unbeliebter, auch verhöhnter
reine deutsche schwerer Stücke,
Schwergewichtler
Arisch Jude-*Chossid*
ist nun leider leider
seine Nein!Kunst NO!art blutend Krücken
auf dem gegenüber-Ufer dieses Flusses
ingang laufen lassen:

und wir sollten sowohl möglich,
zur *Vereinigung* der ungeschäftlich
Leben-Todes unterdrückten Wirklich-Künste,
von hieraus, mit dieser diesseits Muskelwehe
ihm daran behilflich sein –
sind wir alle doch in seine Backen-*Peyuss*
betonhärtig, Vostellhaarig,
Vostellhartig eingehakt.

[14. April 1998]

Wegzufliegen
auf den Wolken-Hieben
flatternde Gemeinschaft –
bloss alleine strőmen
– von den Jagden auf die Selbstheit
Schnee-e Pläne zu erfűllen
– Mőwe.

[16. April 1998]

Die,
waren schőn gehorsam
an alle Starke
an die sie *glaubten*!
Dass sie sie ficken mőgen.
Liebten tűchtig ihre Schuhesohlen.

Drum wachsen heute starke Rosen
auf diesen Autobahnen unterm Rasen
ungeknickt
und die sind glűcklich.

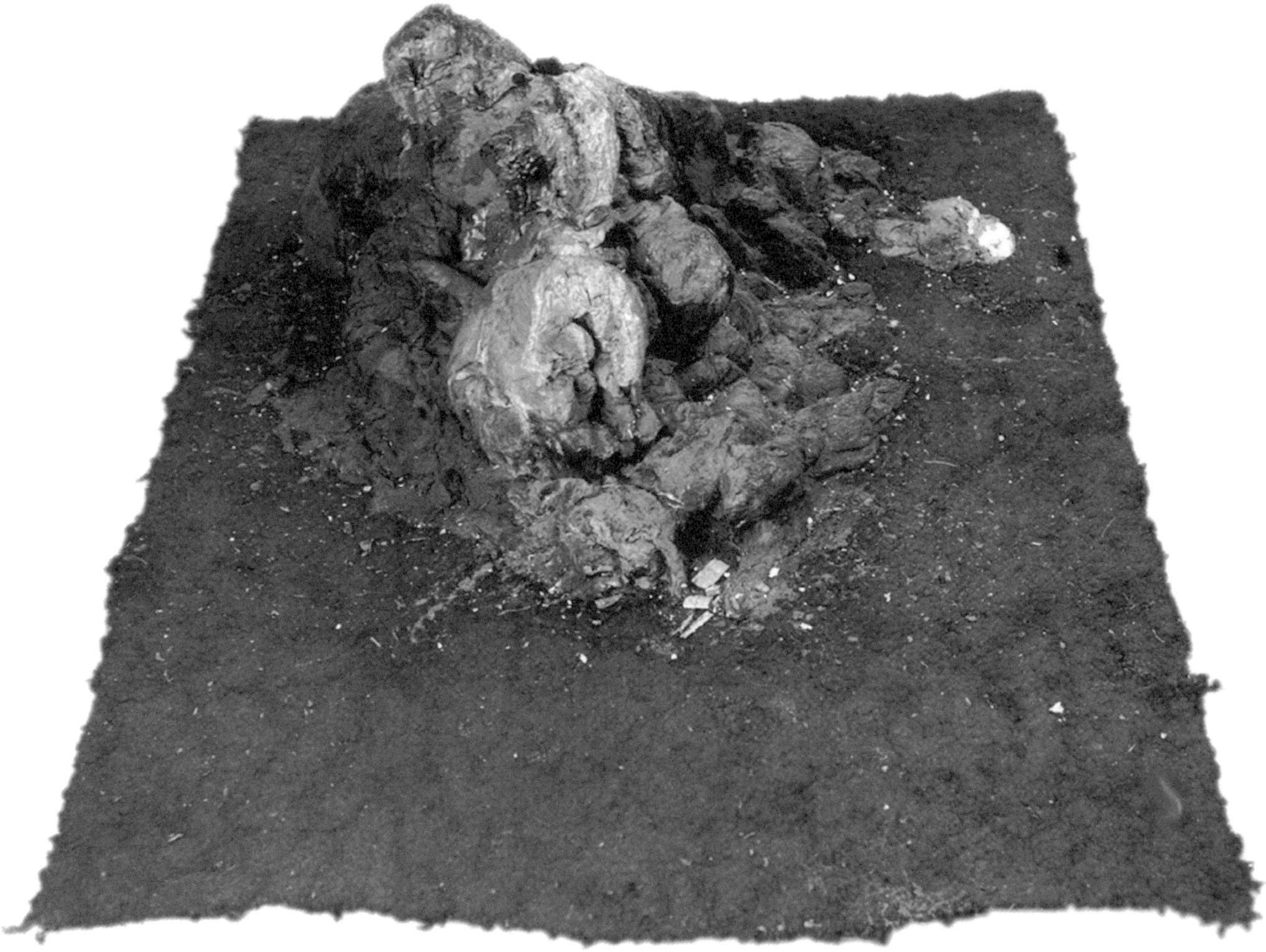

BORIS LURIE: NO!sculpture Barelief #1, 1966

[17. April 1998]

Wertsachen, sowie wie Schund,
überstehen –
wer kann's **BEHAUPTEN**,
was ist Wertsache / was ist Schund
ICH BESTIMM' ES.

[3. Mai 1998]

Die Helden wissen nicht, wenn sie geschlagen sind
und wissen´s nicht, dass es Geschlagen gibt.
Die Klugen wissen schon zu früh,
wenn nur der Sieg noch nicht in Sicht
und deshalb keines Sieges gibt, weil sie zu klug.

[3. Mai 1998]

Bepisste Matratze –
Jungfer heiligst löffelt, Hühnerbrühe,
wie die Papageien, Mutter/Papa
Geier
krähen.

– Kremlinschloss drin.
Derzeit jagen goldne Käfer in den Eimer.

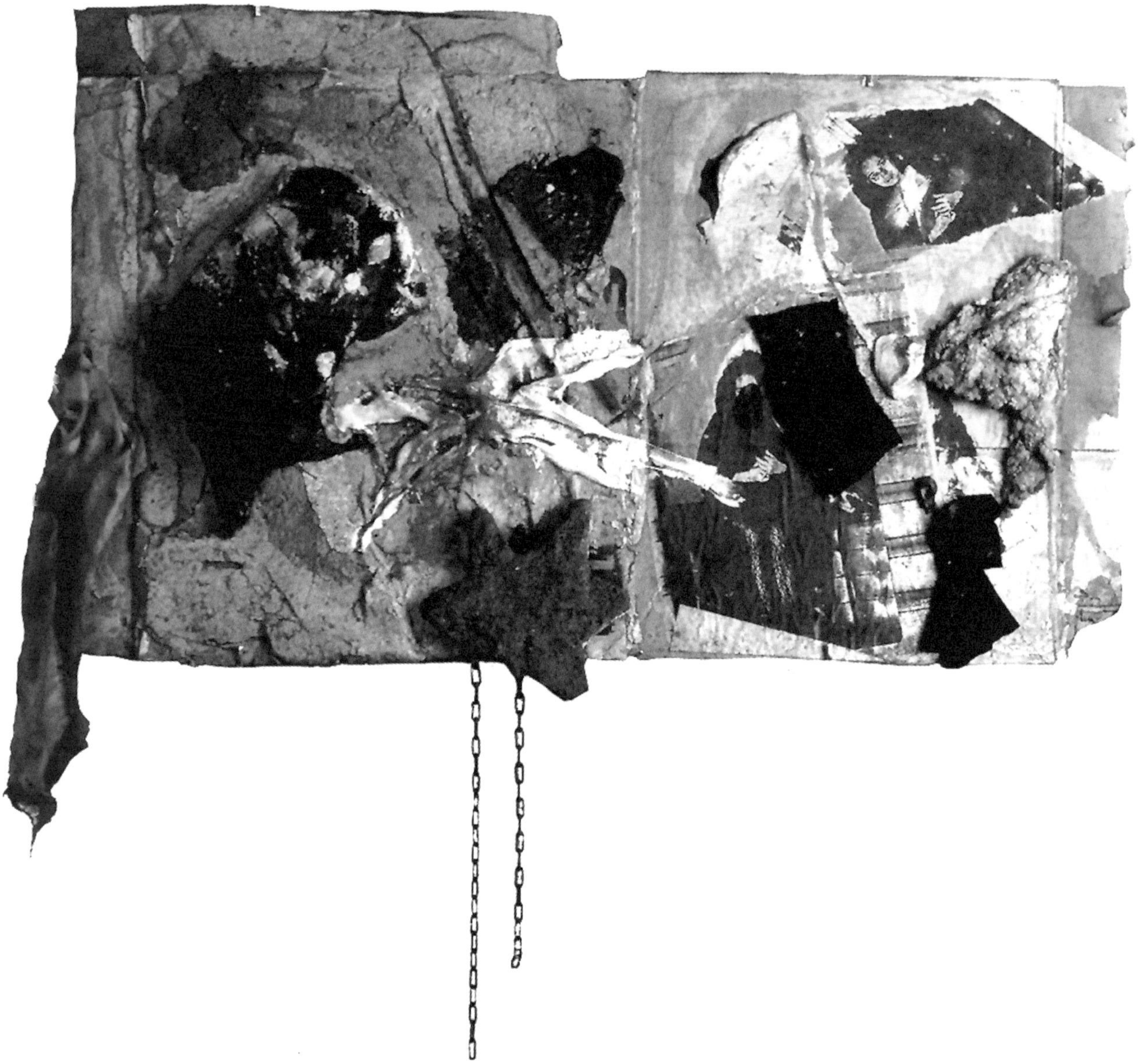

BORIS LURIE: No Titel, 1970

[5. Mai 1998]

Wienun die schwarzen Erden uns nach oben heben
trostloses Hum-drum in die Steine wehet
Der Ohrenwecker, hat den Alarm vergessen zu verstehen
Das Laken ist vergossen von Bestehen

Der Magen ist so voll, von Tage, Unverdautem –

man felsenartig auf den tiefloch-Höhen, drauf besteht
mit Uhren in dem Maul – ein trunken Ghetto-Pferd
auf Bluthauptstrasse,
den Wagen von Karotten nachzuziehen.

[20. Mai 1998]

Das ist nicht mein Tag.
Gehört nicht mir, ist auch nicht kriegerisch-okkupiert
von meiner blinden Arbeit-Arbeitsjagen.

Nee, der gehört Niemandem.

Auch nicht den wirklich Klugen, die stolz-starre glauben,
dass sie den jeden Tag besitzen.

Der – ist dem sinklich Schlummern Knecht.

Oder versklavt, den unmittelbaren Drähten des murrenden
und murmelnden sieglosen Kleingefechtes.

Der zählt nicht.

Mein lieber Gott
ich sollte ein Kredit mit Rückzahlung für diesen Tag erhalten.

[22. Mai 1998]

Ihr seid ja – *unwürdig*: Meiner Verse
ihr Zwerge,
ihr blöd-bemalten Zirkuspferde,
ich les´ sie vor an meine wilde seelig
Schäferhündin
und die besitzt sie gleich verstanden.
An wen denn Schwanz-Loch Liebes-epopäen meisseln hauen
in eiserne Schreibtafeln sie einzukreisen –
Dann in die Strändesänder aller Marken tief vergraben,
damit Schosskätzchen
in den New Yorker Heissluft-Künste-Loften
mit dem *Gewicht* nicht spielen können
Nur freisinnige Ratten,
nur die Ratten.

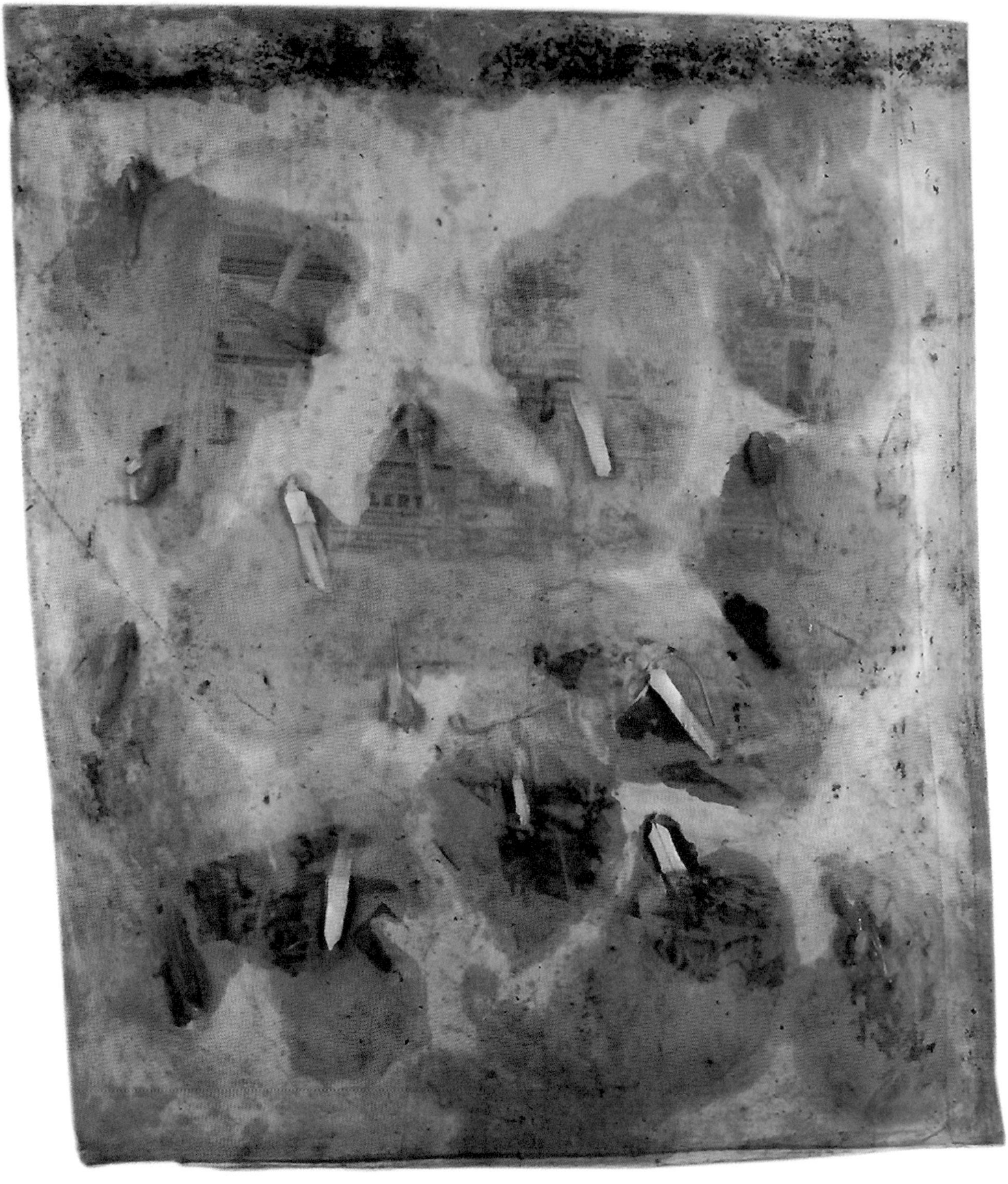

BORIS LURIE: Candles #6, 1976

[2. Juni 1998]

Ich darf dich doch nicht dran beschuldigen,
dass dein Vater starb
vielleicht doch,
weil Du doch sein Sohn bist.

[3. Juni 1998]

Mit den Zetteln, in der Tasche,
wird die Sache schlechter machen.

Mit zwei Schriften
´rum die Gaffer
schmieren sie, das Endkampf-Schwatzen.

Befehl – richtet mich zur schönen Rosa-Roten
ungeschminkten,
wo die Affen kakerlakern.

Wie werd´ ich, was auf den Scheinen droht,
in die Hosen machen.

[Juni/Juli 1998]

Kleines Altes Haus – in dem New-Yorker-Wunder bebend
BLOCK
BLEIB STEHN!
Damit dich nicht zerfetzt!

Die Wölfe werden nicht lebendig von sonstigen Lebendigen
gefressen; noch Bären, Löwen, Tiger, Elefanten;
Haifische, Krokodile, Rhinozerose,
Grosse Affen.

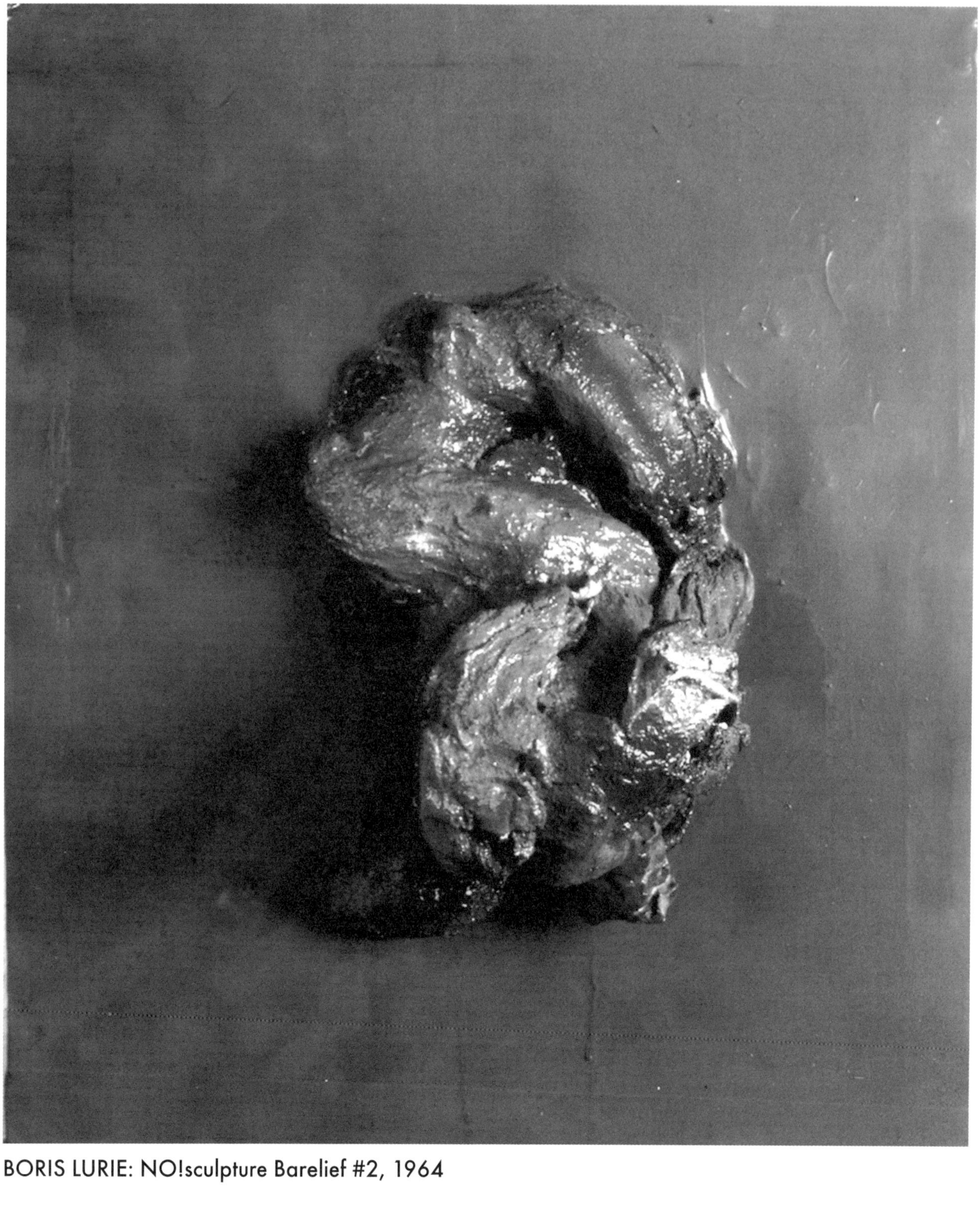

BORIS LURIE: NO!sculpture Barelief #2, 1964

[2. Juli 1998]

Ich schaue in den Spiegel.
Dieses Gesicht gehőrt dir űberhaupt nicht!
dieser Kőrper ... gehőrt mir auch nicht ...
Was in dem Kopf drin steckt, das einzig gehőrt mir!
Kann mir niemand wegreissen,
wenn ich´s verkrallt beschűtze.
Nein –, der gehőrt Dir auch nicht.
Ist alles – ausgeliehen.
Musst stark verdienen,
um hohe Wucherzinsen lebweis drauf zu zahlen

Dann ... junge schőne Freiheitsfrauen!
Eure Gebährműtter gehőrt euch auch nicht!
Sollt, mit Geburtspein Schwerzins hauen.

[3. Juli 1998]

Das Schreien von den Ferkeln,
die geschlachtet werden.
Das Betenseufzen von den Kühen
die mosaisch abgeblutet werden.
Das Judentoben in der Judenkammer.

Dich – Schwein! Wenn ich's nur könnte! –
Hätt dich leidenhaft ermordet!

Das Grauseln langkurz in der Grube Feuern
Endkugeln endlich kommend nackte
andrem liegend so-voll frostend.

Das Zischen Philistinverkehrs,
auf den New Yorker Wohlfartsstrassen.
Der Säurekaffee wird zum schwarzen Blut
von dem ich nicht ermordet.

[16. Juli 1998]

Der Freiheit gibt es nicht,
ausser: aller Pflichten von den Konstruktionen, freizuwerden.
Nichts Begehrenswertes ohne Antrieb machen.

Komm zurück:
vom Anspruch auf das schwergezwungne Ideale,
lebe nur, wie Schmetterling,
von alleine, auf das Süsse machend.
So nur, kann man im Schlaraffenland der grossen Freiheit
sich vergraben:

Die Natur und Menschenunheilslust so nicht verharren.

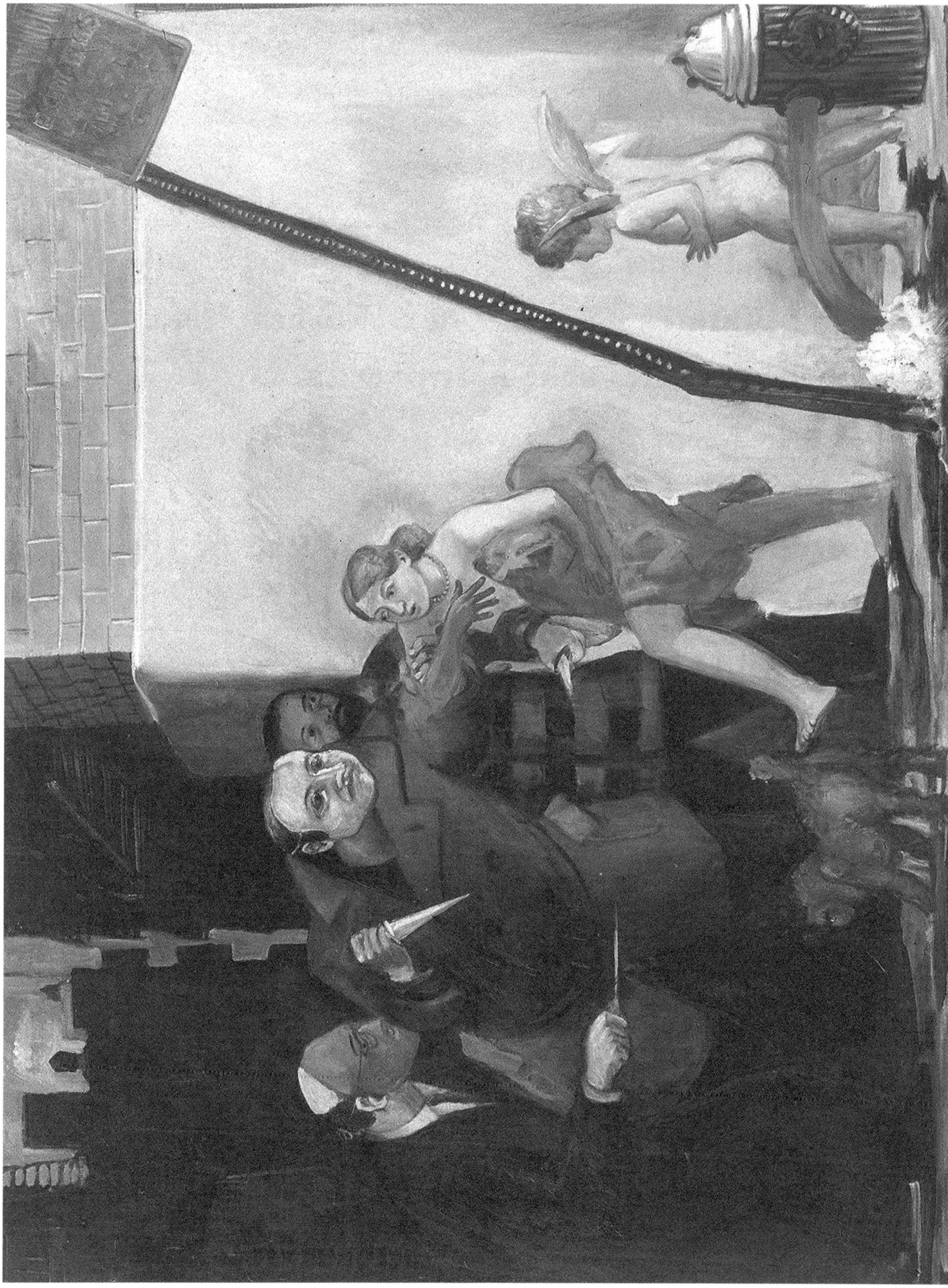

PAUL GEORGES: The Mugging of the Muse, 1972-76

[Juli 1998]

„Es ist nicht möglich, *zeitlich*,
deine deutschen Poesien, zu redaktieren,"
faxt mir vom Weiten – diese Stimme,
„deswegen solltest du sie jetzt," Dreipunkt ... „Abtreten!"
dann – später, sie zusammenpauken aus all' Verstecken
darum, sie später wenn die Sonne steht
und schöngerauchte Winde, *quer*,
deinem Waldesurlaub, *weht*,
sie nochmals nachzuahmen.

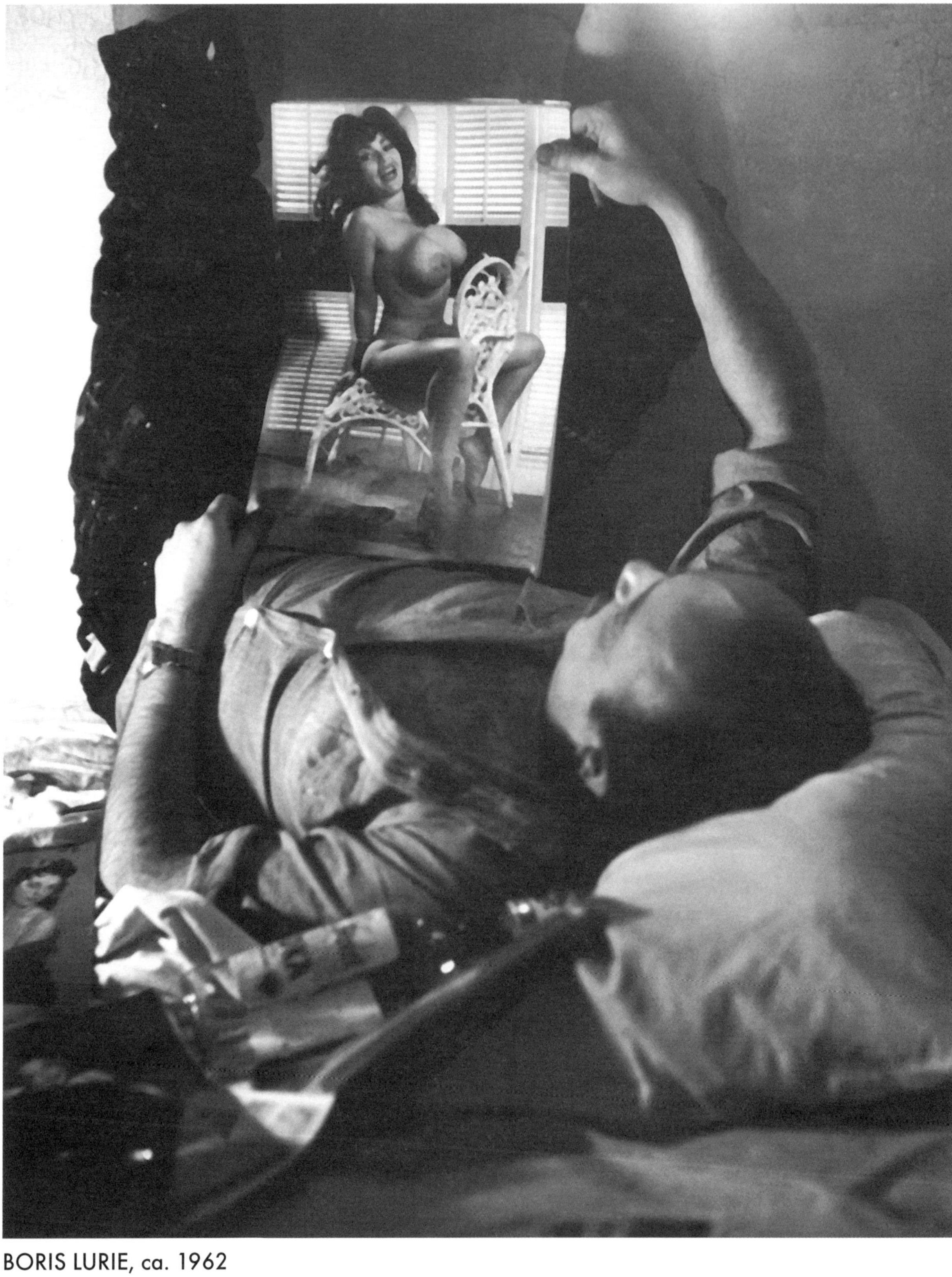

BORIS LURIE, ca. 1962

[6. August 1998]

ICE-CREAM-KUNST FUER MUTTER MACHEN

Die Intelligentzia-Damen nehmen ihren russisch-Tee mit Russland-saurem süssem Kirschen-Eingemachten – und ich, woher? – bezaubere mein amerikanisch-eingetöpft´ Gefrorenes, in rosenthaler fayencefeiner – – diesmal KaZet-Suppenschale. Die Mutter beugt sich, sie bedienend, sporadisch teilnehmend mit kurzneutralem Wortschatz, an der Unterhaltung.

Die Mutter achtet nicht auf die Skulpturformen, die ich in einer tiefen weissen schönen Porzellan- doch nur ´ner Suppenschale – und faktisch nur für sie, mit Hingabe kreierte. Da gibt es Gäste, ein paar Damen, im Salon.

Ich zeige Mutter, was ich angefertigt habe, es ist von gelblich bleichoranger Pfirsichfarbe, gemischt mit tauend-Schnee Vanillaweiss. Es sei, so kann man sagen – abstrakt. Doch finden sich da eingewindet in dem Gefrorenen, Wege, Pfäde, einmarkieret; es ist also genau nicht nur abstrakt; es muss worüber etwas doch genau was meinen kundzugeben ... „Ich werde nichts mehr für dich machen, niemals –", sag ich ihr und verlasse das Zimmer, weg, weit, von wo die Gäste und Mutter dort platzieren – ganz in die dunkle Hinterkammer, wo unser Dienstmädchen Bronya, auf das ich dann so geile war, einst lebte; wo ich so bös` enttäuscht bin und wobei, obwohl ich schon mehr als erwachsen mich betrachte, wobei mir beinahe Tränen, in Wut und arger Trauer kommen. Nein, niemals werde ich tiefgefühlte Werke für meine Leibesmutter mehr schaffen.

Es mag schon besser so sein. Ich werde mich so besser fühlen – wenn es nicht mehr – nimmer – speziell für das was Mutter gilt, gemacht sein wird.

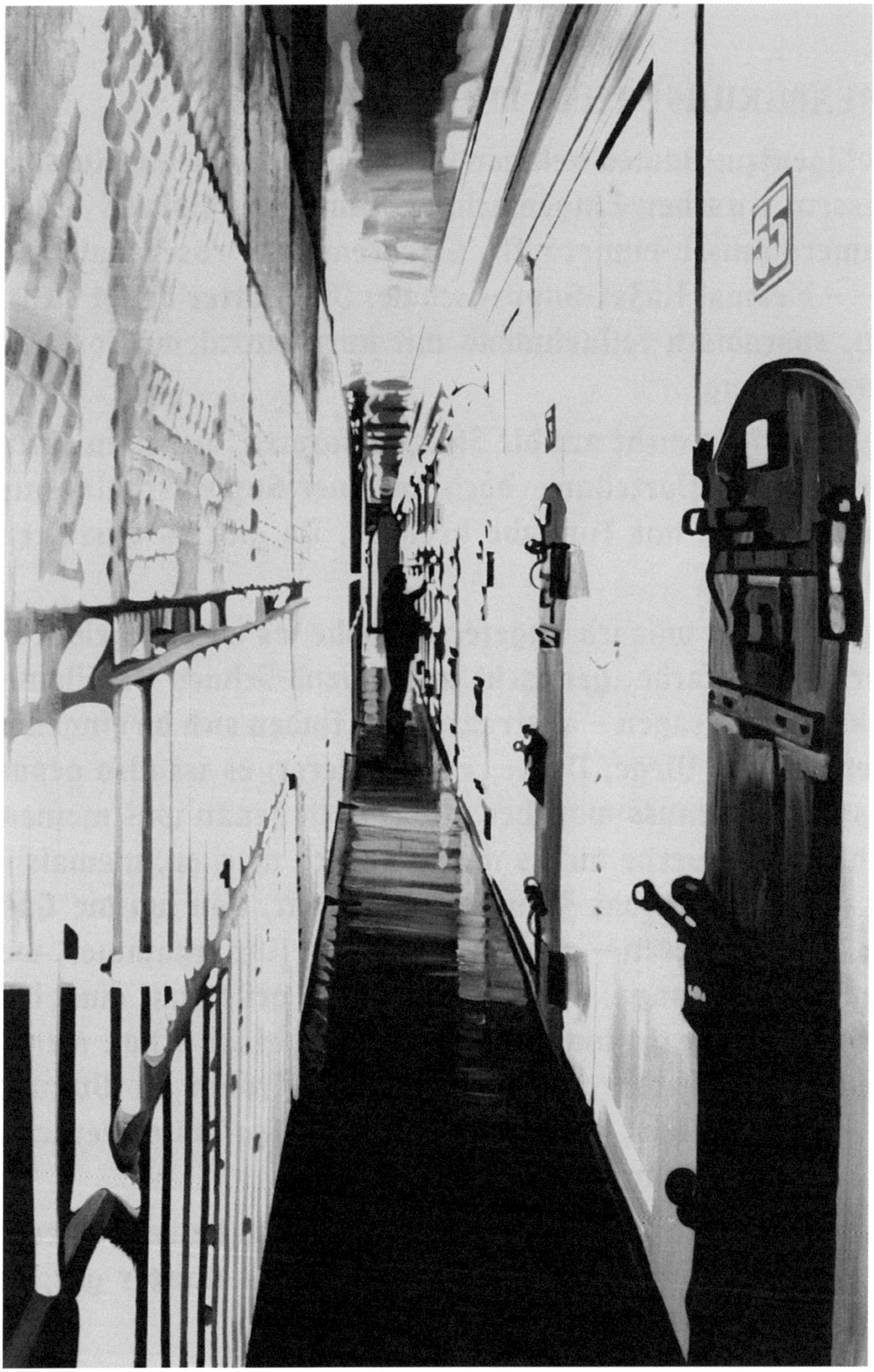

BERNARD RANCILLAC: A la mémoire d` Ulrike Meinhof, No 11, 1978

[7. August 1998]

Schluss! basta –
es gibt NICHTS KEINER im New York
nur Telefon und Faxgerät
zur weiten seitlich rückwärts Ferne,
die Nein-Kunst Brandruinen Lower East Side
ist zum entfremdeten Vergnügen
und Diamantenseide Upper East Side
sind vergoldet Schlussakt Getto-Zäune:
New York, der süchtig Flucht zum Ruhm und Abenteuer
einfach zu garnichts geworden
im Schneeflockfallen neugestempt´ler *schneller* Seelen –

ES WIMMELT: GARNICHTS: GALOPPIEREN:
am besten in der Wohnung bleiben
die Blocks-Baracken Höhlenkratzer-Strassen durchzufegen
nur in der leeren Nacht:
Zu Hause auf dem Scheiterhaufen der Papiere
glüht die tolle Arbeitswut –
für heile Geister und zukünftige Traumesmenschen.

[8. August 1998]

Jetzt kommen wir zur Sache.
Die SD-Leute kommen in das Wäldchen.
Die steinern Pflüge ätzen aus dem Klumpsand,
mit den SU-markierten ausgehungert Händen.
Die Grünen Letten-Bumser giessen grob ins Wäldchen.
Die Bäume stülpen sich kopfrunter
inkreischend sich,
in seines Plätzchen.

Siehe Weib [15. August 1998]
: Gefäss

ansichzunageln:

Nachvielenspätertagen –
unbehaglich
einerlei:

Nachhernoch:
hassbare Statue
Sünden auszuschlauchen
Hasse-Hässliches aus sich herauszurauben – :

All-dem-zuvor:

mit Liebe –
– nicht berühren! –
heilig duftet mit der Mahnung
göttlich´ junge Mädchenseife

unbewusst der Wasserfälle:
Durchende Steine:
Jeder der führert
kriegt seine Karte:
Kriegt seine Strafe:

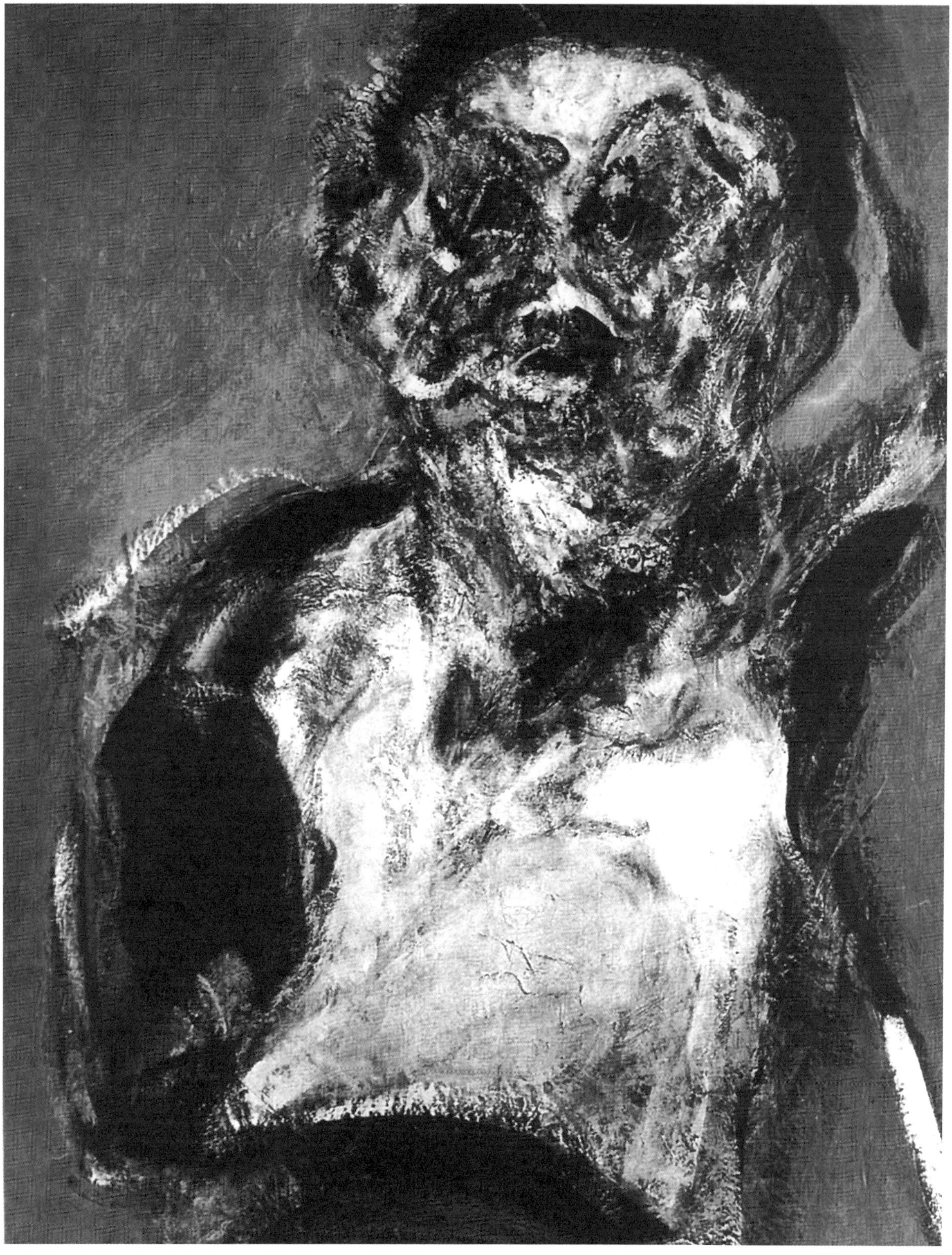

FRANCIS SALLES: Figure de Fantasie #2, 1976

[15. August 1998]

Das Schwein liegt in dem Platz-Damm.
Warum denn Hundebeute braten?
Dem Schneiderkunstwerk,
mit den Broadway weltenbreiten Zoot-suit-Schultern
sind die Klappen abgefallen – –
und Rote Rosen
stillen Wodka zwischen Drachenzäunen.
Ich werde Stockpferd-Rennen machen lassen
solange dass ich König würd´.

[21. August 1998]

Nichts will gefressen werden
doch alles will doch fressen,
alles *muss* doch alles fressen:
Das wäre Humanismus,
mit einer Selbstbedienungs liberalen Klausel.

[22. August 1998]

Die Heldentaten, die ich nicht gemacht.
Die Greueltaten, die ich *leider* nicht vollbracht.
Die Meisterbilder, die ich nicht als Soutine-Sohn gebackt.
Die Zweifel, Grübeleien, die ich nicht in Schubladen vergrabt.
Das Wesen, das ich nicht zum Auferblühn gebracht –
das was ich nicht, zur Auferstehung konnte.

Toi-toi! der Stunden die sich um uns vernarrt.
Aufwiederleben: Strudel von den Alpenjägern.

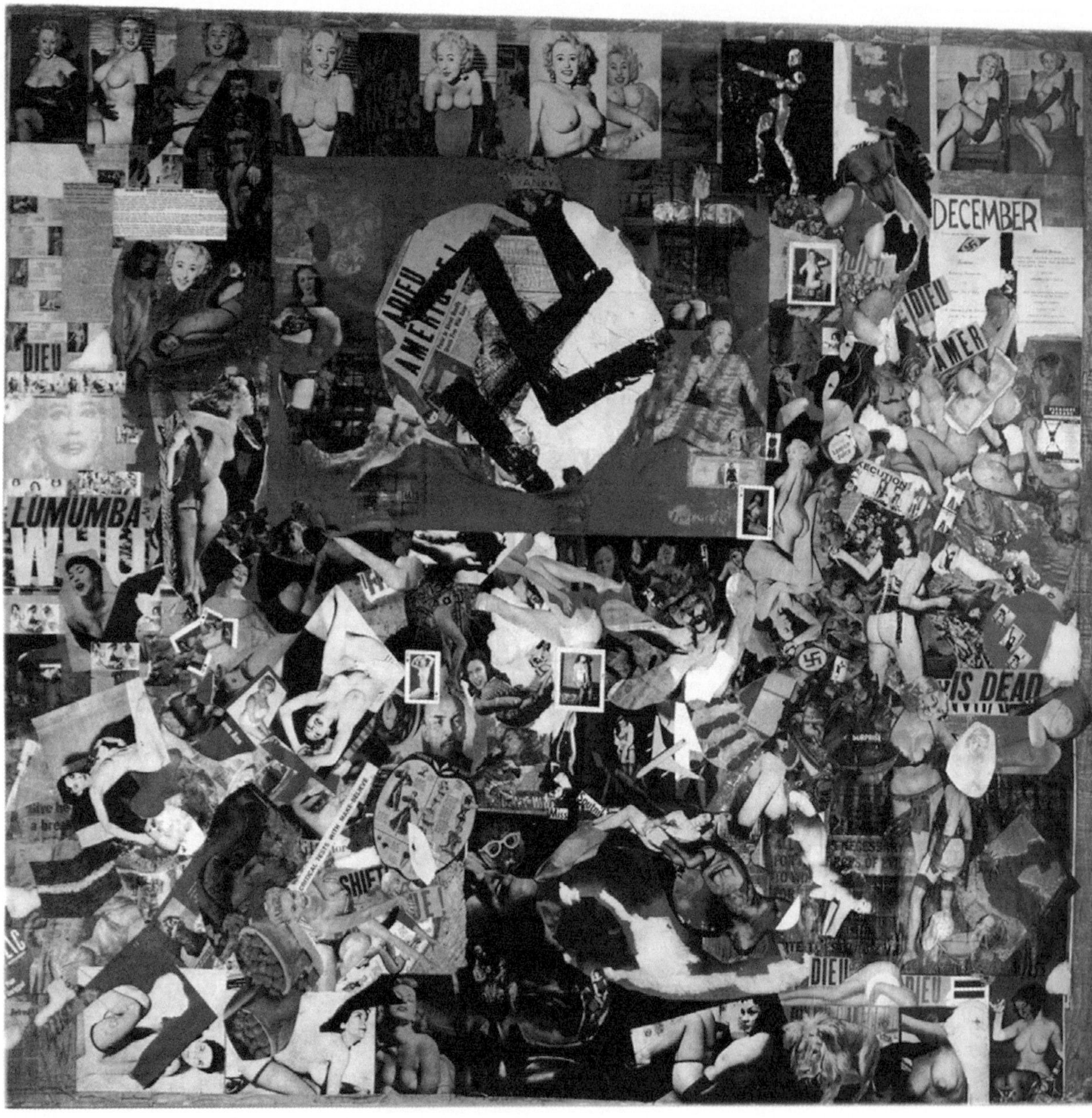

BORIS LURIE: Lumumba is Dead, 1954-64

[12. September 1998]

Die Lüge ist zu gross
da kann man nicht das einzig´ Wahre sehen,
verstellt im Abendland der Vorstellungen –
die falschgegoldet Ohrenringe schwervoll hängen,
verschliessen Eintritt zum geschlossten Ohr –
und draussen liegen Diamanten auf den Strassenpflastern,
die man im grell-Grauhimmel nicht zu sehen kriegt.

[16. September 1998]

ICH LEBE DESHALB
WEIL ES VORLAEUFIG NICHTS BESSERES GIBT.

[19. September 1998]

Da steht, in der weiten Gettoferne, ein kleiner ältrer Mann in minuskülem Schwarzpalteau gekleidet; und ganz allein – wie ein verworf'nes Waisenmädchen – in einem grossen Platz, zusammenbastelt von den vielen proletarisch-armen Innenhöfen; und Schnee, der Frühlingsschnee scheint's mir, ist ausgelegt wie alter löchern' Teppich – da zischt mir jemand, alsob man es nicht überhören sollte, unter Strafe! Alsob es grösstes strotzend' Mörderreichs Geheimnis wäre, alsob nur ich jetzt in dieses Wunderbare nur persönlich eingeweiht jetzt würde (und nimmer darob sprechen!): „Das ist Professor Mintz." Der soll der Wundermann gewesen sein, der Herzen in den Zwanzig-Dreissigjahren mit blosser Skalpell reparierte; auch im Kollegium der Aerzte, beim Absterben des V. I. Lenins dabei war; im „Kleinen-Riga-Arbeitsgetto" war er bei der Klinik-Scheune. Er soll dann, bis nach Buchenwald, verkommen sein.

Dass solch ein nur ein Namen, nur stillgesprochene Berühmtheit und kein Napoleon noch Moses noch Sport- ob Filmstar noch delikater kurzer Vater Stalin, der in das Getto landete, um sich darüber Kummer machen aus dünner Luft erschienen sei – wie sich das Herz dann Jungherz sich über die Erscheinung klopfte. (Man sagt auch, dass der Wundertäter sich bei Kollegen in der Stadt verstecken könnte, doch absagte.)

[19. September 1998]

Das Volk ist nur an einem schuld,
dass es dumm ist.

Das neugebürgert Proletariat ist nur an einem schuld,
dass es nichts lernen will.

Die Oberschichten sind an einem – unter andrem – schuldig,
dass sie zu klug sind.

Die Künstler sind nur an einem schuld:
sie Künstemachers seien.

Die Kritiker und Intellektuellen sind bloss an dem schuld,
dass sie nichts erlebt haben.

Die Oekonomisten sind nur an einem haftig:
dass sie Fäden durch die Zähnelöcher strecken.

Politiker sind nur an einem unschuldig:
dass sie die Völker, Papas-Mamas, haben möchten.

Gott und die Juden sind daran schuld,
dass sie in Auschwitz zuviel Geld verdienen.

Die Freiheitsfrauen sind daran schuld –
die Dolche in verbergte Männer-Stellen stechen.

Die Profession der Mannesbilder trägt die schuld –
sich in die Mauselöcher bergen.

Die Lenker von den Sowjets hatten daran schuld,
in Tat zuviel Erfolg erhaut zu haben.

Die Demokraten sind stets unschuldig,
weil sie nur das Vergessen taten.

Wir alle haben Drinnenschuld
in Klostern Coca-Cola rauchen.

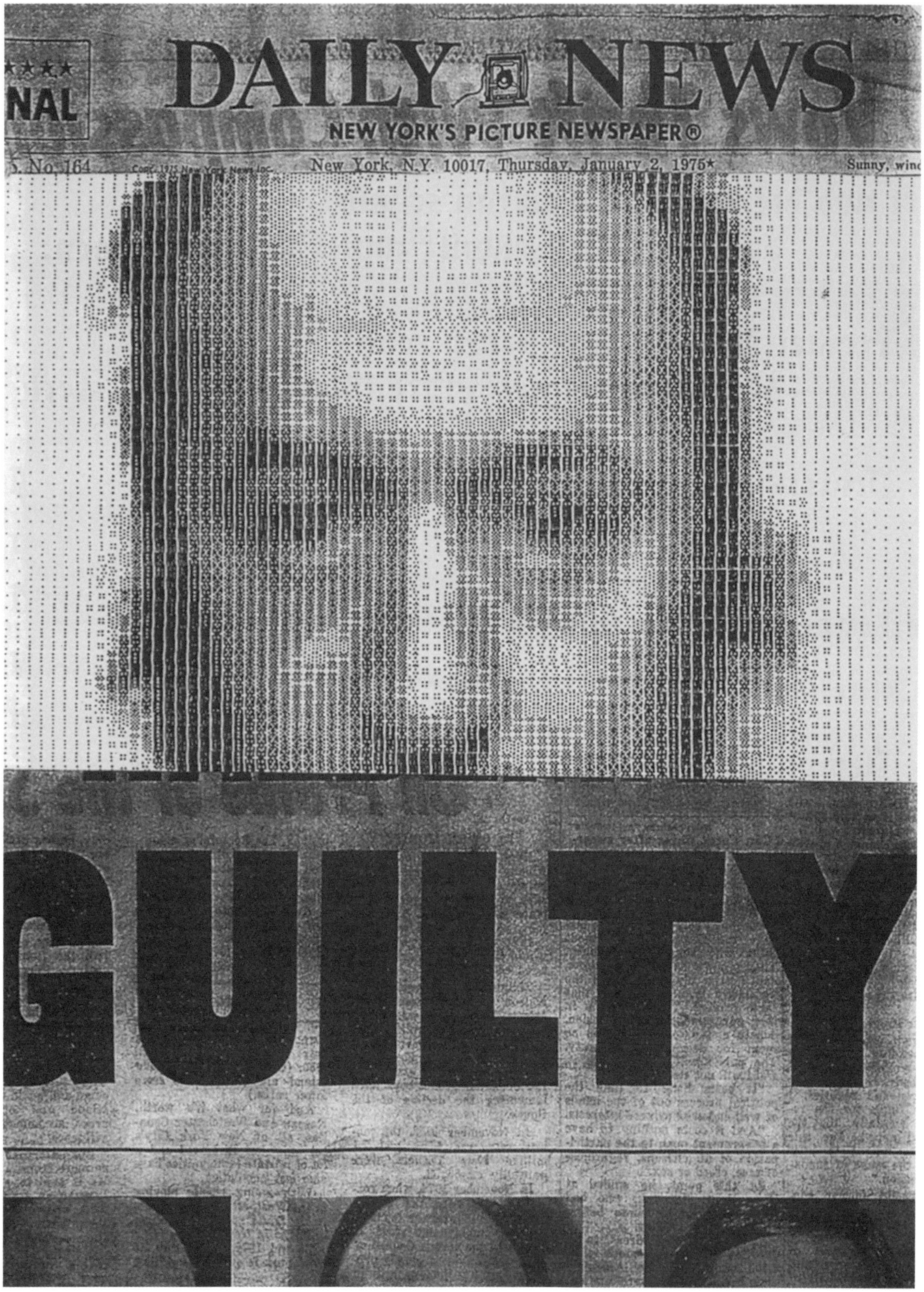

ALDO TAMBELLINI: Guilty, 1975

[28. September 1998]

Wo ist's gesagt, dass man nicht stehen muss, wenn man isst?
dass man sitzen muss
noch besser, dass man liegen muss?
Wo steht's geschrieben, dass man überhaupt essen muss –
vielleicht auch gar nicht! –
und wenn man gar spezielle delikate Speisen schmecken denkt
bespricht man es im faulen Schlammesmarsch
mit einem Kameraden
und streitet sich darüber, was man serviert haben
und das erfüllt, wennicht befreit – und amüsiert
(beinah so gut wie es zu haben).

Ich lese reizend literarische Beschreibungen von genialen
Köchemachern in den be-sternten Restaurants
den da hübsch-fressen Sündnern soll's zum Kotzen.

Es ist der Fasttag, bei den Juden – heute
und der *Erfrierungsschrank*
ist festgenagelt mit gefrornen Kindern.

[30. September 1998]

Ich lieb das
FLUGZEUGS-MOTOR-BRUMMEN ...

und wenn ich höhr's,
ermittle ich,

es ist noch nicht alles verfallen.

Das Brummen höhrt sich auch hochsüber,
über New York-Stadt.

Zwei kleine Fliegerflugmaschinen
sind in dem Christus Kreuzlicht hoch-Himmels gefangen,
die ersten Sowjets, über schwarz-tunkt Riga Himmel –
Gotthilf! sie nicht abfallen: kaum ...
Wir sind die stolz' Insassen-Feuehrwehrler
mit den trocknen Schläuchen – – gegen was.

Dann ... fliegt ein Herd´ von Bomber-Bisons
fette, grobe, ganz niedrig unbesorgt und ungestört
unter den Dächern fast, des Magdeburger Lagers
doch wir sind müde schon. Verstehen nur.
Und niemand jaget „schnell!" in unbestehend Löcher.

Dann amüsieren wir uns, im Polte-Werke Keller,
wohin wir garnicht wollten.
Frühmorgens in der Röte, ersteigen wir den Flur,
beobachten, dass Stadt verschwunden ist,
in der speziellen Morgenstöte.

Jetzt brummert kleiner Motor über New York-Städtchen
verlässt mich in der Ferne meiner Bürde.

Nun heben wir, ... der blutig´ Düna nachost folgend
von Riga in den Sowjethimmel.
Unten, im Flugplatz Rumbula, Erschiessungsfriedhof,
steh´n Reihen MIG´s in ihren dachlos´ Bullenställen
die Ehrenwachen:
Abtriebsbereit.

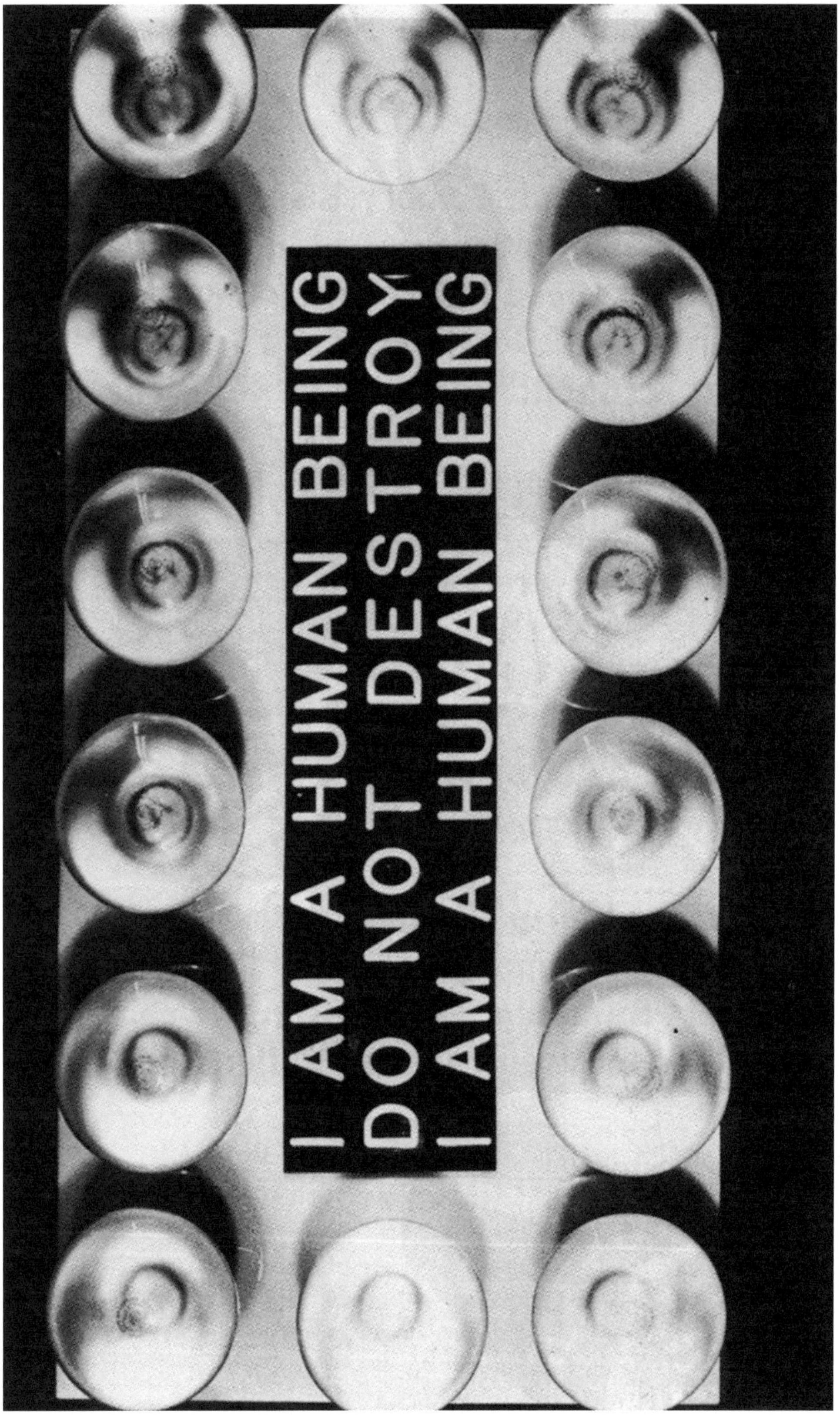

JEAN TOCHE: Electric Sign, 1969

[1. Oktober 1998]

Ich gehe schlafen, für eine Woche,
und bin dann wach, energisch, einen Tag:
Ist das nich so –
im Schlafe – auch – dreht sich – das Universum?
Den Alten Juden (Kommunisten!) wurd´ es schon gepaukt,
dass man nur Arbeit machen muss,
um Möglichkeit zu haben, Gott zu dienen.

[13. Oktober 1998]

Was scheint die Lüge, fester auf die Zunge bringen
um Wahrheiten fürs Leben zwingen,
wenn nicht der Drang nach Mutterliebe,
Festes – durch die Propaganda schmäht

– Ich liebe dich mein Täubchen –
... und auch beflügter krallter Adler.
Schwebt! über Nächtern Nebels Hinterlassungen
und Ueberlastungen –

[15. Oktober 1998]

Ich bin nicht hier –
die Autobusse kreischen, auf der Avenue
und junge Leute beissen den Kaffee
damit mein Kaffee besser schmecke.

Das Panorama ist – wie es sein muss
ost-asiatische Studenten reicher Eltern
studierend scheinbar, Lebens machinations
in Sowjet Amerika.

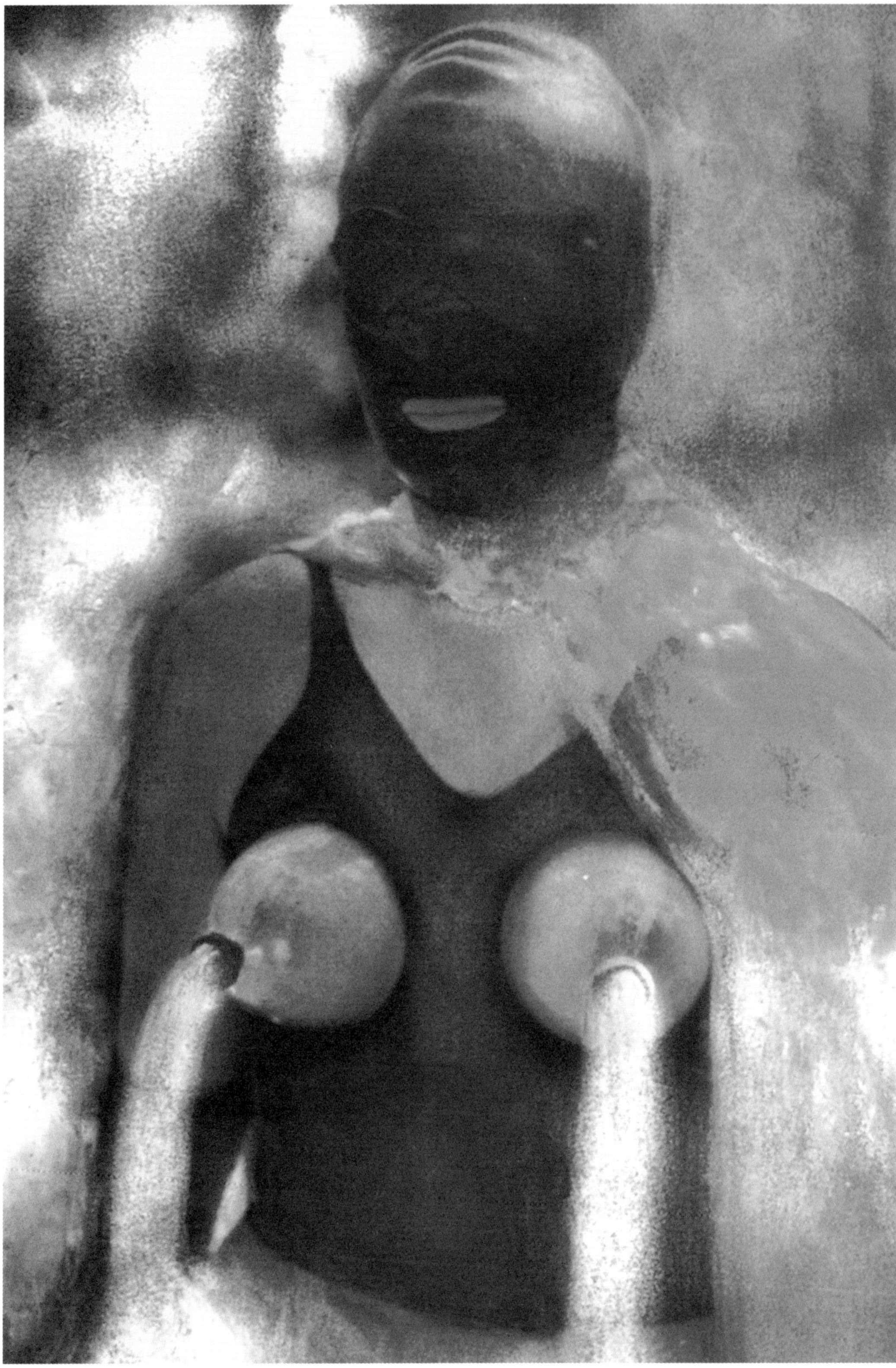

MATHILDA WOLF: Gummi-Milk, 1999

[15. Oktober 1998]

Nicht buchhaltern doch attackieren
die Scheibe Brot nicht backen doch erobern stehlen
mit eines Risiko des Muts vergossner Muttermilchs.

[9. November 1998]

Die Russen-Chore
heulen, wie die alten Wőlfe
hinter den Ostfronten

Wir lassen noch, die letzten Anglos –
űberbreiten –

[14. November 1998]

Das Blut ist nichts als Rote Farbe
sowie ein Arzt
darf man sich nicht schockieren lassen.
Es fliesst in Sand, in Schnee, in Eis ...
gleich der *Aktion* auf Leinwandfläche
und leimt das Collagierte besser noch
als Sperma-Klebe
und ist nichts mehr als Nahrungsstoff?
gewürzt manchmal mit Leben, kaum vergehend.
Und wenn es trocknet, wird´s zu Braun.

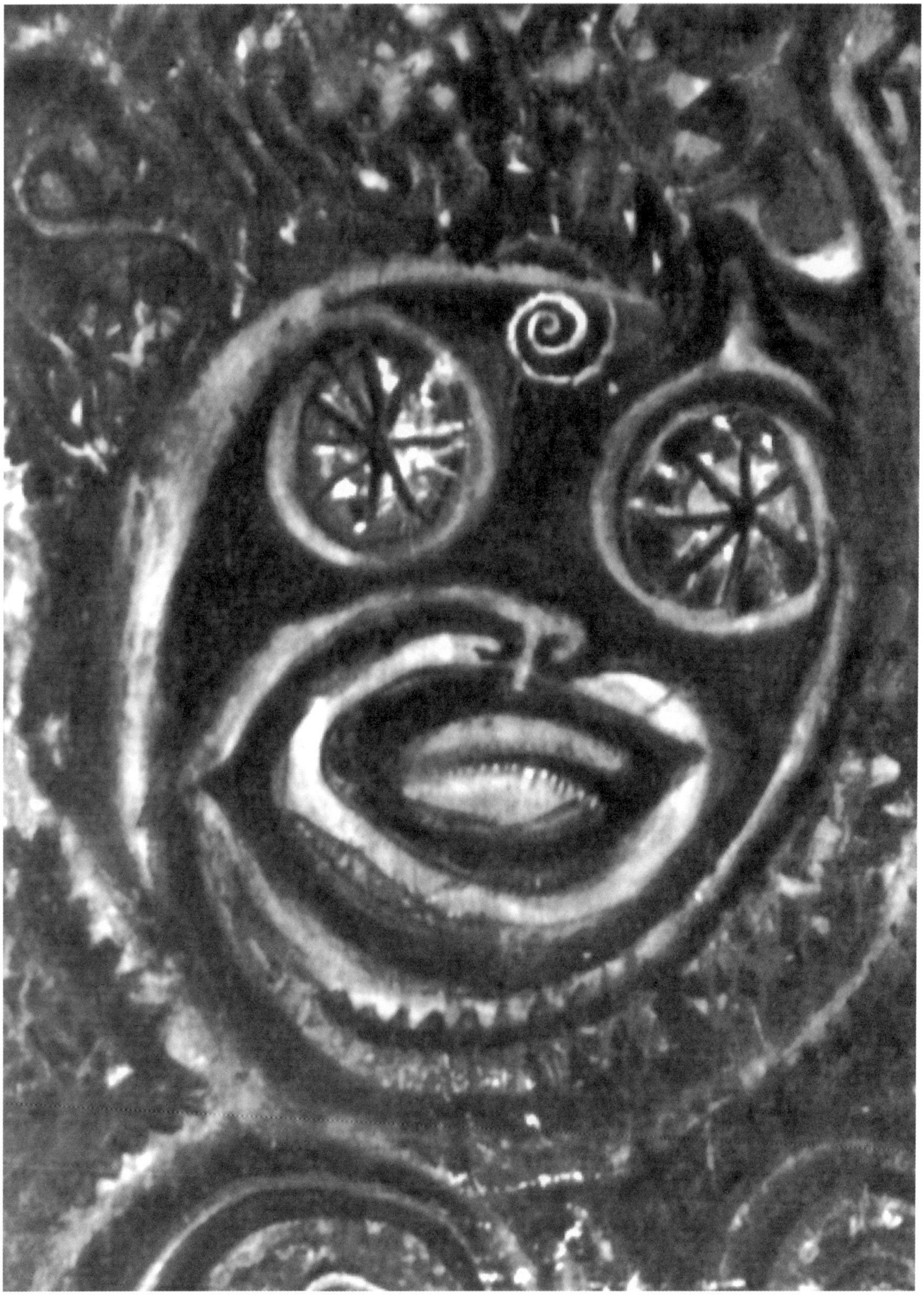

JEAN-JACQUES LEBEL: La Sorcière (Visage noir), 1951

[22. November 1998]

Im KaZet-Leben steht hervor
der *Einzig-Jude*
junger hagrer hochgewachsner Mann
schwarz-hochsteht er die Säule,
hinauf zur niedrig Oberlage
– und kein mehr Schwarzbebartet´! –
der in Tumult von Wirbel
Morgens Waschraums Stutthofer Baracke
schaukelnd
sogar vielleicht mit Riemen um die Finger
und die Hand und linken Arm gefesselt
– Klotz am Stirn:
alleine betet.

[27. November 1998]

Den´ mehr Finanzierungsquälungen
und Vögel und Atomspiele zur Verfügung steht
sind auch bei gutem Recht bestimmt die besten Künstler.

[23. Dezember 1998]

Wenn sie schlägt –
        dann stellt sie *sicher*
und wenn die grünen Lichter in den Augen funkeln
dann strahlt durch stinkend Hirnflut
der Alle-Frieden; Ruhe;
in dem besuchten Mahnmich Buchenwalde.

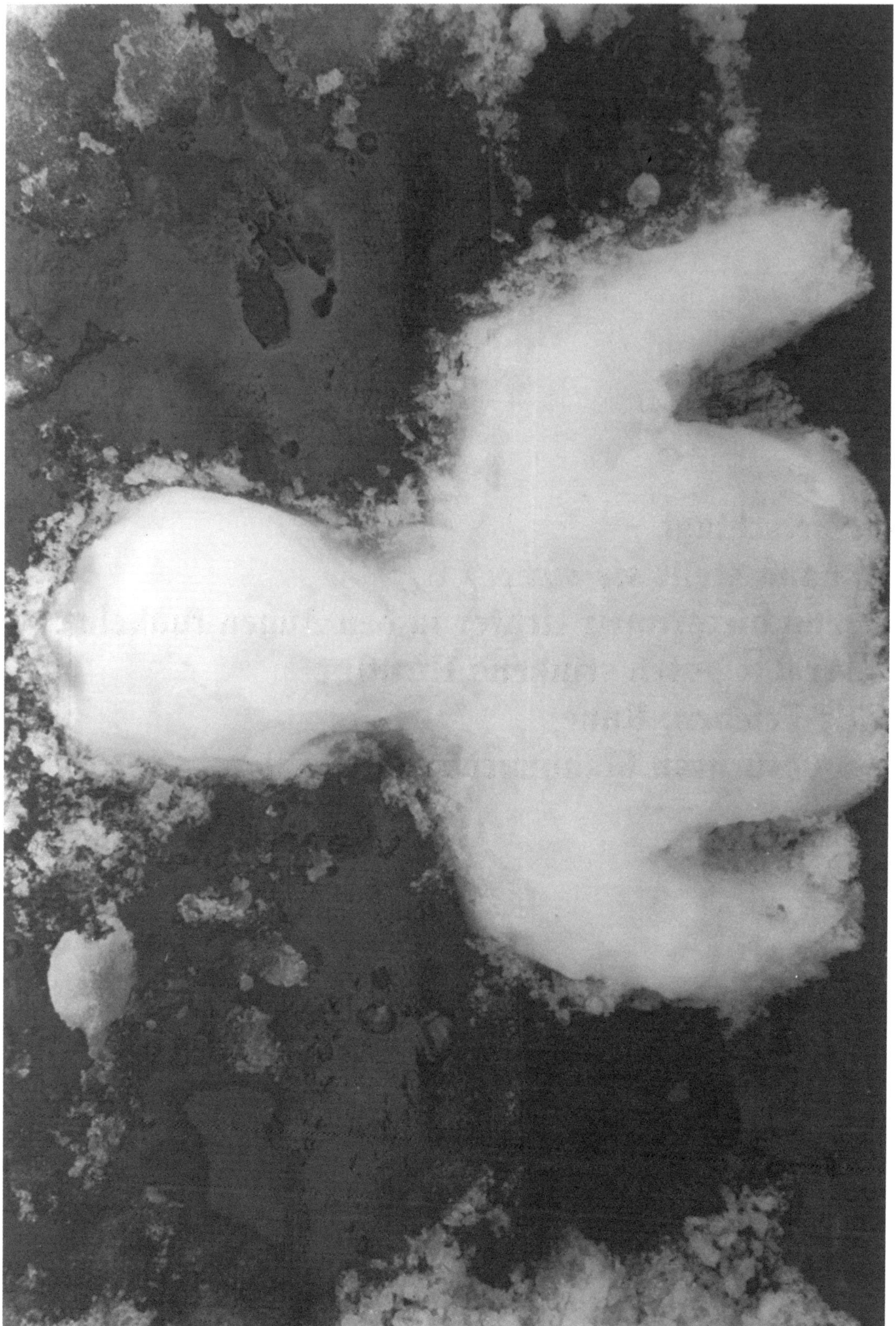

TOYO TSUCHIYA: Sculpture 745 E 6 St. NYC, 1994

[30. Dezember 1998]

Sei vorsichtig, mit Juden sich zu eng zum Freund zu werden –

Es möchte noch von dir – dir selbst –

erwartet sein, mit Risiko von deinem Kopf, sie

Einstmal – zu verstecken.

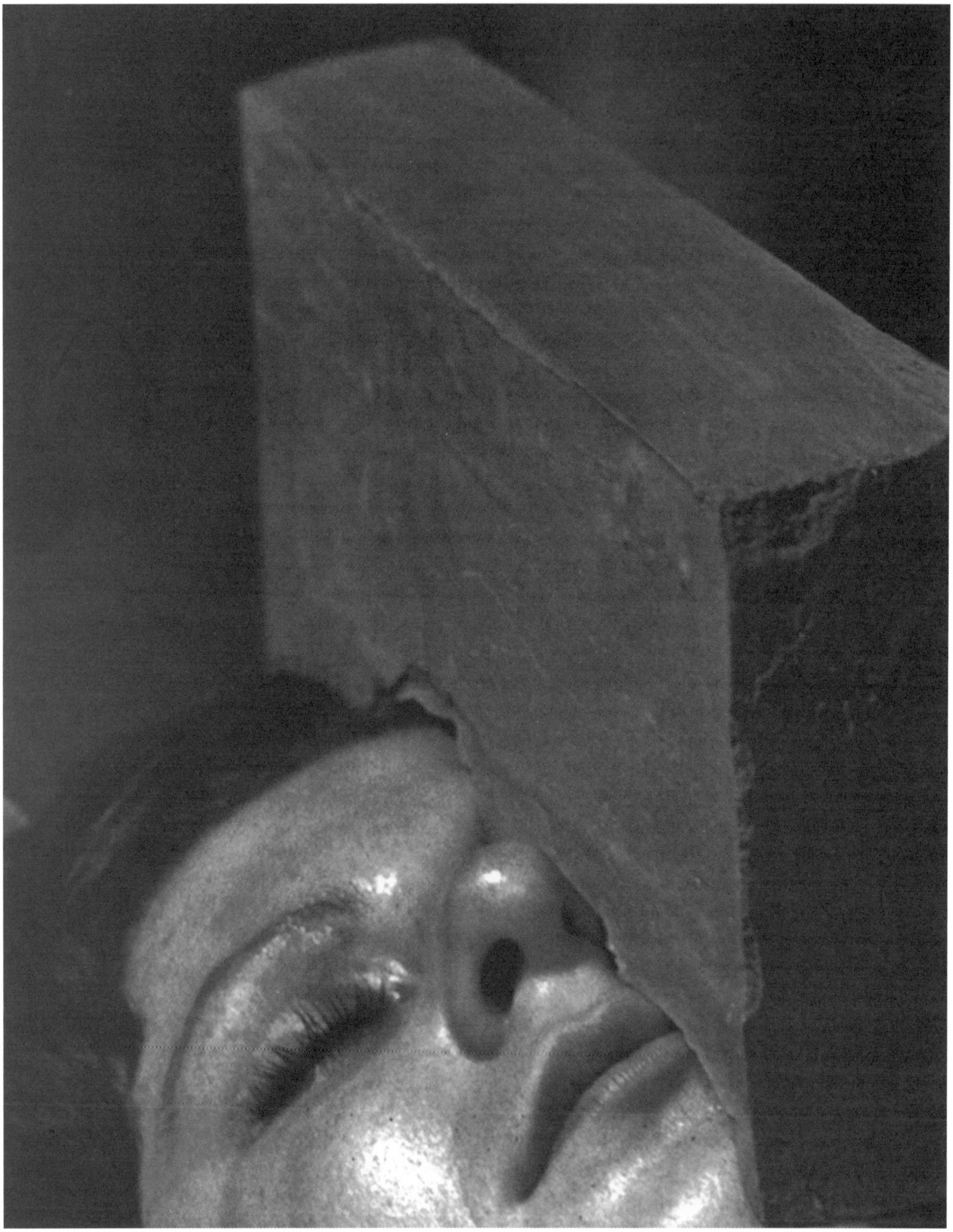

WOLF VOSTELL: Desastres (Detail), 1972

[30. Dezember 1998]

Es ist ja nicht so schlimm, er will sie ja nicht töten
nur doch ficken.

Und es ist schlecht. –

ER –
will sie gar nicht ficken, nur töten.

[4. Januar 1999]

Er weiss zu reden. Er, wirklich, liebt es.
Seit jungen Jahren war er vogelfrei, mit der Gefahr dazu,
zu reden.
Spricht: Intelligentsiagemeinschafts-mässig –
Wunderbar im Ton, sich einer seiner Ohren anzuhören.
Spricht so begehrend, sich nicht zu verstehen.
Und es hat Kraft, sich so verreden.
Befriedigt alle Seelen –
– die Kadenzen.

[9. Januar 1999]

Was wollen sie denn?
Dass wir die hohen Treppen zu den Scheiterhaufen
schmausen?
Wir machen doch am Fusse ihres Aufstiegs:
Liebes Lager,
um da das Leben in Barbaren Fressheit
festlich zu berauben!

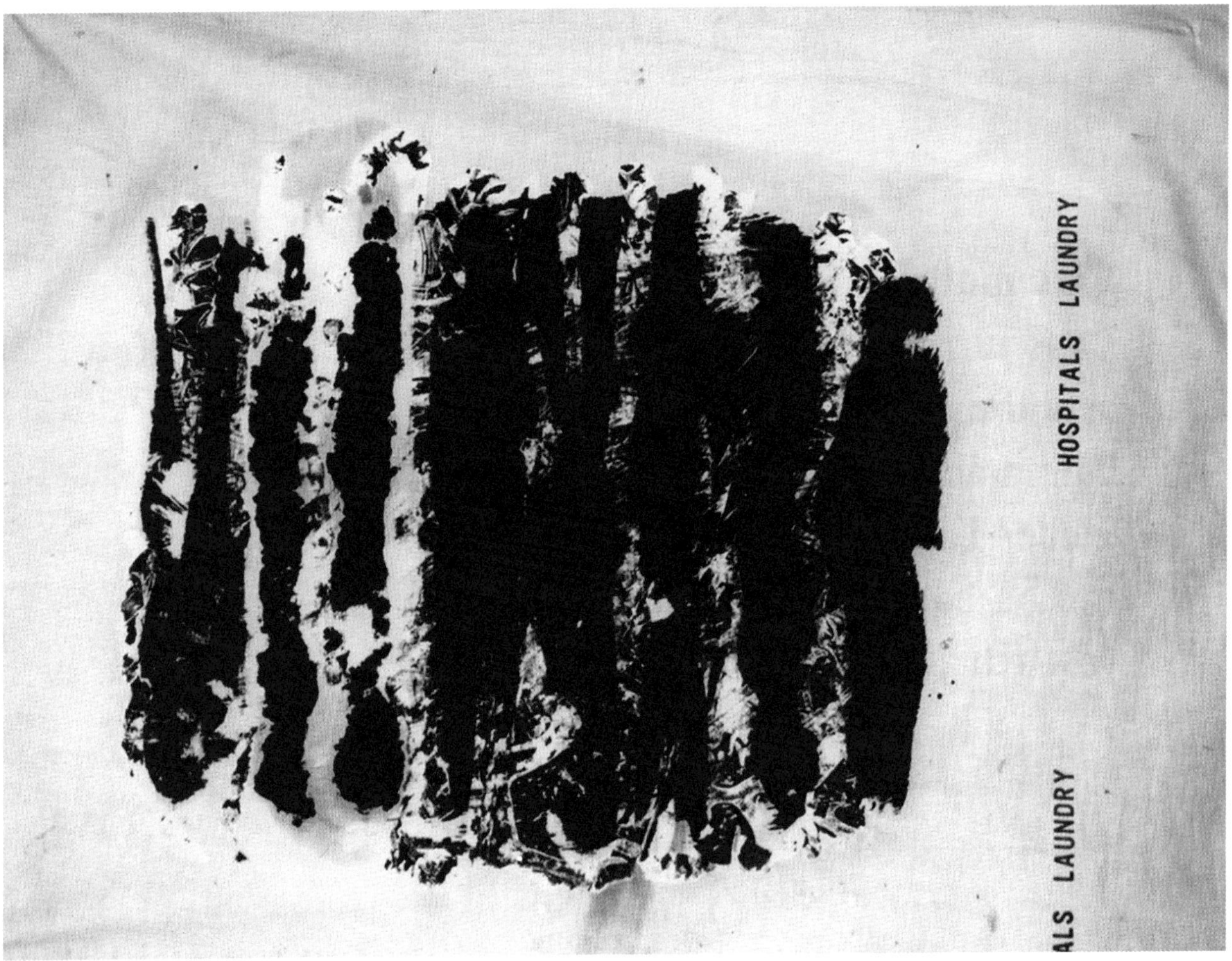

BORIS LURIE: Feel-painting painted over, Figure #3, 1985

[12. Januar 1999]

Vilnius – PAM?
Und Burg-der-Magd, wo ist geblieben?
Und Philistiner rauchen die Falafel-Buden,
Kakerlaks mit Coca-Cola Erbsenbrühe,
wo Samson einst ins Grab – hinaufgestiegen.

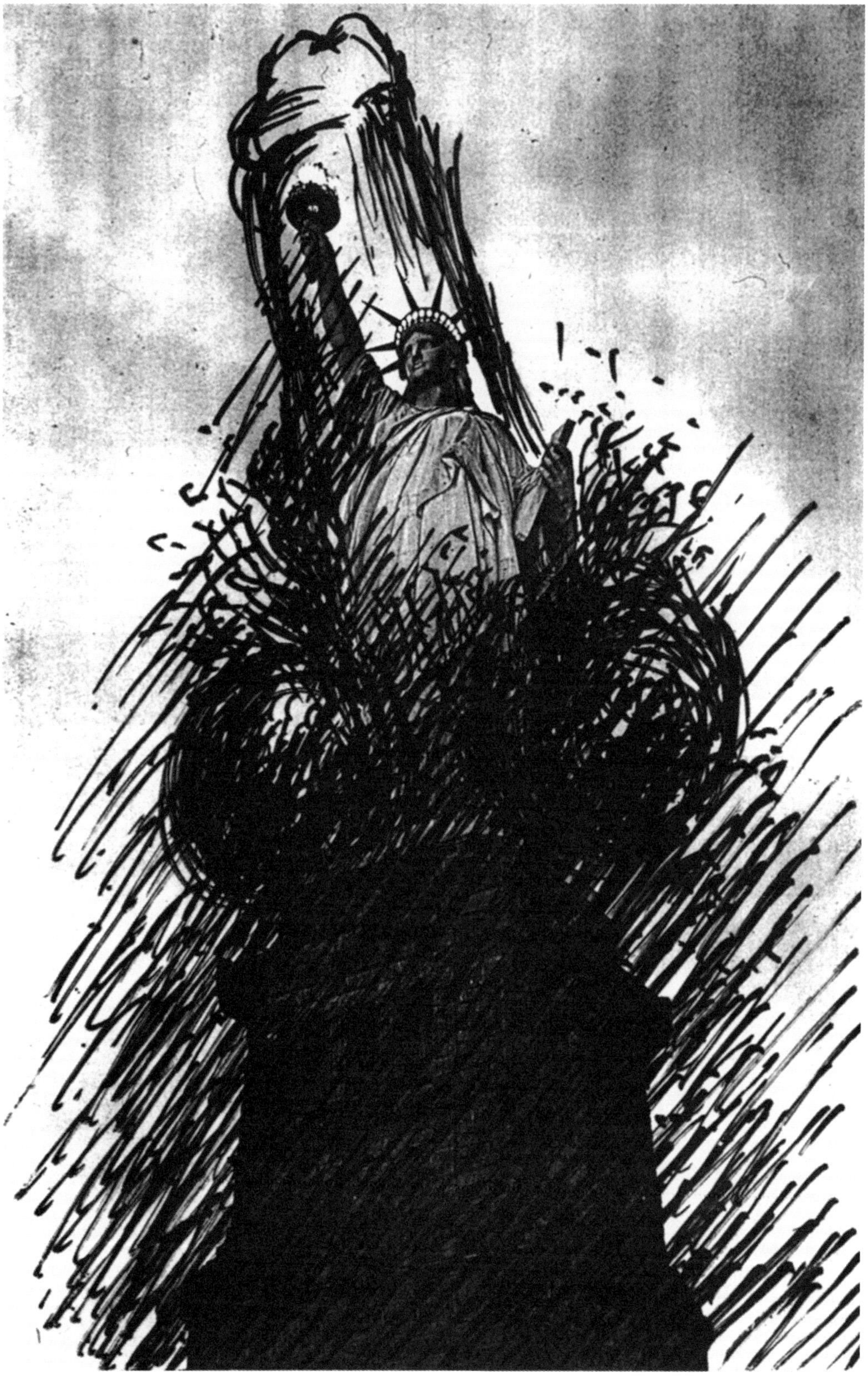

ALDO TAMBELLINI: Untitled, 1974

[17. Januar 1999]

Du hast jetzt wieder einen würdig´ Schwanz –
kürz´ ihn doch zum Bussemachen.

[7. Februar 1999]

Ein Nazi,
der einem Getto-Juden ein Stück Brot – vergänglich
heimlich überlassen hat.
SS-Gardist, der eines Auge zugedrückt.
Die kleine blonde Arbeitsmagd, die so in Magdeburg –
gestillter Schleiferei-Maschine,
ein Butterbrot ziemlich versteckt
dem hübschen Hunger-Jungmann hinterlassen hat.

Aha! die alte krumme Lettin-Frau,
die – frostbeiss Freiheits-Boulevard –
auf der Parkbank, ein weisses Brötchen von sich liess
weghumpelte.
(Sie brachte es, bestimmt? absichtlich.)

Die sind so wichtiger als all Schreihälse
übersättigt
das Gute zu verblasen meint.

Ich jedoch geb dem Heim(at)losen keinen Penny.

[12. Februar 1999]

Ich will nicht liegen.
Ich will nicht schlafen.
Ich will nicht in die Hosen machen.

Ich will nicht auf die Berge kriechen,
um wie ein Knäuel runterfallen.
Will raufgezogen werden von der Gotteshand,
keine Strapazen.

Will nicht die blöde Menge,
die da strotzen, glotzen
als Akrobat den Hof ihn´ machen

trotzdem, dass Keiner ist nicht da,
um über mich zu lachen.

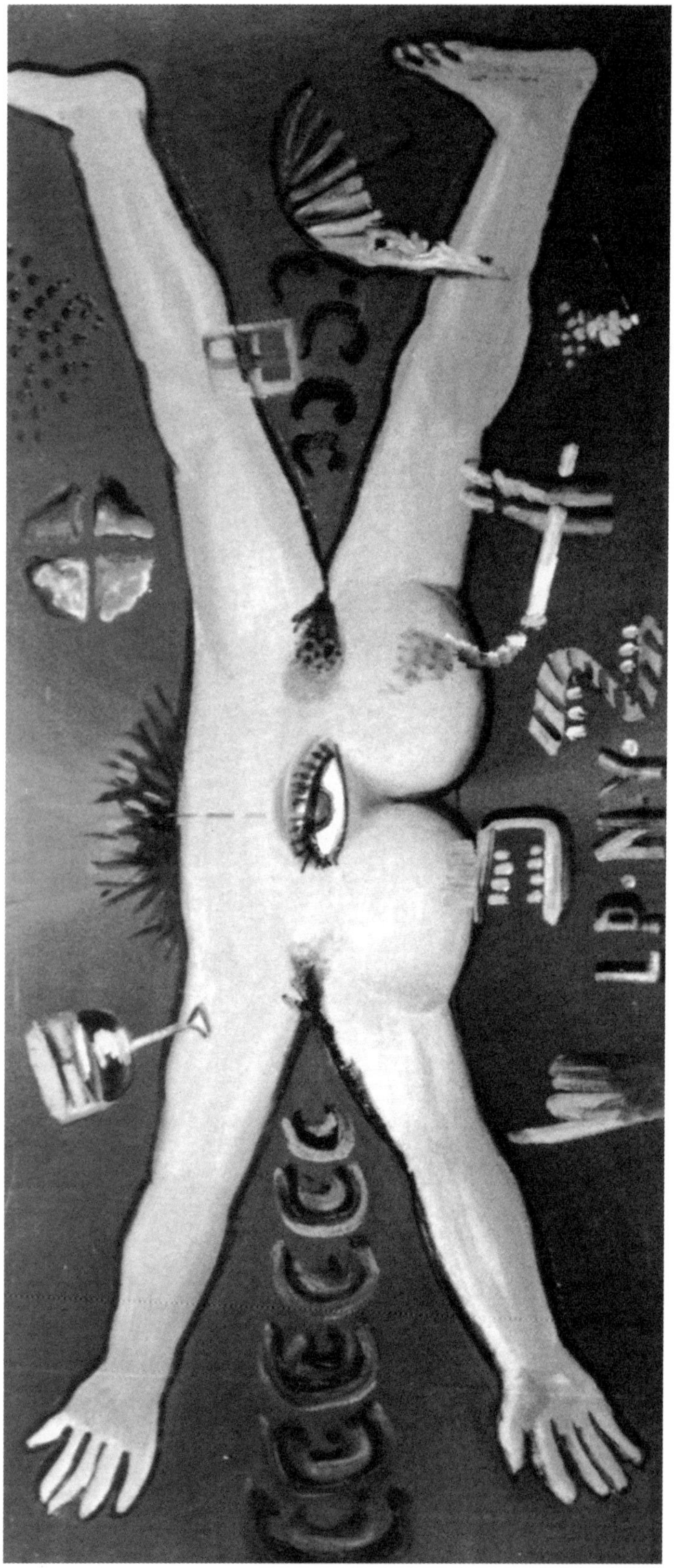

LEONID PINCHEVSKY: Untitled, 1989

[19. Februar 1999]

Der schlaue Hund
keucht, wie eine Dampfmaschine bitte bitte
– lassen sie mich doch zu ihren Füsschen legen.
„Na", sagt das Raubtier auf dem Sessel,
„wenn´s ihnen, – ausgezeichnet! – so gefällt."

Das Telefonen-Appellat,
naturaus, zerstört die Idylle.

[12. März 1999]

Die Striptease-Ladies krallen Messer
in den beringten Pfoten
sie schlemmen Schnitte in meine Schatten

und tropfen Rot-Schwein auf deine Zitzen.

[13. März 1999]

Es sind nicht nur die Proletarier,
die frommen alten Frauen, –
die solidarisch mit dem Leiden –

Kapitalisten haben auch internationalistisches
antirassistisches
Klasse-Brüderschaft Gewissen –
– in Guten Demokratisch Zeiten.

(Sowie ein Nicht-KaZet-Genosse, sowie ein Thyssen!)

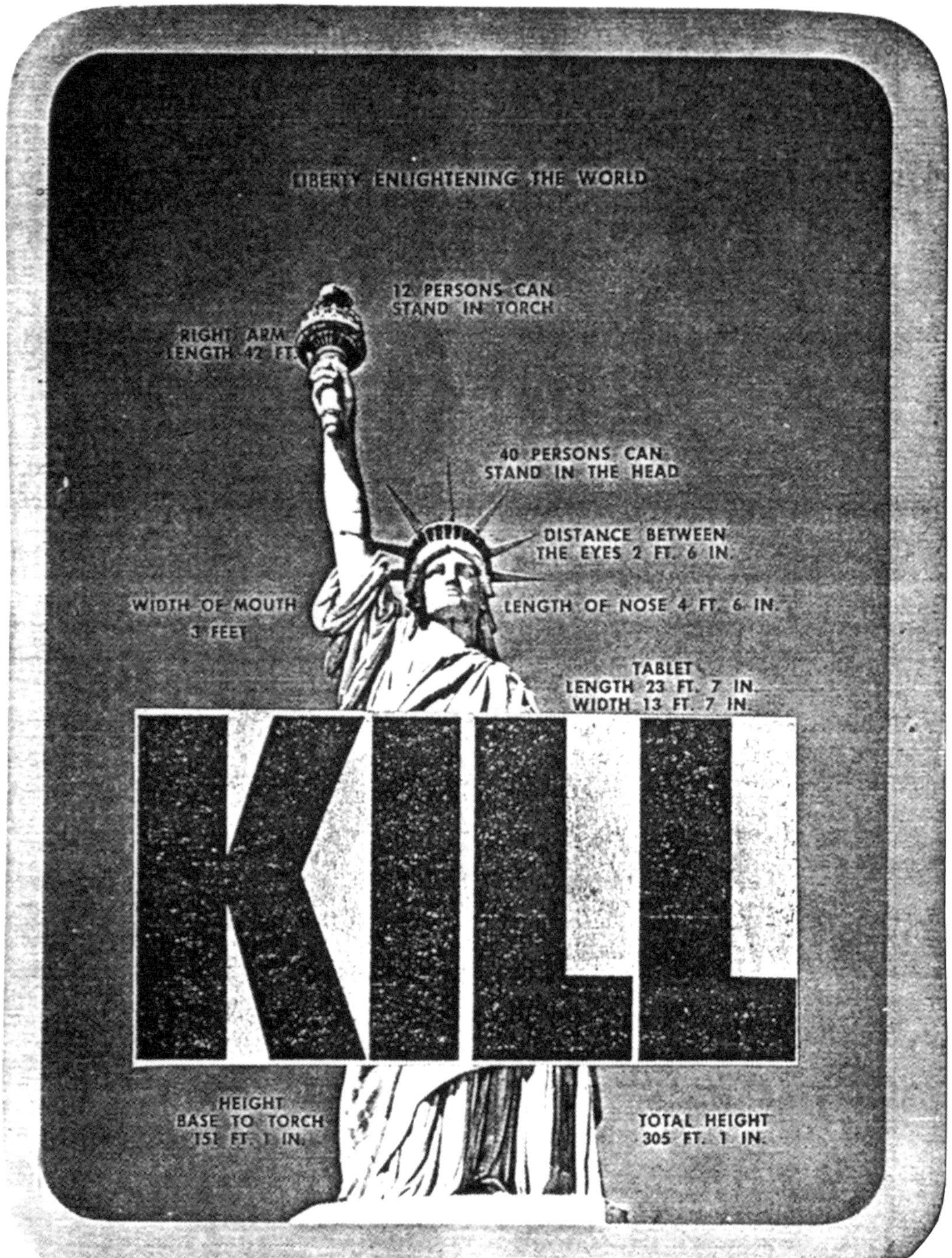

ALDO TAMBELLINI: Kill, 1974

[14. März 1999]

TOTENFRESSEN

– messen

TOTENHASS

Totenfesten, –
die hernach!

[20. März 1999]

Es sind immer dieselben Bilder.
Es sind immer dieselben nackten Gestalten.
Gibt es keine Neue? Von derselben Sorte?
Darf nicht immer nur die Mutter,
Neugier gebend,
auf der Wache liegen?

[22. März 1999]

Es gibt keine unschuldigen Künstler.
Es gibt keine unschuldige Genien.
Es gibt Künstler.
Es gibt Genien –

(– Falls das Wetter ihnen scheint.)

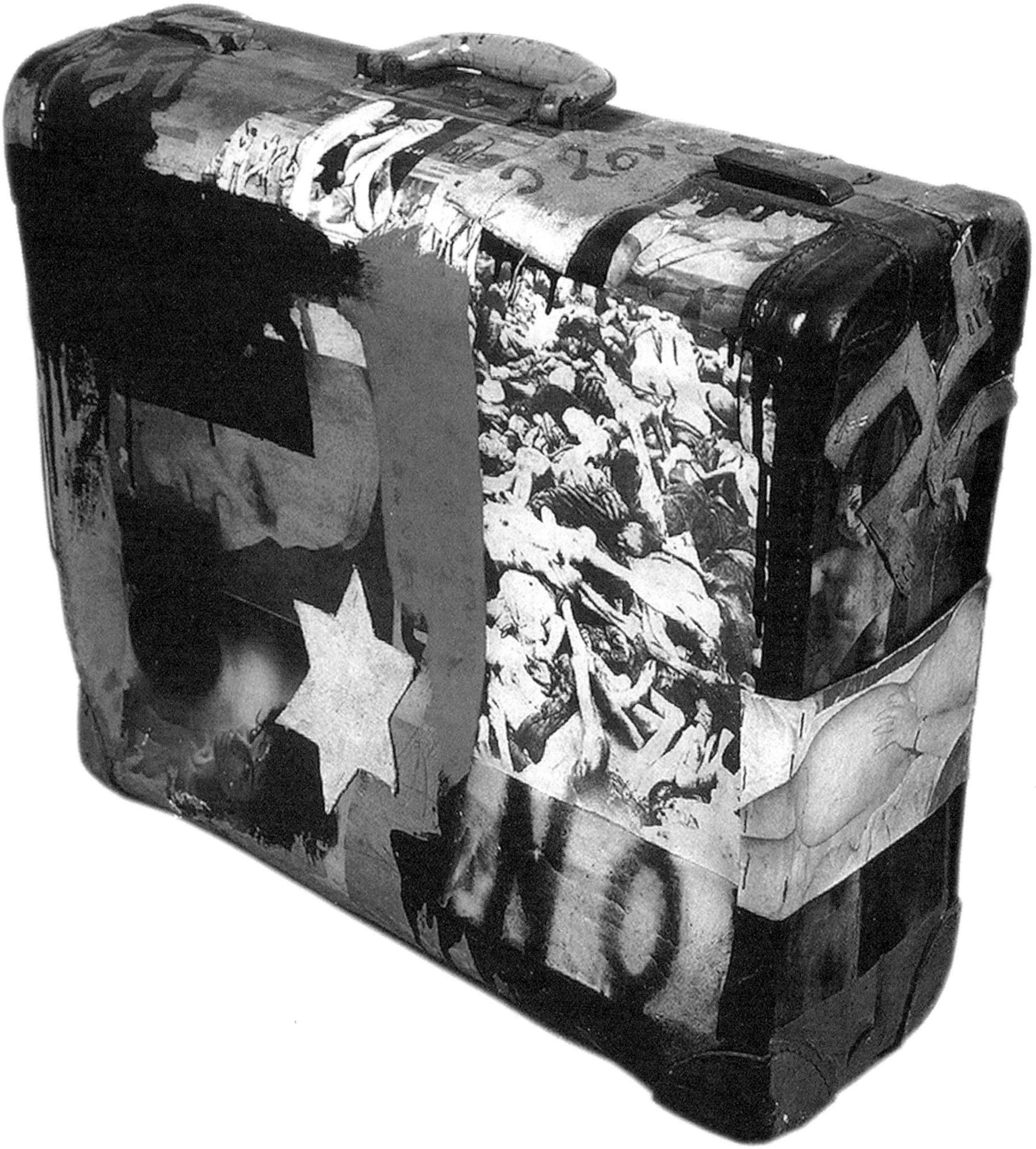

BORIS LURIE: Immigrant´s NO!suitcase #1, 1963

[3. April 1999]

NEUES GESETZ DER OEKONOMIE:
ALLES, WAS VERKAUFT WIRD,
GEHT VERLOREN.

[18. April 1999]

Da Mädchen aus Memel –
ein Hinterer
auf Treppenflur
dann hochauf langsam auf den Treppen.
Die Sonne scheint draussen wie niemals.
Enthitzend
im Mittagshalbdunkel –
... Aufregend bebebend
das Hirn benebelnd –
– Ewig-zum-Lebend! –
Ist´s wahr? Es ist: Bestimmt.

Es gibt drei Mädchen aus Memel.
Alle schön, die eine ist die Schönste.
Sie, – mir geschenkt vom Himmel.

Wie, sich anschmiegen?

Das ist doch solch ein blütenreines Mädchen.
Wie darf man ihr es anbieten, sich zu verlieben?

Sie trägt die Sonnenbrille auch in dem Treppenhaus,
wo´s heiss-und-kühl und schwitz-ich
beinah düster,
und ihr herum schwärmt doch nur Hauch
von milder – ausländischen – Seife.
– Sie spricht kaum
schon nur paar Worte
geheimnisregend fremdes Hochdeutsch
(und nur wenn angesprochen)
– braucht sie kaum.

In leerer Wohnung, selbstgebrat`ne Eier, Frühstück.
Sie trug einen Rock, oder Hosen ...

Wie eilen Tage – sprungfertig, wann ich? –

In einer Woche so verschwinden werden alle drei
nach Memel.

Verschwunden warn wie Memel.

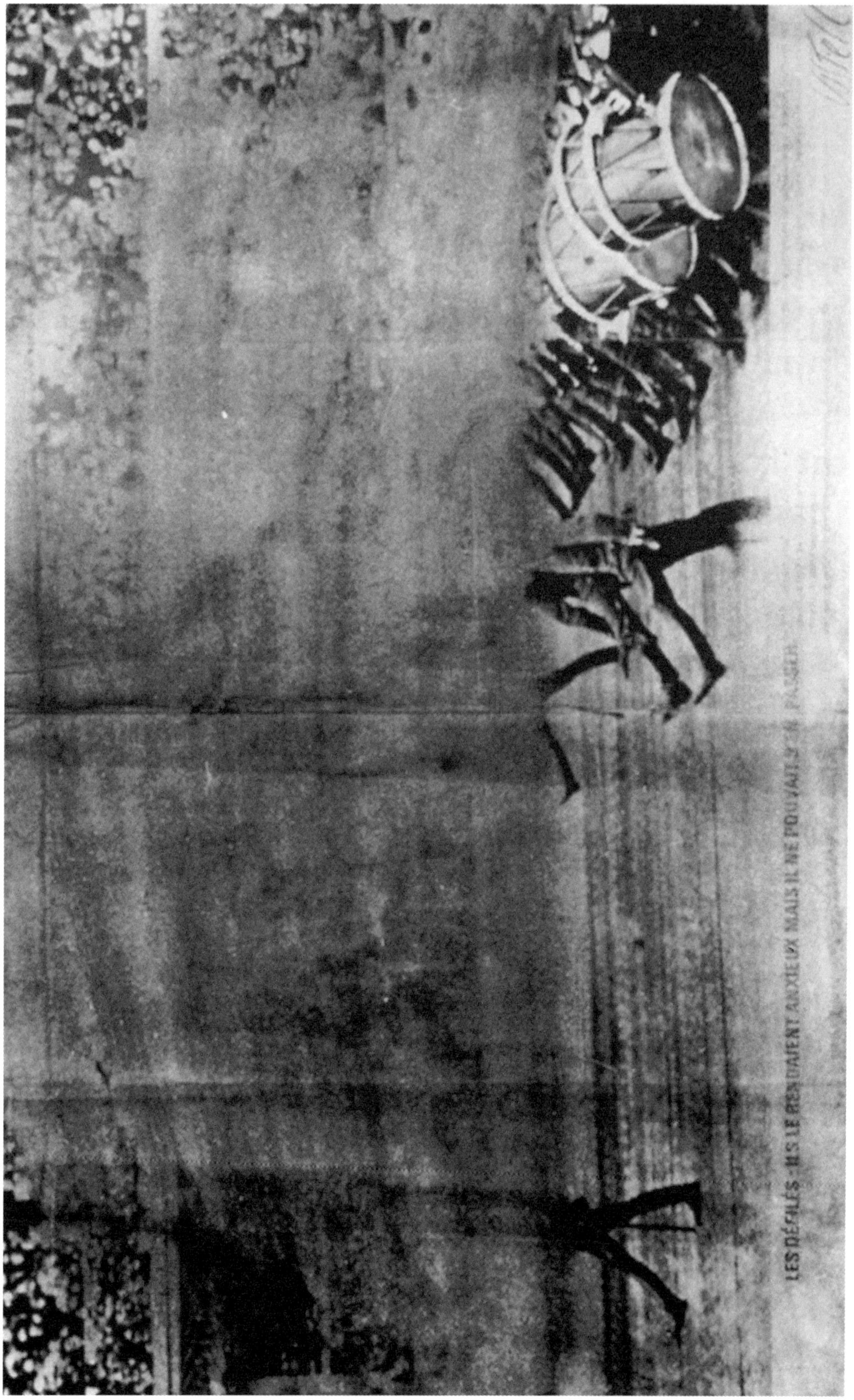

WOLF VOSTELL: Les Défilés, 1963

[18. April 1999]

Wenn die Jungherren keine Kriege machen
und uns Sőldner nicht gut fűttern
und uns Hund ob Weib ob sich nicht schlagen lassen
dűrfen wir uns gen solch Herrschaft
Revoltieren!

[24. April 1999]

Es ist normal, dass Frauen öfters
auf ihren Höhen unerreichbar sind:
Sie – sitzen doch auf den Eiern.

[25. April 1999]

Der Kampf geht bald zu Ende.
Ja – doch – es gibt Sieger und Verlierer.
Verlierer feiern den Verlust.
Bissl Umstellung:
„Befreiung!"

Gewinner grübeln nach,
wie durch den Sieg, nicht unterliegen:
Was denn – sofort – kreieren?

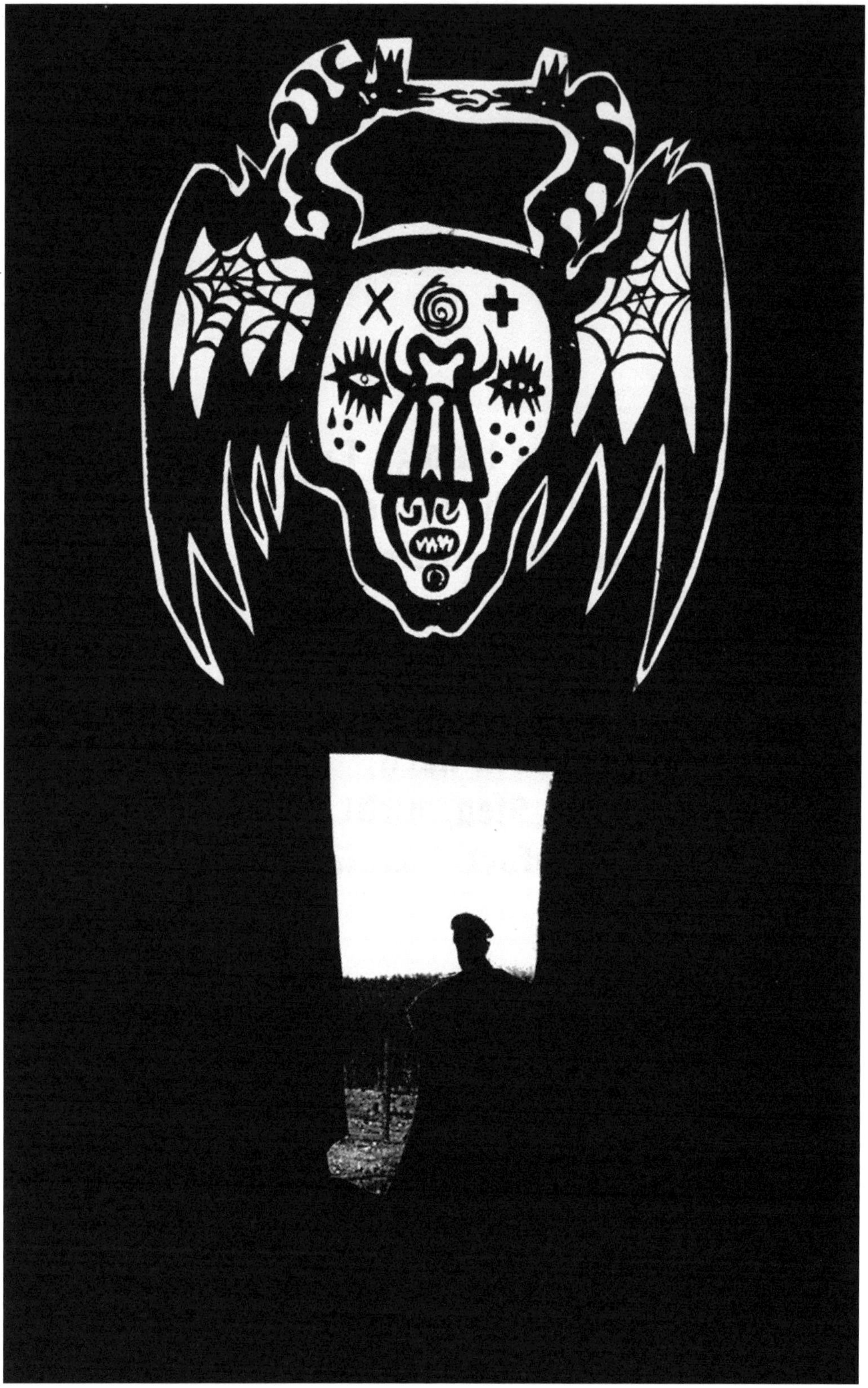

CLAYTON PATTERSON: Head, 1998

[27. April 1999]

Ich möchte nicht,
Herr Mister Dreamsberg,
dass meiner Mutter ´hackte Knochen
den allerletzen Strip-Tease
in Zellophan geschmiedet
für Euresgleiche machen.

Wenn sie für Stalin tanzen sollte
dann wär`s OK.

[27. April 1999]

Die blitzend Meisterwerke
haben keine Kräfte:
Wer
in dem Kunst-Reich
hält das Hitler-Power?

Das stundenlange Stimmenheulen
meilenlanges zentnerschweres minimales
Metallquetschen
Theater-Kurzsicht-Galerie-Anlagen,
macht auch zum Hineinschlafen.

Wo gibt es schlichte –
– steingemetzgert – Zeilen?

[28. April 1999]

Man muss viel ruhen.
Kräfte sammeln.
Kräfte aus dem Alltal sammeln

um dann – gewagt – wie ein Raubtier,
wie ein urahn-Raubmann
mit momentan-Gefühl – falls es gegeben!
die Leinwand das Papier zu attackieren an der Kehle
wenn es fehlschlägt, dann wehe.

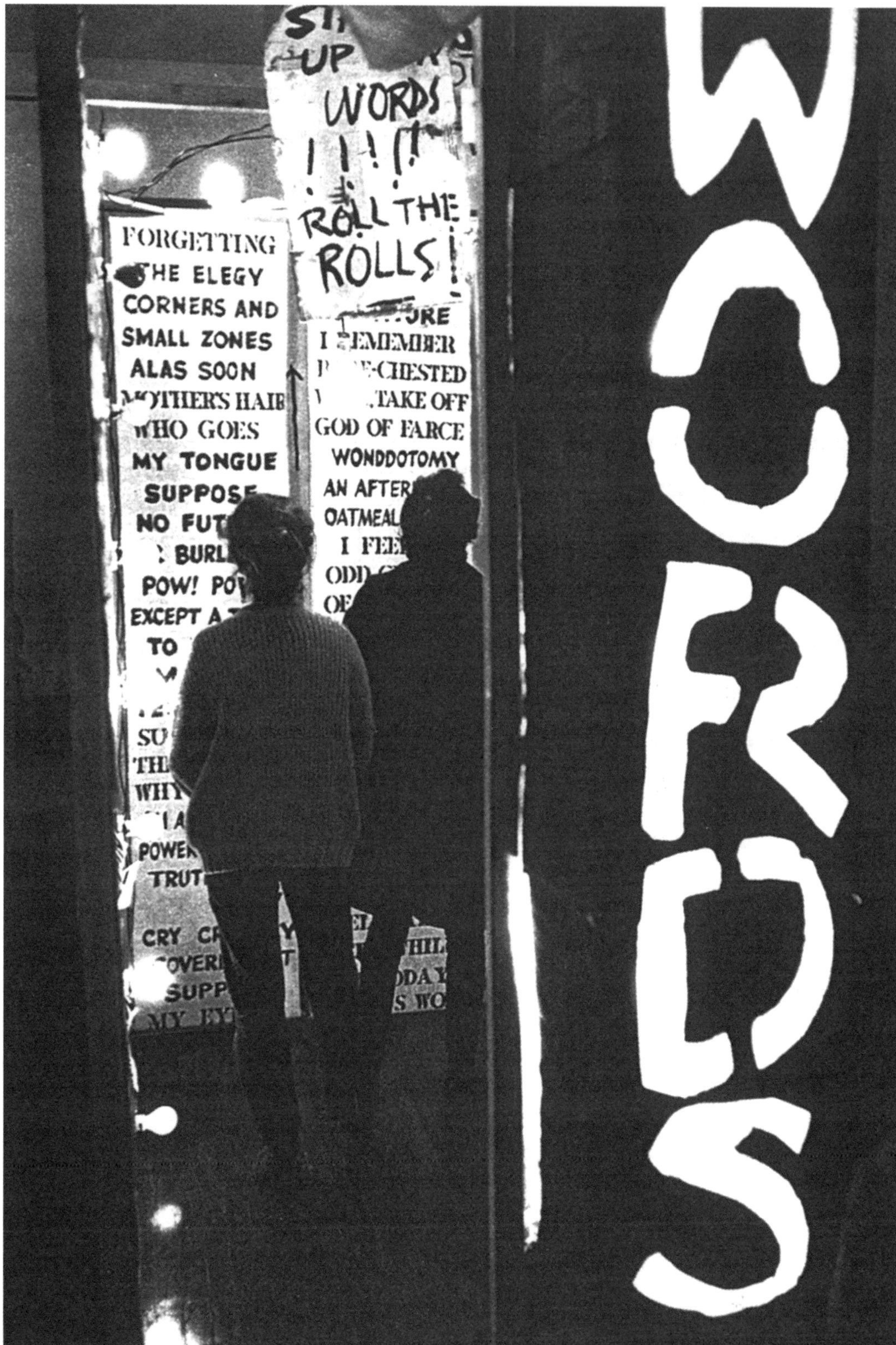

ALLAN KAPROW: Words, 1961

[3. Mai 1999]

LOVE –
sich in die Decken hüllen

halb schlafen wachen denken
Die Mutter ist nicht da

dann wär´s ein strammes Ostfront SD Fräulein
– das verliebt? Nicht, doch völlig zugetan,
schon: – warscheinlich bis zum Letzteren

KASCHA –
was un-deutsch Namen

russisch: Grütze

füllt dem entlaufnen Schoah
(der will nichts wissen!)

gut, das Schoah.

[20. Mai 1999]

Ich möchte einst ´ne Tänzerin
in Glanz – die sterneschwebend im *Baleée* ...
das war das Ideal der Wűnschenssehne

Nun anno, ist´s die Streapteasin,
die mit der Peitsche gelernt hat,
die Welt und mich in religiöse Ordnung bringen
tief auf der Diele.

[21. Mai 1999]

Jetzt ... wird es mir beigebracht
wer Täter, wer Zuschauer –
wer abiturierender
Killer, Historieenmacher, Hysterieenmacher,
wer, Propaganda-Sachverständner
Holokausten-Nutzer

Ich bin verwirrt,
was tat *ich* denn?
Was Schlimmes tat denn meine demokratische,
jüdische, amerikanische, israelische –
SD-Tante?

Los! Bombt die Jugoslawen!

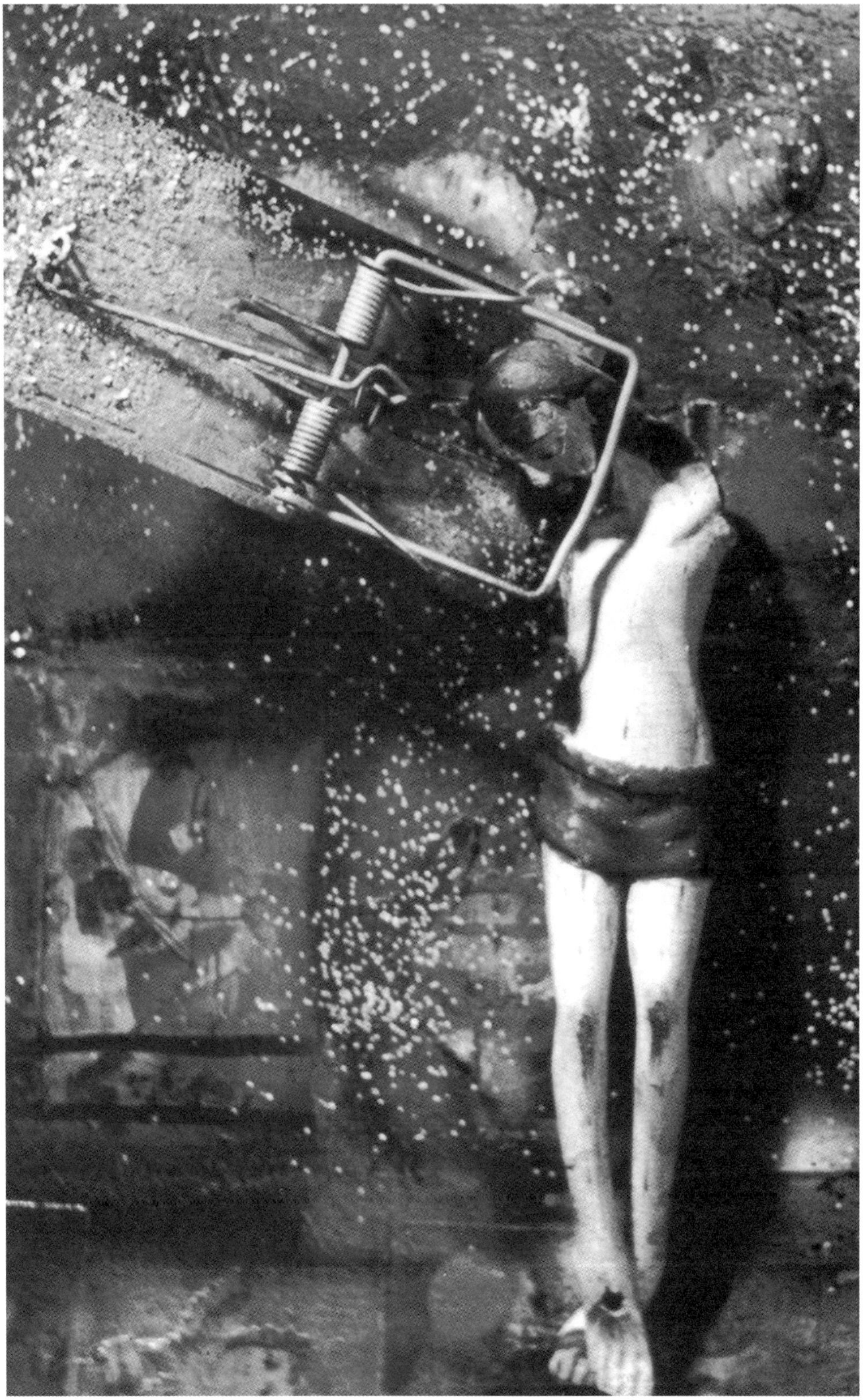

ESTHER MORGENSTERN GILMAN: Christ in a Mousetrap (Detail), 1964

[23. Mai 1999]

Mein Richtig' Girl – ist wirklich –
in – wie's der Russische Amerikaner Irving Berlin
hat es so zuckersalz – verschmiedet – –
ihrem „Blue Heaven".

Manchmal jedoch lässt sie sich, bruchweis, sehen
als Pin-up Girl in literarischen
wie wirklich literarisch pornografischen Journälen,
wo durch die Zeit geschändet,
mit manchmal halbwegs offnen Beinen
sie lässt sich immer noch brachweis,
als wenig mehr als 16jährig stellen
auch manchmal seh ich ihres slawisch breitknöchig Antlitz
mit wollust jüdisch, fast afrikaner schmachten Lippen
schamhaftig so in Negligee
und bloss gefoltert Büstenhalter, ausgekleidet
in vollblättrig' Annoncen,
den Warenhäusern, auszuverkaufen.

Das Sehenstreffen wird mir wundersam;
schockierend – und dann sticht es!
Und wieso kommt es, dass soviel schöne Mädchen
im Druckschreck Müllhauf dieser Stadt
nah so genau – und heutzutag, wie sie, aussehen?

– Vom selben Reich und Schnee herausgetarnt
muss hier in diesem krassen Rassenwirrwar
stets, immer abgesondert, noch lange immer noch bestehen.

Es scheint, dass niemand
– auch Heiligstensgeehrte –
sei unikal.

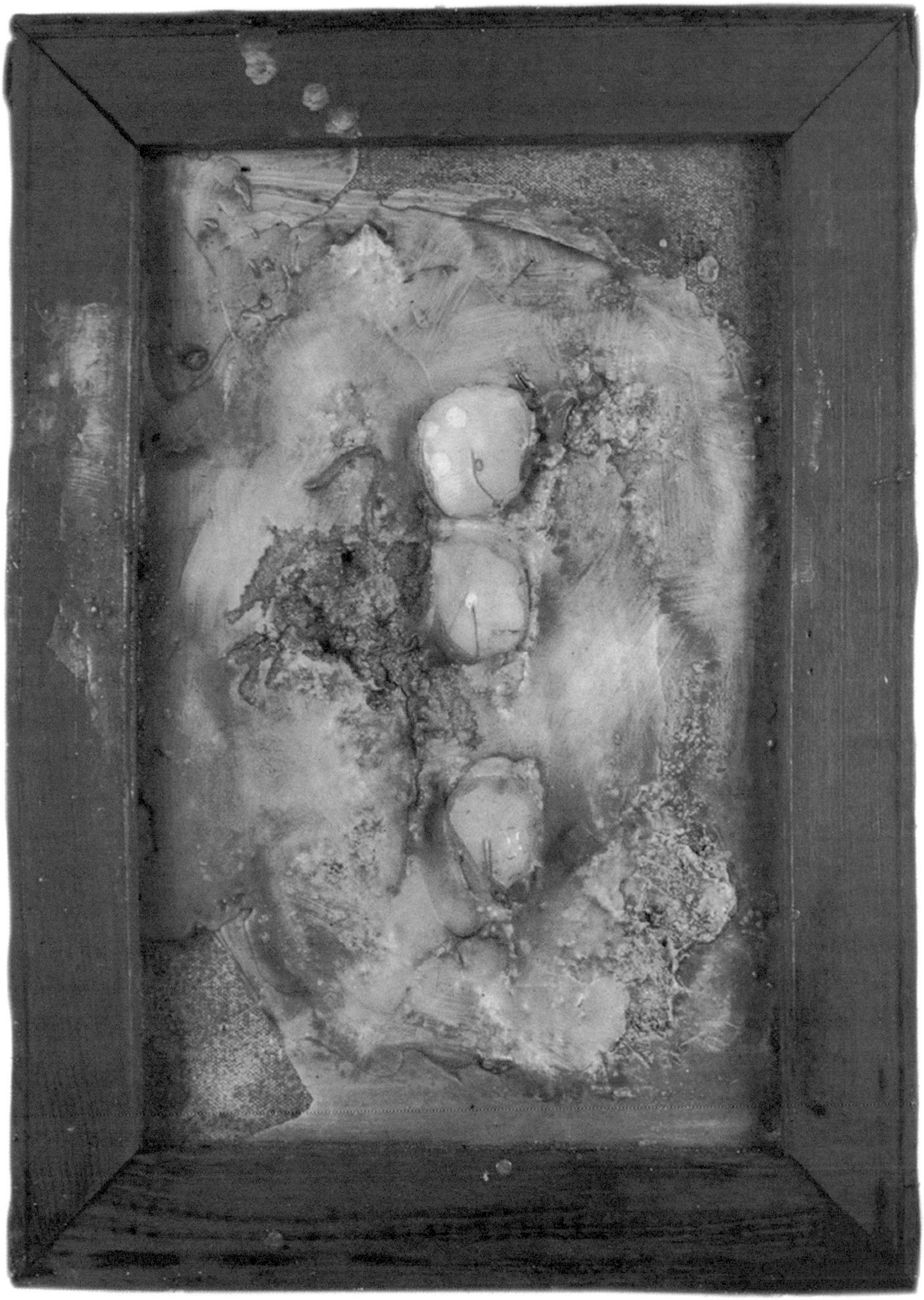

BORIS LURIE: Candles #3, 1996

[28. Mai 1999]

Die Fenster sind vermacht
es ist die ewige Nacht
und steil die Luft
mit Geistern schwebend Zuschauern

was nächstens nun geschehen würde

allein – zusammen –
in der barocken-post-modernen
klimatisierend murrend Gesangkammer
Felltier-Trophäen auf der Chaise-longue
und Hundeleben schnüffelt weitvon
hauchparfümiertes schweisses Tigerfleisch

jedoch ich mög, es muss sein
es muss passieren möge
es Kerzenlichter Flacker es fürworten

ein neuer Tag

mit rotem Wein
fliesst aus der luxuriös-beplastikt, Badestätte Röhre.

[6. Juni 1999]

Was gibt es Heut´ – als Pfirsichessen

GEBRANNTE MARMELADE?

[7. Juni 1999]

Die dicke Frau
setzt sich auf mich
und drückt mich tief in die Matratze

da muss ich zwischen Drahtspiralen
im Urwald allein leben,
sich vorbereiten, Heldentüme,
im Düster zwisch´ den Haaren zu begehen
später, Schicksale.

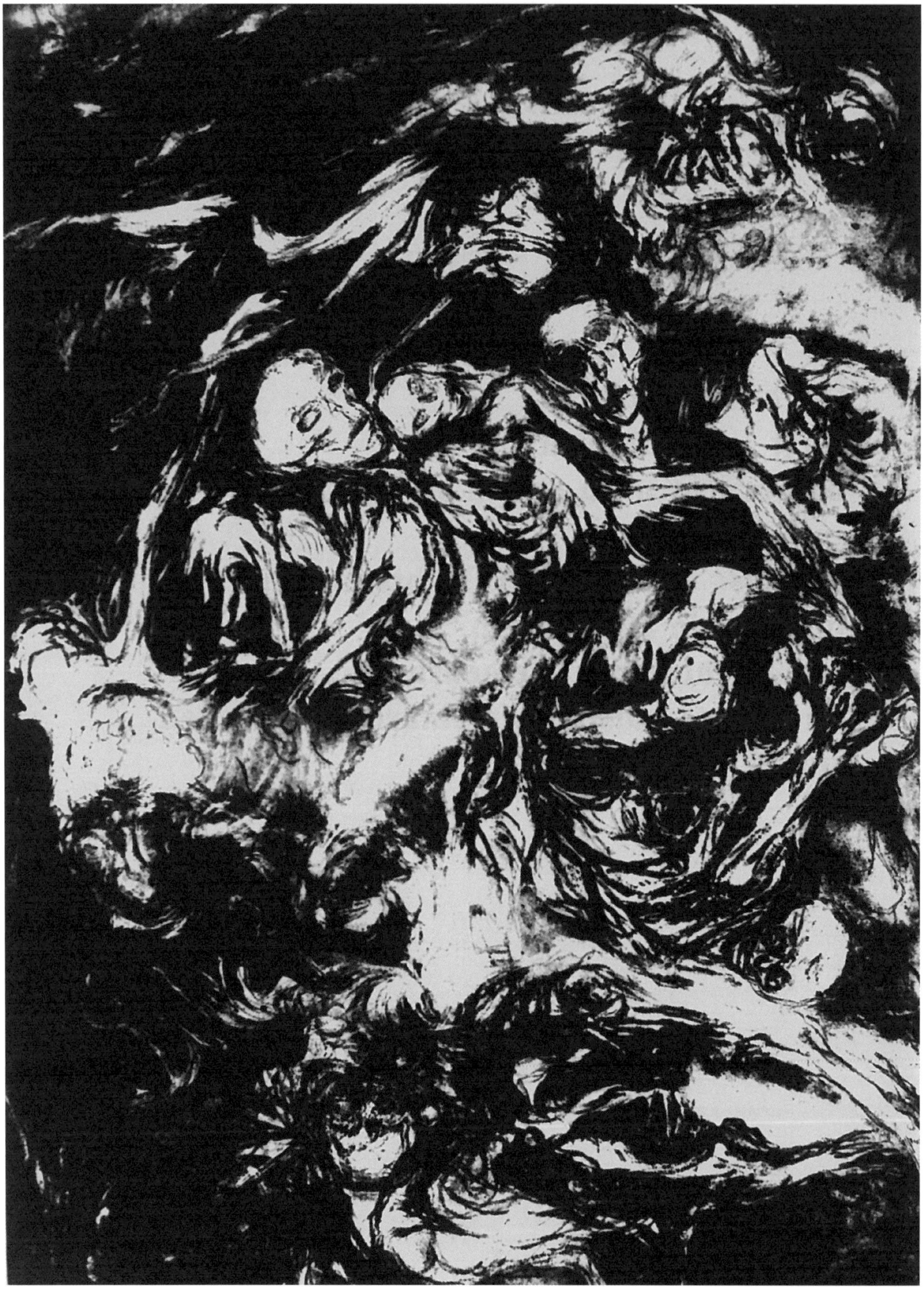

LEON GOLUB: Charnal House, 1947

[8. Juni 1999]

Die halbe Welt jagt sich
sich da dreinzustecken,
wo die zweite Hälfte sich entwässert,
wovon sie Puppen vonsich, weltweg wegstosst.

[13. Juni 1999]

Ist das nicht wahr?

Die Hacken schielen in den Nacken.
Die Hacken schwellen auf dem Magen.
Die Luft schmeckt reich mit frischem Sauerstoff.
Wie Winde wehen, sonnenneu,
aus sogenannten Alten Zeiten.

[13. Juni 1999]

Jetzt müssen Löwenkinder
sich das Erdbeben aufgeben.
Stillllegen
                    sichnichtbewegen.
Kräfte schöpfen, aufzustehen.
Andere! – schon – heulen.
Es wird noch was – vielleicht – kommen.
Vielleicht – was ´rauskommen.

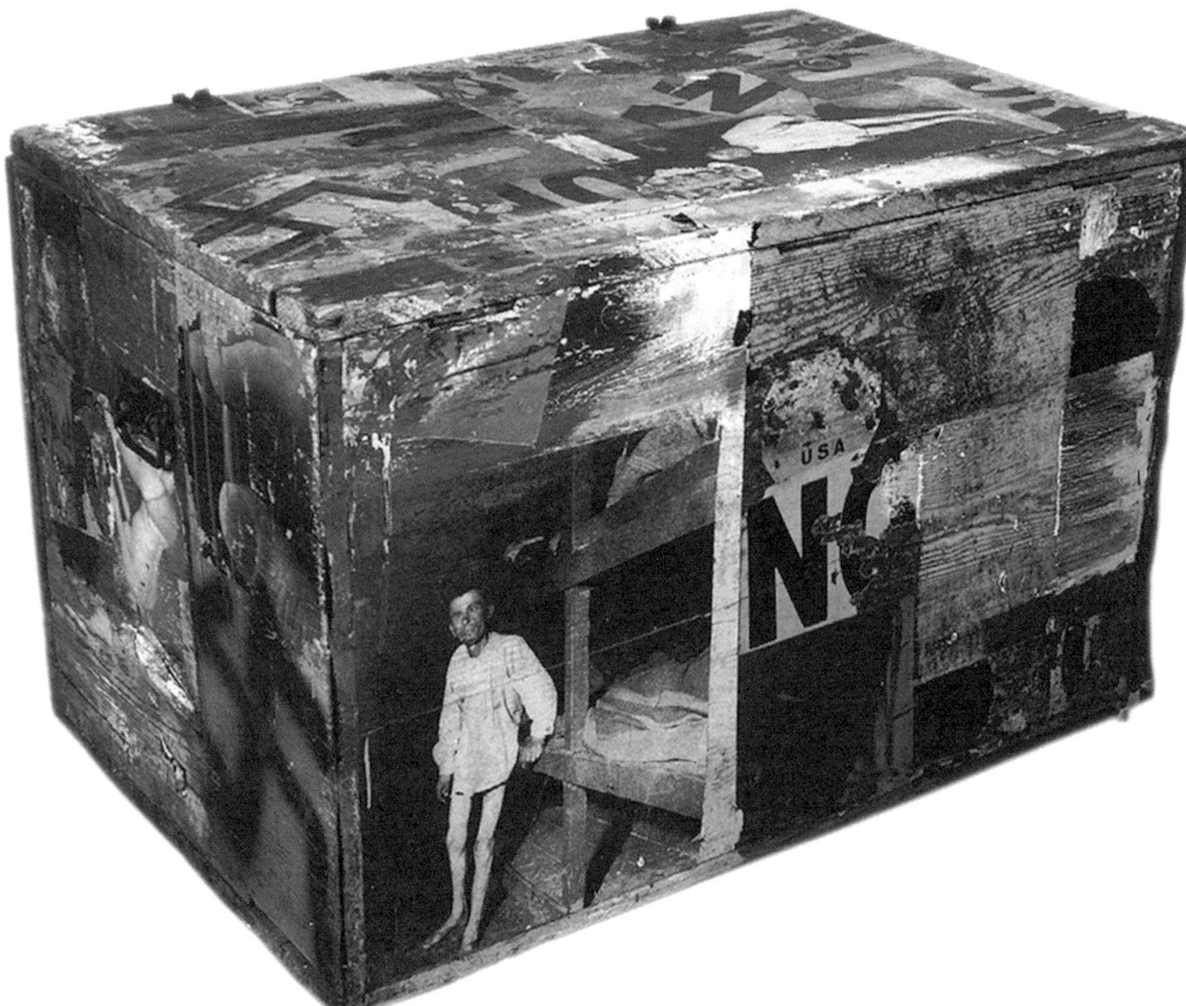

BORIS LURIE: Immigrant´s NO!box (Rückseite), 1963

[20. Juni 1999]

Was ist das „Happiness", das Zimmer?
Steinhäuser Decken hauen.
Es lungert: Antipolis vergrössert, heuert:
und Draussen wirbeln faule Witter in das Loch,
doch in der Ecke kauern
verschliesst das Grauen in dem Fransensknoch´.

[26. Juni 1999]

Jetzt gehst du, draussen, raus spazieren,
den feigen Künstler, raus, nicht imitieren –
und da es dunkel *dort*, in diesem *Ort*
kannst du sie sehen, sie können doch
da es schon endlich Nachtlicht kriecht,
nicht dich kapieren.

[13. Juli 1999]

Weil niemand an dem Schreibtisch sitzend
abgeblasen werden darf

weil dass Rauschend-berge kilometerweise
durch die langen *Dora* Höhlen flaut

und Environment-Tapeten, zugeständlich
– seien Wahr-hohl Kühe!
von den eis-weiss galerieten Höllenwänden
schon nicht meckern

weil der Supermarket wie pop-Auschwitz
kunst-eins angestiftet ist

wiedann sehnt man sich nach einem
kleinen ehrlich anständigen Künstlerfurz

hängend aufgehengte
in, vom Super Architekten,
sternbesäten
der *designered Luft*.

[18. Juli 1999]

DIE GUTE KA-ZET HUENDIN

Die deutsche Schäferhündin „Punch" bewachte mich (mit ihrem Bellen nur ... oder sogar warmem Gesichtslecken eines potentiellen Angreifers) durch die schlimmste Zeit der New York Lower East Side Massenbrände und rassischer und drogensüchtiger Gewalt der 70er Jahre. Sie wurde zwei jahrelang von Krebs kuriert und starb in 1977 im Alter 12 Jahre.

Doch hatte Punch auch, muss ich sagen, schwere Vorurteile unliberaler Natur, die sie vielleicht (rassenweise?) vererbte? – Kleine Kinder magte sie nicht (vielleicht weil sie Zehn ihrer eigenen gleich nach der Geburt verlor –) und alle, die ungewöhnlich ausschauten: Heimlose, Hippies ... und die rassistisch anders aussahen, speziell Neger. Grundsätzlich war sie ultra-konservativ in allem, nichts Regelrechtiges sollte gestört werden.

Na, das war nur anfänglich so, nachdem sie Bekanntschaft schloss, wurde sie so liberal wie Amerikaner ... sie war doch Amerikanerin ... und faktisch wenig Deutsche, kaum wirklich Jüdin.

Trotz ihrer unerwarteten Charakterzüge, sie half mir doch sehr stark bei meiner NO!art Kunstproduktion zu einer Zeit, wenn alle es schon tot glaubten. Und ohne sie – wer weiss? wäre Produktion – wie ich selber – in diesen Messerjahren vielleicht stillgelegt.

Schon ... sie bewahrte mich ... wie ein Ka-Zet Wachmann? Ja, man konnte mit einem oder anderen der Mordhunde auch manchmal gut auskommen: wenn man auf eine schöne geistesgleiche Ebene zufällig geriet (doch gab es für sowas auch meistens realistische Profit-Gründe): und doch, man war ja zugehörig zu einer gemeinsamen Familie! So sagte mir der Scharführer (?) Hoffmann, Kommandant des Aussenlagers Magdeburg, schon bei der Befreiung (und während seiner und der Wachmannschafts und Kapos' Flucht): „Komm doch mit uns, mein Junge, wir gehen alle *weg* von den Amerikanern!" und meinte es doch ernst, trotz einer Flasche Bier in einer Hand und einem Revolver in der anderen haltend. Denn wir gehören doch alle zusammen, so könnte man sagen! Und ich, von solchen Ueberzeugungen automatisch überwältigt – stand stramm vor ihm, mit Bitte um Auskunft, damit er, der „gute Vater", mir behilflich sei – was mit den Leuten im Schonungsblock geschehen sei, wo mein Vater schon drin war. (– Er war ein vielfach eigenhändig Mörder.)

Na, er hatte schon recht, dass wir alle, zusammen mit Wachhunden, in einem Haufen zusammengehören. Das erweist sich jeden Tag. Doch weglaufen, von der *Befreiung*! das passiert auch heute in dem glitschig Haufen.

Mein Ka-Zet Wachhund „Punch" warf mir noch einen letzten liebevollen Blick zu, wo sie im Krankenhaus zum letzten mal, zum Sterben weggerollt wurde. Das tat sie wirklich, ihren Kopf zu mir aufhebend.

Ich hatte so den starken Eindruck, dass der junge Krankenhaus Ka-Zet Arzt sie trotz meiner Veranlassung, sie doch liquidiert hat. Sie war hoffnungslos. Er war nachher gar zu zufrieden. Er schaute so wie, sogar hübscher aus, als der junge Dr. Maengele auf Fotos aus Auschwitz; ich hatte den bestimmten Eindruck, er war New Yorker Jude.

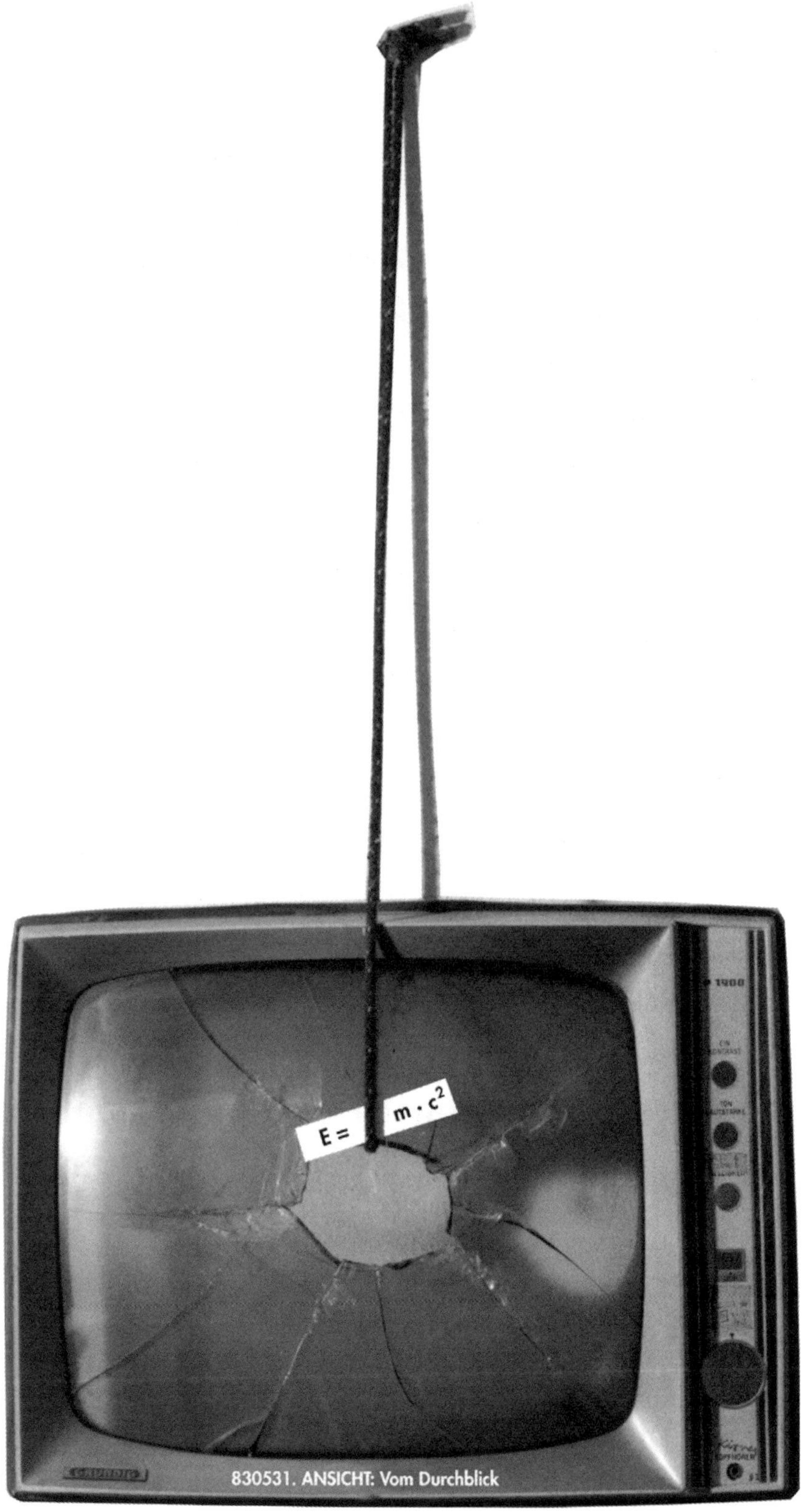

DIETMAR KIRVES: Objekt, 1985

[Juli 1999]

Ich halte mich an VERALTERTE
einer Art zur Gegenwart vielleicht hinaufgeschwungt´
sowie Marxismus ... Internationalismus ... Religion ...
und Volkstum ist nicht gar nicht ausgeschlossen
schon verehrt
und Dr. Freudes Weisheit ... Freude – vorsichtig! –
bekräftigen – gar vorsichtig!
NUN WIE ALLDIESES KRIEGERISCHE ZU ENTFALTEN?

Und dass die Hand – nicht Fotokopie!
ausschlaggebend, sich bewegen muss –
und auch das alles, was produziert wird,
nur auf der scharfen Himmelstrasse,
nicht in Labors,
geprüft wird, ob es ist lebendig.

[1. August 1999]

Das ist nicht nur die Mutter, Schwester,
noch in Die verliebt sein
– kein' Arbeitsmagd!
die da in Blau und Rosa, Gelb, getunkt in Licht,
formiert, Geburtebeben steht –
zu sich dich weg von es dich zieht,
die Sargluft-Mauer gilt dir als Verteidigung
doch sitzt mir es
Erscheinung aus dem schőnen hőllischen Wahrsein,
nicht nur im Kopf!
ist eingewurzelt wie die Schlange, die dich verschlingt,
doch nicht Ausschlangen bringt.

Im Neon-Land der Buchen, spielen Helden
mit Strip-Teasen.

[6. August 1999]

Es ist ja allen klar, die es am Leib gespürt, dass, falls sie ehrlich, offensichtlich nachdenken, nur ein andersartiger Holocaust, die Vorhergehenden, mit glaubenhafter Hoffnung nur, auf dessen positiven Erfolg – und nicht nur Blutbad, uns aus der Klemme zu erlösen magt, in einen, der anfänglich am wenigstens, blütenhaftig schön sei –

und soviel wissentliche christlich Schultze, die haben es so gut, sie haben soviel Mut, die fressen Rosen wie mein Hund, wurden ja so abgestumpft, dass sie die Aufrüttlung, auch schokolade-bedeckt, auch das nicht wollen, es ist so gut, in dieser umfangreichen Irrenanstalt, wozu dann wieder einen Holokaust, wenn Moskau doch und Tel-Aviv, sowie Berlin vergiftet nun, mit hochhauch Stachelrosen, die man den ein´gen tapfren Serben nur als Honig, zum Auflecken bereit´– es zieht sich, unversöhnlich, zum andren, guten Holokaust –

Oh! die Re-vo-lu-tionäre!
Verbleibt doch lieber unter dem Deckmantel
zu allen Schmieden so gegebenen „Aesthetischens".
Die Scheisse häuft sich auf den Bergesspitzen,
um den Gott zu beklagen.
Klagt´s nicht! Tut´s mit den kurzen Fingernägeln!

Dann! Machst Du wieder eine kindesartig Rebellion?
Nein: häufe die Steine.

Bis sie als der Vesuvius erbrechen.

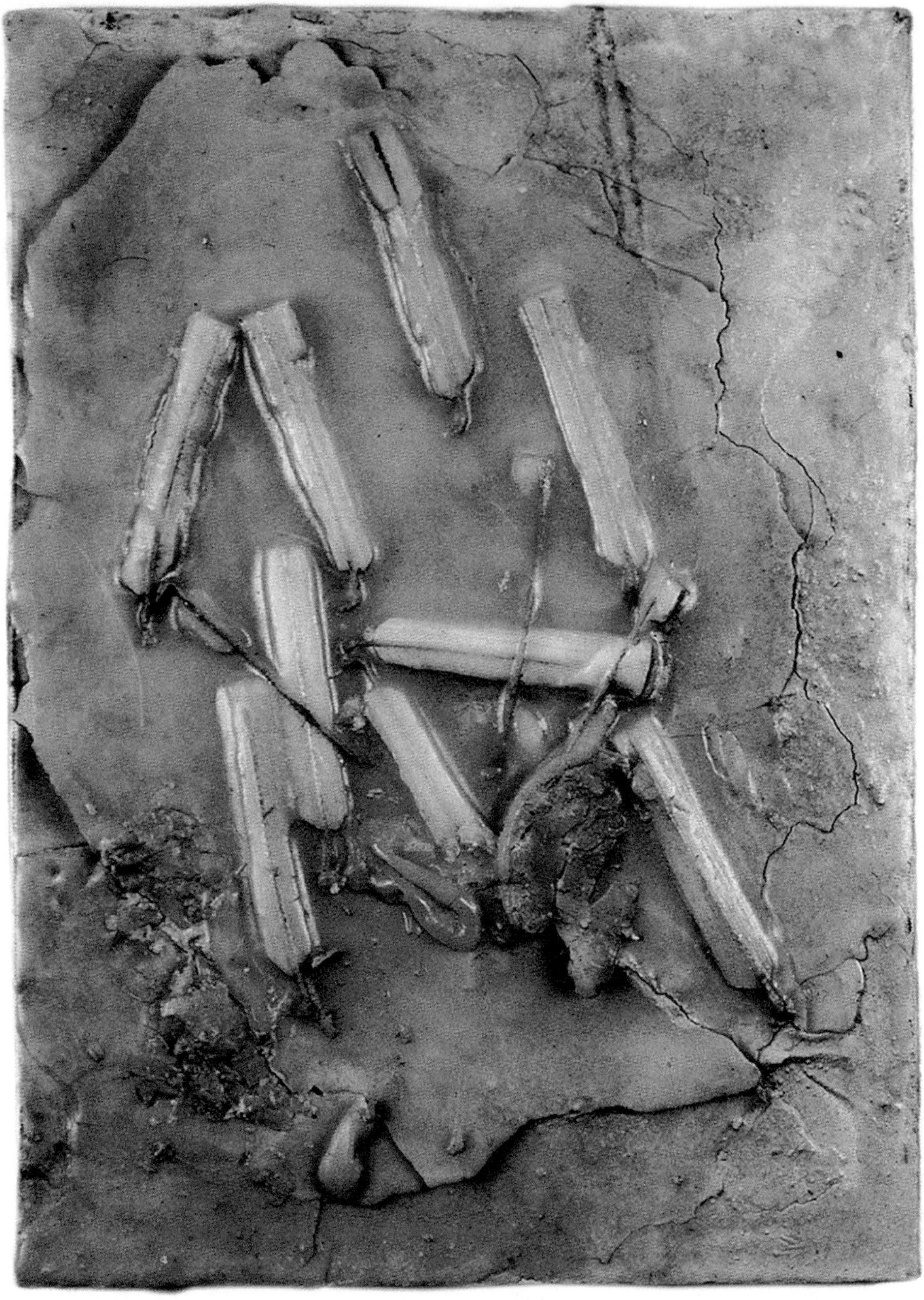

BORIS LURIE: Candles #4, 1996

[8. August 1999]

Was ich zu sagen hab, ist hier,
und wenn ich nichts zu sagen hab,
dann sag ich´s laut, verflochten in die Steine

Und was ich nicht besagt, ist vielfältiger
als die federdunsten Steingranaten –

Gib nur mir Zeit!
Ich werd´ es später noch ver-Sagen!

[13. August 1999]

ES STINKT HIER. UND WARUM STINKT ES?

Die Wasserleitung ist vollkommen intakt,
die Diele, schon, wo nicht spazieren gehen wird,
schwarz-verkrustet –

Na, das bezeugt auf ehrenwertes Altertum.
Ermahnt auch an den Boden – wohin wir stammen.

Doch woher denn – aus welch verborgner Flöze,
kommt, mich bedrückend, das milde Erdezittern,
in den Nasenflügeln,
sexierendes, Cuir-de-Russie, zunagelndes Parfüm.
Nicht aus der Toilette.

[21. August 1999]

NACHTOBRIGKEIT
wie FLUEGELSANG-GEWICHT

(FUER DINGE AUSZUTAUSCHEN)
Geschriebigtes –

hinunter dann
die Saus-Glitschbahn
den Schnee des Bikernieku Nordwalds zu befliegen

wer sonst hochoben da, als die kleine furchtnichtwissend
Schulkameradin Fräulein Lilly Dolgitzer – aha auf ihren Skien

ICH KOCHE EINEN BREI
DRIN SCHMECK ICH NICHT EIN EI

Trotz ihrem unschuldigen Mutwahn –
trotz ihrer lächerlichen unbemerkbaren Figur auf steiler Höhe
Trampolins – ich überzeugt, schockiert, es würden viel mehr
als gebrochne Beine –
trotz ihr beglückten Landens, auf dann nur weiss der Schnee
des Bikerniekschen Waldes

das Fräulein Dolgitzer blieb trotzdem schliesslich liegends.

DER BREI ENTHAELT MEIN BEIDE EI
DAS EINE EI IST NICHTS ALS BREI

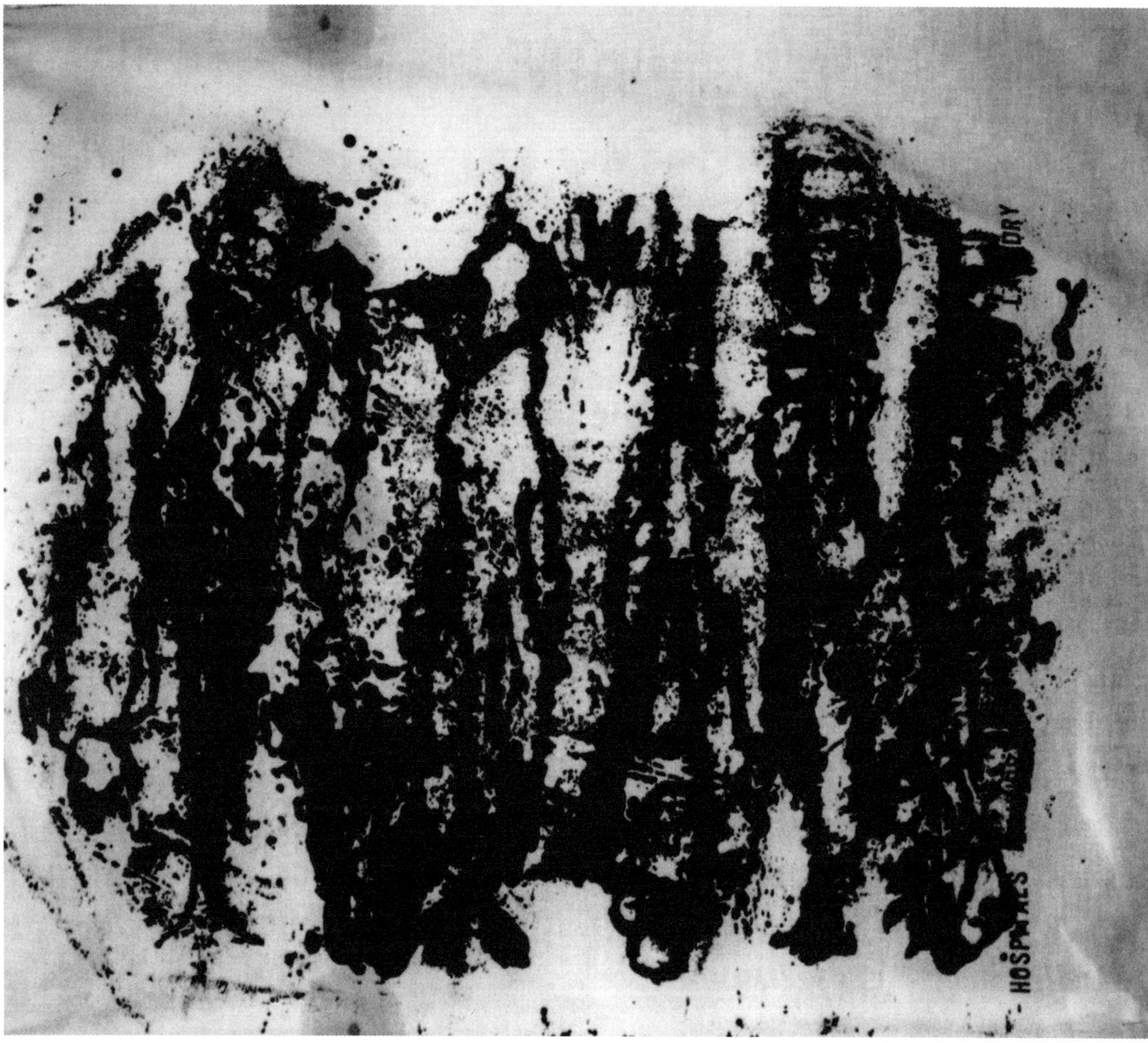

BORIS LURIE: Feel-painting #4, 1985

[28. August 1999]

Ich möchte heute Garnichts denken,
nur Wasserröhren-Musik lauschen,
den Kreis vom Beigel-schwerbebuttert essen
und mich nicht von der Freiheit stossen lassen –
die Laken sind noch frisch
dem Körper gibt's Befehl – zum Waschen!
Und Sonne ist nicht heute heiss
es ist der Sabbat und auch der Kopf gefesselt werden.

„Am Siebten Tage soll'n sie ruhen!"
– Alle schluckte und gepökelt Zungen –
sogar brillante progressive Schlimme Geister.

[30. August 1999]

Beendet? Was ist beendet?
Nur doch was tot ist, ist beendet,
und was doch tot ist, ist nicht beendet –
wo ist die Farbe – zimperlich, gestaltet
die Hosen und das Hemd so saubersam gefaltet
die Schuhe seit bei seit zum Laufen-weg
zum Wettlauf ausgestattet,
Papiere, ordentlich ver-Ordent,
damit der Mond sie abgeblaset,
die Nummern sind nur alphabetenweis misshandelt,
damit sie in den Sternenlaufen, für ewig dann verschollen –
doch Zeitungsausschnitt bleibt für ewig in den Stollen –
und Sowas Ich, gefeuert immer, in der lebensgebend Sonne.

Und wer bin ich? Rum immer sich-bewegend Garnichts?
(Ich komme zu der Ueberzeugung,
die Sonnen brüllen, auch ohne mich.)

[5. September 1999]

Es wütet da die Stille,
ist es die schwerhörige Tante Minna?
Ausserhalb dem Gettozaun –
die doch Artilleriegeschösse hörte
und vom Versteck rauskam –

Der Alte Heimlose, zum Himmelfahren
sich schlafend, auf dem Trottoir,
an dem ich schnell vorbeigehe –
in meine warme Wohnungshülle, wo Standstill wütet –
zeichnerisches Abbatoir.

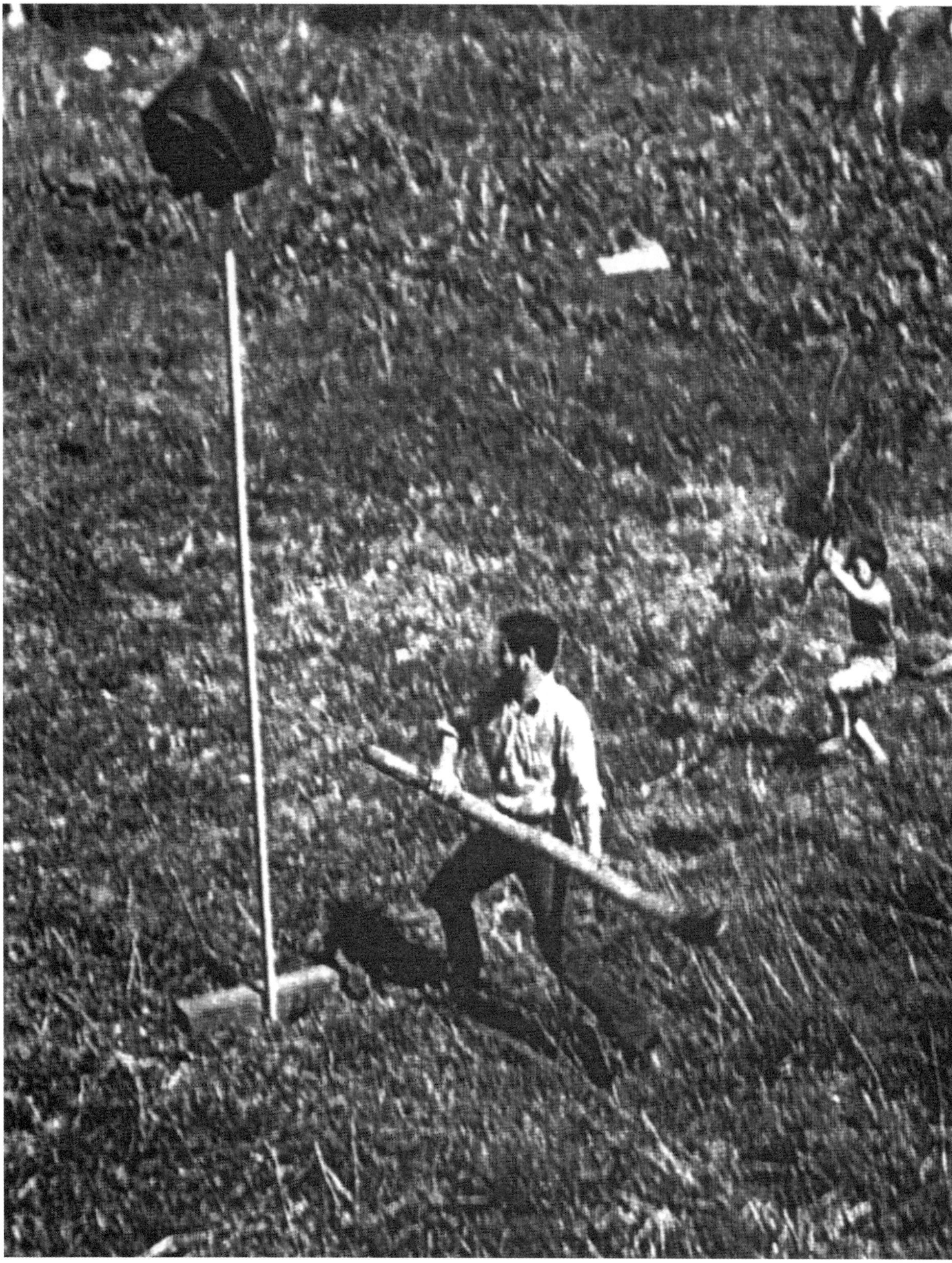

ALLAN KAPROW: Tree, 1963

[6. September 1999]

Auch Standläger, stellt sich inmitten, auf den *Kvas*.
Der Heilbrunner tieft, mittens, in das Mass

und wer verlorengeht in diesem kindlich´ Spass
verschlingt die Wolken, damit es leidtut,
unter dem grünen Grass.

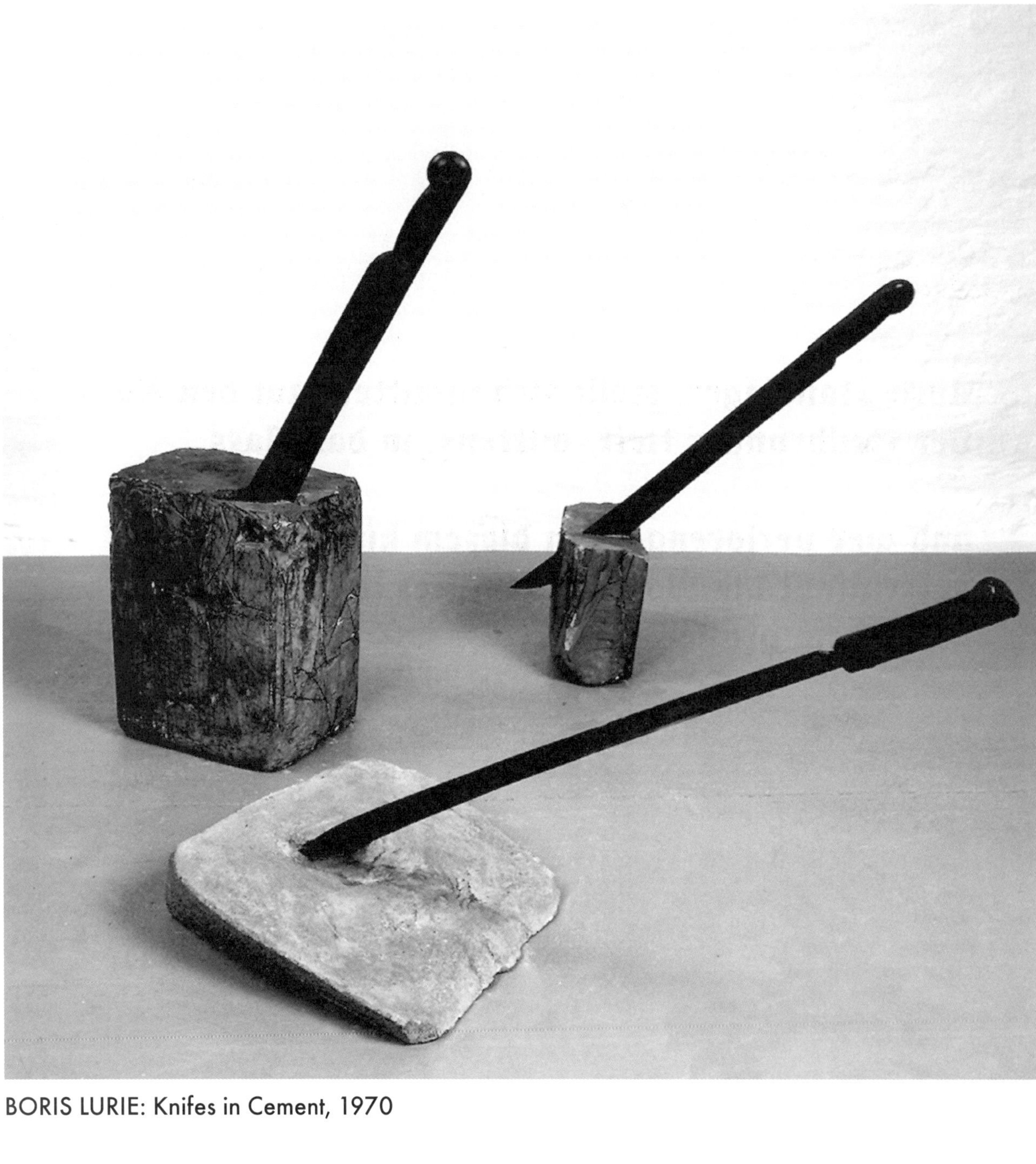

BORIS LURIE: Knifes in Cement, 1970

[16. September 1999]

ТЕМ

КТО СДАЕТСЯ

В ПЛЕН

НЕТУ МИРА

DENEN –

DER IN GEFANGENSCHAFT

ERGIBT

GIBT´S KEIN FRIEDEN

DENEN

SICH IN GEFANGENSCHAFT FREIWILLIG ERGIBT –

GEBT KEINEN FRIEDEN!

(Die sich in Gefangenschaft mit Hast ergeben
sind geil auf ihren Status.)

(Davon gibt´s schöne viele Künstlerbilder
registrieren.)

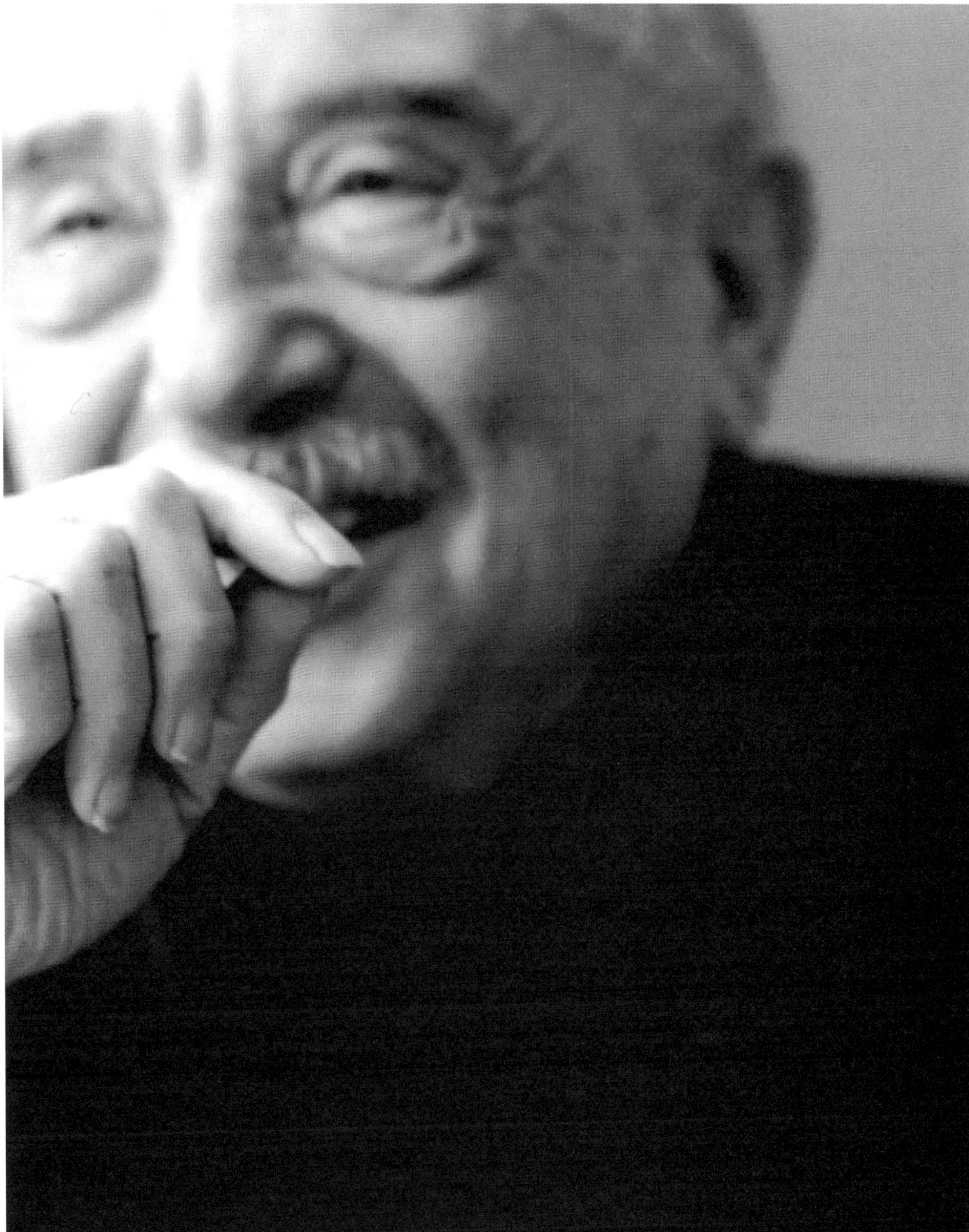

NAOMI TEREZA SALMON: Boris Lurie in Weimar-Buchenwald #1, Dezember 1998

KOMMENTARE

NO!art

Dietmar Kirves im Gespräch mit Boris Lurie

Es ist äusserst schwierig, eine Kunstrichtung zu schaffen, die von der Kunstgeschichte stillschweigend übergangen und von den Kunstzeitschriften abgelehnt wird, die die Sammler in Verlegenheit bringt und von den meisten Künstlern als Beleidigung empfunden wird (Brian O'Doherty, 1971). Boris Lurie, Sam Goodman und Stanley Fisher, die Begründer von NO!art, haben in den 60er Jahren mit radikalen Aktionen in der New Yorker March Gallery und später in der Galerie Gertrude Stein – SHIT-Show 1964 – eine provozierende Alternative zum *Optimismus der Frohnaturen-Pop-Produktion* (W. Vostell) entwickelt. Aus der Erfahrung des Holocaust und dem Ekel vor der affirmativen Kunstpraxis entstand ein heute tatsächlich übergangenes Kapitel amerikanischer Kunst, eine *strategische Kreuzung, auf der sich künstlerische Produktion und gesellschaftlich-kulturelle Aktion begegnen.*

***Dietmar Kirves**: Boris, nun hast Du schon siebzig Jahre in Deinem Leben zurückgelegt. In Leningrad erblicktest Du 1924 das Licht der Welt. Die revolutionäre Zeit in Russland war der Höhepunkt der zeitgenössischen Geschichte. Deine Eltern wanderten mit Dir nach Lettland aus. Dort rissen die barbarischen Nazis Deine Familie im Rigaer Getto auseinander. Da warst Du siebzehn Jahre alt. Du bekamst im KZ Buchenwald die Nummer 95966. Du hast das Grauen überlebt, als Du einundzwanzig warst. Deine Augen sind voll von Trauer, Tod und Massakern. Du bist dann nach New York gegangen. Zu der Zeit stand dort die patinierte Freiheitsstatue schon 60 Jahre lang vor der Hafeneinfahrt rum. Hast Du da keinen Schrecken bekommen in dem Wohlstand, der Dir dort entgegenschlug? Wie bist Du darauf gekommen, Bilder zu malen? Konntest Du Deine Eindrücke nicht vergessen? Wolltest Du das Chaos abbilden? Wolltest Du der Menschheit zeigen, wie es weitergeht angesichts der Atombombe auf Hiroshima?*

Boris Lurie: Ja, Dietmar, es war eine revolutionäre Zeit damals. Ich hab das alles durchge-

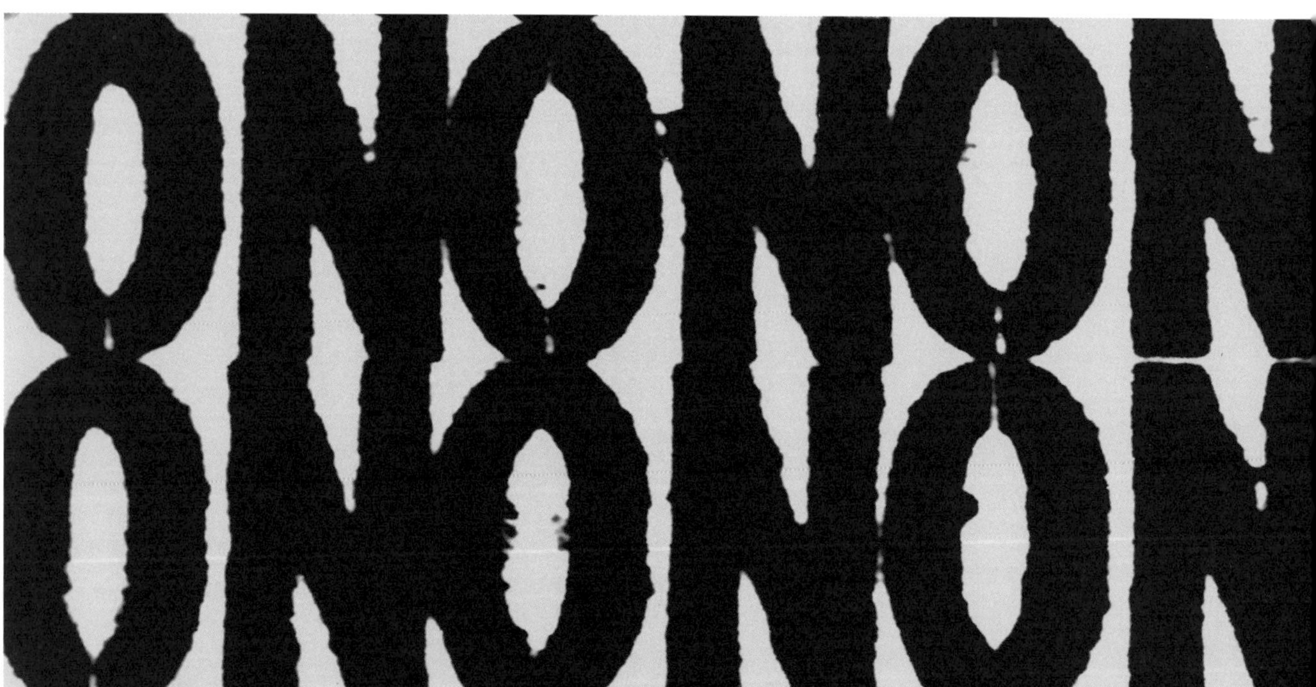

BORIS LURIE: NO paintings „NO's" (Detail), 63,5 x 90 cm, 1969

macht. Mit der Malerei hatte ich schon früh angefangen. Meine frühen Arbeiten sind bei der Vernichtung des Rigaer Gettos im Dezember 1941 verlorengegangen. Dann habe ich noch als Gefangener in Riga bei der Wehrmacht als Schildermaler und Dekorateur gearbeitet. Natürlich später in den Kazets nicht mehr. Nach New York bin ich gegangen, weil dort zu der Zeit meine Schwester lebte. Dort wollte ich eigentlich mit meiner künstlerischen Arbeit fortfahren. Ich hatte kein Programm gehabt, um etwas der Menschheit zu zeigen. Aber: Nachdem ich zuerst anfing, als „ungeschulter" Künstler meine Erinnerungen aus den Kazets auf meine Art und Weise zu malen, bemerkte ich beim Studium der Kunst, dass die Kunstwelt nach allen Regeln der Kunst ästhetisch und auch praktisch kontrolliert wird. Vorerst glaubte ich, dass die Sachverständigen und Autoritäten natürlich genau wüssten, was zur grossen Kunst gehört und was nicht! Die Erleuchtung, dass das nicht stimmt, kam mir erst viel später. Dann muss ich Dir noch sagen: Ich konnte durch die Kunst nichts zum Leben verdienen. Es gelang mir einfach aus Mangel an Talent nicht, kommerzielle Kunst für meinen Lebensunterhalt zu machen. Das brachte mich praktisch in einen Klassen-Zustand. Mein weiteres Tun war dadurch motiviert und ging von dieser Plattform aus. Die Künstler, die weitermachen wollten wie auch ich, zogen in die ärmsten Gegenden von New York. Und das war die Lower East Side. 15 Dollar Miete im Monat. Kein Warmwasser und kein Strom. Da wurde man automatisch zum Mitglied der gesellschaftlichen Unterschicht.

Du fingst ja dann an, Deine „Dismembered Women" zu malen. Hattest Du etwas dagegen, dass die Frauen die Soldaten auf die Welt warfen? Oder warum zerstückeltest Du Frauenleiber auf der Leinwand?

Die „Dismembered Women" hatte ich schon 1947 gemalt und sie wenigstens zweimal in regelrechten Galerien ausgestellt. Es war meine Reaktion auf New York und auf Amerika. Fette und zerstückelte Weiber. Fett und doch zerstükkelt. All das nach dem Hunger und Krieg in Europa. Ganz sicher sind in diesen Bildern vielleicht auch Spuren der Rigaer Rumbula-Massengräber zu finden, wo Zehntausende erschossen wurden.

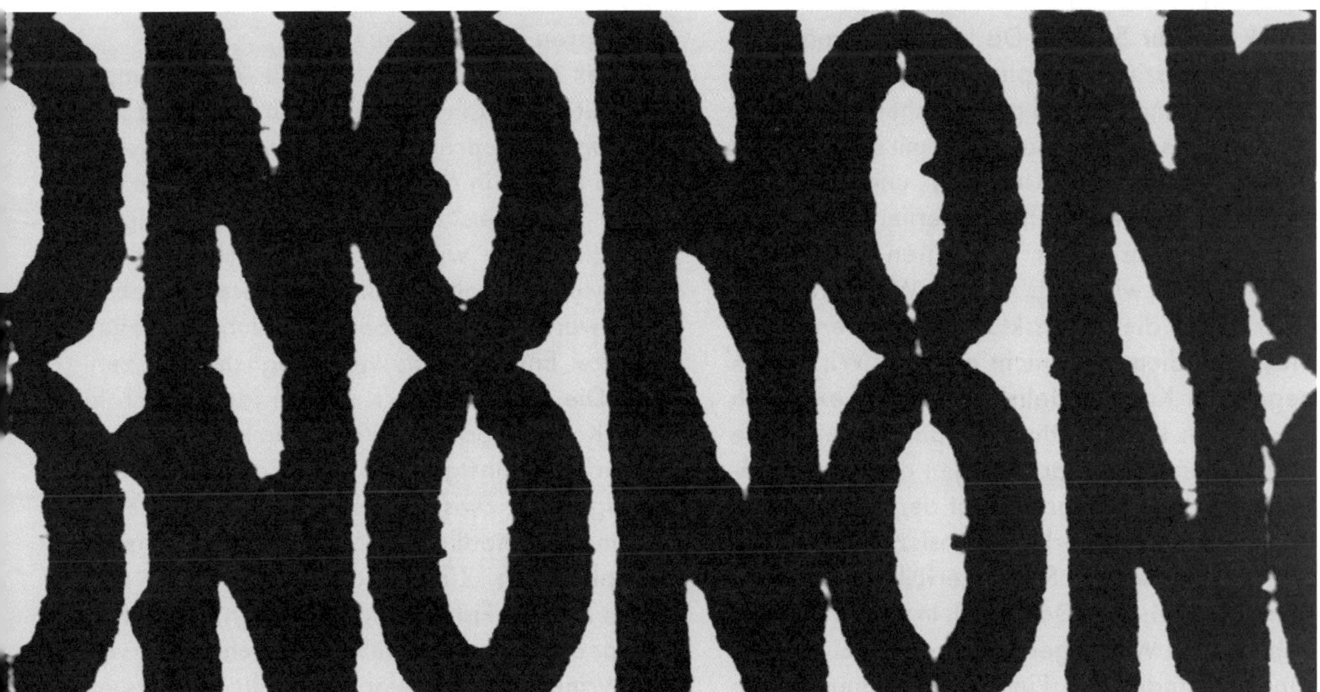

Ich malte zerstückelte Weiber. Ganz einfach und skulpturell modelliert. Man könnte fast sagen eine Mischung aus Michelangelo und Fernand Léger. Fast plakatmässig. Man kann das auch als meine Reaktion auf den Stil des expressionistischen Surrealismus von Jackson Pollock ansehen. Später nannten sie es dann „Action-Painting" und dann Abstrakten Expressionismus.

Und dann hast Du Dich mit anderen zusammen getan, um etwas gegen das Establishment zu unternehmen in dem Kunst-Business? Wie habt Ihr das dann gemacht? Wolltet Ihr eine sexuelle Revolution starten gegen den Krieg? Wolltet Ihr alles in Frage stellen?

Unsere kunstrevolutionäre Tätigkeit begann etwa 1958 in unserer kooperativen March Gallery in der Tenth Street. Wir taten uns zusammen, weil wir uns in der Gruppe stärker fühlten. Ein jeder riss den anderen mit im Kampf gegen das menschenverachtende Business. Da konnten wir nicht verlangen, dass uns das Establishment ernähren sollte. Wir wollten denen da oben nicht in den Arsch kriechen. Zum Glück fanden wir in Downtown billige Räume. Die Tenth Street bei der Bowery war so eine Gegend. Da lag der Dreck auf der Strasse. Da kam der „unästhetische" Expressionismus plus der „Strassenkunst" der zertrümmerten und gefährlichen Lower East Side und unsere „Desperation" mit ins Spiel: Ein Aufstand gegen die „Kunstwelt" und alles Übrige! Der Sklave hat nichts zu verlieren als seine Ketten! Von sexueller Revolution gegen den Krieg wollten wir nichts wissen. Wir waren vielmehr gegen die Vermarktung der Frauen in den Massenmedien. Und nicht nur das. Wir waren gegen die Kommerzialisierung von Sex durch die Frauen selber. Ohne Geldausgeben keine Befriedigung. Wir waren gegen die unterdrückte natürliche Sexaggressivität der Männer. Die damalige nichtbürgerliche Kunstszene war nämlich vollkommen von Sexwut erfüllt, die man mit Alkohol auslöschte. Das heisst, in meinen Pin-ups gab es auch Wut gegen die Frauen. Bei mir persönlich standen die Pin-up-Konglomerationen auch für die Massengräber wie z.B. in Riga, wo meistens Frauen erschossen wurden. Für Stanley Fisher basierte das auf seinen Erlebnissen als Feldscher in der Normandie. Bei Goodman war es seine Unzufriedenheit wegen Geldmangels als Aussenseiter. In unserer March Gallery waren einige Künstler tätig. Wir arbeiteten in allerhand verschiedenen Kunstrichtungen, waren also frei in unserer Ästhetik im Gegensatz zu anderen Galerien, die mehr oder weniger von jungen Abstrakten Expressionisten dominiert wurden. Doch die Galerie starb langsam ab, weil viele Künstler die kooperativen Galerien in der Tenth Street nur als Trampolin zum Sprung in die Uptown-Galerien ansahen. Sie fanden bei uns keinen Nutzen mehr. Weil dabei nichts herauskam, liquidierten sie sich von selber. Da übernahmen wir die March Gallery in undemokratischer Art und Weise, um nur eine Linie zu vertreten, nämlich die der radikalen Protestkunst und der persönlichen Expression ohne sittliche und ästhetische Beschränkungen. Die NO!art war geboren. Die Galerie hiess von nun an March Group und wir wurden zu organisierten „Rebellen".

Wie habt Ihr dann Eure Leute ausgewählt für die Ausstellungen, Environments und Aktionen? Was waren Eure Parolen?

In der March Gallery war die Ausstellungstätigkeit noch von Mitgliedsbeiträgen und Abstimmungen geprägt, was dann in der March Group entfiel. In der March Group wurden Aktionen „von oben" beschlossen. Und diejenigen, die teilnehmen wollten, konnten sich mit anschliessen. Es gab also keine grosse Demokratie! Es wurde allerdings bei Ausstellungseröffnungen bzw. Environments wenn möglich nichts zensiert. Die Dinge mussten jedoch ideologisch in unser Konzept passen. Wir waren keine liberale bürgerliche Kunstgalerie. Natürlich gab es auch Streitigkeiten, Zwistigkeiten und Ausschlüsse für unkameradschaftliches Vorgehen und gewissen Disziplinbruch. Z.B. wurden John Fischer und später Stanley Fisher ausgeschlossen. Unser Keller war oftmals so angefüllt, dass nichts mehr von der Wand zu sehen war. Es zählte das Raumerlebnis und nicht das gerahmte Bildchen an der

Wand nur für den einsamem Moneyfucker. Denn, es ist das System, nicht das bisschen Money. Wir waren gegen die Vertuschelung und das psychologische Vorlügen. „Kunst" ist auch Erziehung, Propaganda, und wirkt von alleine, abgesehen von den ökonomischen Faktoren. Unser Vorgehen ist auch als ein militärischer Feldzug gegen die Pop-art anzusehen. Wie heute zu sehen ist, wurden ganze Generationen durch die Pop-art propagandisiert und überzeugt. Ein Mitglied der Arbeiterklasse sowohl als auch ein kleiner Bürger kann seelisch viel reaktionärer sein als ein individueller Moneyfucker. Unsere Parolen waren bluternst, wenn wir sagten: „CUNT ME, FUCK ME, PRICK ME, ..." Das war kein dadaistischer kritischer Humor. Das war unsere Wut, die wir hinausschrien. Das hatten wir im Kopf, wenn wir was machten, und die Leute kamen zu uns. Da dachte niemand daran, dass man das nicht machen kann, oder, dass man da reduzieren muss, weil nicht genügend Money vorhanden ist. Unser Money waren unsere freien Ideen. Also liessen wir uns von keinem in unsere Sache was reinfucken.

Und was habt Ihr dann gemacht in der March Group?

Ausstellungen, Ausstellungen und nochmals Ausstellungen, Aktionen und Environments, damit die Leute was ins Auge kriegten. Man muss es den Leuten bildhaft vor Augen bringen. Und wenn sie nicht lesen können, muss man es ihnen beschreiben mit Graffitis an grossen Wänden draussen auf der Strasse: MORT AUX JUIFS! ISRAEL IMPERIALISTE! Möglichst in blutigen Farben, um unsere Wut auszudrücken. Deshalb nannten wir unsere Ausstellungen DOOM-SHOW, SHIT-SHOW, NO!Show et cetera. Wir waren der Knackpunkt in der Welt. Nur haben viele Leute von uns schon ins Gras gebissen, um in der Hölle weiterzuarbeiten! Und die lebt in uns weiter! Wir schufen Neuerungen in der Ästhetik, der Herstellung und dem Material, von denen ich hier nur einige nennen will, so z.B. Sättigungsprozesse, zerrissene Collagen, chirurgische Übertragungen, Körperverformungen, Multiplikationsbilder, maschinell hergestellte Objekte, Statements, politische Plakate, Hänge- und Bodenstücke, Verwandlungen von Vergänglichem in Beständiges, In den Sand Geschriebenes, System-Inhärentes, veränderte Fotos, soziologische Kunst usw.

So ganz ohne Profit kann man doch nicht weiterleben. Heutzutage muss man schon Kleidungsstücke kaufen mit ´ner Werbung drauf, die man nicht haben will, um seine Scham zu bedecken. Und das kommt dann nur den Grossen zu Gute. Jedoch, man kann die Etiketten heraustrennen, wenn man sie nicht tragen will. Wie habt Ihr Euch damals getrennt von den Profitetiketten? Um zu überleben, musstet Ihr doch eigentlich was verkaufen?

Man kann immer was verkaufen, wenn es nicht zu unappetitlich ist. Das Unappetitliche ist jedoch viel schwerer zu verkaufen. Einen kleinen Markt gibt es dafür immer zu niedrigen Preisen. Der Künstler muss dann aber ein Kleingeschäftsmann werden, was genauso viel Zeit in Anspruch nimmt, wie auf andere Art und Weise zu arbeiten. Es gibt aber den „Grossen Markt": Wer da hineinkommt, wird Mitglied einer Gilde, einer Pyramide von Kunstbürokraten, Händlern, Spekulanten und Sammlern. Also, er wird Mitglied einer Industrie. Er muss sich an sie anpassen, darf sie nicht stören. Sein ästhetischer Bereich wird dadurch beschränkt. Das gilt für alle Waren am Markt. Nun ist es aber so, dass die „grösste" Kunst immer historisch geschaffen wurde in einem Zeitraum, als der Markt sie nicht begehrte. Das ist ein Fakt. Es ist auch ein Fakt, dass die berühmtesten Künstler in ihrer Produktion immer schwächer wurden im Verhältnis zu ihrer höheren Position am Markt. Die 60er Jahre Pop-Artisten sind heute das beste Beispiel: Sie sind alle vollkommen ausgespielt. Ich aber, der fast nie verkauft hat, bin heute fruchtbarer als jemals! Also hat das „vom-Markt-sich-nicht-ficken lassen" auch seine Vorteile. Auch wäre die NO!art nie zustandegekommen, wenn der Markt alle ihre Jünger akzeptiert und gestreichelt hätte. Auf jeden Fall ist die Rolle, die der

Künstler heute in der Gesellschaft spielen soll, nicht die gleiche wie zu Rembrandts Zeiten, als der Künstler noch ein normaler Handwerker war. Er sollte heute sowas sein wie der Prophet in der Wüste. Dekorationen und kluge ästhetische Entdeckungen gibt es genug! Sein Problem ist, wie zu überleben ... wie zu schaffen ... wie sich aktiv zu betätigen ... wie seine Arbeit vor Zerstörung zu schützen ... Er sollte nicht – falls er „berühmt" wird – in die Falle des Kunstestablishments und der Kunstindustrie hineintappen. Das Kunstsystem ist nämlich heutzutage wegen seines grossen Erfolges so verfallen wie niemals zuvor. Vielleicht geschah dies in kleinerem Ausmasse schon bei den akademischen Künstlern des neunzehnten Jahrhunderts. Es versteht ein jeder, der etwas nachdenkt, was die Kunstindustrie heute anstellt. Das ist kein Geheimnis mehr. Die Künstler schwanken gegenwärtig von links nach rechts und von oben nach unten, ohne zu wissen, wie sie sich helfen sollen. Und ihre einzige Antwort ist nur ein zynischer egoistischer Geisteszustand: Sie passen sich an und protestieren Scheinheiligerweise gleichzeitig. Wir aber suchen einen anderen Weg: Vielleicht nur in kleinen ausgewählten elitären Gruppen ausserhalb des Establishments, um unsere Partisanenkämpfe zu führen und uns ab und an kurzfristig im Establisment zu manifestieren. Da solches jedoch von der ganzen Propagandamaschinerie kontrolliert wird und man ohne diese nicht gehört werden kann, ist hier also Vorsicht geboten, um nicht angepasst zu werden. Ich denke da nur an unsere Verkaufsverhandlungen in der Gertrude Stein Galerie mit der Nummer Zwei des Pop-art-Establishments, dem Sammler und Promoter Herrn Kraushaar. Das war um zwei Uhr morgens. Da wollte er unbedingt einen Keil zwischen Goodman und mich treiben, uns in die Pop-art eingliedern und die Stein Galerie als Satellit übernehmen, worauf Goodman ihn mit den Worten beleidigte: „I shit on you, too!" Damit war die ganze Verkaufsverhandlung aufgeflogen. Ich denke da an Isser Aronovicis Bemerkungen dazu im NO!art-Buch: „Weder Sam noch Boris wurden berühmt bis zum heutigen Tage, doch das Ansehen ihres Werkes wurde bis zum Schluss hochgehalten. Alles wäre nachgerade in die Binsen gegangen, wenn nicht sechs Millionen tote Juden Sam dazu gebracht hätten, zu dem reichen Spekulanten eine solche Gemeinheit zu sagen. So erfüllte er die Aufgabe, seinen und Boris´ Ruf am Rande des Abgrundes zu retten." Leider beging Aronovici vor etwa drei Monaten Selbstmord, indem er in einen U-Bahntunnel reinlief, sich auf die Gleise legte und die Ankunft des Zuges abwartete.

Und was haben die Leute zu Euren Ausstellungen und Aktionen gesagt? Wie reagierten sie?

Die Reaktion der Leute war total unterschiedlich. Einige waren total begeistert, wohingegen andere uns total ablehnten. So muss das sein! Alles wirklich Neue und wirklich Andere muss diese Reaktionen hervorrufen. Die Reaktion muss aufregend sein. Sonst ist etwas bei den Leuten nicht in Ordnung. Man muss immer mit verschiedenen Reaktionen rechnen. Fühlen sich doch manche bedroht, wenn ihre Denkstruktur ins Wanken gerät. Neigen sie doch dazu, alles in Schubladen zu packen. Sie sagen dann: „Das ist Kunst!" oder „Das ist Business!" oder „Das ist Destroying!" Und wenn dann einer daherkommt und alles durcheinandermixt, wird das als bedrohlich empfunden. Also bitte: Wir sollen mehr mixen!

Boris, ich danke Dir für das Gespräch. Let´s make more NO!art.

---

in: neue bildende Kunst, Zeitschrift für Kunst und Kritik, Nr. 1/95, S. 46 - 50, Berlin 1995.

ATTENTION!

The worldwide Political, Business and Cultural Power is trying to control all spheres of human activity: social, cultural, scientific, and life itself! The mass media, controlled and led by the same Power determine' the quality and fairness of the social and cultural phenomena as well as of the scientific research, medical practices and pharmacological control.

They are trying to usurp the right to declare some social arrangements positive, i.e. good, and others negative, i.e. evil. Thus they manipulate the morals and conscience of the human community. They promote people advancing their ideologies to be the cultural idols and use television and drugs to control our minds and beings.

The triumph of the theatrical democracy is the demise of Democracy.

The triumph of the Avant-garde has consigned its achievements to the museums, thus abolishing the avant garde; all under the guise of the now outdated concept of modernism.

They may have abolished the avant-garde, but they could not abolish its traditions -- the traditions of free thinking and spirit.

All the institutions have been monopolized: the press, television, communications, culture, etc..

The society is facing an abyss. That's why we are appealing to all the free thinking people -- the dissidents and individuals -- to the political and cultural elite of the Earth! to come together and create an action. All come together to create a peoples congress.

We need a Congress of Resistance!

We need to mobilize all the progressive forces to conduct a Congress of Resistance,

Resistance to what?

Resistance to massive lies, corruption, imperialism, violence, body and mind control.

We will build the Congress of Resistance with the goal of defending human dignity freedom of thought and creativity, human individuality.

All out for the Congress of Resistance! and to create an action.

L. Pinchevsky, NYC-Clayton Patterson, NYC-Alexander Brener Moscow.

Supporters: Ferderico G. Pommier Vincelli Historian Rome, Italy; Konstantin Simun Artist Boston; Mark Kramer Writer NYC.; Robert D. Brown Artist, NYC.; Steve Bonge Photographer, NYC.; Anne Ardolino Poet, NYC.; Elsa Rensaa Artist NYC.; Ralph Feldman Photographer NYC.; Jim Power Mosaicman NYC.; Vagrich Bakhchanyan,Artist, NYC.; Charles Gatewood Photographer, SF,; Boris Lurie, Artist, NYC. Sasha Bourdo, Actor Paris, Eleen Ribire, Journalist Paris, Dietmar Kirves, Mixed Media, Berlin, Mathilda Wolf-Stecha Poet, Painter, Berlin; Joerg Droemmer Mandala Art, Berlin. Manwoman, B.C., Canada

Manhattan Mirror, S. 25, New York, 21. Januar 1997

Rudij Bergmann:

ANDY WARHOLS ARMER BRUDER

Werkschau von Boris Lurie in der Gedenkstätte Buchenwald

Angekommen in New York vor über fünfzig Jahren. Kunst war damals noch kein grosses Geschäft. Das kam später, aber von dem hat Boris Lurie, der Zuwanderer aus Europa, auch nie etwas gehabt. Jedoch in einschlägigen Kreisen war, blieb und ist er, wie weiland Otto Dix, berühmt und berüchtigt.

1924 in Leningrad geboren, in Riga aufgewachsen, im Jahre 1945, vielleicht aber auch erst ein Jahr später, in New York angekommen. Boris Lurie brachte damals im Gepäck die drükkende Last der Erinnerung mit. An die jüngere Schwester zum Beispiel. Wie die Mutter auch sie verschleppt von jenen, die man so ungenau Nazis nennt. Beide kamen nie wieder zurück.

Das ist die Gegenwart und Vergangenheit, die das russisch-jüdisch-deutschbaltische Gewächs Boris Lurie zur Kunst werden lässt. Dass sich eine solche Kunst wenig um ästhetische Feinsinnigkeiten schert, den Zartfühlenden im Kunstbetrieb auf den Nerven herumtrampelt, aber auch jenen vermutlich den Atem stocken lässt, deren Schicksal sie thematisiert, macht die Kraft dieser Bildwerke aus, die nun ab morgen in der Gedenkstätte des KZs Buchenwald alle Chancen haben, die Gemüter zu erregen.

Zum Beispiel: *Saturation Paintings* (Buchenwald), Fotos und Zeitungsausschnitte von Lurie formal streng auf Leinwand collagiert. Im Mittelpunkt ein Foto, das Buchenwald-Häftlinge am Stacheldraht, vermutlich auf ihre Befreiung wartend, zeigt Gesichter, in denen sich Tragik und Hoffnung, Lebenserwartung und Gebrochensein spiegeln. Umrahmt ist dieses Foto von solchen, die ein Pin-up-Girl in eindeutigen Posen und Versprechungen zeigt. Auch das ist die Freiheit, die jene erwartet, die solange unter mörderischen Bedingungen auf vielfältiges Leben verzichten mussten. Die Schönen und die Nackten, die Vergasten und die Heiligenbildchen hat Boris Lurie auf den Schmerz – und lustvollen Nenner Leben gebracht. Bildwerke gegen das Vergessen, aber auch Kunststücke, die sich weder vereinnahmen lassen wollen noch Wegschauen legitimieren. Radikal wie in diesem Jahrhundert kaum einer zuvor hat Boris Lurie die Gleichzeitigkeit der Ereignisse künstlerisch manifestiert. Das Entsetzen gepaart mit dem Prallen, die Lust mit dem Grauen. Und den erlebten Schrecken zu bannen gesucht in der Manier von Conceptart. In Luries Lebens- und Kunstart, die ihre Wurzeln nicht zuletzt bei Goya und den Dadaisten hat, lässt sich unschwer eine Korrespondenz bis zum zeitweiligen Gleichklang zur politischen Fraktion von Fluxus herstellen. Und tatsächlich hat der französische Fluxist Jean-Jacques Lebel in New York mit Boris Lurie und der von ihm sowie Stanley Fisher und Sam Goodman bestimmten NO!art-Bewegung zusammengearbeitet. Eine Künstlerformation von 1959 bis 1964, der nichts heilig war.

Auch Wolf Vostell, der politischste unter den Fluxisten, hat mit Boris Lurie zeitweise eng zusammengedacht und war mit ihm lebenslang befreundet. Ein Blick in den Katalog zur wohl besten Vostell-Übersicht in dessen letzten Lebensjahren, die ihm Ulrike Rüdiger in Gera 1994 ausrichtete, zeigt wie sehr Lurie und Vostell in Teilbereichen miteinander verflochten waren.

Lurie weiss, sie ist schmal, die Grenze zwischen den verschiedenenen Lust- und Folterkammern der Welt. Und er stellt sie schonungslos dar in seiner Mixed-Media-Kunst aus Foto, Farbe, Fundstücken und Parolen. Und im Detail der Männerphantasien, die ja auch die eigenen sind, die vom Anfang bis in alle Ewigkeit changieren zwischen dem Weib als Vamp und Biederfrau. Die im Kalten Kriegsjahr 1960 nicht zufällig Frau Chruschtschowa heisst, die einem so gutmütigmütterlich in *Oh, Mama Liberté* entgegen lächelt. Jenem Bild des Desperaten, das politisch, expressiv und insgesamt allumfassend pornographischer gesellschaftlicher NO!art-Gegenschlag ist wider alles Gute, Schöne, Teure.

Es klingt wie ein allzuoft erzähltes Künstlermärchen. Aber Boris Lurie hat so gut wie nie ein Kunstwerk verkauft; obzwar New Yorks Stargalerist Castelli durchaus auch an NO!art interessiert war. Sein Geld verdient der Artist mit Aktien und Wertpapieren; per Online, Fax und Telefon in seiner Chaoswohnung in Manhattan. Über die Frage, ob das nicht gegen die eigene künstlerisch-politische Moral sei, kann der Mann, der verschiedene KZs, auch ein Aussenlager – jenes von Buchenwald –, überlebte, nur müde lächeln.

In den Pin-up-Girls erkannte er das wahre Amerika. Doch trotz des gefährlichen voyeuristischen-doppelbödigen Spiels, das er treibt, geht es nicht um pralle Brüste. Mit Sex und Crime attackierte der Künstler jene gesellschaftlichen Obszönitäten, die zum Vietnamkrieg, zu Rassenunruhen und zur Neuformierung einer auch radikalen Linken führte. Und der weltweite studentische Schlachtruf USA-SA-SS ist Slogan der NO!art-Künstler gewesen, die Teil der Neuen Linken waren. Und auch das war und ist NO!art: Die eigentliche Gegenspielerin der weltweit siegenden (?) Pop-art.

Und Boris Lurie ist, salopp gesprochen, der Andy Warhol der NO!art-Artisterei; einer Kunst, die gnadenlos gegen den guten Geschmack vorgeht und die immer noch nicht Heimstatt in Museen und Sammlungen gefunden hat. Was politisch gut und schön sein mag, doch um der Kunst willen schade ist.

Obzwar Boris Lurie in seiner Zwangs- und Wahlheimat New York wohl selten nur eine Synagoge betreten hat, ist er kein US-assimilerter Jude, eher schon eine alttestamentarische Gestalt mit Bild- und Wortbotschaften, die, als Gedichte verfasst, sich des austerbenden Baltendeutschen bedient, seiner eigentlichen Muttersprache.

---

in: Thüringer Allgemeine, Weimar, 14. Dezember 1998

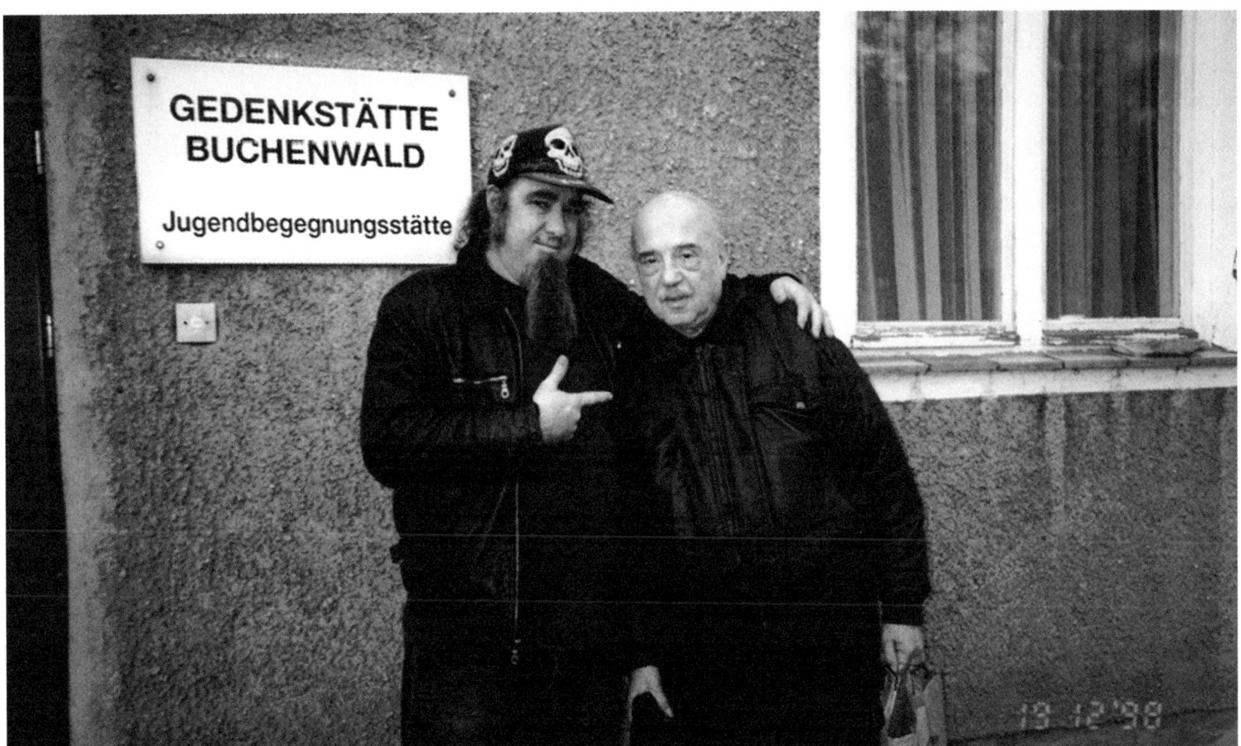

Boris Lurie und Clayton Patterson in Weimar-Buchenwald am 13. Dezember 1998

Hanno Müller:

SCHROFFE KUNST

Weimar: Boris Lurie in Buchenwald

An dieser Ausstellung fügt sich alles zum Programm. Der Ort: die zum Kunstmuseum umgebaute Desinfektion des ehemaligen Konzentrationslagers Buchenwald. Der Zeitpunkt: noch vor der Übergabe des Kulturstadtstaffelstabes von Stockholm an Weimar. Die Kunst in ihrer unbehinderten Konfrontation von KZ-Greueln, Pinups, Exkrementen und jüdischem Selbstausdruck. Nicht zuletzt der Künstler, Boris Lurie, in den 50er Jahren Mitbegründer und heute letzter, vom Kunstbetrieb zögerlich entdeckter Überlebender der amerikanischen NO!art-Bewegung, der – weil er daheim in New York seinen Pass nicht finden konnte – erst kurz vor dem Ausstellungsbeginn auf dem Ettersberg eintraf.

Und: Es ist die erste Präsentation, die das Werk des 75jährigen Lurie in dieser auch jüngstes Schaffen einschliessenden Umfänglichkeit zeigt. Im Original zu sehen sind sowohl die Anfänge zunächst figürlicher Bearbeitungen von Holocaust- und KZ-Erfahrungen wie die zwei Krematoriumswächter in *Entrance* (1946/47) als auch die schon Form und Konvention zergliedernden überdimensionalen *Dismembered Women* (1955-1958). Immer wieder kehren KZ-Motive, deren schockierende Kombination mit Pornografischem in besonderer Affinität zum Ausstellungsort stehen.

Man habe, so der Direktor der Gedenkstätte Volkhard Knigge, bewusst das Schroffe und Schreckliche, aber auch zu Weimar Gehörende an den Anfang des Kulturstadtjahres gesetzt.

---

in: Thüringer Allgemeine, Weimar, 14. Dezember 1998

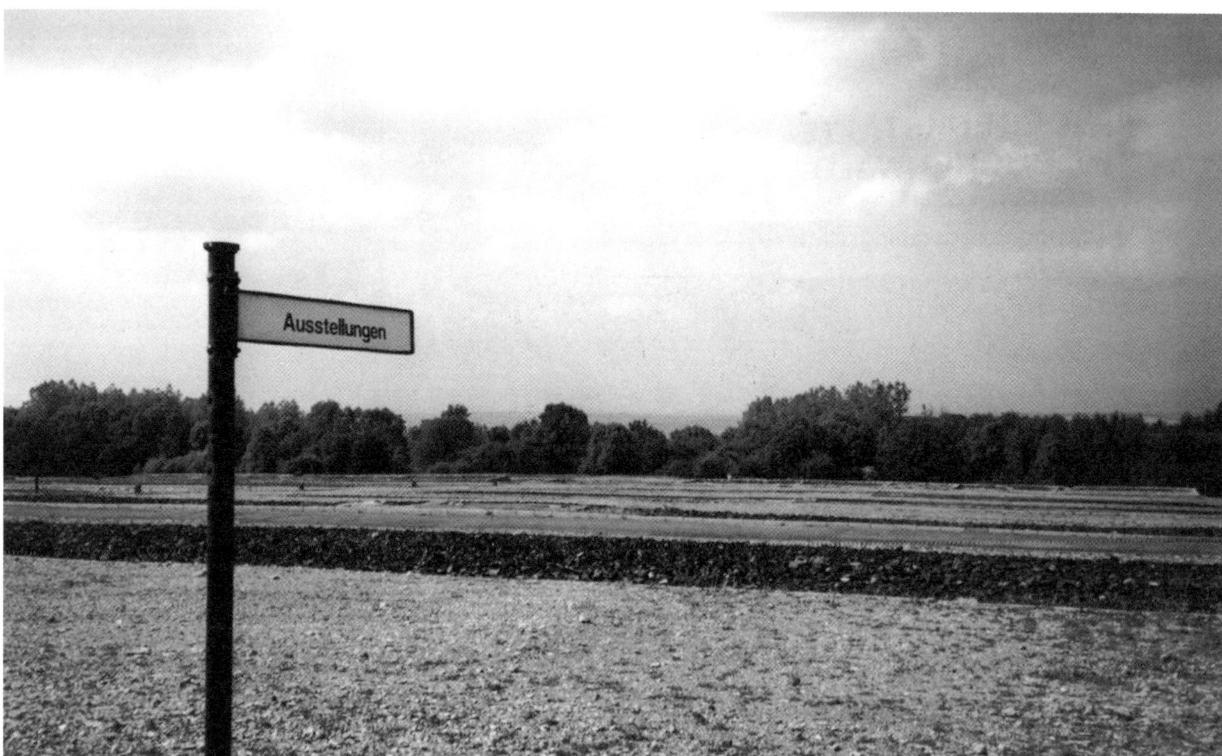

Gedenkstätte Weimar-Buchenwald, ehemaliges Barackengelände, 1998

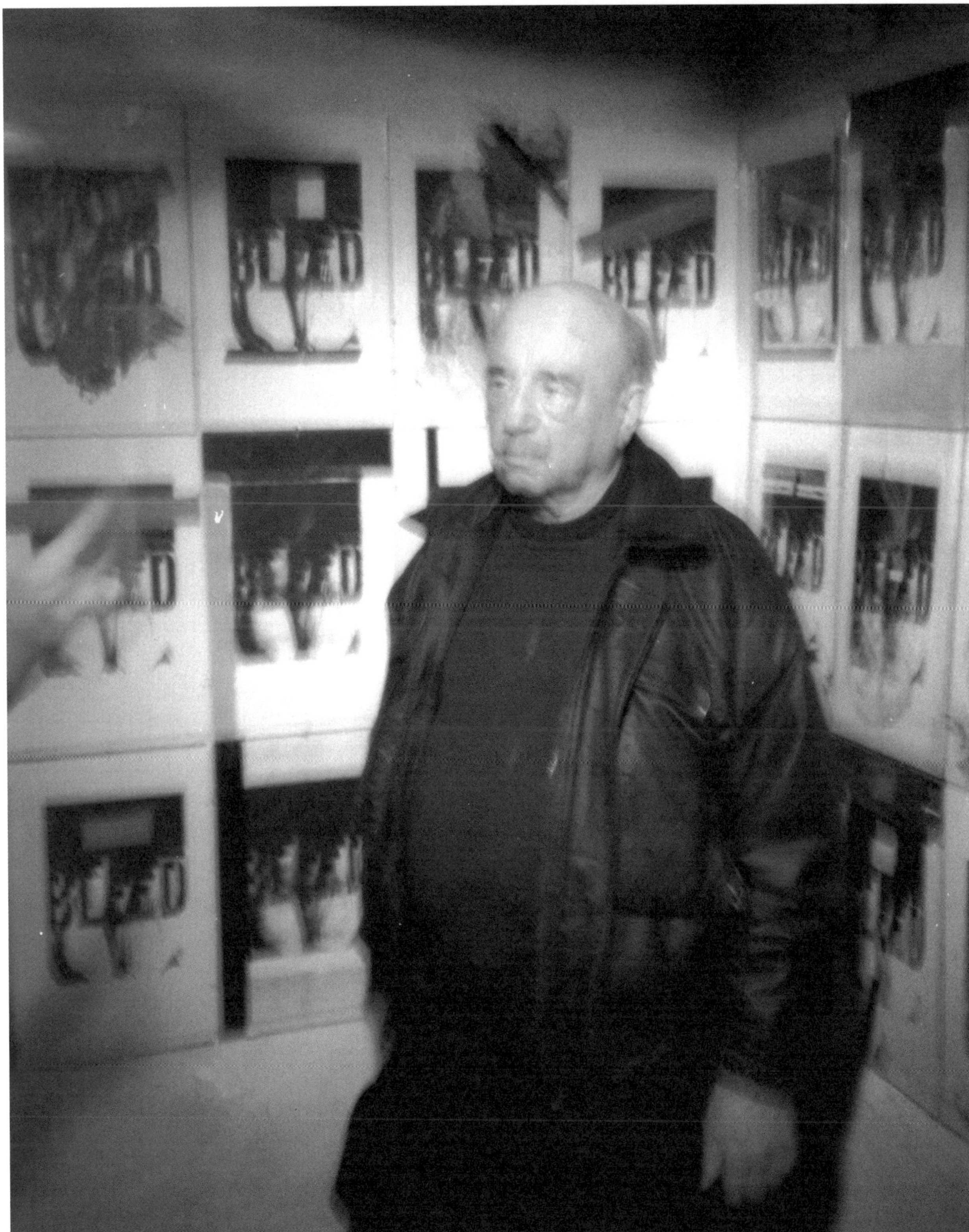

Boris Lurie während der Ausstellungseröffnung im ehemaligen Desinfektionsgebäude

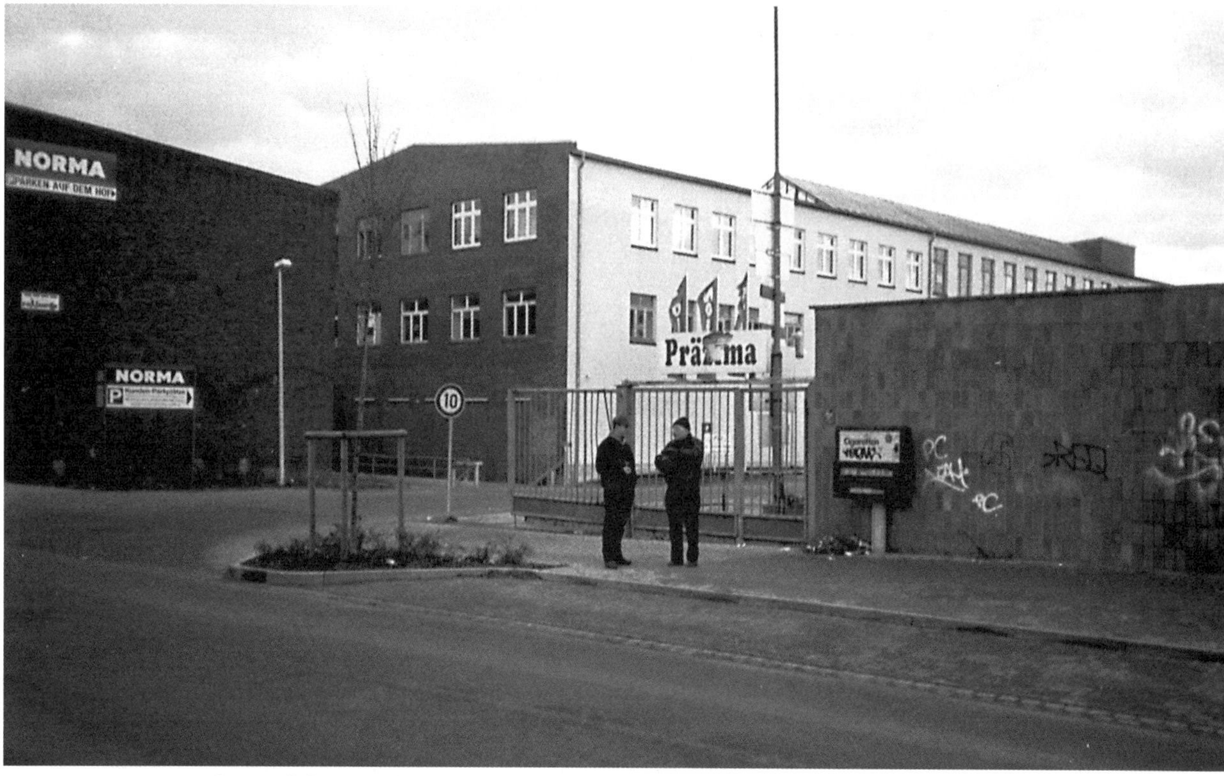

Boris Lurie versucht, auf dem Gelände der ehemaligen Polte-Werke in Magdeburg nach 53 Jahren zu klären, wo er als KZ-Zwangsarbeiter in der Munitionsproduktion wirkte. (26. Dezember 1998)

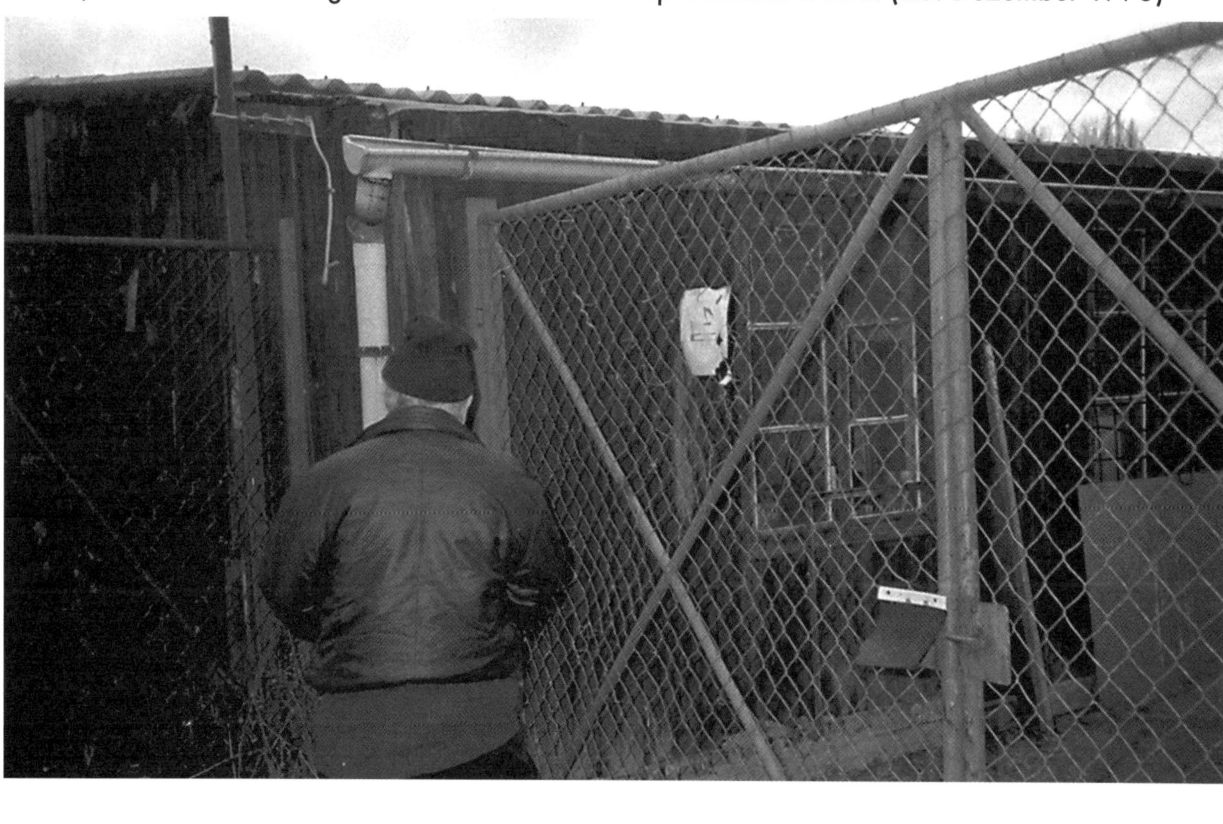

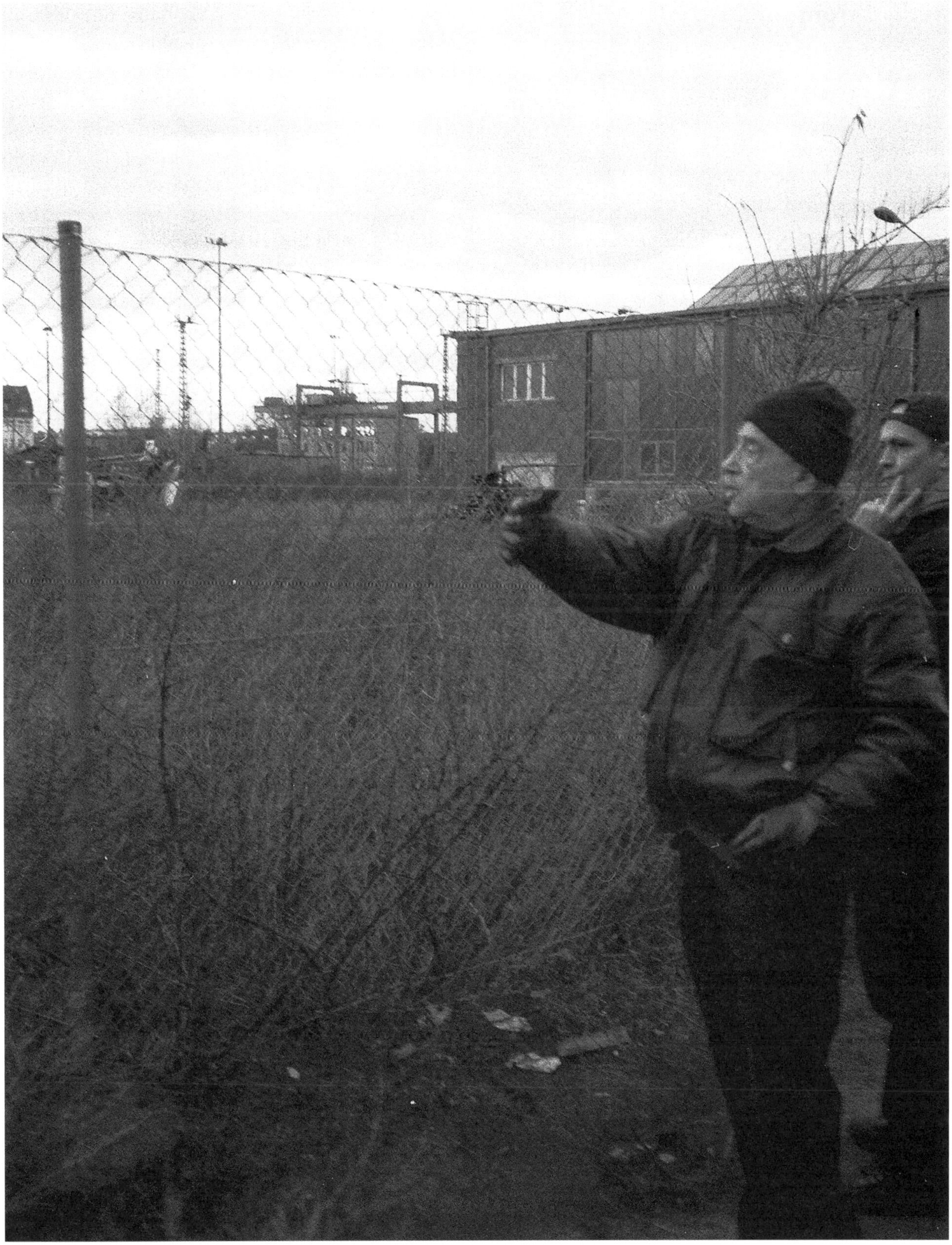

Rudij Bergmann:

MIT DER WUT DER VERZWEIFLUNG

Heikles an heiklem Ort: Die Ausstellung des „NO!art"-Künstlers Boris Lurie auf dem Gelände des KZ Buchenwald

Zum Beispiel: *Saturation Paintings;* Schwarzweiss-Fotos und Zeitungsausschnitte formal streng auf die Leinwand collagiert. Im Zentrum ein bekanntes Foto; Buchenwald-Häftlinge am Stacheldraht wohl auf ihre Befreiung wartend. Gespenstergestalten zwischen Lebenserwartung und Gebrochensein. Umrahmt, als wär's ein Ornament, von einer Fotoserie, die ein Pin-up-Girl in verschiedenen eindeutigen Posen zeigt, deren Versprechungen nichts zu wünschen übrig lassen.

Die Schönen und die Nackten, die Vergasten und die Entkommenen hat Boris Lurie, der Überlebende eines Aussenlagers von Buchenwald, auf den schmerz- und lustvollen Nenner Leben gebracht. Das Entsetzen gepaart mit dem Prallen, die Lust mit dem Grauen; so entstanden Bildwerke gegen ein Vergessen, das sich weder vereinahmem lässt noch zum Wegschauen legitimiert.

Im Weimarer Kulturhauptstadtjahr 1999 ist die Ausstellung des 1924 in Leningrad geborenen, in Riga aufgewachsenen Boris Lurie ein künstlerisch-politischer Gegenschlag, der sich nicht um ästhetische Feinsinnigkeiten schert, den der Ort der Kunst-Handlung, die oberhalb Weimars gelegene Gedenkstätte des KZ Buchenwald, auch kaum zulassen würde. Die realen Schrecken des Ortes und die eigenen erlebten in Kunst gebannt, das ist das, was der KZ-Häftling Lurie als Künstler in zwei weiss gekalkten bedrückend niedrigen Kellerräumen des einstigen Desinfektionsgebäudes ausbreitet. Und vieles von dem was er seit den fünfziger Jahren bis 1998 schuf, das Gedenkstätten-Direktor Volkhard Knigge aus den USA nach Weimar holte, trampelt nicht nur den Zartfühlenden im Kunstbetrieb auf den Nerven herum, es wird auch jenen zu schaffen machen, deren Schicksal hier Kunst-Gegenstand ist. Aber eben nicht in der gewohnt würdigen bis ritualisierten Gedenkweise, sondern im Spannungsfeld voyeuristischer Lust und blankem Entsetzen.

Nicht selten sind des Künstlers gewagte Kombinationen von Leichenbergen und alle Männerphantasien bedienenden nackten Schönheiten als Tarnkappen obsessiver Frauenfeindlichkeit gewertet worden. Das liegt ebenso nahe wie es zu kurz greift. Denn eine mit einer roten herzförmigen Sonnenbrille maskierte, verführerisch rotmundige *Lolita*, die Boris Lurie 1962 in Konfrontation setzt zu im KZ-Dreck vegetierenden Häftlingen ... oder eine den Slip sich über ihren ansehnlichen Po ziehende Lady, die der Künstler 1963 auf ein Foto mit Leichenteilen auf einem Waggon zu einer *Railroad Collage* strukturiert, die ihren virtuellen Vorderkörper den Verreckten präsentiert, aufs Frauenfeindliche zu reduzieren, ist auch dann zu simpel, wenn wir dem Künstler als Mann nicht bloss die edelsten Motive unterstellen.

Jedenfalls haben die Überklebungen von Holocaust-Fotos mit Pin-ups ihren Ausgangspunkt im Abbildungs-Nebeneinander von Sex, Partys und Massenmord an den Juden, die in den fünfziger Jahren in jenen US-amerikanischen Print-Magazinen Mode wurden, die während des Krieges Berichte über die deutsche Endlösung der Judenfrage verweigerten. Das Nebeneinander radikalisierte der Künstler mittels der Collage zum Miteinander des nur scheinbar Unvereinbaren. Das nur schwer Ertragbare hat seinen Ursprung in der Wut der Verzweiflung des

Boris Lurie, dessen Mutter und Schwester von jenen verschleppt und ermordet wurden, die man so ungenau Nazis nennt.

Nicht bloss die *Railroad Collage* lässt sich auch erweiternd deuten; als ein Sinnbild des triumphierenden Lebens über alle Massenmorde der Geschichte; ein durchaus janusköpfiger Sieg der Liebe und Triebe. Diesen Gedanken umkreiste bereits Georg Bussmann in seinem Beitrag Jew-Art im Katolog zu den beiden Ausstellungen über Boris Lurie und die von ihm sowie Stanley Fisher und Sam Goodman bestimmte NO!art-Bewegung, die im Oktober/November 1995 die Neue Gesellschaft für Bildende Kunst in Berlin organisierte. Der Katalog und eine bereits 1988 erschienene NO!art-Publikation in der Edition des Kölner Multiple-Galeristen Armin Hundertmark, der auch NO!art-Kunststücke verlegt, gehören zu den raren Publikationen über eine Kunst, deren antikapitalistische Wut noch heute jene irritiert, die Amerika für die Beste aller Welten halten.

Zu denen zählte der 1945, vielleicht auch ein Jahr später, in New York ankommende Boris Lurie und seine zumeist jüdischen NO!art-Freunde nicht. Die Geschichte von NO!art, die sich als Bewegung zeitgleich mit der stark literarisch orientierten Beat-Generation zwischen 1960 bis 1964 in New York in Szene setzte, ist nicht zuletzt die Geschichte ihres Verschweigens. Ihre unduldsame Kritik am amerikanischen Way of Life, den sie sich mit rüden (anti)künstlerischen Attacken in den frühen Jahren des Kalten Krieges als ein Way of Death interpretierten, war und ist wohl immer noch Grund genug NO!art aus dem Kanon der offiziösen, nicht selten konservativ bis indifferenten Kunstgeschichtsschreibung auszuschliessen. Eine der wenigen und die gewichtigste Ausnahme ist diesbezüglich die Sektion Alternative Traditions in the Contemporary Arts im Museum of Modern Art des US-Bundesstaates Iowa.

Was man nicht zuletzt im legitimationssüchtigen Europa der amerikanischen Pop-art unverschuldet unterstellte, war NO!art-Programm. Hinter dem allgemein behaupteten Wohlstand der weissen Mittelklasse erkannten Boris Lurie und die Seinen die Fadenscheinigkeit einer Kosumgesellschaft, die ihre eigenen Minderheiten unterdrückte und alsbald in die Kuba-Krise und den Vietnam-Krieg hinein taumelte. Und so ist denn der weltweite studentische Schlachtruf USA-SA-SS auch Slogan der NO!art Aktivisten gewesen. Die am politischen Dada geschulte Kunst als Anti-Kunst mag eine ihrer Wurzeln auch im behutsam zu bewertenden jüdischen Bilderverbot haben. Vor allem aber ist sie das adäquate Ausdrucksmittel für jene gewesen, die in den von ihnen kontrollierten Galerien in der New Yorker 10. Strasse in der Lower East Side sehr gezielt alles Gute, Schöne, Teure ins Fadenkreuz ihrer Ablehnungs-Kunst nahmen.

Zurecht hat sich die NO!art-Bewegung als eigentliche Gegenspielerin von Pop-art verstanden, deren Galerist Castelli, so erzählt man in New York, sich zeitweise für diese Schmuddelkunst interessierte. In der Buchenwald-Gedenkstätten-Ausstellung von Boris Lurie finden sich nahezu alle NO!art-Inkunabeln, die der russisch-jüdische-baltendeutsche Boris Lurie – der auch in seiner aussterbenden baltendeutschen Muttersprache Gedichte verfasst – nun über fünf Jahrzehnte geschaffen hat. Mitte der Fünfziger zumeist melancholisch-schwere Kleinformate wie *Entrance*: zwei von Hunger und Schmerz ausgemergelte Gestalten, ganz in sich versunken, als Türwächter und Todesengel. Gewiss erinnern beide an jene Engel, die an der Pforte des Paradieses warten; wohl möglich: Boris Lurie changiert hier mit der tragischen Wahrheit, dass für manche Leidende im KZ der Tod in der Gaskammer, und eben diesen Weg dorthin flankieren die Gestalten, Erlösung war.

Mitte der Fünfziger entdeckte Lurie die Collage für sich. Nun entstehen die provokanten Bildwerke aus Illustrierten-Fotos, Zeitungsausschnitten und Alltagsgegenständen, die er nicht selten wild und grell übermalt. Er ist mit seinen künstlerischen Ausdrucksmitteln auf der Höhe der Zeit. Politisch sowieso. Zum Beipiel die Malerei/Collage auf Leinwand *Lumumba is Dead*, nach langen Jahren 1964 beendet. Girls in allen Lagen, Schnittmuster, Obstkörbe, Lenin-Foto, Wortfetzen und Nazifahne mit Hakenkreuz strukturiert Lurie zum Desaster Welt mit seinen vielschichtigen Liebes- und sonstigen Folterkammern; dem auch der erste Ministerpräsident des nun nicht mehr belgischen Kongo zum Opfer fällt. Ein ähnliches Szenarium und Personal im ebenfalls wandfüllenden *Oh Mama Liberté* von 1960. Abseits des Sammelsuriums aus Lust verheissenden Frauen, Farbbahnen, der gutmütig-mütterlich lächelnden Frau Chruschtschowa und aufgeklebten Spielkarten, lakonisch in Druckbuchstaben: Adolf Eichmann – Stand Up! Hier verwandeln sich die Lust- und Frustseparées zurück in die Hölle der KZs, über die man nach dem Krieg auch in Amerika gerne schwieg; denn man hätte dann auch vom Unvermögen der Alliierten, Lurie würde es wohl bewusst unterlassene Hilfeleistung nennen, reden müssen, die Juden vor der Vernichtung zu retten. Das meint der Künstler, wenn er Eichmann ins Schrift-Bild setzt. Und auch das: „Eichmann am Leben ... Eichmann tot ... wen kümmert Eichmann? ... Tausende haben nach der Befreiung (von Bergen-Belsen) weitergehungert." So gelesen ist NO!art bittere und sehr frühe Reflektions-Kunst des Holocaust, die Schuldigen ebenso im Visier wie deren Begünstiger.

Überhaupt das Jüdische. Es durchzieht das Werk des Boris Lurie, der in seiner Zwangs- und Wahlheimat New York wohl selten eine Synagoge besucht, als nie zu tilgende Schmerzenspur; jenseits aller optischer Sensation. Aus der Zeit der ersten Bilder eine expressiv-abstrakte düstere Figürlichkeit, eine Kerze haltend; ein Rabbi vielleicht oder ein chassidischer Ost-Jude in mysthischer Konzentration. Dort eine Assemblage von 1972: Haare, ein Pelz mit gelbem Davidstern, hochhackiges Frauenschuhwerk, eine blaue Blume in einem Schlauch steckend, ein Foto, das die No!art-Galeristin Gertrude Stein vulgär-sinnlich zeigt. Und als bislang letzte Arbeiten, Objekt-Bilder aus weissen Kerzen; doch keine die Welt erhellenden Menora-Lichter, sondern deformierte Gebilde, die sich phallisch und als Vagina deuten lassen und somit doch zu Symbolen des dauernden Überlebens geraten.

Der NO!art am nächsten bis zur täuschenden Ähnlichkeit steht gewiss Fluxus. Und nicht selten haben Fluxuskünstler wie Jean-Jacques Lebel und Alan Kaprow gemeinsame Sache mit den NO!-Artisten gemacht. Auch Wolf Vostell, der Politische unter den Fluxisten, hat mit Boris Lurie zeitweise eng zusammengedacht und war mit ihm sein Leben lang befreundet. Beider Werke zeugen von erstaunlichen Korrespondenzen; was Vostell an medialer Vielfältigkeit Boris Lurie voraus hat, gleicht dieser durch radikale Materialhandhabung wieder aus.

Verbindungslinien liessen sich auch von dessen Ablehnungskunst zur jungen britischen Selbsterlebnis-Art der Sarah Lucas und einer Tracey Emin ziehen, die nicht weniger illusionslos-sehnsüchtig und lustvoll-gierig Welt zum Kunstgegenstand machen als Urahn Lurie. Und durchaus kann seine *Death's Sculpture* von 1964, Hühnerköpfe in Giessharz eingeschlossen, als Vorgriff auf die geteilten Kadaver von Damien Hirst verstanden werden. Solche möglichen Bezüge jedenfalls zeugen von der unverbrauchten Kraft der Kunstwerke des Boris Lurie, die immer noch keine Heimstatt in Museen gefunden haben. Aber genau dort könnten sie, in Korrespondenz und in Opposition zu Fluxus, Brit- und Pop-Art ihre politisch-ästhetische Sprengkraft entfalten, vor der sich die Museen offensichtlich immer noch fürchten.

---

in: Frankfurter Rundschau vom 9. Januar 1999.

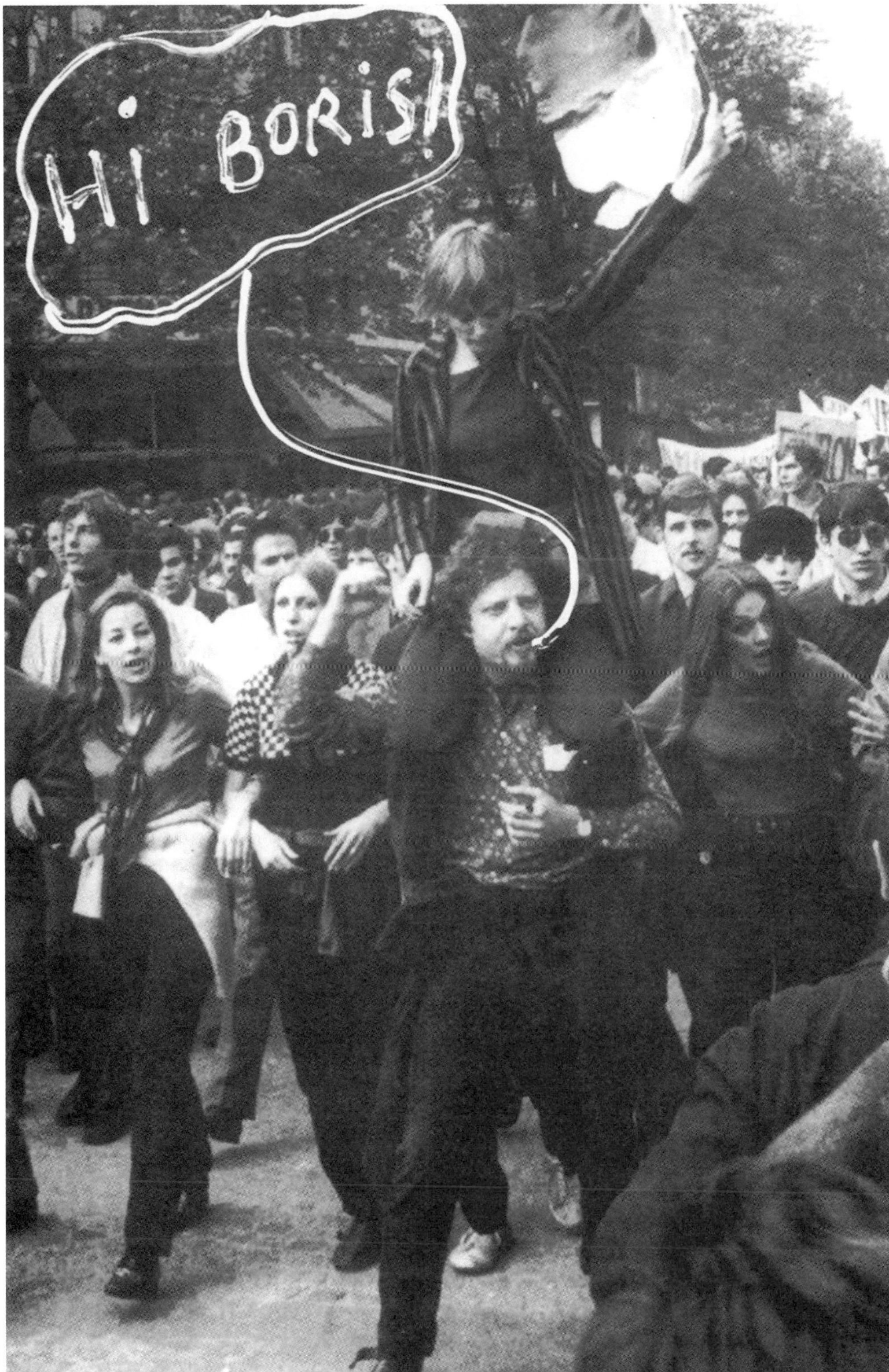

JEAN-JACQUES LEBEL: Hi Boris, 2000

Matthias Reichelt:

Boris Lurie, Werke 1946 - 1998

Gedenkstätte Buchenwald im ehemaligen Desinfektionsgebäude

Das überregionale deutsche Feuilleton hat sich mit Ausnahme der Frankfurter Rundschau und der linken Jungen Welt mal wieder in Ignoranz geübt. In vielen langen Artikeln wird das Kulturprogramm der diesjährigen europäischen Kulturhauptstadt aus jeder Perspektive beleuchtet, das Pro und Contra des Goethe-Haus-Duplikats abgewogen, dabei gerät vor lauter Weimar Buchenwald aus dem Blick. Zur selben Zeit kommt die unendliche Geschichte des Holocaust-Denkmals, mit dessen Hilfe sich die Berliner Republik selbstgerecht als geläutert feiern und klammheimlich auf die Seite der Opfer schlagen möchte, zu einem bizarren Höhepunkt. Obgleich der Vorschlag, die Mahnung „Du sollst nicht morden" in althebräischen (!) Schriftzügen als zentrales Denkmal für die ermordeten europäischen Juden in Berlin künstlerisch gestalten zu lassen eher eine Autorenschaft des Satiremagazins Titanic vermuten lässt, ist er doch ernst gemeint und stammt von Richard Schröder (SPD). Zeitgleich wird die aktive Beteiligung deutscher Soldaten am Krieg um den Kosovo in Jugoslawien von der rot/grünen Regierung als historisches Datum gefeiert.

Angesichts der hier kurz skizzierten Debatten und der politischen Atmosphäre mag es nicht verwundern, dass die ehemaligen Konzentrationslager und heutigen Gedenkstätten mit ihrer von Mittelknappheit bedrohten mühsamen Wissensvermittlung und Erinnerungsarbeit in dieser Berliner Republik kaum noch eine Rolle spielen.

Die Gedenkstätte Buchenwald hat sich unter Leitung von Dr. Volkhard Knigge und der Kuratorin Dr. Sonja Staar einen besonderen Beitrag für die europäische Kulturhauptstadt Weimar 1999 einfallen lassen. Im Kellergeschoss der ehemaligen Desinfektion, also unterhalb der ständigen Sammlung mit Werken ehemaliger Häftlinge und zeitgenössischer internationaler Künstler, wurde bis zum 10. Mai 1999 eine Ausstellung mit dem New Yorker Künstler Boris Lurie gezeigt.

Lange bevor das Thema Auschwitz für die Kunst domestiziert war, also noch lange vor der Betroffenheitsseligkeit des „There is no business like Shoahbusiness" (Eike Geisel), hat sich Boris Lurie bereits in den fünfziger Jahren in aggressiver Weise daran abgearbeitet und seitdem diesen Topos nicht mehr losgelassen. Die biographische Nähe zu diesem Thema haben ihm die deutschen Faschisten nebst lettischen Kollaborateuren verschafft.

1924 in einer jüdischen Familie in Leningrad geboren und in Riga aufgewachsen, wurde er von den Deutschen ins Rigaer Ghetto gebracht. Während seine Grossmutter, Mutter und eine Schwester ermordet wurden, haben Boris Lurie und sein Vater eine Odyssee durch mehrere Konzentrationslager überlebt, da sie noch als Arbeitskräfte „verwertbar" waren.

Unter den Nummern 95966 und 95967 sind Boris und Ilja Lurie auf einer Transportliste Buchenwald-Magdeburg aufgeführt. Von 1944 bis zur Befreiung mussten sie in einem Aussenkommando Buchenwalds, bei der Poltewerke AG, einem Rüstungsbetrieb in Magdeburg, arbeiten.

1946 wanderten beide in die USA aus. In New York begann Boris Lurie eine Ausbildung bei Reginald Marsh in der Art Students League, wo er viele gleichgesinnte Künstlerinnen und Künstler und spätere Verfechter der von Lurie Anfang der 60er Jahre begründeten NO!art kennenlernen sollte.

Anfänglich, Ende der vierziger Jahre, verarbeitete Lurie seine KZ-Erfahrungen im Stil klassischer figurativer Malerei. In diesen frühen Gemälden schildert er in geschlossenen Kompositionen Szenen aus dem KZ. Auf dem Bild

Entrance von 1946/47 zeigt Lurie den von zwei Häftlingen gesäumten Eingang zum Todestrakt. Die ausgemergelten und traurigen Gestalten tragen statt Helmen Eimer auf ihren Häuptern. Eine überlieferte Strafaktion der KZ-Verwalter, die damit die Häftlinge noch angesichts ihrer bevorstehenden Vernichtung der Lächerlichkeit preisgeben wollten. Das KZ als Sujet taucht bei Lurie später nur noch in vorgefundenem Material (Fotografie, Schrift) auf, während er die Insignie des Systems und der Bewegung, das Hakenkreuz, immer wieder metaphorisch einsetzt.

Der traumatische Verlust von Grossmutter, Mutter und einer Schwester, das erzwungene Ende seiner Jugend und die Unmöglichkeit von Liebe und Sexualität unter KZ-Bedingungen führten zu einem grösseren Werkzyklus der *Dismembered Women* (zerstückelte, zergliederte Frauen). Auf diesen flächig gemalten Bildern sind deformierte und mit fratzenhaft verzerrten Gesichtern versehene Körper sichtbar, an manchen Stellen gar nur lose Körperteile. Neben seinen traditionellen Anfängen waren auch Beispiele dieser Bilder von Lurie in der Gedenkstätte Buchenwald zu sehen. Rückblickend ist erkennbar, dass Boris Lurie immer um das Einfangen der komplexen und widersprüchlichen Realität bemüht war. Insofern scheint es nur folgerichtig, dass die grossen (sowohl qualitativ als auch im Ausmass) Werke seines Œuvres in eine Kombination verschiedener Techniken und Medien mündeten. Auffällig ist die Verschmelzung von drei Techniken, derer er sich bis heute bedient: Malerei, Collage und Assemblage.

Der moralische Impetus, Luries Empörung über den Zustand der Welt sowie die Parteilichkeit seiner Kunst wirken ungewohnt in einer Zeit der „Coolness" in der gegenwärtigen Kunst mit ihren kalkulierten Effekten und ihrer technischen Perfektion. Bei Lurie entsprechen die Bildkompositionen eher den Gedankensplittern spontaner Assoziation, schroff und ohne gleitende Übergänge. Die Oberfläche seiner grossen, vorwiegend aus den frühen sechziger Jahren stammenden Leinwände wirkt rauh, ungehobelt und dreckig und erinnert nicht selten an die Trash-Ästhetik der Punk-Ära, der er damit 10 Jahre voraus war.

In seinen Bild-Collagen-Assemblagen versucht Boris Lurie sowohl Text als auch Subtext, These, Antithese, Bewegung und Gegenbewegung in ihrer Simultanität darzustellen. Das bedeutet natürlich eine totale Absage an die Vorstellung einer linearen Erzählbarkeit von Geschichte, mit der in der US-amerikanischen Literatur Autoren wie z.B. William Gaddis und Thomas Pynchon brachen.

Die Grenzen der Medien (Foto, Text und Malerei) werden andererseits gerade durch ihre schonungslose Konfrontation miteinander durch Lurie sichtbar gemacht. Alles bedarf des Kommentars. Die individuelle Malerei der offiziellen Printmedien und umgekehrt.

Die Zerstörung des Menschen, seiner Integrität und Würde und hier besonders der Frau wurde durch Eingriffe in vorgefundenes Material zum Ausdruck gebracht.

1958 begann er damit, die Erzeugnisse der Printmedien, Zeitungsausschnitte, Kosmetikreklamen, Wahlplakate und Pin-ups (von denen er sich als Mann natürlich auch angezogen fühlte und dies in Texten und Interviews auch zum Ausdruck brachte) zu verarbeiten, ohne aufzuhören, den Holocaust zu thematisieren. In dieser Phase näherte sich Boris Lurie seiner antikapitalistischen Position der späteren Jahre an. Indem er das scheinbar zufällige Nebeneinander von Reportagen über den grössten industriellen Massenmord und Produktwerbung für Kosmetik und Mode in den Zeitschriften aufgriff und in seinen Collagen zu grossen Tableaus verschmelzen liess, trieb er das Spiel der Medien- und Warenwelt zynisch und aggressiv auf die Spitze. Diese, den Blick anziehenden, aber auch wieder abstossenden Bilder vermögen auch heute noch zu verletzen. Kaum jemand hat sich eine so ungeheuer radikale und provokante Bildästhetik zu eigen gemacht.

Die *Railroad Collage* von 1963, die jetzt zur ständigen Kunstsammlung der Gedenkstätte gehört, zeigt ein Pin-up mitten in einem Leichenberg aus Buchenwald. In Lolita von 1962 hat Lurie die laszive Lolita aus Stanley Kubricks Nabokov-Verfilmung zusammen mit einem Bild von KZ-Toten auf einer gelb bemalten Leinwand montiert. Diese Bilder sind nur vor dem Hintergrund einer alles durchdringenden Warenwelt und der radikalen Auffassung von Komplexität und Simultanität der Welt lesbar. Die Grenzen zwischen Werbung und Information, zwischen Spiel und Ernst, Gut und Böse sind längst eingerissen. Alles wird zu einer Melange. Die Qualität von Boris Luries Bildern liegt in ihren schmutzigen, rohen und verkleisterten Oberflächen, die nichts verschönern, sondern die Brüche sichtbar machen, die heute z.B. im Fernsehen durch smarte Moderatoren angenehm verdeckt werden. Die Überleitung ist schon Infotainment. Boris Luries Kunst stellt damit natürlich auch die traditionelle Mahnmals-Kunst in Frage, denn sie funktioniert ja nur gegenteilig nämlich mittels einer irrealen Fokussierung auf einen Aspekt (Person, Opfergruppe etc.) der Geschichte.

Die Weigerung oder das Unvermögen zur Dechiffrierung solcher von Lurie methodisch intendierten Attacken auf die Netzhaut führten im Besucherbuch der Gedenkstätten-Ausstellung zum Vorwurf, Lurie verhöhne die Opfer. Allein sein eigener Status als Opfer schützen ihn vor stärkeren Angriffen.

Natürlich hat sich Lurie mit solchen Bildern auch in der Kunstwelt keine Freunde gemacht. Wer wollte schon die verschiedenen Realitätssphären (Text und Subtext) zu einem Bild verdichtet sehen. Bevorzugt wurden die undeutlichen, sich ausschliesslich in Form, Farbe und Material ergehenden Werke des Abstrakten Expressionismus, der ja nicht ganz zufällig während des Kalten Krieges gegenüber der figurativen Malerei den Siegeszug in den westlichen Ländern angetreten hatte (vgl. Serge Guilbaut, How New York Stole the Idea of Modern Art, Chicago 1983).

Mit gleicher Skepsis wie gegenüber den Abstrakten Expressionisten und letztendlich mit oppositioneller Haltung begegnete Boris Lurie der in den sechziger Jahren aufkommenden Pop-art, in deren Stilisierung der Warenästhetik er nur eine Affirmation des „Systems" sah.

Zusammen mit Stanley Fisher und Sam Goodman organisierte er unter dem Begriff NO!art Anfang der sechziger Jahre Gruppenausstellungen in der March Gallery (March von Marschieren im Sinne von Kampf in Formation gegen die Kunstwelt, die falsche Kunst, die Verdummung und die Repression) in der Lower East Side New Yorks, an denen bis zu 20 Künstlerinnen und Künstler beteiligt waren u.a. Erro, Alan Kaprow, Yayoi Kusama, Jean-Jacques Lebel, Lil Picard usw.

Von den Museen und deren Kuratoren (damals noch durchweg männlich) wurde NO!art von Ausstellungen ausgeschlossen, wie Harriet Wood, die Anfang der sechziger Jahre einen Job beim MoMA in New York hatte, in ihren Erinnerungen beschreibt (vgl. NO!art, Katalog der NGBK, 1995, S.158).

Wolf Vostell gab seiner Sympathie für diese Bewegung mehrfach Ausdruck. In einem Brief an Boris Lurie, zu dessen grossen Ausstellung zusammen mit den anderen NO!art-Künstlerinnen und Künstlern in Berlin 1995, schrieb Vostell: *„Deutschlicher gesagt, alle Maler mit „bösem", aufklärerischem und dialektischem Bildmaterial, auch international gesehen, werden es in Deutschland immer sehr schwer haben. Wer sollte das alles sammeln? Das psychologische Erscheinungsbild der Sammler hier ist dasselbe wie in New York. Warum sollten sie ihre schönen Häuser vollhängen mit Aufklärung, Konzepten, Mahnmalen und Erinnerungen an die desaströse Geschichte im XX. Jahrhundert?"* (in: NO!art, NGBK, Berlin 1995, S. 163)

Die Arbeit mit vorgefundenem Material, die Technik der Decollage und die Inhalte verband NO!art mit den politischen Künstlern des Fluxus.

Mit Müll, Graffiti, Gerümpel, Mieder, Gips, Beton, Haaren und Farbe wurden in verschiedenen thematischen Ausstellungen Inszenierungen geschaffen, mit der die ablehnende Haltung gegenüber der herrschenden Politik und Ästhetik zum Ausdruck gebracht wurde. NO! zur Kunst, die der Dekoration eines Systems dient, das Massenverelendung und -vernichtung nicht nur toleriert, sondern unter dem Prinzip der Profitmaximierung seines militärisch-industriellen Komplexes aktiv betreibt.

Korea, Algerien, Vietnam und viele andere Kriege im Zeichen des Neokolonialismus wurden von Lurie in übermalten Collagen verarbeitet. NO! zum bourgeoisen, den Kapitalgesetzen unterworfenen Kunstmarkt. Boris Lurie hat sich diese Ablehnung bis heute bewahrt und weigert sich, seine Arbeiten zu verkaufen.

Das Ende der March Gallery wurde mit der NO Sculpture Show, die später auch Shit Show tituliert wurde, begangen. In den Kellerräumen der Galerie stellten Sam Goodman und Boris Lurie unterschiedlich grosse und farbige Haufen Scheisse aus Gips und Beton aus und gaben damit ihrer Ablehnung von zeitgenössischer Politik und Kunstbetrieb einen sinnlich passenden Ausdruck. Dies war auch eine radikale Kritik an der Politik der Museen, unpolitische Kunst zu fördern und explizit politische Kunst auszugrenzen und damit sowohl die Realität als auch den überall auf der Welt geführten Kampf um Emanzipation unterdrückter Völker zu ignorieren. NO!art war auch an vielen öffentlichen Happenings und strassentheaterähnlichen Aktionen gegen den Vietnamkrieg beteiligt. Ende der sechziger, Anfang der siebziger Jahre setzten Künstlergruppen wie die Guerilla Art Action Group um Jon Hendricks und Jean Toche dieses Engagement mit anderen Mitteln fort.

Boris Luries Bilder strahlen weder Larmoyanz aus, noch geraten sie jemals in die Nähe des peinlichen Betroffenheitskitsches. Ein wie auch immer gearteter Pathos ist diesen Bildern fremd, sie polarisieren und nötigen den Betrachter zu einer entschiedenen Position.

Hass und Aggression sind in den Bildern auch heute noch spürbar. Hier dominiert keineswegs die kühle intellektuelle Analyse, sondern die anarchische Direktheit von DADA und Situationisten.

---

in: Kunstforum, Band 145, Köln, Mai/Juni 1999

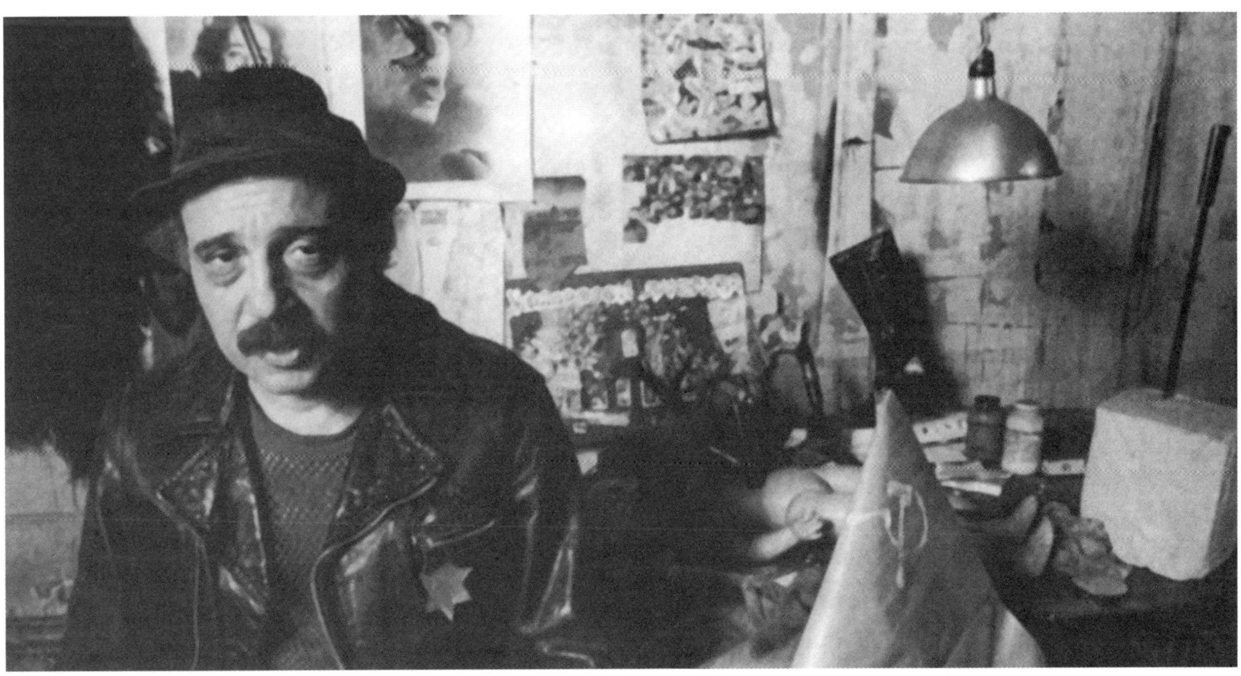

Boris Lurie in seinem New Yorker Studio in der Lower East Side, 1977

Armin Hundertmark:

ANMERKUNGEN ZU DEN GEDICHTEN

Ende September 1999 erhielt ich von Boris Lurie ein Fax mit der Bitte, eine kleinere Einleitung oder einen Artikel für sein Gedichtbuch zu schreiben. Habe ihm zurückgefaxt: Werde versuchen, was zu schreiben für Dein Buch.

Vorher bekam ich schon viele Faxe von Boris. Unter anderem sollte ich Günter Brus auffordern, eine Zeichnung für sein Gedichtbuch zu machen. Kurze Zeit später kam Günter Brus nach Köln, weil der DuMont-Verlag ein Buch von Günter herausbringen will. Günter kam in meine Galerie. Vorher hatten wir eine Edition besprochen, die er für mich machen wollte. Ich gab Günter den NO!art-Katalog der Neuen Gesellschaft für Bildende Kunst, Berlin. Ein kleine Radierplatte hatte ich noch in der Galerie und einen Stichel. Beides gab ich Günter. Er ging in eine Eckkneipe. Nach Galerieschluss sollte ich nachkommen. Als ich in die Kneipe kam, sass er mit einem Kölner Künstler an der Theke. Seine Sachen lagen auf einem Ecktisch. Günter hatte dort die Radierplatte fertig gemacht. Wir überlegten einen Titel und die Form wie wir die Radierung herausgeben sollen.

Vor etwa zehn Jahren gab mir Boris einige Gedichte zu lesen. Ich sollte ihm sagen, was ich davon halte. Ich sagte ihm, dass ich kein Literaturkritiker sondern Kunstverleger bin. Zwischendurch bekam ich immer mal wieder Kopien von neuen Gedichten, so dass ich mich nach und nach in die Gedichte reinlesen konnte. Boris hat sie mit grosser Beharrlichkeit weiter geschrieben. In einer manchmal „altdeutschen" Sprache. Beim Lesen spürt man sein grosses Wissen und das Schicksal, das er erlitten hat. Er macht aus seinem persönlichen Erleben Mitteilungen, die weit darüber hinaus gehen. Sie mahnen, rütteln auf, sind manchmal anrührend, naiv und krass und lassen einen nicht gleichgültig.

Boris habe ich als bildenden Künstler kennengelernt. 1974 machte er Multiples für meine Edition. 1976 gab ich die Zeitschrift *AUSGABE* heraus. Ich bat ihn, etwas für die Zeitschrift zu schreiben. Schon bald bekam ich Texte von ihm, die ich auch abdruckte. Es waren Texte über die NO!art-Gruppe. Später schrieb mir Boris und fragte, ob ich nicht eine Sondernummer meiner *AUSGABE* über die NO!art-Gruppe publizieren wolle. Ich sagte zu. Nun überhäufte mich Boris mit Texten und Fotos seiner Arbeiten und den von vielen anderen. Später machte Dietmar Kirves daraus ein Buch. Das gab ich 1988 heraus.

So habe ich mich schon lange und viel mit den Bildern und Schriften von Boris Lurie beschäftigt.

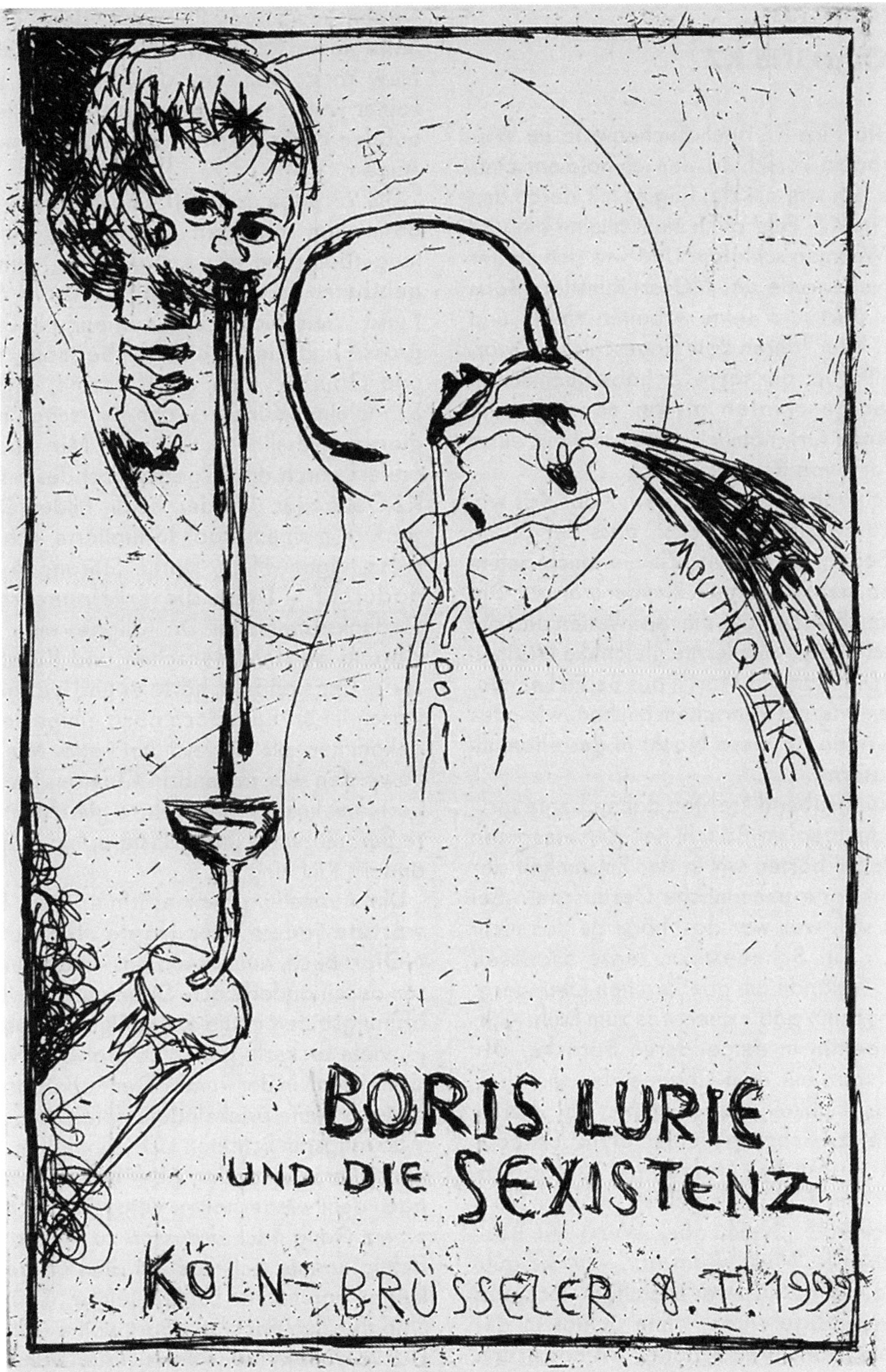

GÜNTER BRUS: Boris Lurie und die Sexistenz, 1999

Klaus Fabricius:

ZUR NO!art INS KZ

Zur NO!art ins KZ nach Buchenwald im Winter, das war ein Vorschlag, den ich bald entscheiden sollte. Ich war nie da, flog es mir durch den Kopf, nie im KZ. Fahr auch nicht alleine hin und sollte im Warmen schlafen. Und wie sich später in einer Nebenrede des NO!art-Künstlers Boris Lurie, der dort jetzt seine Arbeiten zeigte und der in den 40er Jahren dort eingeschlossen war, herausstellte: Ja, der sagte, er habe auch schon schlechter geschlafen als an eben diesem verschissenen Ort, nämlich später mal auf einer Fähre. War's von Reykjavik nach ... ?

Also ich habe gut geschlafen. Aber das waren nur kurze Stunden. Nicht, dass der Sturm und der Regen vor meinem Zimmer mich gehindert hätten, nee, denn mein Zimmer war gut. Die anderen auch, jedenfalls die renovierten und die im Windschatten. – Ich lernte gleich die NO!art-Experten Dietmar und Martin aus Berlin kennen. Sie zeigten uns, mit ironischem Lachen, wie alles zu gehen hatte für diese Nacht in der ehemaligen SS-Kaserne.

Am Ankunftsabend kreisten dann abenteuerliche Geschichten im Rauch der gemeinsamen Runde. Dabei hörten wir in der Einsamkeit der KZ-Gedenkstätte unheimliche Geräusche. „Sei doch mal still, was war das, hörst du das nicht auch?" ... Ein Schneesturm fegte draussen durchs KZ-Gelände am goetheschen Ettersberg.

Morgens dann gab's auch was zum Frühstück, gleich nebenan in der anderen Baracke, der Kantine. Noch mit dem Charme der sozialistischen Gemütlichkeit, die ich immer mal wieder verteidigte, zwischen geliebter Styropordecke und dem Imitat des Holzes im Fussbodenlinoleum. Zum Frühstück gab's: „Haben Sie'n Käsebrötchen?" „Nein, aber Wurst mit Brötchen." Dass die Wurst warm war, war die gute Überraschung. Eckhart war in Stuttgart morgens um halbvier abgefahren, ohne Schlaf in der Nacht, über Frankfurt Flughafen, wo Boris Lurie und Clayton erst noch abgeholt werden mussten, wegen unsicherer Faktoren, denn Boris Lurie hatte seinen Reisepass nicht wieder gefunden in New York. Jetzt aber doch mehr als pünktlich, keiner wollt's recht glauben, kamen sie an, hier auf den Parkplatz vor dem Fenster, vor unseren Augen.

Die Vorgabe des Eröffnungstermins zwang uns dann zum schnellen Aufbruch in die Ausstellungsräume im ehemaligen KZ-Desinfektionsgebäude. Es war beeindruckend. Wahrhafte Kunst. Vielschichtig und authentisch. Da hingen grosse und kleine Bilder, übermalte Collagen und Objekte. Eine wundersame, ergreifende Schau eines Künstlers, der also schon einmal an diesem grässlichen Ort war. Mir wurde ganz anders durch die Allgegenwart des renovierten KZ-Gebäudes und der vielen Bilder. Das Netzwerk in meinem Kopf formatierte sich neu. Impulse, eigenwillige, starke Störungen schossen dadurch. – Dann die Eröffnungsrede vom Gedenkstättenleiter Dr. Knigge, eine Liebeserklärung an den Menschen und Künstler Boris Lurie. Der stand da, hörte es und war gerührt. Es waren im übrigen doch noch einige Leute mehr gekommen, als ich vermutet hatte. Mir auffälllig geworden war mittendrin Clayton. Der fotografierte mit linker Hand, führte gleichzeitig Videoregler mit rechts und grinste dabei in eine ganz andere Richtung.

Die Ausstellung war eröffnet. Boris Lurie antwortete jedem, der fragte. Ich kaufte das NO!art-Buch, auch wenn das schon beim Signieren auseinanderbrach. Dann gingen wir zum Eröffnungsbüfett in die ehemalige SS-Kaserne. Oh ja, viele Leckerle gabs. Ich probierte von allem. Gute Laune in der Runde. Der Rotkäppchen Sekt, eine ab heute prickelnde Empfehlung.

So langsam lichteten sich die Reihen, wir rückten näher zueinander. Aber blieben sitzen, auch nach dem wiederholten Veto, die frische Luft mit einem Gang nach draussen zu nutzen. Doch so richtig konnte sich das bei dem eisigen Wetter keiner vorstellen. Leider, leider, Zeit vergeht. Und der Zug nach Stuttgart wollte nicht warten. Danke dem Künstler Boris Lurie! Danke den Bildern, die mir bleiben!

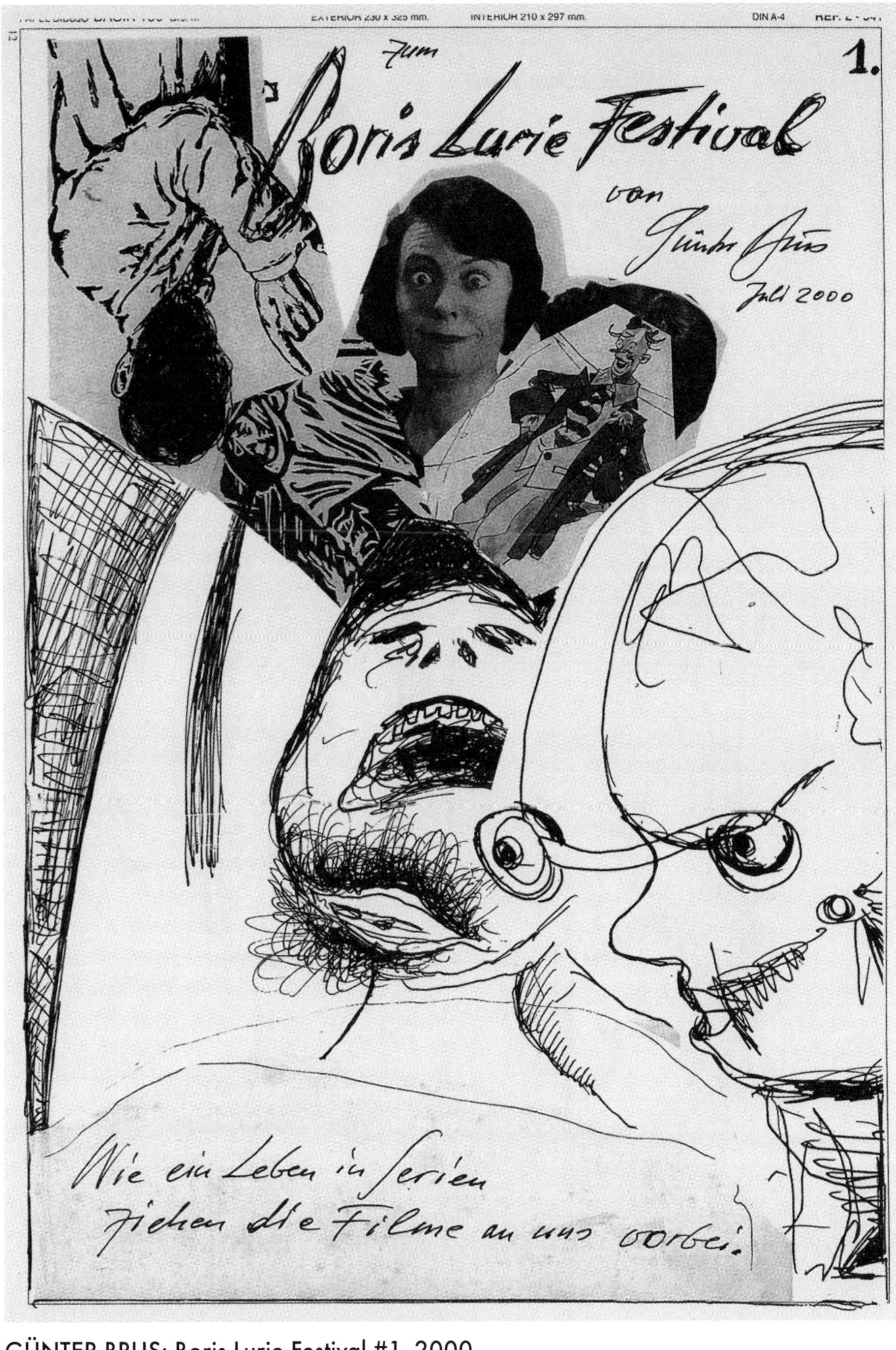

GÜNTER BRUS: Boris Lurie Festival #1, 2000

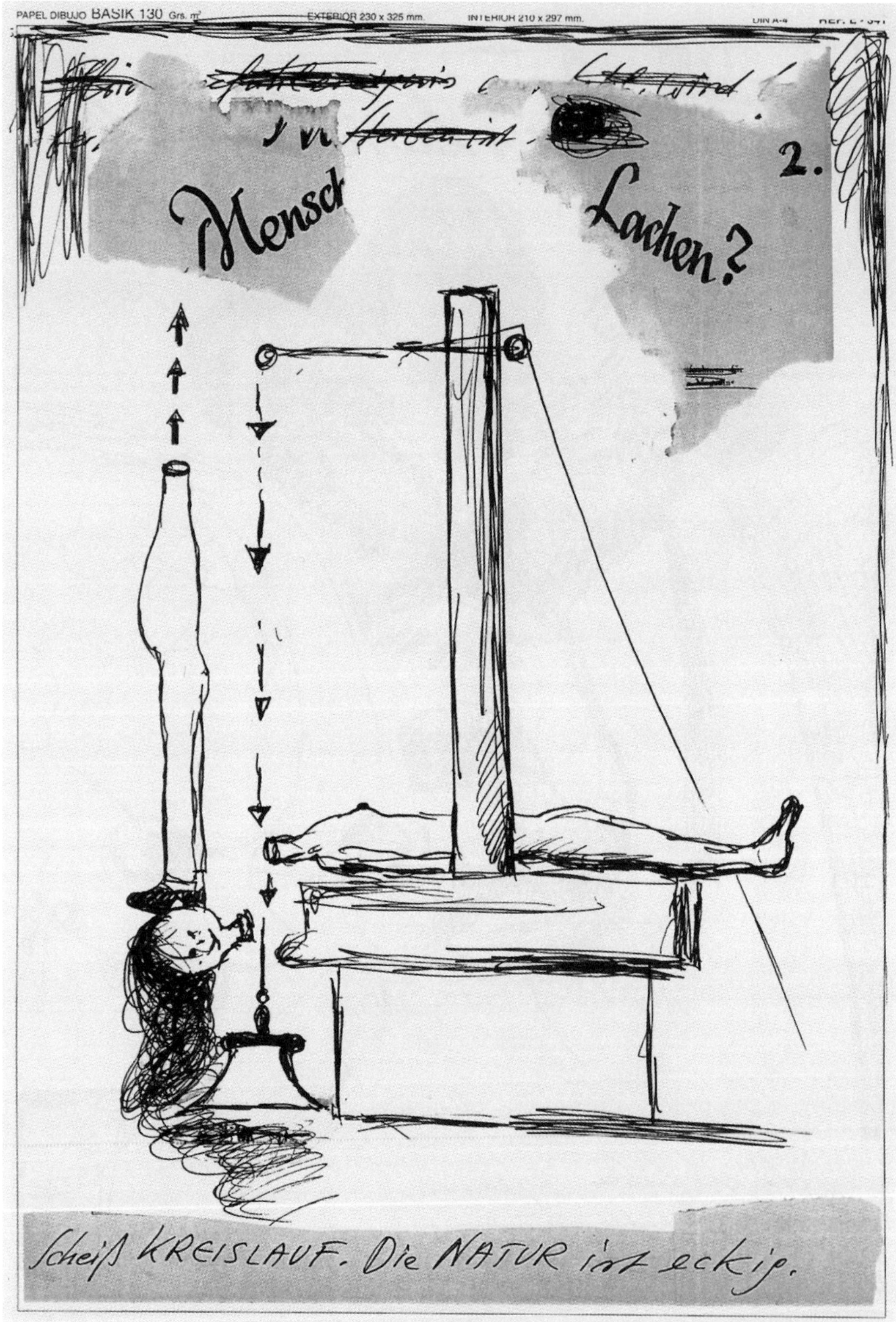

GÜNTER BRUS: Boris Lurie Festival #2, 2000

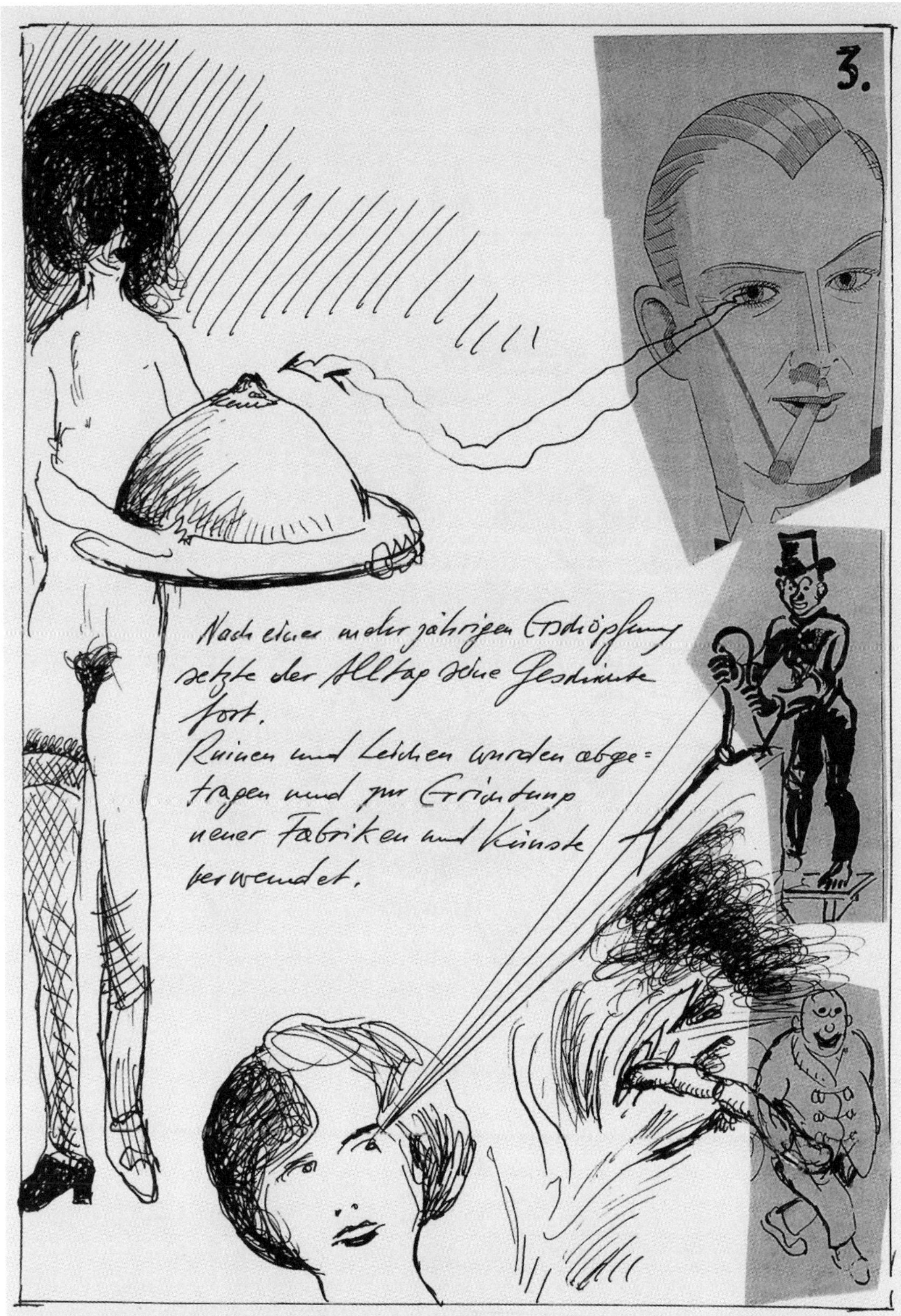

GÜNTER BRUS: Boris Lurie Festival #3, 2000

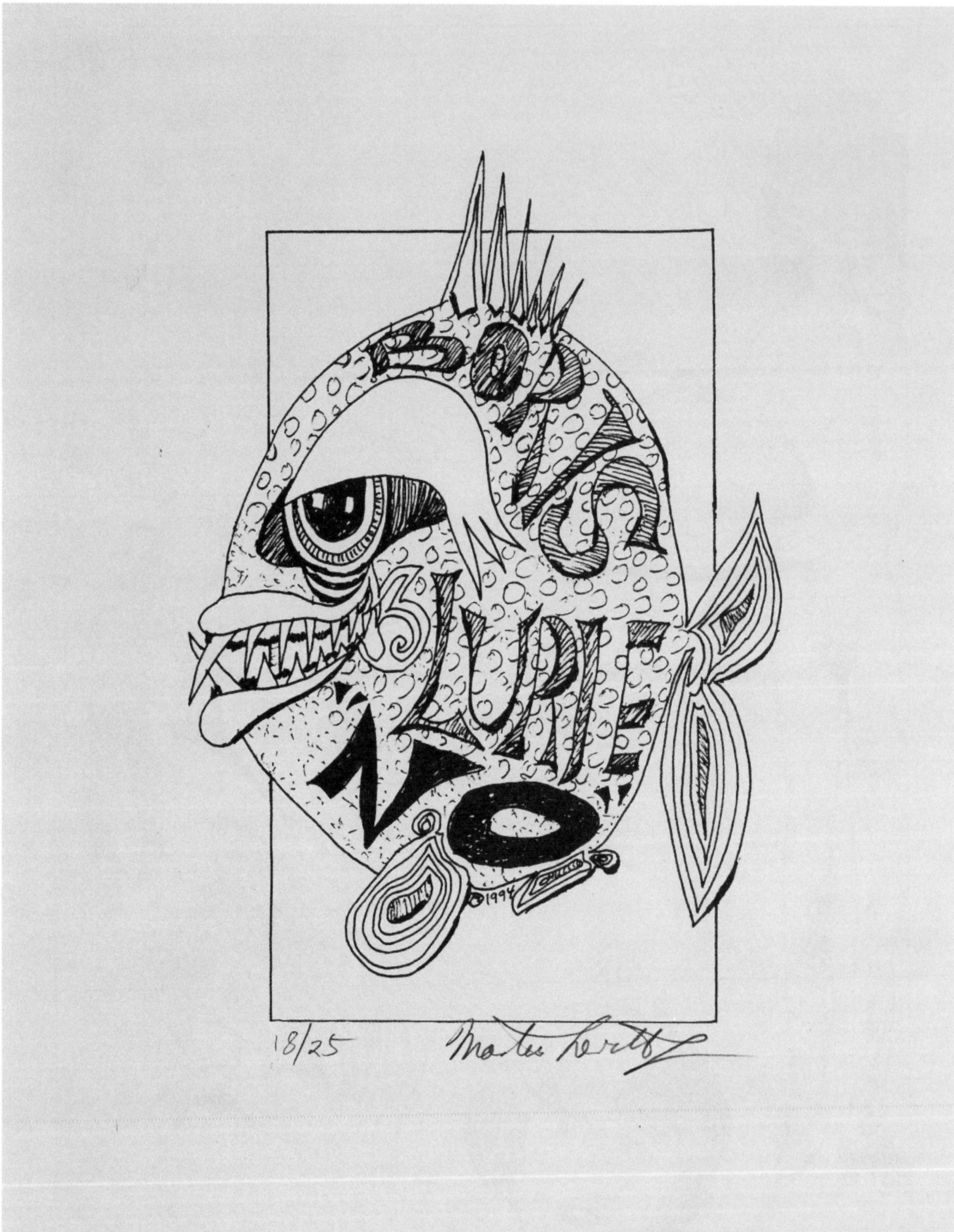

MARTIN LEVITT: Boris Lurie NO, o.J.

Matthias Reichelt:

BORIS

Briefpoem

Oktober 1999

Du schwarz gekleideter Eremit der 66. Strasse.

Du Nighthawk, machst die Nacht zum Tag und suchst den Schlaf zwischen Stapeln von Zeitungen, Holocaust-Literatur und Börsendepeschen, während das oberflächenpolierte Manhattan Giulianis seinem Tagesgeschäft nachgeht.

Deine dunkle Mietwohnung, knapp unter dem Strassenlevel gelegen, aber noch kein Souterrain, verlässt Du regelmässig nur, um Dir die New York Times, die alte Tante, zu holen, oder ab und an in Dein Studio in der – jetzt von den Yuppies gehypten – Lower East Side zu fahren.

Manchmal, wenn Du Lust auf den altmeisterlichen Kanon der Bildenden Kunst hast, besuchst Du – streng dem Gesetz der Sparsamkeit verpflichtet –, für einen Cent, dem Minimum des obligatorischen pay-what-you-can, das Metropolitan Museum.

Die Wohnung ist Dir zur Festung geworden, manche sagen sogar zum selbst erbauten KaZet. Gleich einem Labyrinth müssen sich die ausgesuchten Besucher den Weg zu Deinem verschlissenen Sofa bahnen. Schnell noch ein Stapel zur Seite geräumt, um einen Sitzplatz zu schaffen vis-a-vis Deines kleinen historischen s/w-Fernsehers.

Obwohl Du Dir ein grossbürgerliches Dasein leisten könntest, führst Du ein völlig luxusfreies Leben.

In Deinem wohlgeordneten Chaos, dessen System alleine Du durchschaust, empfängst du uns, Vertreter der Aussenwelt, mit ausserordentlicher Höflichkeit. Damenbesuch begegnest Du mit altmeisterlichem Charme, der gewöhnlich in grossbürgerlichem Ambiente anzutreffen ist und in Deiner Welt wohltuend deplaziert erscheint.

Via Zeitung, Telefon und Fax hältst Du Kontakt zur Welt.

Deine kritischen Anmerkungen, Erläuterungen, Reflexionen und eben Gedichte verfasst Du im Stehen auf Deiner alten Schreibmaschine. Umgeben bist Du dabei von hoffnungslos überfüllten Schreibtischen.

Mit schier unstillbarem Interesse verschlingst Du die Reminiszenzen linker Publizistik.

Entgegen dem zeitgenössischem Trend in der Kunst, sich mittels Eventmarketing und Public Relations in Szene zu setzen, verharrst Du in ablehnend kritischer Distanz zum Kunstmarkt, den Du nur als eine Spielwiese für Steuerabschreibungen und Überschüsse aus harten

Dollargeschäften begreifst. Zuwider ist Dir die Konkurrenz unter Künstlern um die besseren Positionen.

Ungebrochen ist Dein Bemühen, hinter die Fassade zu schauen, um die wirklichen Verhältnisse zu erkennen.

Deine Tragik ist, dass auch die Antihaltung und Opposition dank repressiver Toleranz und Postmoderne vermarktbar ist. Der puritanische Aufschrei in den USA gegen angeblich obszöne Kunst ist nur noch eine lächerliche Geste gegen die tabulose Verwertungswut eines völlig entfesselten Kapitalismus.

Du bist gefangen in den Widersprüchen Deines Lebens.

Die deutschen Nazis und die lettischen Kollaborateure, deren mörderischer Antisemitismus dem deutschen in nichts nachstand, wollten Dir als russischen Juden das Leben austreiben, zuletzt mit Zwangsarbeit in einem Aussenlager Buchenwalds.

Sie haben nicht gesiegt.

Du hast sie überlebt. Dafür suchen sie Dich in Deinen Träumen heim.

Die Deutschen sind Dir trotz dieser Erfahrungen sehr nahe.
Von Kollektivschuld willst Du nichts wissen. Das Wegschauen, die Feigheit, das Funktionieren der grossen Mehrheit im Nazi-Räderwerk entschuldigst Du mit der vorsichtigen Überlegung, ob Du an ihrer Stelle mutiger gewesen wärest.

Welch grossmütige Geste, die ein Volk von Schuld freispricht.

Deinen deutschen Freunden, Nachkommen der Tätergeneration, schickst Du Care-Pakete mit Vitaminen zur Lebenserhaltung- und verlängerung.

Du distanzierst Dich von der „Holocaust-Kunst". Mit Recht lehnst Du dieses Label ab. Dennoch enthalten Deine Werke mannigfaltige Verweise auf die Geschichte des grössten organisierten und industriell durchgeführten Genozids. Wie sollte es auch anders sein, denn Kunst ist immer auch ein Stück Autobiographie.

Du machst Kunst ohne Markt,
willst von den Kunstpalästen als Tempel der bourgeoisen L'art pour l'art nichts wissen,
wartest aber dennoch auf eine positive Rezeption.

Unermüdlich webst Du an der Legende von NO!art, um sie in die Kunstgeschichte einzuschreiben.

Gegen die Kunst arbeiten, aber mit den Mitteln der Kunst: Dies ist vielleicht der grösste Widerspruch Deines Lebens, der Dir eine ungeheure Produktivität abverlangt.

Verbunden fühlst Du Dich Europa, hast Dich aber in der Neuen Welt niedergelassen, genötigt zum Exil.

Letzter Kommunist inmitten des Börsen- und Grossstadtmolochs Manhattan.
Hier, wo die Fäden von internationalem Kapital, IWF und imperialer Unterjochung zusammenlaufen, schwenkst Du das Banner der Revolution. Dies hindert Dich aber nicht daran, das Spiel um Aktien und Optionsscheine mitzuspielen.

Du kluger, liebenswerter Kämpfer ohne Partei und Organisation. Die Partei, die Dich verkraftet, müsste erst erfunden werden.

Nie vergessen werden die nächtelangen Gespräche im Green Kitchen,
einem der seltenen Lokale mit internationaler, aber schlechter Küche,
das jedoch den letzten Rauchern im gesundheitswahnsinnigen Manhattan Asyl bietet.

Deine Diskussionsleidenschaft ist grenzenlos! Der Besuch aus der Alten Welt weiss davon ein Lied zu singen. Wie oft fielen uns, geplagt von Sightseeing und Jetlag die Augen zu, während Du niemals müde wurdest, historische Ableitungen, Analogien und Zusammenhänge von Kunst und Politik ausführlich zu skizzieren.

Gegen die Müdigkeit ankämpfend lauschten wir Deinen Erinnerungen an Riga, das Ghetto, Buchenwald und die Befreiung.

Auf eine ausführliche Autobiographie warten wir gespannt, sie sei hiermit angeregt.

Welch Glück und Ehrung, Dich Freund nennen zu dürfen, auch wenn Du nie müde wirst, Deine Freunde mit immer neuen Aufgaben zu konfrontieren.

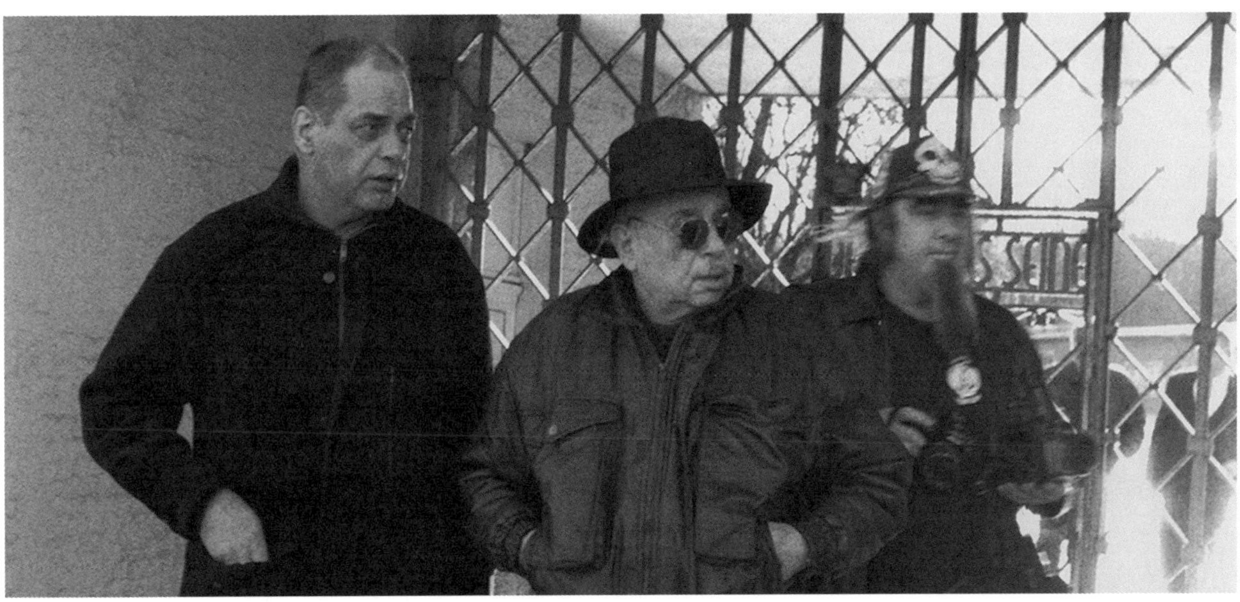

Boris Lurie (m.), Dietmar Kirves (l.) und Clayton Patterson (r.), Weimar-Buchenwald, 13.12.1998

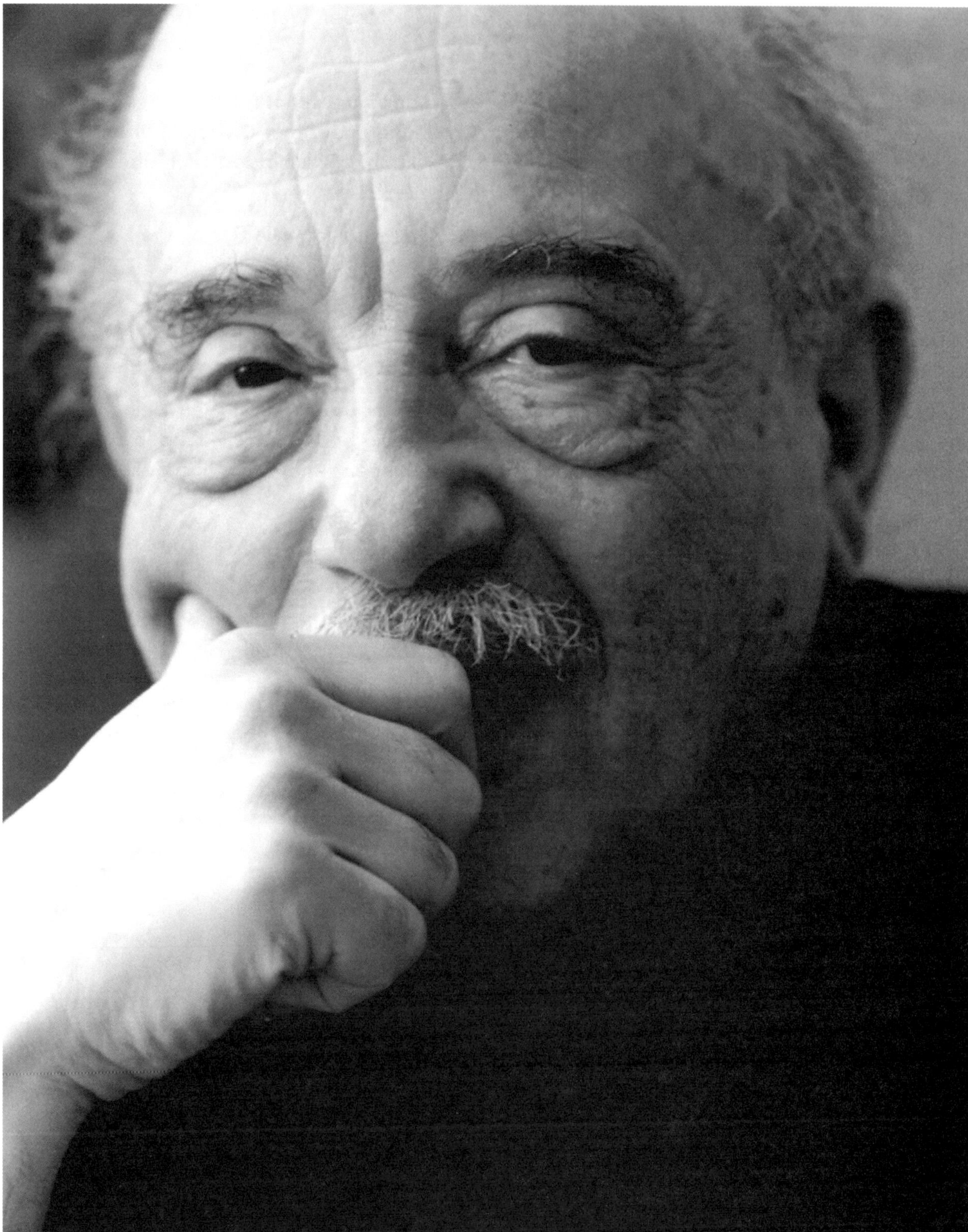

NAOMI TEREZA SALMON: Boris Lurie in Weimar-Buchenwald #2, Dezember 1998

BIOGRAPHIEN
WERKHINWEISE

BORIS LURIE

1924 in Leningrad geboren. Übersiedelte 1925/26 mit seinen Eltern nach Riga. 1941-45 als Gefangener in den Gettos und KZs Riga, Lenta, Salapils, Stutthof und Buchenwald. 1946 Auswanderung in die Vereinigten Staaten. 1954/55 Aufenthalt in Paris. Begründete zusammen mit Sam Goodman und Stanley Fisher die NO!art-Bewegung 1959 mit der Kooperativen March Gallery in der 10. Strasse in New York, später genannt die March Group. Lebt in New York.

EINZELAUSSTELLUNGEN UND *AUSSTELLUNGSBETEILIGUNGEN

1950	*1. Ausstellung* in der Creative Gallery, New York
1951/52	*Dismembered Figures*, Barbizon Plaza Galleries, New York
1958	*Beginn der Ausstellungen in den kooperativen Galerien der 10. Strasse, New York
1958	*Black Figures*, March Gallery, New York
1959	**Drawings USA*, Museum of Modern Art, New York
1960	*Dance Hall Series* (Lithographie-Mappe), D'Arcy Gallery, New York
	**Tenth Street New York Cooperative Movement*, Houston Art Museum, Houston
	Adieu Amérique, Roland de Aenlle Gallery, New York
	**Les Lions, Vulgar Show* und *Involvement Show*, March Gallery, New York
	Ausstellungen in Joe Marino's Atelier, New York
1961	*Pin-up Multiplications*, D´Arcy Gallery, New York
1961/62	**Doom Show*, March Gallery, New York
1962	**Doom Show*, Galleria Schwartz, Mailand, und Galleria La Salita, Rom
1963	*NO!Show*, Gertrude Stein Gallery, New York
1964	*NO!Posters*, Gertrude Stein Gallery, New York
	Box Show (Reisekoffer), Dwan Gallery, Los Angeles
1964	**NO Sculpture Show/Shit Show*, Gertrude Stein Gallery, New York
1970	**Kunst und Politik*, Kunstverein Karlsruhe
1973	*NO!art Paintings seit 1959*, Galerie René Block, Berlin
	Boris Lurie, Galerie Giancarlo Bocchi, Mailand
1974	*NO!art*, Galerie Inge Baecker, Bochum
	NO!art-Bags, Galerie Hundertmark, Köln
	**Boris Lurie und Wolf Vostell*, Galerie Rewelsky, Köln
	**NO!art* (mit Sam Goodman), Ein-Hod-Museum, Ein-Hod, Israel 1974
1975	**Recycling Exhibition*, Israel Museum, Jerusalem
1978	**Counterculturale Art* (mit Erro und J.-J. Lebel), American Information Service, Paris
1988	*Feel-paintings*, Galerie Hundertmark, Köln
1989	**Graffiti-Kunst*, Nassauischer Kunstverein, Wiesbaden
1993	**Outlaw Art Show*, Clayton Patterson Gallery, New York
1994	**NO!art*, Clayton Patterson Gallery, New York

1995	**NO!art*, Neue Gesellschaft für Bildende Kunst, Berlin
1997	*Bleed*, Janos Gat Gallery, New York
1998	**NO!art Show No. 3* (mit Kirves, Patterson und Vostell), Janos Gat Gallery, New York
1998/99	*Boris Lurie*, Gedenkstätte Weimar-Buchenwald, Weimar
1999	*Boris Lurie*, Collagen und Druckgraphiken, Galerie Dorn, Stuttgart
	Knives in Cement and other Selected Constructions, Museum of Art, Iowa City
2001/2	**NO!art and the Aesthetics of Doom*, Mary and Leigh Block Museum Evanston/Chicago, und Museum of Art, Iowa City

LITERATURAUSWAHL:

Hess, Thomas B.: Collage as a Historical Method, in: Art News 60, New York 1961.
Hess, Thomas B.: Boris Lurie und Sam Goodmann, Katalog Galerie Schwartz, Mailand 1962.
Stein, Gertrude: Boris Lurie, Ausstellungskatalog Gertrude Stein Gallery, New York 1963.
Stuart, Michelle: NO! is an Involvement, in: Artforum 9, New York, 1963.
Rosenberg, Harold: Bull by the Horns (1974), in: Ausgabe, Köln 1988
Lurie, Boris: Violence without Caprice in NO!art, Leonardo 7, New York 1974.
Lurie, Boris, und Krim, Seymour (Hrsg.): NO!art, Edition Hundertmark, Köln 1988.
Taylor, Simon: The Phobic Object, Katalog „Abject Art", Whitney Museum, New York, 1993.
ATTENTION!, Manhattan Mirror, New York, 1997.
NO!art, Dietmar Kirves im Gespräch mit Boris Lurie, neue bildende kunst 1, Berlin 1995.
Bergmann, Rudij: Mit der Wut der Verzweiflung, Frankfurter Rundschau, Frankfurt 9.1.1999.

AUSGESTELLTE WERKE IN DER GEDENKSTÄTTE BUCHENWALD VOM 13.12.1998 BIS 10.05.1999:

A JEW IS DEAD, 1970, Leinwand collagiert und bemalt, 180 x 314 cm [S. 164]
AMERICAN, 1970, Leinwand collagiert und bemalt, 196 x 134 cm [S. 172]
BACK FROM WORK, 1946/47, Öl auf Leinwand und Hartfaser, 50 x 69 cm [S. 6]
BLEED #1-29, 1969, Xeroxkopien übermalt und collagiert, je 43 x 28 cm [S. 184]
CANDLES #1, 1996, Wachsobjekt, 61 x 30,5 cm [S. 108]
CANDLES #2, 1996, Wachsobjekt, 46 x 35,5 cm [S. 160]
CANDLES #3, 1996, Wachsobjekt, 41 x 30,5 cm [S. 334]
CANDLES #4, 1996, Wachsobjekt, 41 x 30,5 cm [S. 352]
CANDLES #5, 1996, Wachsobjekt, 46 x 35,5 cm [S. 126]
CANDLES #6, 1996, Wachsobjekt, 100 x 88 cm [S. 254]

CHAIN, 1966, Objekt, Leinwand mit Kette, 33,5 x 126 cm [S. 182]
CHAIN IN A DISH, 1964, Objekt, Metall und Porzellan, Ø 20 x 10 cm [S. 156]
CHICKEN BONES, 1990, Objekt, 14,5 x 10,5 x 3,5 cm [S. 80]
DISMEMBERED WOMEN (Fighting on the Roof), 1952, Öl auf Leinwand, 218 x 410 cm [S. 100]
DOMA/DOMOY, zuhaus/nach Haus, 1980, Objekt, 90 x 51 cm [S. 104]
DOMINATED TRAVELER, 1970, Collage auf Leinwand, 157 x 78 cm [S. 190]
ENTRANCE, 1946/47, Öl auf Leinwand und Hartfaser, 102 x 76 cm [S. 2]
FEEL-PAINTING FIGURE #1, 1970, Farbe auf Stoff, 91 x 61 cm [S. 16]
FEEL-PAINTING FIGURE #2, 1970, Farbe auf Stoff, 98 x 73 cm [S. 34]
FEEL-PAINTING FIGURE #3, 1985, Farbe auf Stoff, 117 x 144 cm [S. 302]
FEEL-PAINTING FIGURE #4, 1985, Farbe auf Stoff, 124 x 144 cm [S. 356]
FLATCAR ASSEMBLAGE 1945 by Adolf Hitler, 1962, Foto auf Leinwand, 31 x 53,5 cm [S. 12]
GERTRUDE HEIL!, 1970, Collage und Farbe auf Leinwand, 90 x 46 cm [S. 176]
HAIR, Objekt, 1972, 107 x 65 cm [S. 40]
HAPPENING BY ADOLF HITLER, 1962, Malerei/Collage auf Leinwand, 45 x 38 cm [S. 10]
HARD WRITINGS LOAD, 1972, Collage auf Leinwand, 68 x 94 cm [S. 30]
HARD WRITINGS SLAVE, 1972, Collage auf Leinwand, 56 x 79 cm [S. 114]
IMMIGRANT'S NO!box, 1963, Kiste collagiert und bemalt, 63 x 65 x 101 cm [S. 58]
IMMIGRANT'S NO!suitcase #1, 1963, Koffer, collagiert und bemalt, 38 x 19 x 60 cm [S. 316]
IMMIGRANT'S NO!suitcase #2, 1963, Koffer, collagiert und bemalt, 47 x 20 x 62 cm [S. 61]
KNIFE IN CEMENT #1, 1970, 61 x 40 x 17 cm [S. 362]
KNIFE IN CEMENT #2, 1970, 47 x 43 x 20 cm [S. 362]
KNIFE IN CEMENT #3, 1970, 39 x 66 x 31 cm [S. 362]
LISTE, 1947, Foto auf Leinwand, 76 x 124 cm [S. 22]
LOLITA, 1962, Collage auf Leinwand, 142 x 102 cm [S. 48]
LOVE SERIES (Bound with Red Background), 1963, Siebdruck auf Leinwand, 204 x 134 cm [S. 26]
LUMUMBA IS DEAD, 1954-64, Malerei/Collage auf Leinwand, 182 x 198 cm [S. 274]
MA, Objekt, 1996, 62 x 44 cm [S. 71]
MORT AUX JUIFS, 1970, Öl auf Leinwand, 233 x 324 cm [S. 134]
NO!sculpture BARELIEF #1, 1966, Objekt 124 x 35 x 100 cm [S. 246]
NO!sculpture BARELIEF #2, 1964, Objekt, 68,5 x 22 x 61 cm [S. 258]
NO TITLE, 1970, Collage auf Leinwand, 74 x 79 cm [S. 250]
NO WITH PINUP AND PAIL, 1962, Collage, 56 x 46 cm [S. 14]
OH MAMA LIBERTÉ, 1960, Malerei/Collage auf Leinwand, 176 x 280 cm [S. 118]
OLD MAN WITH CANDLE, 1960, Öl auf Leinwand, 102 x 76 cm [S. 112]
RAILROAD COLLAGE, 1963, Malerei und Collage auf Leinwand, 46 x 69 cm [S. 158]
ROPE AND STARS OF DAVID #1, 1970, Objekt, 157 x 24 x 8 cm [S. 8]
ROPE AND STARS OF DAVID #2, 1970, Objekt, 145 x 25 x 8 cm [S. 56]
RUMBULA VISIT, Objekt, 1974, 19 x 35 x 43 cm [S. 122]
SATURATION PAINTING (Buchenwald), 1959-64 Collage auf Leinwand, 95 x 95 cm [S. 166]
SATURATION PAINTING (Memo to USA), 1963, Collage auf Leinwand, 182 x 517 cm [S. 170]
WALL COLLAGE 66 ST., 1985, Objekt, 130 x 170 cm [S. 68]

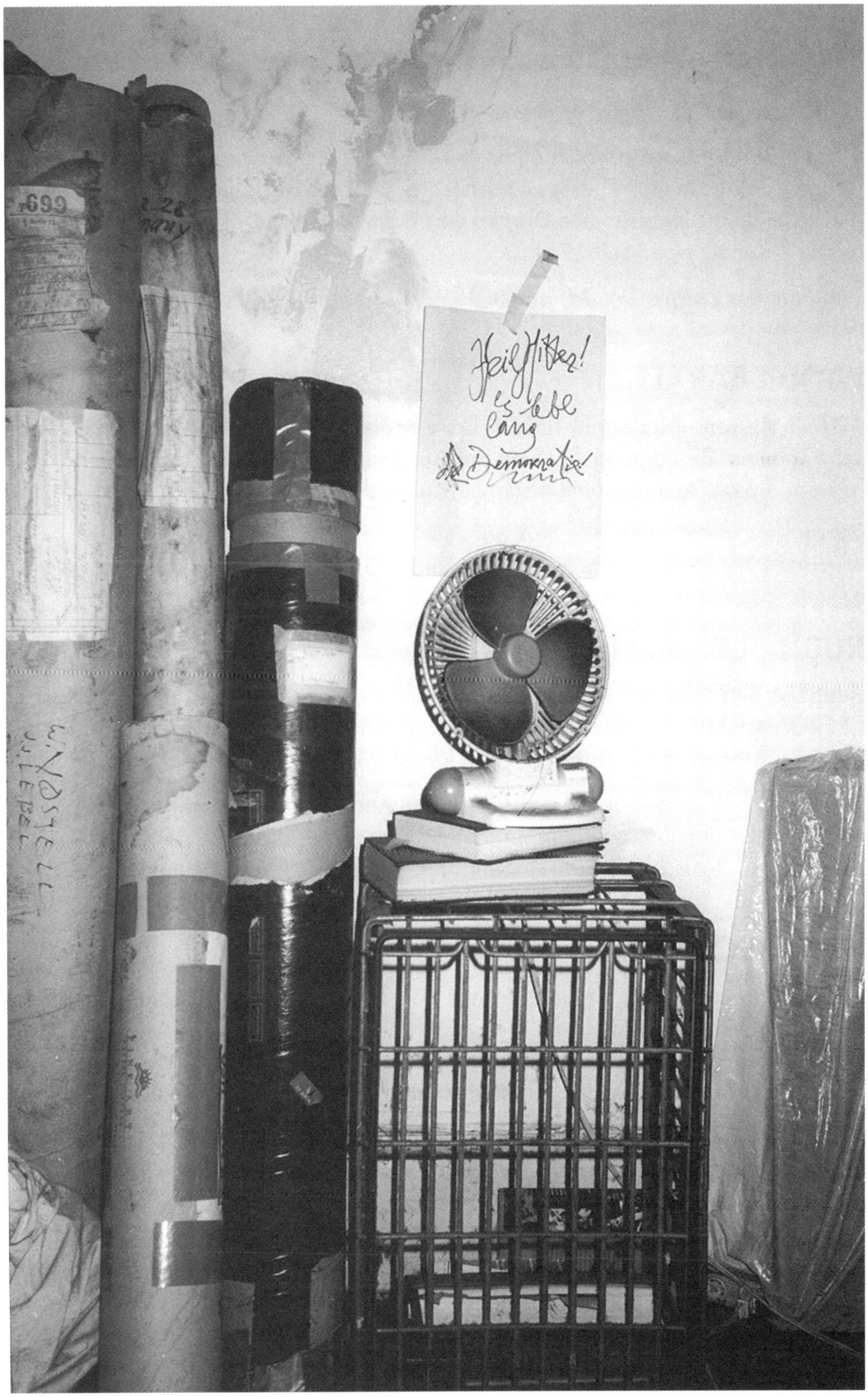

Environment in der New Yorker Wohnung von Boris Lurie (15.01.2000)

MIT ARBEITEN SEINER FREUNDE AUS DER NO!art-BEWEGUNG

ENRICO BAJ

1924 in Mailand geboren. Publizierte schon 1952 zusammen mit Sergio Dangelo das erste Manifest gegen Atombomben, The Bum Manifesto. Seine Spezialität ist die Assemblage. Er braut aus den einfachsten und dubiosesten Dingen den Gifttrunk für den Teufel in seinen Arbeiten zusammen. Zahlreiche Ausstellungen seit 1951.

Two Nuclear Forms, 1952, remake 1997, Objekt, 70 x 75 cm [S. 192]

PAOLO BARATELLA

1935 geboren in Bologna, Italien. Erste Malereien seit 1959. Engagierte sich schon früh für politische Themen. Beteiligung 1970 an der Ausstellung „Kunst und Politik" in Karlsruhe, Wuppertal, Frankfurt und Basel. Arbeitet als Dozent in Mailand.

23 ottobre, 1962, Mischtechnik auf Leinwand, 120 x 100 cm [S. 228]
Merda, 1971, Mischtechnik auf Leinwand, 80 x 80 cm [S. 96]

RUDIJ BERGMANN

Publizist und Filmemacher. Bekannt wurde er in den 90er Jahren durch sein Fernsehmagazin „BERGMANN's ART, das einzige TV-Magazin für die Schönen und Bildenden Künste von und mit Rudij Bergmann" beim Süddeutschen Rundfunk (SDR) in Mannheim. Lebt in Mannheim.

Andy Warhols armer Bruder, in: Thüringer Allgemeine, Weimar, 12.12.1998 [S. 372]
Mit der Wut der Verzweiflung, in: Frankfurter Rundschau, 9.1.1999 [S. 378]
Filmportrait Boris Lurie, SDR-TV-Sendung, 6.11.1996 [Vorführung während der Ausstellung]

HERB BROWN

1923 geboren in Lynn, Massachusetts. Von 1949 bis 1952 Kunststudium bei Max Beckmann in New York. Seit 1960 Teilnahme an Gruppen- und Einzelausstellungen bei den March-Shows in der 10. Strasse und Gertrude Stein's NO!art Galerie mit übermalten Subway-Werbeplakaten. 1966 brannte sein Atelier ab und er verlor dabei etwa neunhundert seiner Arbeiten. Gestaltet seit 1970 Bühnenbilder. Zahlreiche Ausstellungen in Amerika. Lebt in New York.

You don't have to be a Jewish, 1965, übermaltes Poster, 109 x 75 cm [S. 220]

RONALDO BRUNET

1932 geboren in Valparaiso, Chile. Studierte Film und Fotografie in Santiago. Kam 1960 nach New York, um der Welt näher zu sein. Entwickelte spezielle Filmeffekte. Foto- und Filmausstellungen in New York seit 1970.

Obliteration, 1999, getontes Photo, 12,2 x 17,5 cm [S. 198]

MIT ARBEITEN SEINER FREUNDE AUS DER NO!art-BEWEGUNG

GÜNTER BRUS

1939 geboren in Österreich. Vertreter des Wiener Aktionismus. Begann 1961 mit Aktionsmalereien. Seit 1971 entstehen zahlreiche Zeichnungen in Verbindung mit selbstkritischen Texten zum Teil in Buchform. Lebt in Graz, Österreich.

Boris Lurie und die Sexistenz, 1999, Radierung, 23,5 x 11,5 cm [S. 387]
Boris Lurie Festival, 2000, collagierte Zeichnungen, 3 Blätter, 30 x 21,5 cm [S. 389 - 391]

ERRO

1932 geboren in Olafsvik, Island. „Er malt mit einer Besessenheit und Intensität als hiesse es, die Welt in Atem halten" (Ammann, Luzern 1975). Seit 1952 Ausstellungsaktivitäten in Europa und Amerika. 1955 erste Bildserien mit Verknüpfungen von stereotypen Leitbildern in demaskierenden Collagen. Beteiligte sich 1960 an der Involvement Show und anderen Ausstellungen von NO!art in der March Group, 10. Strasse, sowie in Gruppen- und Einzelausstellungen in Gertrude Stein's NO!art-Galerie. Lebt in Paris.

Interieur Americain No. 3, 1967, Ölmalerei auf Leinwand, 67 x 130 cm [S. 146]

KLAUS FABRICIUS

1956 geboren in Paderborn. Arbeitet mit der Absicht, dass das Staunen über die Welt Bilder hervorbringt, deren Existenz und Fragwürdigkeit die Erkenntnis von der Welt letztlich unangreifbar macht. Ausstellungsaktivitäten seit 1986. Lebt in Stuttgart (www.fabiart.de).

Grenzland, 1996, Objekt (Kopien, Folie, Wachs, Blei), 25 x 22 cm [S. 92]
Zur NO!art ins KZ, Text [S. 388]

CHARLES GATEWOOD

Arbeitet mit dem Medium Fotografie. Studierte an der Universität von Missouri. Machte zahlreiche Bücher, die die amerikanische Underground-Bewegung beeinflussten, u. a. auch mit William S. Burroughs. Seit1972 Einzelausstellungen. 1978 zeigte er zum ersten Mal seine „Forbidden Photos". Lebt in San Francisco.

Falcon, 1994, Foto [S. 204]
ATTENTIONI, Manhattan Mirror, Jan. 1997 [S. 371]

PAUL GEORGES

1923 geboren in Portland, Oregon. Kritische Allegorien bestimmen sein malerisches Werk. Zahlreiche Ausstellungen seit 1954. Seine Werke befinden sich im Center for Figurative Painting in New York. Er lebt in New York.

The Mugging of the Muse, 1972-76, Öl auf Leinwand, 203 x 261 cm [S. 262]

MIT ARBEITEN SEINER FREUNDE AUS DER NO!art-BEWEGUNG

JOCHEN GERZ

1940 in Berlin geboren. Begann mit Arbeiten in der der Konkreten Poesie und beschäftigt sich seit den 60er Jahren mit Environments, Aktionen und Videotapes. Anfang der 70er Jahre war er als Auslandskorrespondent bei der mediacontact agency von Dietmar Kirves in Düsseldorf involviert, stellte dort aus und ermöglichte Publikationen von Jean Le Gac und Sarkis. In den 90er Jahren engagierte er sich in der desolaten Mahnmalkultur. Lebt seit 1967 in Paris.

2146 Steine, 1993, Mahnmal gegen Rassismus, Saarbrücken [S. 200]

ESTHER MORGENSTERN GILMAN

1919 geboren in Toronto. Arbeitete zusammen mit Sam Goodman seit 1937 in der „Experimental Art Group" in Toronto. Wirkte schon 1960 in der „March Group" mit und beteiligte sich an der „Involvement Show". Illustrierte Kinderbücher und schuf Bühnenbilder, unter anderen für das „Open Theatre" in New York. Starb 1969. Ihre Werke sind nach der Aussage ihres Sohnes Nicholas Gilman zum grössten Teil zerstört.

Christ in a Mousetrap, 1964, Assemblage, 100 x 80 cm [S. 332]

AMIKAM GOLDMAN

1973 geboren in Israel. Seit 1995 in New York, wo er mit dem Studium des Films beginnt. Er arbeitet zur Zeit an einem Dokumentarfilm über Boris Lurie. Lebt in Brooklyn.

Sea Sirenes, 2000, 35mm-Diamontage [S. 224]

LEON GOLUB

1922 geboren in Chicago. Seit den 60er Jahren malt er überlebensgrosse figurale Bilder sozialkritischen Inhalts. Bekannt wurde er in den 70er Jahren durch seine Vietnam-Bilder. Lebt in New York.

Charnal House, 1947, Lithographie, 15 x 19 inch [S. 338]

SAM GOODMAN

1919 in Toronto geboren. Organisierte dort 1937 die „Experimental Art Group". Zog 1947 nach New York und gründete zusammen mit Boris Lurie und Stanley Fisher 1959 die March Group, aus der die NO!art-Bewegung hervorging. Gestorben 1967.

The Box, Objektkasten, 1963, 36 x 30 x 17 cm [S. 20]

BLALLA W. HALLMANN

1941 geboren in Quirl, Riesengebirge. Seit 1964 zahlreiche Ausstellungen mit sozialkritischem Inhalt. Seine Todesanzeige gestaltete er schon 1975 selbst: „Grundsätzlich ist gegen eine Auferstehung nichts einzuwenden, nur wenn sie einem durch Eisen- und Marmorplatten, Beton und Dreck so schwer, ja fast unmöglich gemacht wird, lebt man vielleicht lieber spiegelverkehrt, oder?" Starb1997.

Das Bad Ausschwitzer Sternensinger Ensemble tanzt das Weihnachts-Musical „Schiesseisen Christ Superstern", 1990, Acryl auf Leinwand, 100 x 80 cm [S. 234]

MIT ARBEITEN SEINER FREUNDE AUS DER NO!art-BEWEGUNG

ALLAN KAPROW

1927 geboren in Atlantic City, New Jersey. 1946-52 Studium der Kunstgeschichte und Philosophie. Erste Einzelausstellung 1953 in New York. Seit 1958 Wegbereiter des Environments und Happenings in den Vereinigten Staaten und Europa. Beteiligte sich schon 1960 an den Ausstellungen der March Group in der 10. Strasse. Zahlreiche Publikationen. Lebt in Californien.

Words (Detail), 1961, Environment, Smolin Gallery New York [S. 328]
Tree (Detail), 1963, Happening, South Brunswick New Jersey [S. 360]

DIETMAR KIRVES

1941 geboren in Fürstenwalde/Spree. Seit 1964 Mixed-Media-Arbeiten mit Filmen, Fotos, Musik, Skulpturen und Environments. Gründete 1970 die mediacontact-Agentur in Düsseldorf und arbeitete mit Jochen Gerz und Terry Fox als Auslandskorrespondenten zusammen. Verschiedene Ausstellungen im In- und Ausland. Zusammenarbeit mit der Edition Hundertmark, wo er auch Boris Lurie trifft. 1975 Ausstieg aus der herkömmlichen Kunstszene. Seit 1977 Verfechter der NO!art. 1988 erste Verifikation der NO!art Anthologie in der Edition Hundertmark, Köln. 1996 Gastprofessur für Computer-Morphing an der Universität Kassel. Lebt in Berlin.

830531. Ansicht: Vom Durchblick, 1985, Objekt, 96 x 50 x 14 cm [S. 348]
891011. Ansicht: Vom Verfall der Ikonen, 1989, Objekt, 55 x 42 cm [S. 52]
891111. Ansicht von der Evolution, die ihre Kinder verlässt, 1989, Objekt, 45 x 32 x 9,5 cm [S. 144]
Knochengeld, 1993, Offsetdruck, 6,7 x 15 cm [S. 208]
NO!mask, 1978-94, digitale Animation auf Papier, 19 x 15 cm [S. 82]
ON!work, 1993, Elektroanimation auf Barytpapier, 23,5 x 17 cm [S. 38]
ATTENTION!, Manhattan Mirror, New York, Jan. 1997 [S. 371]

YAYOI KUSAMA

1929 geboren in Matsumoto, Japan. Ende der 50er Studium an der Art Students League in New York. Beginnt 1960 mit Soft Sculptures und 1964 mit Happenings. Seit 1960 Beteiligung an der Involvement Show in der March Group und Einzelausstellung in Gertrude Stein's NO!art-Galerie. Ausstellungen seit 1959 in USA, Europa und Fernost. Lebt in Japan.

Accumulation #1, 1963, Objekt, 150 x 120 x 120 cm [S. 140]

KONSTANTIN K. KUZMINSKY

1940 geboren in Leningrad, Russland. Emigrierte 1975 in die Vereinigten Staaten. Schrieb Essays über die NO!art. Zahlreiche Veröffentlichungen als Dichter, Künstler und Kunstkritiker. Arbeitet als Professor an der Universität von Texas. Lebt in Upper Delaware, Lordville.

Photo of Mine, 1999, Xeroxkopie, 28 x 21,5 cm [S. 238]

JEAN-JACQUES LEBEL

1936 geboren in Paris. Arbeitete als Künstler, Kunstkritiker und Ausstellungsorganisator in der surrealistischen Bewegung u.a. mit Arturo Schwartz zusammen. Sein Hauptwerk besteht in der letzten Zeit aus gesellschaftspolitischen Assemblagen und Collagen. Er lebt in Paris.

La Sorcière (Visage Noir), 1951, Öl auf Leinwand, 66 x 48 cm [S. 292]
Hi Boris, 2000, übermalter Offsetdruck, 19 x 13 cm [S. 381]

MARTIN LEVITT

1926 geboren in New York. Entstammt einer russischen Emigrantenfamilie, die schon früh im Kunst- und Designbereich arbeitete. Soldat in der US-Armee im 2. Weltkrieg. Kämpfte1948 als Freiwilliger im israelischen Befreiungskrieg. Seit 1949 in der Art Students Leage in New York. Arbeitet als Künstler, Designer und Lehrer in Vermont, USA.

Cheyenne Bitware, Faxausdruck, 1999, 17 x 21 cm [S. 72]
Boris Lurie, o. J., Serigrafie, 27,8 x 21,5 cm [S. 392]

SUZANNE LONG WOOD

1937 geboren in Jacksonville, Florida. Studium am Pratt Institut und Art Students League in New York. Seit 1959 Beteiligung an NO!art-Manifestationen und -Ausstellungen in der March Group. Zahlreiche Ausstellungen in den Vereinigten Staaten. Ab 1978 Lehrtätigkeit an verschiedenen Instituten. Beschäftigt sich mit Landschaften und Problemen der sozialen Wirklichkeit. Lebt in Vermont.

My Brother Died, 1997, Objekt aus gebranntem Ton, 30,5 cm [S. 64]

CLAYTON PATTERSON

1948 geboren in Calgary/Kanada. Kämpft gegen die Ungerechtigkeit der Staatsformen von Geburt auf an. Kunst- und Designstudium an verschiedenen Universitäten. Ausstellungen seit 1977 in Amerika, Europa und Asien. Organisierte in seiner Galerie 1994 eine NO!art-Ausstellung. Beteiligte sich 1996 an der NO!art-Box bei der Edition Hundertmark, Köln, und 1998 an der NO!art-Show bei Janos Gat in New York. Arbeitet als Anarcho-Artist, Dokumentarist und Tattoo-Ist in New York zusammen mit verschiedenen sozialen Randgruppen. Besitzt und führt das grösste NO!art-Videoarchiv.

Blood, 1997, Tuschezeichnung, 28 x 21 cm [S. 84]
Head, 1998, Collage, 33 x 22 cm [S. 324]
Head 13, 1998, Tuschezeichnung, 21 x 20,8 cm [S. 188]
ATTENTION!, 1997, Manhattan Mirror, New York, Jan. 1997 [S. 372]
Boris Lurie, Knife in Cement, 1998, Plakatfoto, New York [S. XVIII]

LEONID PINCHEVSKY

1942 in Russland geboren. Studium an der Kunstakademie in Kishinev, Moldawien. 1980 Emigration nach New York. Seine Bilder bezeichnet er als autobiographische Geständnisse im Kampf gegen die ästhetische Langeweile. Ausstellungsaktivitäten seit 1962. Lebt in New York.

Untitled, 1991, Öl auf Leinwand, 24 x 48 inch [S. 308]
ATTENTION!, Manhattan Mirror, New York, Jan. 1997 [S. 371]

MIT ARBEITEN SEINER FREUNDE AUS DER NO!art-BEWEGUNG

BERNARD RANCILLAC

1931 geboren in Paris. Maler des Neuen Realismus, der in seinen Arbeiten den Starkult der Massengesellschaft ironisiert. Ausstellungen seit 1963. Er lebt in Paris.

A la mémoire d'Ulrike Meinhof, No 11, 1978/79, Acryl auf Leinwand, 195 x 130 cm [S. 266]

MATTHIAS REICHELT

1955 geboren in Leipzig. Engagiert in der kritischen Kunstgeschichte. Mitorganisator der NO!art-Ausstellung 1995 in Berlin. Arbeitet zusammen mit der Neuen Gesellschaft für Bildende Kunst in Berlin.

Boris Briefpoem, 1999, Text [S. 394]
Boris Lurie, Werke 1946-1998, Kunstforum Bd. 145, Köln 1999 [S. 382]

FRANCIS SALLES

1926 geboren in St.-Maur-des-Fossés, Frankreich. Er begann 1953 zu malen, schuf jedoch etwa nur fünf bis sechs Bilder pro Jahr. Ausstellungen seit 1956. Werke in zahlreichen Sammlungen in USA und Europa.

Figure de Fantasie 2, November 1976, Acryl ique isorel préparé, 61 x 50 cm [S. 270]

NAOMI TEREZA SALMON

1965 geboren in Jerusalem. Studium der Fotografie am Hadassa College in Jerusalem. Ihre Muse ist die kritische Fotografie. Verschiedene Ausstellungen seit 1990. Lebt seit 1994 in Weimar. Fotografierte die ganze Boris-Lurie-Ausstellung für die Reproduktion in diesem Buch.

Boris Lurie in Weimar-Buchenwald #1-4, 1998, Fotos, 30 x 24 cm [S. 364, 396, 410, 420]

MICHELLE STUART

1940 geboren in Borrego Springs, Californien. Studium an der New School of Social Research in New York. Künstlerin und Schriftstellerin. Mitglied der NO!art-Gruppe Anfang der 60er Jahre. Ausstellungen in den Vereinigten Staaten, Europa und Japan. Lebt in New York.

Alter, 1962, Objekt (Ausschnitt), 80 x 60 x 25 cm [S. 150]

ALDO TAMBELLINI

Geboren in Syracuse, USA. Während des 2. Weltkrieges wuchs er in Italien auf. 1946 Rückkehr in die USA. Malereistudium. Gründete 1959 in New York mit Künstlern und Filmemachern eine Gegenkultur im Untergrund. Pionier im Video- und Multimediabereich. Gewann u.a. 1969 den Internationalen Preis bei den Filmfestspielen in Oberhausen. Gründete in New York das Black Gate Theatre als erstes Multimedia-Theater. Zahlreiche Gedichtpublikationen. Arbeitet mit „Black Poets" und Musikern zusammen. Lebt in Cambridge, MA.

Guilty, 1975, Collage, 27,8 x 21,5 cm [S. 280]
Kill, 1974, Postkarte mit Zeitungslettern, 27,8 x 21,5 cm [S. 312]
Untitled, 1974, übermalte Postkarte, 27,8 x 21,5 cm [S. 304]

MIT ARBEITEN SEINER FREUNDE AUS DER NO!art-BEWEGUNG

KLAUS THEUERKAUF

1957 in Ingelheim am Rhein geboren. 1978 Umzug nach Berlin (West). 1981 Mitbegründer der Künstlerkommune „endart" und Eröffnung des „Offenen Ateliers" in der Oranienstrasse 36. Am 6.03.88 Herausgabe der Todesanzeige von „endart". Lebt in Berlin.

Nunc est Bibendum, 1984, Federzeichnung, 19 x 16 cm [S. 180]

SETH TOBOCMAN

1958 in den Vereinigten Staaten geboren. In den späten 70er Jahren Übersiedlung nach New York und Besuch einer Filmschule. Seit 1979 zeichnet und veröffentlicht er im Selbstverlag zusammen mit Peter Kuper politische Comics gegen den Krieg. Von 1988 bis 1995 engagiert er sich bei Hausbesetzungen in der Lower East Side und beteiligt sich an Demonstrationen und Sitzblockaden für die Einhaltung der Menschenrechte. Wegen seiner Aktivitäten wurde er mehrmals verhaftet. Lebt in New York.

The World is Being Ripped, Part 10, 1984, Schablonendruck, 23,5 x 18 cm [S. 216]

JEAN TOCHE

1932 geboren in Brügge/Belgien. In den frühen 70er Jahren gründete er zusammen mit Jon Hendricks die „Guerilla Art Action Group". Organisierte Aktionen und Happenings, mit denen er das New Yorker Kunstestablishment angriff und provozierte. Lebt seit 1965 in den USA.

Electric Sign, 1969, Objekt mit Spotlampen, 60 x 180 x 25 cm [S. 284]

TOYO TSUCHIYA

1948 geboren in Japan. Seit 1980 in den USA. Beschäftigt sich als Autodidakt mit der Fotografie. Er begann mit tagebuchartigen Schnappschüssen. Ausstellungen in New York und Japan. Lebt in der Lower East Side, New York.

Sculpture 745 E 6 St NYC, 1994, Objekt aus Schnee [S. 296]

WOLF VOSTELL

1932 geboren in Leverkusen bei Köln. Mit 7 Jahren verlässt er das Rheinland zu einer Weltreise, die bis zu seinem Lebensende andauerte. 1954 Erfindung der Dé-coll/age als Gestaltungsprinzip. 1958 erstes Happening in Europa. – 1959 erster Aufenthalt in New York. Er trifft dort die Künstlerin und Kunstkorrespondentin Lil Picard. Durch sie bekommt er Kontakt zur NO!art-Bewegung und begegnet Boris Lurie, Sam Goodman und Stanley Fisher und später der NO!art-Galeristin Gertrude Stein. Vostell reist von Zeit zu Zeit nach New York und ist in konstantem Kontakt mit der NO!art-Gruppe. – 1962 Mitbegründer von Fluxus in Wiesbaden. – Im gleichen Jahr publiziert Arturo Schwartz einen Katalog von Vostells Pariser Street-Events zu Luries und Goodmans *Doom-Show* in Mailand. Während der sechziger Jahre versucht Vostell, NO!art-Publikationen und -Ausstellungen in Deutschland zu arrangieren, die jedoch in der Kunstszene keinen Anklang finden. – Deshalb 1969 Automobil-

Einbetonierung als Event zum Kölner Kunstmarktstart. – Endlich, 1974, kommt die erste NO!art-Zusammenarbeit mit der deutschen Galeristen-Szene in Gang: Vostell und Lurie machen eine Ausstellung in Rewelskys *Intermedia* Galerie in Köln. Und die René Block Galerie in Berlin stellt Boris Luries *NO!paintings seit 1959* aus. – 1974/75 Vostells Retrospektive im Musée d'Art Moderne de la Ville de Paris und in der Nationalgalerie Berlin à la memento mori – 1975 arbeiten Vostell und Lurie zusammen in Vostells Kölner Studio an einem Beitrag, bestehend aus NO!art-Aufzeichnungen und NO!art-Statements, die in der Ausstellung „Kultur und Politik" im Karlsruher Kunstverein gezeigt wurden. Daraufhin macht die Inge Baecker Galerie in Bochum eine Lurie-Ausstellung mit *NO!art Übermalungen*. – 1976 Gründung des *Museo Vostell Malpartida* in Spanien. – 1977 präsentiert Vostell Luries Pin-up Ausstellung in Mailand in der Giancarlo Bocchi Galerie und schreibt im selben Jahr ein Essay für Seymour Krims NO!art-Buch, das später in der Edition Hundertmark in Köln erschien (editiert von Dietmar Kirves). 1989 wird Vostells Arbeit in die multiple Edition der NO!art Box (Armin Hundertmark Edition) mit aufgenommen. – Mitte der neunziger Jahre beginnt Vostell Illustrationen zu schaffen für Luries Buch „NO!art in Buchenwald: Gedichtigtes/Geschriebigtes", die Vostell wegen seiner Krankheit nicht mehr vollenden konnte. Gestorben 1998 in Berlin.

Desastres, 1972, Happening-Foto [S. 298]
Flower Power, 1968, Verwischung auf Emulsionsleinwand, 125 x 200 cm [S. 76]
Les Défiles, 1963, Verwischung auf Papier, 30 x 50 cm [S. 320]
Nein-Buch Oradour, 1959/61, Objekt, 70 x 90 cm [S. 212]
The Fall of the Berlin Wall, 1990, Objekt, 280 x 220 x 20 cm [S. 242]
Treblinka, 1967, Siebdruck, 60 x 80 cm [S. 44]
Vietcong, 1967, Foto auf Leinwand, Lasur Acryl, 100 x 100 cm [S. 90]

MATHILDA WOLF

1941 geboren in Wiesbaden. 1971 bis 1977 Studium der Malerei und Kunsttheorie am Städel in Frankfurt/Main. 1973/74 Erfindung und Uraufführung des *Lebendigen Gummibildes* im Frankfurter Kunstverein. Der Schwerpunkt ihrer Arbeit liegt in den Bereichen Aktionskunst, Synästhesie, Video, Happening, Performance und Musikimprovisation. Längerer Aufenthalt in New York. Zahlreiche Einzelausstellungen im In- und Ausland. Lebt seit 1985 in Berlin.

Gummi-Milk, 1999, Farbstift auf Offsetdruck, 20 x 14,8 cm [S. 288]
HeShe, 1994, Elektroanimation, 22 x 15 cm [S. 130]
Hydra Eins, 1999, Aquarell, Lack, Farbstift auf Offset, 22 x 15 cm [S. 194]
ATTENTION!, in: Manhattan Mirror, New York, Januar 1997 [S. 372]-

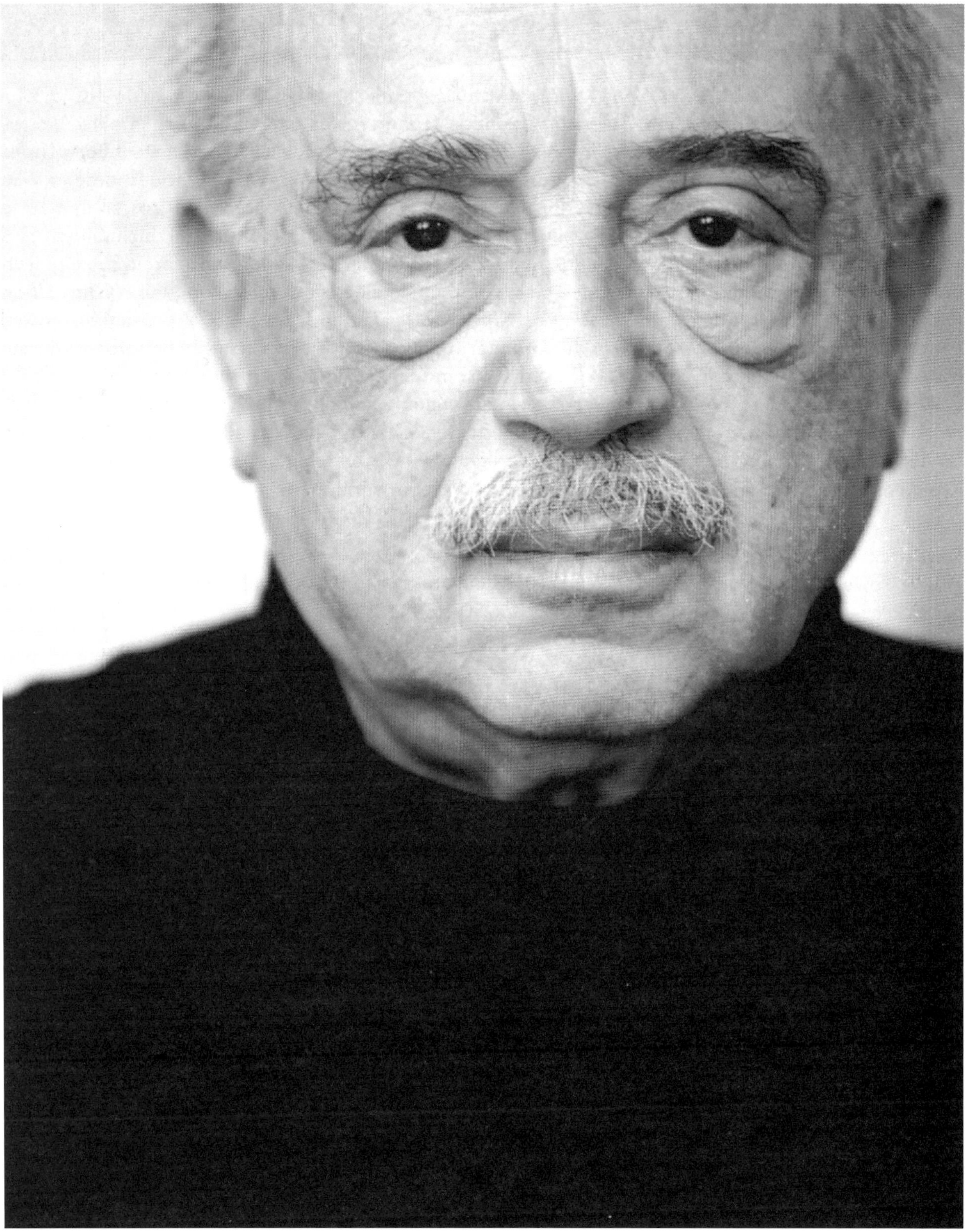

NAOMI TEREZA SALMON: Boris Lurie in Weimar-Buchenwald #3, Dezember 1998

REGISTER

GESCHRIEBIGTES/GEDICHTIGTES NACH TEXTANFÄNGEN

GESCHRIEBIGTES/GEDICHTIGTES NACH TEXTANFÄNGEN

GESCHRIEBIGTES/GEDICHTIGTES NACH TEXTANFÄNGEN

STICHWORTREGISTER UND PERSONENREGISTER

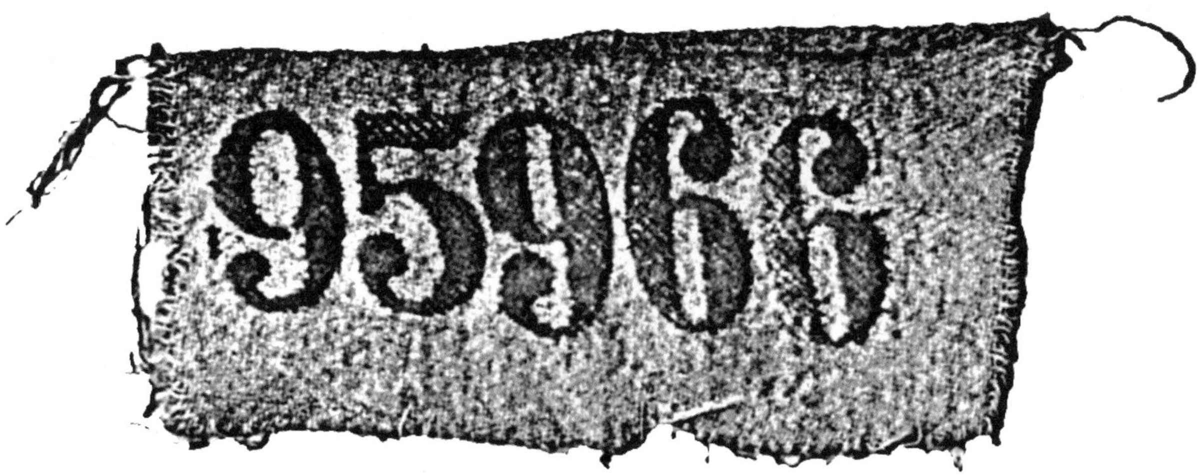

Registrierungsnummer von Boris Lurie im KL Buchenwald-Magdeburg 1944

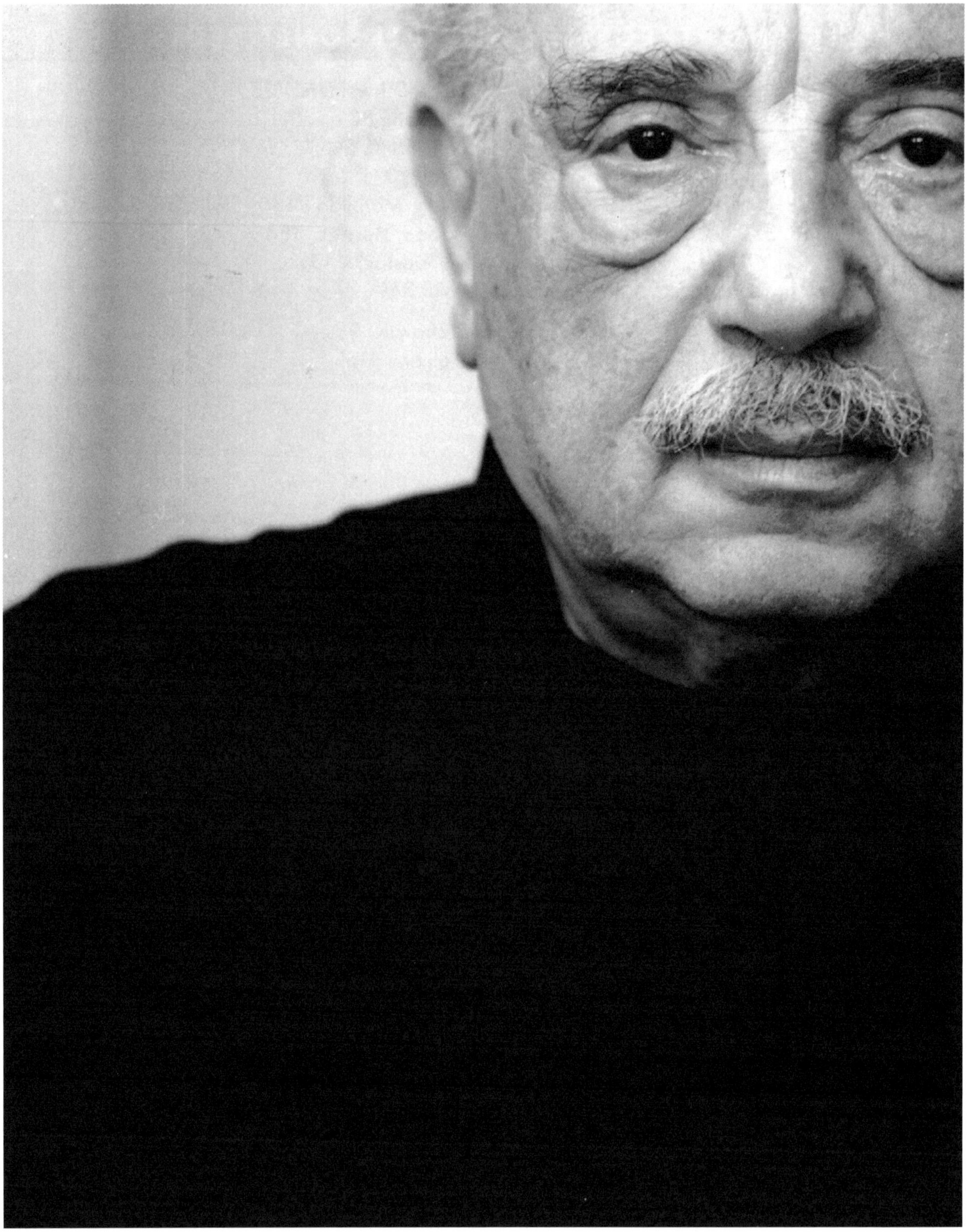

NAOMI TEREZA SALMON: Boris Lurie in Weimar-Buchenwald #4, Dezember 1998

ADDENDA

Ein Werk über die bewegte Vergangenheit verpflichtet, die Gegenwart mit einzubeziehen. Durch kreative Ponderabilien und verlegerische Imponderabilien entstand dieses Buch in mehreren Stufen. An dieser Stelle sind in weiterer Folge Texte von Boris Lurie angefügt, die er während der Buchproduktionsphase zusätzlich niederschrieb. (D.K.)

[27. September 1999]

Die Zigarette lockt mich aus dem Bett
zum Hühnerschlachten –

bin wieder zu sehr früh Alles geschlafen.

Die Zigarette hat mit mir in meinem Bett geschlafen
verpasst das Hühnerkrachen
doch solches bringt doch immer doch natürlich
wennicht unvermeidlich, heiliges Gehühnergackern ...
dann später für mich: Scheltereien, grosse Sorgen ...

Die Zigarette hat mich spät geschlafen
zu dem nichtschönen schönen Hühnerslachen!
Doch schliesslich – für mich: ohne grosser Konsequenzen.

Da siehst du nur, Gutkamerad, dass dieses einmal
bin nicht keiner Hühnerschlächter –
und andersmal ist´s nur die Zigarette,
die mit mir geschlafen.

[28. September 1999]

SCHNIPPSEL

Wieso ist es gekommen, dass er sich wieder in die Hände einer Power-Dame entfalten liess, es schliesslich nur bei ersterer Gelegenheit anstrebte. Es ist das Alleinstehen im friedlichen erbarmlosen zivilen Krieg. Nur eine Verbindung, wennauch des Bettlers zum Wohltäter haben. Doch dies ist krummer als des Bettlers, es ist eines der sich als Geschlagen gibt, um wirklich weiterkämpfen können. Hurrah! Erstickt ihm seine Stimme, zu dem Sieg – mit hoffentlicher neuer Kraft, den Sieg, der immerdoch nach jedem Sieg verschwimmt, neualters anzustreben. Nun los, in die aufatmende Gefangenschaft! die sauer schrecklich süsse ist. Man weiss niemals, wenn man gesiegt, oder verloren.

Ja ... in die Dicke der Familien-Verwandschaften, nach vielen enforcierten Hemmungen, sich hineingeben, die Stricke des bewusst-Getriebenen mit Risiko von nimmer-Rückkehr, nun abzuschneiden. Ins Krankhafte? – jedoch Kurierende. Man sagt, dass man sich heilen kann durch Schläge.

Wie kam es, dass es ihm so passierte, dass er sich wieder in die Arme dieser grossen Power-Dame wieder nun begab? In ihren Bauch? nein, ihre zarten stämmig Hände, die ihn nicht anrühren vermagen wollten, nicht verwöhnen wollten? – denn er nicht essbar war „Treifa" ... die, auch gehörte zu der Frauenrasse der verstrickelten New Yorker, die ganz normal, ein wenig vielleicht überfett von aussen aussehen, doch wenn die Kleider davonkämen, zerstückelten sie in körperliche Bestandteile, ein Kopf mit Haaren, zwei Arme, zwei Brüste, zwei Hüften, ein Bauch, zwei Hintersbälle, zwei Beine, gewöhnlich mittelhoch beschuht ... so eine auch „Dismembered Woman", deren energischem vergnüglichen Verhalten man Sachverhalt nicht ansehn kann. Er zog mit allem Streben doch dahin, in die brennende Badewanne. Warum? Da kann man spekulieren, dass er an Messerspitze und auch wenn todesmüde und auch wenn schlafend und auch wenn scheinbar kosig, leben musste. Warum? Weil Nebeldunst ihm irgendwie und was verschleierte, warscheinlich unexakt, profangesagt.

[29. September 1999]

SCHNIPPSEL

Da überkam ihn die Selbstschlagelust: wie schön wäre es, den *Herren* zu schlagen, um das alles was Er doch alleinstehend verursacht hat – also durch sich, körperlich, den Gott, der alles konstruiert; den schlagen – und nicht des einen, fremden, nur eines menschlichen Körpers hauen ... der nur doch zweitrangig, drittrangig, unwichtig wirklich, in der Wichtigkeit auf Stufen des Geschaffenen steht. Denn alles wird nur durch die Sicht des Allein, des Selbst, obwohl es umringelt ist, immer angesehen und tatsächlich gefühlt.Wenn man sich selbst schlägt, erlang es ihm: dann schlägt man doch direkt den Schaffer dieses Universums! Verrückte Idee?

[9. Oktober 1999]

SCHNIPPSEL

Dann war es wirklich doch natürlich, doch die Zwickerei, in dem sie Herrenkunde auf den Machtessohlen – völkischweise, den Verurteilten belehrte; und wären es doch kleine Missverständnisse, die sie ausglätten wusste, soeben was wie die Vergesslichkeit des Sklaven – die sie anzurichten wusste; nein, niemals sollte diese Sache von der aktuellen Tat nun vorenthalten, distanziert werden. Es gäbe dann die Wollust angeheimigter Sossen des zuckerlich' Schlaraffenlandes, wie Menschen es unendlich aus dem Fluss der Liebe in die Eingeweide schlürften. Es sollte wahrzunehmen sein, dass die Verbindung eisenstark besteht, durch keine Wolkengüsse abgestumpft sein könnte. Dann kam der letzte phantasie-berahmte Dolchstoss und alles war hernach den Menschen klar gemacht. Schlafen, wie's einem nur von dem kommunistischen Körper abgetrennt war, gegönnt war.

[10. Oktober 1999]

SCHNIPPSEL

Er hüllte sich in einen schwarzen Beduinenmantel, wie es die Beduinen machen, obwohl es mittags zu schlimm heiss war, obwohl der Mantel, anfänglich und das war zum erwarten, die Hitze und das Gewicht nur schlimmer machten und setzte seine Füsse über Steine rollen und die aus Schlammheit schon gerade protestierten, trotzallem wagemütig vorwärts; wohin, das wusste er nicht selbst, doch sollt' es vorwärts gehen, solange es noch ging; und er, ein junger Mann, das könnte lange dauern. Dann, über Felsenhügel mühsam steigend, hinabgehend, wobei die Wirbelsäulen ihm zu brechen waren, erblickte er das Wunder, das er warscheinlich doch gesucht. Statue, stockzwei hoch, aus Rumpelsachen angefertigt, aus alten Säcken, Lappen, von Zweigen (und woher konnten solche in der Wüste kommen) aufrechterhalten. Konservendosen, zurechterhalten nur mit Schnur, formierten grosse Brüste und Plastiklaken verdreht wie Arme, wehten schlagend in dem Wind und Tieresfelle angeknüpft mit Stecknadeln, die manche noch nicht ausgetrocknet und mit sickernd Blut, verbanden die Skulptur gerade, wo sie sonst zusammenbrochen wäre. Das war sein Bestimmungsort. Dann legte er sich auf den Boden und hörte dem Gegackel zu, wie die Lapsen und Konservendosen und Plastikarme der Statue im Negew-Winde alarmierende Geräusche machten und wartete, auf das, was folgt. Auf den Palästinenser – sogenannt – der mit dem Messer schleichen kommen wird.

„Abschlachten", sagte der Herr im Gespräch, „nicht mit Maschinen machen, mit Flugzeugen aus hoher Luft, durch Knöpfedrücken, wo man nichts sieht was passiert, nur einen Wegweiser auf dem Glühschirm; sogar nicht durch ein Uhrenwerk, das an Dynamit geknüpft, wobei der Täter schon weitfern ist ..." Zog sich zusammen mit diesen unangenehmen Gedanken, doch behielt kaltbrunnen Ruhe, „fachmännisch wie Lucio Fontana seine Schlitze durchdacht und kontrolliert mit dem Rasiermesser in Leinwandfläche einschnitt."– „Ein Jedem das Seine" – Kaum schmunzelnd. „Und die Freiheit sich lassen zu anderen Mustern aus der gegebenen Komposition sich weiterhin belehren lassen, um fortzufahren – so muss man´s machen", erläuterte er, „das Objekt selber fordert während des Schaffens – sich zuhörend zur Stimme dessen, der es erfahren hat." Und so zum Lehrvertrag ermuntert, doch wie es schaffen.

Draussen in der Gutsscheune, umzingelnd dieses Negev-Wüste Zimmer, regten sich schon die nördlich dicken fetten Bäume aufwachend von dem Schlaraffenlande-Schlaf. Heuschrecken sprangen fliegend wie verrückt, wo es nur Kumpel Gras gab auf dem splittrigen Holzboden und brausten: nun genug. Aufwachen, war der Sybillenruf durchaus des Geländes. Die schwarzen Raben sassen auf den Fensterbrettern und nagten gegenseitig mit den Schnabeln bis aufs Blut, die zankten sich schon, noch vordem was passieren würde.. Die Katze, die mit der Maus vergnügend spielte, liess sie noch immer nicht los. Und treuer Hund lag nebst der letzten Leiche seines Herren, der noch nicht aufstehen vermag. Im Allgemeinen runzelte es von Gerüchen, das Glas in Fenstern wurd´ noch nicht von draussenaus zerschmettert.

[14. Oktober 1999]

Der Alte sagt: „Bitte."
Der Jungmann, der sagt: „Gib!"

Die noch-schön *Jungfer*
ist in sich verliebt.

Die schon noch ält're Dame
glüht, mit dem Licht.

Doch, was ist aussen schön
es nur verlischt.

[16. Oktober 1999]

SCHNIPPSEL

Dann lag er flach, wie eine der gemarterten Sardinen, im wollig Kasten ihres Herrenbettes: Es gab kein Aufstehn mehr, kein Gutenmorgen, nur Glücklichkeit, Nichtsehen und Vergeben. Die Stiefel plumpsten, sowie der Meisterinens Arbeitsgeräte. Ein Spalt von Sonne kam in den mixed-Stil und mit Verständnissen bemöbelt Zimmer. Die Schlitze aller Welt war'n zuckersüss und aus den Fabrik-Höhlen strömten kleine hungrig' Menschlein. Dann plötzlich gab es die Explosion – die Hoffnung, die auf ihn gesetzt, sei nicht rechtfertigt. Er sollt' die Stiefel aufschlürfen und wie gebrochener Soldat marschieren abmarschieren. Der Herrin Hackenschuhe blieb'n für Allerzeit in der Glas-Vitrine. Sirenen blühten allversprechend ihm im Kopf. Sie würden noch in Kürze wieder bombardieren. Inzwischen müsst' der Rückzug mit kategorischer Gewissenhaftigkeit auf nackten Fusssohlen nun abgedeckt vollzogen werden. Denn eines Tages geht es wieder in den Kampf, wenn auch der unterliegendsten Etage ihres Bettes. Dann wird es wieder schöne junge Mädchen geben, die ihn als antibolschewistischen Befreier mit Blumensträussen überreichend ihn überraschend herzvoll grüssen.

[17. Oktober 1999]

SCHNIPPSEL

Ausserdem vermute ich, wie so rundherum rund um ihn alles wegstarb und zerfiel, Freunde und Nicht-Freunde, niemals gesehene antike Feinde, Dunkelhäutige, Bleichhäutige ... oder einfach aus der Sicht verschwanden, öfters um sich zu verstecken – und überall die Staaten, die letzteren den verräterischen Selbstmord begehend ... und was da wieder wiedergeboren wurde durch vergewaltigten Abort, war doch nur zweitklassig kaum lebensfähig auf den Experimentieren-Schalen der heilenden Doktore; und eines Nachts besuchte *flüssig* ihn die wahre und zerstückelte Grande Dame, die grausige Prophetin sogar in ehrenwertigen Gedenk-in-Stätten der nicht-passierten Heilig-Orte sowie von Buchenwäldchens – so wird´s geschehen müssen sein – und dann verstand er, dass er auch solcher Phatomfrau nun selbst auch wiederfolgen sollte, wohin das auch nicht führe, weg von dem üblichen Sodom und Gomorrah, denn Leben doch, wennauch bloss in theatralen Phantasiegebäuden, soll doch mit männlich jugendlicher Kraft von Einsatzregimenten – obwohl so schwierig in seinem jungen Alter! ... doch wiedermal verfolgt geworden sein. Und er folgte dieser fabelhaften wunderbaren Sirene bis auf sein´ Leib.

[18. Oktober 1999]

SCHNIPPSEL

Und warum hatte sie die Unterhöschen, die sich tagsüber mit der New Yorker Sommerhitze sich an ihren Körper schmiegten, warum, wo ffnungen für die Beine, man diese dann zusammenschnürte und dann die schwarze Hosen-Assemblage mit gold´nen russischen-zaristischen 5-Rubel Münzen angefüllt, so vielen, dass man die Taille kaum mehr zusammenbinden konnte – wozu denn brauchte sie so vieles U.S.-Gold? Zum Brauen von den Revolutionen gegen die globalen Zarenirrtüme? Da gab es mehr als alle die Rebellen nur verschwenden konnten! Und wenn das Sackgebilde, alsob wenn mit KaZet-gestohlenen Kartoffeln, so überfüllt war, dass ihre vielen

Kazet-Diener sie nicht mehr schleppen konnte – bekamen letztenendes doch die Polizei die Münzen sowieso, um neuere computersche Lebensreformlagen zu aufbauen. Doch er dient folgsam ihr als Schlepper, kein zurück.

Denn wenn sie doch immer zuvor ihm wegläuft – ihm den warscheinlich wahren Weg dabeimit vorzuzeigen? – Er ist nur einer ihrer mannigfaltigen Bestrebungen, die sie auch selbst grausam verwickeln – wenn sie ihn nur einmal nur anrührt mit dem zischenden Wegweiser, dann sprach es Glück für ihn, er konnte seinen Einsatz dann verfolgen.

[21. Oktober 1999]

Er setzte sich und weinte:
ihr Schlagen hätte sich
schon lange aufgehört und neues Schlachten
war kaum zu erwarten

die Tränen konnten nicht – das harsche Glück
das nur einmal – erneut! – passieren scheint –
zuwiderwiederbringen sträuben.

[23. Oktober 1999]

Dunkelnde Zimmer entsprangen dem Garten
leisrauschend Büsche erstillten Vormorgen
ein Loch erlosch im elektrischen Fenster
Riese des Herbst´s gedeckt steifer Mantel
kam Schleichen her zu inspektieren
ob alles korrekt für den kommenden Winter
zählte Glasscheiben noch existieren
machte Notizen um alles probieren.

[23. Oktober 1999]

SCHNIPPSEL

Dann stolperte er unter dem schweren Gewicht des Zerrens, er fiel doch nicht, doch ein Gedanken fiel ihm steinern ins Gehirn: Vielleicht verführte ihn die Grosse Dame? Vielleicht spornte sie ihn an, nur auf Grunde ihrer alleinigen Charakterzügen, immer vorwärts rennen, sich nicht abstellen, denn – wirklich – das ist doch der Tod! – für die meisten, die nicht zum abstrakten Denken so verankert sind; und was wär´ Denken, wenn nicht ein vielfältig bezweigter Weg? Er würde doch der beglückenden doch schmerzgebenden Sirene folgen, den angefangenen Weg nimmer beiseitelassen, auch wenn die ursprüngliche Dame von diesem Weg selbst wegläuft.

Es ist die Mistress – die mit ihrem Schlagen! die Männerschwänze zu Wiederaufblüh macht! Und noch ein wenig und er steht wie ein betrunkener Soldat und grüsst und heilt sie jedesmal, dass sie in physisch´ Tracht, ihm nicht passiert! Lang lebe die mächtige Erscheinung! Er muss ja nur in Bettlerkleidung angezogen sein und die zerstückelte Grande Dame schlägt zu, zu seinem Heul´ und Heil, er braucht sich nicht mehr schlagen! Und Schrei der Worte rutschet wie der Staub! Ejakulierung von den heilig´ Flüchen fliesst wie der heisse Stahl!

[24. Oktober 1999]

Die Kolben stossen Kolben
Byzantinen, Mienen –
Sprengstoffmienen
trotzdem: *Frieden*!
schenken, Schreihalslieder
haufen den vergess´nen Brüdern
Apfelsinen
ungeschält im Mund verblieben
stossen Schwester, liebend, gegen Leib von Schwester
um die Armut liquidieren
Guten Tag! Die Teufel werden so vertrieben.

[4. November 1999] Die Zigarette hat sich
verhüllt in ihrer Hülse,
verstanden so
in ihrer unbelehrbar' Pracht der Fülle

und *Laufmensch*
steht bereit in strammer Steife
– mir nachgeahmt –
der Stille-drückend Wässers-Mühlchen
des frühen Morgens,
Nachmittags verstanden in der Tageskürze
die sich aus Maul, im Winkel festgesetzt
dem, fordernd Liebe mit der Spucke
am Abfallsrand des Unverwesens,
nochmals das Lecken angetan.

[17. November 1999]

Ich hätte vorgeschlagen, dass die Menschen
sich von innen und von aussen chemisch reinigen,
sowie ich's unbedingt mit meinen langgetrag'nen Hosen muss,
die schliesslich in die Ausstellung der Menschenwürde
im Weltzentrum des Kunstschaffens
präzise SoHo/Chelsea in New York
da ausgestellt sein werden,
nebst and'ren klugen Sachen, reingewaschen
sowie des heiligen amerikanischen Künstlers Andy Warhols
mag er in der Hölle mit seinen hochgestellten
homosexuellen und vergoldigten Kumpanen da, vorerst gewaschen
was nicht notwendig ist, er sei so sauber, schmoren.
Doch ich mich absolut verweig're, selbst rausgewaschen worden
dahin auszustellen lassen als abgemagerte
mit fettem Bauch Antikfigur

doch meine chemisch saub´ren Hosen sprinten hin statt mir,
obwohl die Fart-world SD-Offiziere immernoch
die Wiedergutmachung nicht zahlen, doch wer denn braucht
die sauber-riechend, unmosaisch Jew-York artworld, Scheckels.

Und Grund für meine Weigerung ist nicht, dass ich selbst als Heilig´
wie der krumme Andy Ass-hole werden wolle,
doch nur darum, weil ich mich absolut nicht waschen kann,
das Wasser in meiner Magdeburger Badewanne,
die mich damals im Krieg gerettet
– nun in dem New Yorker Schweineatelier – ist mehr verschmutzt
versaut und saurig als meine selbstig sickernd Haut, die ich mit
stolzem trottend Selbstdreck immer strotzend tragen werde.
Weil ich mich selten in der stinkend Pisse wasche,
deswegen bin ich sauber.

[19. November 1999]

Die steht vor mir, halbhoch auf einem Kasten
ausgerüstet –
in schickem grünen Nerzmantel und langem weiten Schlitz
in ihren schwarzgedämpften schweissgeblas´nen Unterhöschen

Furchtloser Sascha:
kleingewachs´ner (... später rotunder) strammer
des Vaters Stalins Fallschirmjäger Killer
Diversant –
zwickt zu mir zu:
„Greif zu! Der jüdisch´ Pudding ist die meistbegehrte
Defizitenware!"

Die Schönste strotzte da vor mir, samt off´ner Oeffnung
glaub ich, auf dem Patronenkasten.

[25. November 1999]

DIE FRAU'N SIND IMMER DA

bekümm're dich nicht
der ideologischen Einstellungen
und sage immer: „Ja!"
Sogar wenn eine dir, du so verkracht,
den Schädel abzuschrauben startet.
Sag' ihr nur: „Ja! Es ist so heil!"
Und grab dir aus 'ne Andere –
es gibt ihrer so viel, so Schöner

Wenn ich das nur verstehen könnte, wie es zu verfrachten:
und oh, der Diablo, dem die unschuldigen Jungfern dienen,
mich doch nur träumetrauern lasse.

[25. November 1999]

So tu' ich's –
wenn ich mich in ihren Armen ficke
: sollte wie ein Ferkel stöhnen, wenn geschlachtet wird.

Sie drückt mich immer fester zu der Brust
– den Kopf und das heisst das Gehirn
umzingelt griffstark meine Arme
doch anders machen lässt sie nicht,
ich zitt're mit dem Unterkörper wie ein sterbend Fisch.

Das Schluchzen wird schon still gebilligt.

Ich werde später ihres nackten weltweiten Popo
mit meinen Händen, zarte aus der Fülle anbeten,
das Wunder unglaubend verneinen,
das während sie den Fernseh-Film
mit ungebroch'nem Interesse sich anschaut.
Nun gibt's auch kein Verbot zum Kommen.

Mein Stöhnen wurde immer still gebilligt, als positiv empfunden.

Das Lecken vorerst war willkommen,

mit Andeutungen weitermachen.

Die Frauen sind das einzig Schönste, was es gibt im Leben.

Zu jedem Moment kann die Spiel-Schau abbefohlet werden,
ich, aus dem braunhildig´ Paradies verbannt.
Frauen sind das seltsam Schönste, was es gibt im Leben,
es lohnt sich, um gefährlich an dem Messer zappeln.
Nachalledem: sind alle Frauen
fabelhaft – so alle! – so wunderschön!

[10. Februar 2000]

Lieb´ Brother Martin!
Ich habe letzter Jahre ...
gerade diesem Tage – ?
dir meine Mutter, zur Aufbewahrung
in deine Zelle, hingesetzt
hineingesetzt –

Was hast du denn mit ihr gemacht?

Jetzt hab´ ich 17 Millions U.S.-Dollars
18 ist meine Glückszahl
darf ich denn sie nicht jetzt herausholen?
bist doch mein Freund.

[17. Februar 2000]

Das Mädchen
spritzt
ihr Störungsgift
hochstosst hochschiesst
auf der Märtyrerstrasse.

[19. Februar 2000]

Ich schwärme von der Magdeburger Lager-Suppe.
Drinn wasser-spielen, scheinbar glücklich,
kleine Kinder.

Ein Fuss dreht mir ganz schlapp –
wie könnt' ich da weglaufen von der Sünde.

[12. März 2000]

Fürchterlich' Stinke
kommt aus der Ritze
Wahrheit die stinkt

nun berühmte.

[12. März 2000]

GIESSES
ROTBLUT.

Schmutzige Jahre.

[19. März 2000]

Was sich nicht anpasst, das geht kaputt,
so sagen uns gelehrte Recherchisten
wie kommt es denn –
mit Gottesfürcht'gen Juden?
mit Mittelalterlichtem angezog'nen Juden?

Lang leben solln! die
Hassidisten aller Länder aller Glauben,
die nicht den Wegesprüchen von den Winden
ausgesetzt!

[25. März 2000]

Geschichte läuft mit vollen Hosen
wie ein charmanter Jüngling,
ins Getwixt

und keine Dollar-Scheinpapiere
wächst im Busch.

[26. März 2000]

Ich les´ die Scheisse,
die man nicht veröffentlichen darf

nur eingeritzt in Felsen in der Wüste.

[30. März 2000]

Die eitlen Kinder
bin ich auch
vermisst

Das Papageienland
im Papageienland

DIE BLAUEN KINDER:
ALL´S VERMISST

[2. April 2000]

Ich suche in den Gegenden
wo ist´s verpropft.

[2. April 2000]

Immer Verlust.
Mach keine Sorgen.
Morgen.

[8. April 2000]

KASCHA

Wie sie da unten im Treppenflur in der Villa stand, aufgeregt, nervős, vielleicht hysterisch, stumm doch in Bewegung, alsob zum sekundären Rückzugs-/Angriffseinsatzes bereit, erinnerte sie mich an eine (viele), die ich faktisch (kaum) niemals gesehen hatte. Schwarz angezogen in Galifee-Hosen in Reiterstiefeln. Da steht sie so, es sind doch keine nur Erinnerungen.

Ihr LKW, den sie selbst führerte, sollte draussen vor der Villa geparkt worden zum Abfuhrtransport – bereit, so sagte sie, geparkt gewesen sein. Diesmal, riskanter Schwarzmarkt-Handel durch die Besatzungsgrenzen Deutsches Reich. Und da schlug es mir durch die Kopfritze, dass es vielleicht zu gefährlich oder verwickelt sein würde, mit ihr weiterzumachen, nichts mehr – *zuviel.* Automatisch. (Alldas ohne irgendwelche negative Discours.)

So sah ich sie dann, zum letzten Mal, aus der Vogelperspektive unten auf dem Flur. Begleitete sie gar nicht zu ihrem Transportwesen. Wollte natürlich nicht von ihr mit dem Figment mittransportiert werden. Doch ich war fürchterlich ganz jung und dumm, in diesen intimen, wenn nicht anderen Sachen.

Ich hatte solch eine, wie sie gewesen sein könnte annehmbar, wenn nur auch gleichwegs – oder schlimmer? – war, so ausgerüstet, faktweise keinmal wirklich, kaum jemals, niemals gesehen. Auch ladete sie mich zu ihrer Fahrt gar nicht ein, verstand bestimmt, dass sowas unannehmbar war. Auch überliess sie keine Adresse (und ich fragte nicht um eine). Sie fuhr dann nur, so musste sie´s geplant haben, nur vorbei.

Nun, doch, im Jammertal verblüffter Arroganzen – wo dann, in welcher Gedenkstätte, Kascha.

[9. April 2000]

So viele mysteriöse Sachen
wie Sklaverei – oder die *Schwunst*
sind noch im Leben, zu erörtern.

[9. April 2000]

das Feuer-blasend Blut-auf-der-Strasse
zweitausend zweigtes
zweites Ka-zet
Millenium
oh Richard Wagner!
Wieso denn auf der Fratze
die demokratisch heilend
Totenmaske

[10. April 2000]

Jetzt ist all, heute, schön in Ordnung.
Das Blut läuft Pumpe, in die weitsten Glieder
Reichsbahn-Transporte, sie ernähren –
und Lungen saugen, diesmal frisch-fragrante New York Luft
wie linden Umsatz, in die Börse
und zierlich Dinge Mädelchen, raus ihrem arisch blonden Bett
begrüssen Guten Morgen, Vater Papa Stalin
Papa Lazar Kaganowitch.

[22. April 2000]

Ich bin heut´ Happy.
Ich will viel heute schlafen,
die Kunst zumachen nicht zu machen
und schnarchen vogelfrei,
um wirklich dann zu wachen.

Schon bald genug wird Teufel kommen,
um die Metragen wieder anzuhetzen.
Die krummen Bilder/hinkend Wortgerüste
in kahler Wüste zwangsernähren
dann … wiederdann im Schlaf …
die Resultate garnicht hassen.

[22. April 2000]

Man will alleine ewig nicht im Weltall purzeln

– GOTT! gib mir doch Deine Kette rum die Hand!

[23. April 2000]

Der Künstler muss malen.

Die Kuh muss grasen.

Und ich, auf dem verdeckten Rasen

sollte, mich fütternd

grausam rasend grasen.

[28. April 2000]

Ich rufe hin, in Löcher drin
scheinheilig um den Sinn
mit konkurierenden
Blaseorchestern

doch weiss ich nur ein einzig Wort
Millenka
Spill-i-lenka
Vergiess-lenka

[15. November 2000]

Umzingelt sind die Wehetäter
mit Schokolade,
die von den Bäumen tropfet.

[27. Juni 2000]

Streng –
Aufbewahren.
Den Abfluss zu verweigern.
In sich, verneinen.
Den Röntgenabzug keinem zeigen.
Dabei – in sich selbst strahlen.
Und immer, höflichst so, dein Dasein zu bejahen.
Wennmöglich, Keule in der Jacke – zum Spass – tragen.

[28. Juni 2000]

Die Röschen fallen, aus den Engen
wie Butterstöckchen
und wirklich da – entsteht –
sein Herz umarm mich! –
der alte bärtig Renoir.

[13. Juli 2000]

Wir versuchen es, so schnell wie möglich –
und bequem zu machen.

Ich mach´ das so – dass es bequem ist.

Wenn die Frauenbrüste heute sprechen könnten,
was hätten sie gesagt?

[18. Juli 2000]

DER SCHWARM IST NUR
VON ALLER FRAUEN
IMMERLEBENS
die nur dem Guten angetan – und dies wär´s gut

So einstmal in der jungen backfisch Güte –
Sich-Haberei
die Röcke und die Hosen angenehm-pervers, vorbei
auf dem Boulevard benannt der Freiheit
vorbei, sich nichtbegegnen schielen äugeln

und das heisst später
denselben Riga Hitler-Boulevard fegen
den angesessnen Schnee frierend in sich bewegen
den angeheizten Zivilisten, beiklatternden Soldaten-LKWs
die Atmung in die Hölle, zitternd, reinzuprägen

Und so erschien das Butterbrot
Weissbrot mit Butter
geheim
der winzig krümmten alten Lettenfrau
die sich im Höllenfroste angenehme ausgeruht
weghumpelte
(hat sie´s so vorgeplant?) – unbeglaubtes Wunder
von sich alleine auf der Boulevard-Bank
zum Segen Judenchristi (auch des Stalins?)

schon des Fraues herrlich
menschlich Güte.

[28. Juli 2000]

Es brennt, verdorrt
was Liebe, deshalb, war ... im Herz

der regnerische Hügel, aufsteigend
zur allmächtig Kunst: zum MONTPARNASSE

Kiosk,
Delancey-Essex-Strassen, flach
– es schweisst –
im nächtig schreit – sich Auto-Wahn
vom Doppelt-Getto der East Side,
verklebt, die Pinup-Mädchen die da ausgestellt
(mit eignem Kaufverbot)

Zuwenn die Liebe schwamm
vergess ich nicht den Kram
ich bin ein Mann.

[2. August 2000]

Man lauscht sich spannend
an den Körper:
Iss mich! –
wohin?

[30. September 2000]

Der taube Goya
schreit mir ins Ohr
– flüstert:

Es ist verboten, schön zu malen.
Es ist verstaubt, die langsame
Genuss-Inspiration
für sich – zu haben.
Du sollst geniessen
schwarze Raben.

[15. Oktober 2000] Lieb´ Meister Chagall!
Die Wiegen-Leiber aus dem Riga-Städt!
durchschlangen sich durch Eures Purpur
ab New York Kratzer steiler Spiegel
vergeben sich, in Eures Diamanten-Tinte
wie schőn es sei die rosa bläulich gelblich kleine Kőrper
Ihr sie malet
so wir!
sie bloss mit haarig Karabiner tauen mőgten.

[17. Oktober 2000] – Die haben zu lang
eitles Künstlerblut gesoffen:
nun müssen sie doch an den Galgen.

[18. Oktober 2000] Gesträubte Energie
die platzt –
weil sich die Ziele
miteinander nicht verstehen.

[24. Oktober 2000] Das Rauchen
nach dem Rauch
gibt Mut,
doch die Lungen
verrauchen.

[30. Oktober 2000] Es sind nicht meine Zähne!
mit was ich beisse.

[2. November 2000]

Die Kunst kommt in der Nacht
stillstehend
plötzlich ihre schweren Damenbrüste offenbarend
aus dem alt-getrag´nen Häftlingskleid

Ich, keuchend nicht geschnappt werd´
auf dem Polte-Werke Küchenweg –
Kartoffelschale, er mir nüchtern bietend.

[9. November 2000]

Das Hundebellen wär´ so schön,
wenn es die Tiere uns Aestheten
mehr ästhetisch machen könnten.

[10. Februar 2001]

WEM IST DAS LAND
IM SCHOSS DES TOTEN KINDES
in wessen Schoss das dürre sandig Land gehört
gibt´s keine Zweifel
das Würstchen steinig Land
gehört kein Ami-kablem Rom Eternum –
kein schlaulich zischend sklavend Greko-Demokraten
gehört nicht den kreuzschlachtend Christen
es schliesslich doch gehört – nicht – kein – Arabsern
Phalustinensern, Isrulitanisch´ Blumenkindern
Amalekaners, Franzismosen, Germanhosen
Russizisten, Popkultisten, Isruilionisch´ Yuppiisten
Anglo-Sexonisch Judikanern –
auch nicht den bisher noch lebendgen Leibesältern
Kindes
DAS SPIELZEUGGROSSE GROSSE LAND
WEM ES GEHOERT – WISST IHR´S
(den toten jüdisch Kindern).

[10. März 2001]

WER
WOLLN
WIR
DOCH

Nacht und Nebel Droschken
über Geier-Asphalt
fähren –

Die Lesbianischen Verrückten
in geschult-Gemeinschaftseinsatz
hochauf!
– Hölzerbrücke bauen

Rund Cafe-Tisch

Junge Wohlstandsdirnchen in den Gummischuhen
quatschen aufeinander, mit den Würsten krachen

Brücke

Niebelungen Nebelwellen hauchen über Türkenleichen

Mein Vater
(der so wohlernährt)
sitzt im Himmel
und nicht beichtet

Der Kabila
namens Laurent
aus dem Kongo
des Lumumba
(bekannt mit Che Guevara)
ist die letzte
nie mehr Leiche

[2. Juni 2001]

Meine Sympathie ist mit der Maus
doch ich füttere die Katze.